中共党史人物传

【第88卷】

中国中共党史人物研究会　编

中共党史出版社

中共黨史人物傳

陳雲題

◇ 习仲勋

◇ 阿沛·阿旺晋美

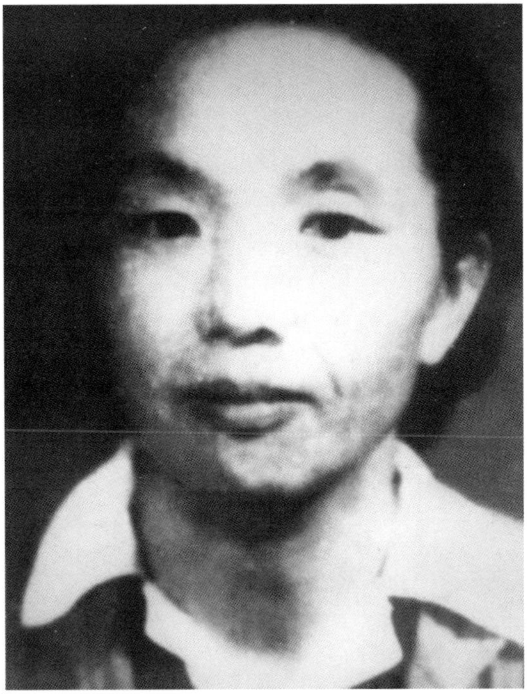

◇ 薛 迅

◇ 王世泰

◇ 顾大椿

◇ 刘 寅

出版说明

中国中共党史人物研究会，是1979年成立的一个全国性、群众性学术团体。从1996年开始，中共中央党史研究室主管其业务。本会由从事中共党史、国史、军史、革命史和中国近现代史研究机构和学者组成，主要从事中共党史人物传记的编纂和出版工作。第一至第四任会长分别是何长工、李力安、孙英、欧阳淞。《中共党史人物传》是经中央有关部门批准，由中国中共党史人物研究会主持编写的大型历史丛书。36年来该会共编纂出版《中共党史人物传》87卷，《中共党史人物传精选本》10卷本和16卷本，与解放军总政治部联合出版《中国人民解放军高级将领传》40卷，与民族出版社联合出版《中共党史少数民族人物传》4卷。已出版的87卷《中共党史人物传》，是本会组织全国党史工作者以实事求是的治史态度撰写的1000多位党史人物的传记，共计2500万字。这次出版的《中共党史人物传》第88卷、89卷，是2008年以来由以孙英为会长的第三届理事会组稿，由欧阳淞为会长的第四届理事会编辑的。每卷收入五至六位传主传记，字数根据从事革命工作的重要性和岗位不同不等，最多不超过10万字。这两卷收录了包括习仲勋、彭真、阿沛·阿旺晋美、赛福鼎·艾则孜4位党和国家领导人在内的11位传主的传记，共60万字。在风格体例上继续保持史学传记、编年体叙事风格，力求事实准确、重点突出、评介公允、详略得当、文字简明。本书的出版必将成为了解和研究各位传主生平的重要参考，对党史人物的研究和宣传工作也会起到积极的推动作用。

编者

2015年7月10日

目 录

习仲勋

习仲勋，男，1913年10月15日出生于陕西富平县。1926年5月加入中国共产主义青年团，1928年春转为中国共产党党员。中国共产党的优秀党员，伟大的共产主义战士，杰出的无产阶级革命家，中国共产党、中国人民解放军卓越的政治工作领导人，陕甘边区革命根据

地的主要创建者和领导者之一。他早年在陕西地区从事学生运动、农民运动和兵运工作。土地革命战争时期，组织发动了两当兵变，与刘志丹等创建陕甘边革命根据地。抗日战争时期，任中共关中特委书记、中共绥德地委书记等职。全国解放战争时期，任中共中央组织部副部长，中共中央西北局书记、第三书记，兼任陕甘宁野战集团军政治委员、陕甘宁晋绥联防军政治委员、中国人民解放军西北野战军副政治委员、西北军区政治委员等职，协同彭德怀指挥了保卫中共中央、毛泽东主席和陕甘宁边区的战役，取得青化砭、羊马河、蟠龙三战三捷和陇东、三边战斗的胜利，参与领导解放了大西北。中华人民共和国成立后，任中央人民政府委员，中国人民革命军事委员会委员，中共中央西北局第三书记、第二书记，西北军区政治委员，西北军政委员会副主席、代主席，西北行政委员会副主席，中共中央宣传部部长兼政务院文化教育委员会副主任、党组书记，政务院秘书长，国务院秘书长，国务院副总理兼秘书长等职。1962年，因所谓“《刘志丹》小说问题”，蒙受冤屈，长期被审查、关押、监护。粉碎“四人帮”后获得平反，任中共广东省委第二书记、第一书记，广东省省长、广州军区第一政治委员、党委第一书记，为广东的改革开放事业和经济特区建设做出了重大贡献。1980年后，历任第五届全国人民代表大会常务委员会副委员长，后又兼任法制委员会主任，第十一届中央书记处书记，第十二届中央政治局委员、书记处书记，第七届全国人民代表大会常务委员会副委员长、全国人大内务司法委员会主任委员。历任中国共产党第七届中央候补委员，第八、第十一、第十二届中央委员。

一

1913年10月15日，习仲勋出生于陕西省富平县淡村习家庄（今淡村乡中合村）一个农民家庭。父亲习宗德性格宽厚，勤劳、刻苦、淳朴、刚正，对孩子要求严格。母亲柴菜花贤淑达理，持家勤俭，待人和善。在父母的言传身教下，劳动人民忠厚、善良、勤劳、忍辱负重等优良品质，对幼年的习仲勋产生了极大影响。习仲勋的童年，正处于辛亥革命后革命风潮迭起、社会剧烈震荡的社会变革时期。1916年后，陕西革命党人在富平和白水、三原起事投入护国护法运动，以及1917年12月成立陕西靖国军，在陕西乃至全国产生巨大影响。他们反帝反封建的革命义举和生动故事，在民间广泛流传，振奋人心，经久不衰。习宗德奔走于富平、三原之间，经常给孩子们讲述所见所闻，在习仲勋幼小的心灵里播撒了憎恨黑暗、向往光明、不畏强暴、勇于反抗的火种。这些社会和家庭的影响，对习仲勋后来参加革命活动产生了重要作用。

1922年春，习仲勋到都村小学上学，启蒙老师郭培生严于执教、循循善诱，使他受到良好教育。1925年春，孙中山及陕西著名爱国将领胡景翼先后逝世，陕西西安、三原、富平等地举行追悼会。习仲勋和都村小学师生两次徒步去富平庄里镇参加追悼大会，受到民主革命思想熏陶。1926年春，习仲勋进入庄里镇立诚公学高小部学习，成为仅有的几名公费生之一。当时，以进步学生为主的渭北青年社在立诚学校设有分社，即立诚青年社，为当地中共党团组织的建立和发展奠定了组织基础。1926年1月，共青团富平特支建立，立诚学校校长严木三任书记。3月，习仲勋加入立诚青年社。5月，经宋文梅、弋子慎介绍加入中国共产主义青年团。在这里，他接受了马克思主义的启蒙教育，并积极参加革命活动。5月，中共立诚学校小组成立，习仲勋积极要求入党，在党组织的领导下参与发动农民抗粮、抗捐、反霸的斗争。是年冬，习仲勋参加党组织在学校组织发动的驱逐反动校长的学潮，在斗争中得到锻炼和考验。

1927年春，习仲勋转入富平县立第一高级小学上学。中共富平特支书记兼共青团特支书记严木三以国民党党员的公开身份担任县立第一高小校长，这所学校成为培养革命骨干的阵地。四一二反革命政变后，富平县党组织根据中共陕甘区委要求，积极组织学校师生及农民，于“五一”、“五四”、“五九”、“五卅”等开展不同形式的纪念活动，习仲勋和一高师生积极参加，表现活跃。年底，他高小毕业，以优异的成绩被省立第三师范学校录取。

1928年春，习仲勋进入位于陕西三原县城的省立第三师范学校学习。三原是渭北中共党团组织的重要活动据点和领导中心，是共青团三原地委的机关驻地，经常开展各种形式的革命活动。这年3月12日是孙中山先生逝世三周年，学校准备开展纪念活动，但因两派意见不一，发生矛盾，训育主任魏海将进步学生列入黑名单。中共三原县委作出除掉魏海的决定。下旬，三师发生“投毒案”，反动当局镇压三师进步学生，习仲勋和多名共产党员、进步学生被逮捕，关押在三原县政府看守所，后又押送西安军事裁判所。在狱中，习仲勋和狱友们团结一致，进行以改善伙食为要求的绝食斗争，对看守所士兵宣传进步思想，提高他们对反动军队本质的认识。通过积极的狱中斗争和家人在外的斡旋，8月下旬，习仲勋获释回到家中。在狱中经受了锻炼和考验的习仲勋，被转为中国共产党党员。

1929年5月，中共武字区委在三原县武字区开展“筹赈”活动。习仲勋在富平淡村家乡开展筹粮活动，给贫苦群众分发粮食。在中共武字区委的领导下，习仲勋积极在乡间青年中进行串联和宣传工作，先后动员发展周冬至、胡振清等加入中国共产党。同年冬，习仲勋和富平淡村农民协会一起发动了抗粮、抗捐、抗税、抗债和要饭吃、要土地、要自由的斗争。

1930年2月6日，根据中共武字区委的指示，习仲勋到国民党部队中做兵运工作。他先在驻陕西长武县的西北民军毕梅轩部王德修支队开展活动，任第二连见习官。3月下旬，和李秉荣、李特生召开党小组会，推举李秉荣负责党小组工作。根据省委指示商定，党员一律不担任连以上职务，以第二连为中心开展兵运工作，发动和领导士兵斗争，并注意发展党员和建立中共组织。10月，杨虎城执掌陕西军政大权，实行较为开明的政策，在军事上大量收编各种地方武装，很快把陕西的大小地方武装统归第十七路军统领。以王德修为司令的西北民军第一师第二支队，被编为陕西骑兵第三旅第三团二营。习仲勋升任二营二连特务长，仍负责该连地下党的工作，后王德修部被改编为警备第三旅第二团一营。按照省委指示，习仲勋、李秉荣、李特生等经过一年时间艰苦努力，使该部第二营的党组织得到发展，全营已有党员30余人，一、二、三连分别建立士兵支部，成立了党的营委会，按照中共陕西省委指示，继李秉荣、李特生之后，任营委会书记的习仲勋积极组织力量，举行兵变，配合刘志丹等领导的红军陕甘游击队活动。

1932年春节刚过，第一、第二营奉命准备互换防地。习仲勋等在陕西凤县双石铺西门外召开营委会，决定利用换防之机举行兵变。中共陕西省委同意营委会意见，并决定立即发动起义，与谢子长、刘志丹领导的陕甘游击队会合，扩大红军力量。同时，省委派省委军委秘书刘林圃赶赴凤县，以省委特派员身份指挥兵变。4月初，第一营换防到甘肃省两当县。当晚9时，刘林圃、习仲勋、李特生在两当县城北街一个骡马店内主持召开营委扩大会议，刘林圃以省委特派员身份宣布省委关于举行兵变的决定，刘林圃任军事指挥，营委书记习仲勋参与组织领导全营行动。24时许，起义令下，第二营3个连同时行动，迅速将原任连长分别击毙，并收缴一些排长的枪支。鸡叫时分，集合号响起，各连按规定到县城北门外集合。该营3个整连和机枪连部分兵力约300多人被带出来。为避免意外变故，营委会决定部队趁天未亮撤出两当县向北进发。翌日，在两当县以北的太阳寺，营委会决定将起义队伍改编为中国工农红军陕甘游击队第五支队。吴进才任支队长，刘林圃任支队政治委员，习仲勋任中共支队队委书记。随后，部队北进与陕甘游击队会合。北进途中接连受挫，队伍被打散，未能到达目的地而归于失败。

二

1932年2月12日，谢子长、刘志丹领导的西北工农反帝同盟军在甘肃省正宁县三嘉原正式改编为中国工农红军陕甘游击队，在陕甘边界一带开展游击活动。8月，转入陕西省耀县照金地区开展武装斗争。

当得知刘志丹、谢子长在照金一带活动时，习仲勋赶去和他们会面。习仲勋向刘志丹报告了两当兵变后建立的红军游击队被打散的情况。刘志丹鼓励他说："几年来，陕甘地区先后举行过大大小小70多次兵变，都失败了。最根本的原因就是军事运动没有同农民运动结合起来，没有建立起革命根据地。如果我们像毛泽东同志那样，以井冈山为依托，搞武装斗争，建立根据地，逐步发展扩大游击区，即使严重局面到来，我们也有站脚的地方和回旋的余地。现在最根本的一条是要有根据地。"①1932年9月，刘志丹、谢子长决定率陕甘游击队北上陕甘边一带开展游击活动，要求习仲勋留在照金一带发动群众，建立中共组织和游击队，并将陕甘游击队第二大队的特务队留在照金，由习仲勋和大队参谋第五伯昌领导这支武装。刘志丹、谢子长离开照金不久，特务队发生中队长陈克敏叛变事件。习仲勋与第五伯昌商定，由习仲勋任特务队指导员，第五伯昌任代理队长，将特务队迅速撤离照金地区，向以三原武字区、心字区为中心的渭北革命根据地进发。特务队到达武字区与渭北游击队会合后，改编为渭北游击队第二支队，程国玺任支队长，习仲勋任政治指导员。第二支队驻扎在三原甘涝池村，活动于三原、富平、耀县的边界地区。

随着渭北地区革命形势的发展，中共陕西省委为了加强对这一地区工作的统一领导，于1932年10月初建立中共渭北特委，共青团渭北特委在武字区同时成立，习仲勋任共青团渭北特委委员。团特委领导武字区、心字区两个团区委，有20多名团员。同年10月上旬，渭北游击队根据特委指示到武字区周围的心字区、肃字区，富平县都村、淡村，耀县的西原、华里坊、让牛村一带开展游击活动。习仲勋率第二支队在武字区后区周围开展武装斗争，打豪绅、驱逐催粮要款的差人，致使国民党当局不敢在此地收粮收款。蓬勃发展的革命运动，直接威胁着渭北重镇三原和省城西安国民党当局的统治，他们向渭北苏区发动"围剿"。由于"左"倾错误的影响，10月6日，中共陕西省委作出《开展游击运动创造渭北新苏区的决议》，要求："渭北各党部必须发动与领导群众斗争来纪念十月革命，发起广大群众的纪念大会与示威，形成更广泛的群众运动，

---

① 习仲勋：《陕甘高原革命征程》，见《陕甘边革命根据地》，中共党史出版社 1997 年版，第 246 页。

党应立刻积极地准备这一工作。”①11月6日，渭北苏区纪念俄国十月革命万人大会在武字区举行。会后，举行了声势浩大的武装示威游行，游行队伍以习仲勋带领的渭北游击队第二支队为先导，第一支队担任后卫，数千名群众步行到武字区以北10多里的马额镇。示威游行进行了3天，共青团渭北特委组织演出化装新剧，举行游艺会，并刷写标语、散发传单7000余份。声势浩大的群众活动，引起国民党当局的极大恐慌，立即部署兵力镇压。11月9日，在三原和耀县小丘、富平庄里地区的国民党驻军与三原、富平、泾阳、高陵、耀县、淳化6个县的民团纠集在一起，将武字区四面包围，实行武装“清剿”。中共渭北特委和渭北革命委员会领导骨干被冲散，五六十名共产党员、共青团员和群众死于国民党屠刀下。习仲勋和中共渭北特委书记李杰夫带领第二支队向西南方向的心字区转移。

随后，习仲勋秘密回到渭北革命根据地富平西区一带，继续开展武装斗争。在这里，他领导成立中共淡村支部，姚万忠担任支部书记，发展了一批党团员，壮大了富平县党团组织。接着，以党团员为骨干建立起一支有20人的富平县淡村游击队，由岳强明、刘鸣凤负责。这时，武字区前区游击队队长康尚武带队伍到淡村一带活动，习仲勋担任该队政治委员。在党组织的领导下，游击队的武装斗争与群众分粮斗争结合起来，形势迅速出现转机。12月的一天晚上，习仲勋指挥游击队和数百名群众包围习家庄北面的西刘堡，收缴和分配了大地主刘本初、民团团长刘玉琪囤积的粮食和财物。中共富平西区组织及其领导的游击队的活动产生很大影响，遭到国民党地方当局的残酷镇压。

中共陕西省委得知国民党军队和地方民团向渭北根据地发动“清剿”并占据武字区的消息后，即派省委委员贾拓夫以渭北特派员身份前去视察。贾拓夫先后两次召开特委紧急会议，传达省委关于渭北工作的决议，决定组成以李冲霄为书记的新的中共渭北特委。不久，中共陕西省委委员杜衡在武字区特委扩大会议上传达省委指示，宣布中共渭北特委由七名正式委员和两名候补委员组成，金理科为书记。1932年12月中旬，中共渭北特委再次召开扩大会议，宣布撤销特委，成立中共三原中心县委，习仲勋任县委委员。同时，共青团渭北特委改为共青团三原中心县委，习仲勋任组织委员，1933年2月任共青团三原中心县委书记。共青团三原中心县委管辖武字区、心字区两个团区委。3月，

① 《渭北革命根据地》，陕西人民出版社 1990 年版，第 100 页。

中共陕西省委调习仲勋回省委分配工作。8月，以武字区、心字区为中心区域的渭北革命根据地再次遭国民党军重兵“围剿”，红军主力撤离。

1932年4月20日，中共中央作出《关于陕甘游击队工作及创造陕甘边新苏区的决议》，批准组建中国工农红军第二十六军。6月26日，中共临时中央在上海召开北方各省委代表联席会议（简称北方会议），强调北方党的基本任务是创造与发展陕甘新苏区，正式组建中国工农红军第二十六军，陕西省委书记杜衡任军政治委员。12月20日，杜衡在宜君县杨家店子（今属旬邑县）召开陕甘游击队党员会议，宣布陕西省委关于改编陕甘游击队为中国工农红军第二十六军第二团的决定及杜衡担任军政治委员兼团政治委员。12月22日，杜衡主持召开党员大会和军人大会，推选王世泰为红二十六军第二团团长，将刘志丹、谢子长、阎红彦等排挤出领导之外。后在谢子长、王世泰的要求下同意刘志丹出任团政治处处长，谢子长、阎红彦到上海“受训”。12月24日，红二团在今旬邑县转角镇举行改编授旗仪式，下辖骑兵连、步兵连和少年先锋连，还有一个政治保卫队。在刘志丹、王世泰的指挥下，红二团在耀县、宜君、旬邑一带与敌人作战，连连获胜，创建了以耀县的照金为中心的陕甘边革命根据地。

1933年3月初，习仲勋奉调到西安期间，中共陕西省委书记孟坚（孟用潜）先后两次找他了解情况，并安排他到陕甘边根据地工作。3月，中共陕甘边特委在耀县照金镇兔儿梁成立，金理科任书记，习仲勋任特委委员、特委军委书记和团特委书记。特委成立后，根据中共陕西省委发展党的组织的指示，积极培养和发展有觉悟的贫雇农入党，逐步建立一批党支部和农会。3月中旬，陕甘边游击队总指挥部在照金成立，李妙斋任总指挥（后为黄子文），习仲勋（后为张秀山）任政治委员。5月，习仲勋和李妙斋等对20多支游击队进行政治上、组织上的整顿，遣散一批纪律涣散、成分不纯人员，开展阶级教育和纪律教育，建立政治工作制度，游击队的政治、军事素质得到较大提高。在特委和游击队总指挥的领导下，根据地群众工作广泛开展。4月5日，中共陕甘边区特委在耀县照金兔儿梁召开第一届工农兵代表大会，选举产生陕甘边革命委员会。周冬至当选革命委员会主席，习仲勋为副主席。革命委员会下设土地、粮食、肃反、经济委员。此后，照金、香山、芋园、七界石、老爷岭、桃曲原、马栏川等区、乡、村基层政权组织相继建立。在革命委员会领导下，边区贯彻中华苏维埃共和国临时中央政府土地法令，按家庭劳动力和人口的混合标准分配土地，优先贫雇农，适当补充土地不足的中农；废除地主佃租和国民党政府的一切苛捐杂税。在革命委员会的建立和土地分配工作开展后，陕甘边根据地进一步巩固发展，管辖范围东至胡家巷、高山槐，西到黄花山、七界石、马栏川，北连断头川、伍房川，南至桃曲原、高尔原、老牛坡，跨越耀县、旬邑、淳化等县边界的广大地区，方圆近百里。

1933年6月下旬，杜衡不顾刘志丹等人的反对，强令红二团南下渭南、华县、洛南一带，很快遭敌重兵围追堵截，苦战月余而兵败于南山，中共陕西省委亦遭破坏，杜衡被捕叛变。由于红军主力南下失败，国民党当局加紧对照金苏区的“围剿”。在异常艰难的情况下，习仲勋和特委其他成员一起，承担了独立领导陕甘边苏区斗争的重任。8月14日，习仲勋在耀县陈家坡村主持召开陕甘边党政军联席会议。中共陕甘边特委和游击队总指挥部负责人秦武山、习仲勋、李妙斋，西北民众抗日义勇军总指挥王泰吉、红四团团长黄子祥、耀县游击队的领导张邦英，以及中共陕西省委军事特派员高岗等10余人参加会议，习仲勋、秦武山担任会议执行主席。会议讨论重新组建主力红军问题，正确分析研究根据地面临的形势和任务，提出扭转被动局面的对策。经过讨论，会议否定了分散行动的意见，决定成立陕甘边红军临时总指挥部，推举王泰吉为总指挥，高岗为政治委员，刘志丹从秦岭山返回后任参谋长，统一领导西北民众抗日义勇军、红四团、耀县游击队等武装力量。面对敌我力量对比悬殊的情况，为了避敌锋芒，临时总指挥部决定红四团、义勇军、耀县游击队和陕北一支队转入外线作战，牵制敌人，减轻苏区压力；习仲勋、张秀山、吴岱峰等带领照金各游击队坚持根据地斗争。陕甘边红军主力出动不久，国民党陕西当局对照金又一次发动大规模“围剿”。10月13日，国民党军开始由兔儿梁隔绣房沟向薛家寨发起攻击，游击队总指挥部领导红军官兵同仇敌忾，防御作战屡打胜仗。习仲勋看到敌我力量悬殊，若坚守困难更大，遂向特委“建议部队全部撤退，来个空城计，我们不能死守根据地”①。中共陕甘边特委采纳了习仲勋等人的意见，并决定习仲勋带领机关干部先撤离寨子，再适当地带做好部队撤退和转移的准备。根据特委决定，习仲勋秘密离开山寨，在附近农村隐蔽下来，相机开展群众工作和接应撤离队伍。不久，习仲勋转到旬邑县七界石，与张秀山、吴岱锋等率领的游击队汇合。在行军途中习仲勋身患重疾，在宜君

① 习仲勋：《陕甘高原革命征程》，见《陕甘边革命根据地》，中共党史出版社 1997 年版，第 253 页。

小石崖村养病月余。11月3日至5日，陕甘边党政军负责人联席会议在甘肃省合水县包家寨召开，决定撤销陕甘边区红军临时总指挥部，恢复中国工农红军第二十六军，首先成立第四十二师，将义勇军和耀县游击队合编为红四十二师第三团，将红四团改编为骑兵团；分别以安定、南梁、照金为中心，建立第一、第二、第三路游击区，向四周发展，创建以甘肃南梁为中心的陕甘边革命根据地。根据包家寨会议决定，8日，红二十六军第四十二师在甘肃合水县莲花寺成立，全师500余人，战马200多匹。1934年1月，第二、第三路游击总指挥部相继成立。春节前夕，久病初愈的习仲勋到达南梁，任第二路游击总指挥部中共队委书记，与第二路游击总指挥部总指挥杨琪、政治委员高岗一起，在刘志丹的领导下开辟南梁苏区。随着群众武装的广泛建立和地方游击队的发展，初步形成主力红军、地方游击队、群众武装相结合的三位一体的游击战争武装体系。到1934年春，陕甘边红色区域迅速扩大到包括保安、安塞、甘泉、富县、庆阳、合水、宁县、正宁、旬邑、淳化、耀县、同官、宜君和中部等14个县的大部分地区。

南梁苏区的发展，急需建立机构统一领导根据地的各项建设。1934年2月，红四十二师党委在南梁小河沟四合台村召开群众大会，选举成立新的边区临时政权组织——陕甘边区革命委员会。习仲勋当选为革命委员会主席，下设土地、劳动、财政、粮食、军事、肃反委员，同时组建政治保卫大队。5月28日，红四十二师党委在南梁寨子湾召开会议，恢复和健全了中共陕甘边特委，张秀山任特委书记，成立刘志丹任主席的陕甘边革命军事委员会，习仲勋继续担任特委委员。7月下旬，习仲勋和刘志丹、张秀山等陕甘边领导人，在南梁附近阎家洼子迎来中国工农红军陕北游击队总指挥部总指挥谢子长，政治委员郭洪涛，参谋长贺晋年率领的陕北红军游击队和赤卫队。月底，陕甘边区与陕北党政军领导人在阎家洼子召开联席会议。红二十六军连以上和陕北游击队支队长以上干部30多人参加，习仲勋是主席团成员之一。会议研究如何粉碎国民党陕北当局对陕北根据地的第一次“围剿”问题，决定撤销高岗红四十二师政治委员职务，政治委员一职由谢子长兼任；红三团随陕北红军游击队总指挥部北上，与陕北游击队协同作战粉碎“围剿”。会上，宣读了中共上海临时中央局和中央驻北方代表通过陕北特委转交陕甘边区的两封指示信。这两封信指责红二十六军是“一贯的右倾机会主义领导”、“梢山主义”、“枪杆子万能”、“浓厚的土匪色彩”等。习仲勋与刘志丹针对上述指责充分说理、积极申辩。

阎家洼子会议后，陕甘边区革命委员会根据中共陕甘边特委《目前政治形势与陕甘边党的任务》中提出的“以华池为中心，向四周发展；恢复照金苏区；打通与陕北苏区的联系；创造条件，转变临时政权为正式政权；实行土地革命”①的任务，着手筹备召开工农兵代表大会，实现工农兵临时政权向正式政权——苏维埃政府的转变。习仲勋是边区革命委员会主席，承担了筹备苏维埃政权的任务，和其他领导商议起草财政、土地、粮食等决议案及其他文件。11月1日，陕甘边区工农兵代表大会在荔园堡大庙内举行，审议通过《政治决议案》《军事决议案》《土地决议案》《财政决议案》和《粮食决议案》等文件。经过充分酝酿讨论，大会采取无记名投票方式选举产生陕甘边区苏维埃政府委员会，习仲勋当选为苏维埃政府主席，贾生秀、牛永清当选为副主席。11月7日，陕甘边区苏维埃政府举行有五六千群众参加的庆祝成立大会。陕甘边区苏维埃政府成立后，发挥了组织领导经济建设和社会发展的职能，保证根据地人民有正常的生产生活，为支援游击战争提供了必要的物质基础。习仲勋主持制定并以陕甘边区苏维埃政府主席名义颁发的一系列政策法令，对政治、经济、军事、文化等都有明确规定，发行了政府货币，建立了集市贸易，稳定和繁荣了经济，极大地推动了根据地的建设。为培养干部，成立了陕甘边红军军政干部学校，刘志丹兼任校长，习仲勋兼任政治委员，吴岱峰任军事主任，先后培训干部3期，约300余人。边区苏维埃政府还在何家沟门办起第一所列宁小学，自己编写教材。不久，在周围村庄相继办起列宁小学和成年识字班。习仲勋还非常重视研究和解决政府的行政措施和法令在贯彻执行中出现的新情况、新问题，适时提出处理各种矛盾的政策和策略。他当时刚满21岁，被群众亲切地称为“娃娃主席”。②

正当以南梁为中心的陕甘边革命根据地不断发展之际，1934年2月，国民党当局向陕甘边根据地发动大规模的进攻。刘志丹率陕甘边红军主力转入外线作战，根据地纵深地带兵力空虚。习仲勋组织领导根据地军民坚壁清野，进行了艰苦卓绝的斗争。10月至11月，国民党当局又一次发动对根据地的“围剿”，兵分六路向苏区中心区域推进。陕甘边特委和军委决定红军主力再次转入敌后，歼其一路或两路，打乱敌“围剿”计划，少数游击队配合赤卫军留守

① 《陕甘边革命根据地》，中共党史出版社 1997 年版，第 15—16 页。

② 《习仲勋革命生涯》，中共党史出版社、中国文史出版社 2002 年版，第 43 页。

根据地与敌周旋。习仲勋仍留南梁，担负起组织领导保卫根据地和筹集粮草物资、支援前线的重任。1935年春，国民党调集陕西、河南、山西、宁夏、甘肃5省军阀部队，投入近30个团约4万兵力，再次对陕甘边、陕北根据地发动大规模的“围剿”。严峻的形势迫切需要将中共陕甘边特委、中共陕北特委及领导的两支红军、两块根据地统一起来，集中兵力，统一领导，粉碎国民党军队的“围剿”。

1935年2月5日，中共陕甘边特委和陕北特委在赤源县周家硷召开联席会议，决定成立中共西北工委和西北军委，统一领导陕甘边、陕北两块根据地党政军组织。惠子俊任西北工委书记，刘志丹任西北军委主席（一说谢子长），习仲勋任工委委员。同时，建立西北苏维埃筹备委员会。新成立的中共西北工委和军委，决定集中红军优势兵力，首先打破敌八十四师高桂滋防线，向南向西发展，使陕甘边和陕北根据地连成一片；红四十二师第一团和西北抗日义勇军北上陕北，与陕北红军——第二十七军会合。在国民党军重兵逼近的形势下，习仲勋和陕甘边政府工作人员按照中共西北工委“暂时撤离南梁”的指示，组织群众将根据地的粮食、农具、生活用具埋藏，把牛羊牲口全部赶进山林隐蔽，积极做好撤离南梁的准备。在陕甘边党政机关主动撤离南梁转移到洛河川时，红军主力接连取得反“围剿”战斗的胜利，解放了延长、延川、安塞、安定、靖边、保安6座县城，面积达3万平方公里，人口90万，在20多个县建立了工农民主政权，使游击区扩大到30多个县，主力红军发展到5000人，地方游击队发展到4000人，把长期分离的陕甘边、陕北两块根据地连成一片，彻底粉碎了国民党军对陕甘边、陕北根据地的第二次“围剿”。

1935年5月，陕甘边党政军机关移驻甘泉县洛河川下寺湾一带，习仲勋随边区苏维埃政府驻义子沟。6月，中共中央驻北方代表先后派朱理治、聂洪钧到西北革命根据地，错误地指责刘志丹和习仲勋等负责人“右倾”。7月15日至21日，中共西北工委在永坪镇召开扩大会议，传达由中共中央驻北方代表和河北省委共同签署的指示信，称“陕甘党内有右倾取消主义，而且他们的阴谋已暴露”；“右倾取消主义是为日本帝国主义国民党服务的”；因此“要反对国民党的走狗并与之进行斗争”。在王明“左”倾教条主义错误指导下的一场所谓“反右倾取消主义”的斗争在这里展开。9月9日，中国工农红军第二十五军在中共鄂豫陕省委率领下，经过艰苦转战越过子午岭进入陕西保安县（今志丹县）。9月15日，红二十五军在永坪镇与红二十六、红二十七军会师。由朱理治、聂洪钧和程子华三人组成中共中央驻北方代表派驻西北代表团，朱理治任书记。9月17日，西北代表团主持召开中共西北工委、中共鄂豫陕省委主要领导会议，决定撤销中共西北工委和中共鄂豫陕省委，成立中共陕甘晋省委，朱理治、郭洪涛分别任正副书记；将红二十五、红二十六、红二十七军改编为红十五军团，徐海东任军团长、程子华任政治委员、刘志丹任副军团长兼参谋长，高岗任政治部主任。同时，建立新的西北军事委员会，聂洪钧任主席。在"左"的错误思想指导下，刘志丹、高岗、习仲勋、马明方、张秀山等被排除在省委领导之外。"左"倾教条主义的执行者错误地提出：向西南发展，争取与陕南、川陕苏区连成一片，再连接新疆、青海的革命运动，推动全国革命斗争。之后，又专门研究"肃清右派"问题，确定进行肃反，并认定"右派"组织主要存在于陕甘边党与红二十六军中。"左"倾教条主义的执行者先后在前线和后方机关逮捕了包括刘志丹、高岗、习仲勋、张秀山、刘景范、马文瑞、杨森、蔡子伟、张文舟、李启明在内的一大批党政军主要领导干部，红二十六军营级以上、陕甘边地方县级以上干部全部被关押，200多人被错杀。10月19日，中共中央和毛泽东率中央红军长征到达吴起镇，得知陕北肃反情况后，派贾拓夫与李维汉同行寻找西北红军和刘志丹。毛泽东下令：停止逮捕，停止审查，停止杀人，一切听候中央来解决！①11月7日，张闻天、秦邦宪、刘少奇、董必武、李维汉等率中央机关抵达瓦窑堡，着力解决陕北错误肃反问题。中共西北中央局指定组成审查错误肃反的五人"党务委员会"，通过调查研究，确认错误肃反中强加给刘志丹、高岗、习仲勋等人的是"莫须有"罪名，理应推倒。习仲勋同刘志丹、杨森、杨琪、张秀山、刘景范等人被释放，其他被关押的同志陆续获释。

1935年12月，习仲勋经人介绍与中共瓦窑堡市委妇女部干部郝明珠结婚，婚后育有和平、乾平、富平（正宁）两女一子，至1943年冬因感情破裂离婚。

为了迎接全国革命高潮的到来，1935年12月17日至25日，中共中央在瓦窑堡举行政治局扩大会议，制定抗日民族统一战线的策略。1936年1月中旬，毛泽东、周恩来、彭德怀签署命令，要求主力红军立刻出发，打到山西去，开通抗日前进道路。在各路红军奉命东征时，习仲勋奉命赴关中特区工作，任关中特区苏维埃政府副主席、党团书记。为了加强对西北苏区的领导，中共中央初到陕北时，将西北苏区按地域划分为陕甘省、陕北省、关中特区、神府特区四个行政区域。

---

① 李维汉：《回忆与研究》上卷，中共党史资料出版社1986年版，第370页。

关中特区是其中一个比较大的特区，是陕甘宁边区的“南大门”，下辖淳耀、赤水、永红、新正、新宁五县，包括陕甘两省接壤的旬邑、淳化、耀县、宜君、正宁、宁县所属的部分平原和广大山区。鉴于其特殊的地理位置，中共中央在设立关中特区的同时，成立中共关中特委，归陕甘省委领导。1936年1月，中共中央派贾拓夫等人到达关中，在原中共陕甘边南区区委的基础上成立中共关中特委，贾拓夫任书记。特委机关驻新正县（今甘肃省正宁县）三嘉原南邑村。关中特委的中心任务是迅速传达贯彻瓦窑堡会议精神，学习毛泽东在党的活动分子会议上《论反对日本帝国主义的策略》的报告，坚持武装斗争，巩固根据地，建立发展统一战线，迎接抗日新局面。习仲勋到关中特区后，根据中央精神和当地实际，纠正执行土地政策问题上的偏差。他认为“当时由于在土地政策上侵犯了中农利益，在经济政策上没收了小商人的一些东西，以及‘左’倾机会主义的肃反政策，造成了关中苏区群众的相当恐慌，对外则形成赤白对立。党中央到陕北后，即进行对错误政策的纠正，由于干部不能很好掌握政策，在土地政策上又犯了右的倾向，把已没收的地主土地退回给地主，分到土地的雇农和贫农感到地权不稳定，对革命发生了怀疑。于是又进行了第三次土地重新调整，按人口与劳动力的混合原则，平均分配土地。但是这引起人口少而已经多分了土地的贫农的不满。中农因为自己原有土地，而又得不到分配的土地，同样对革命发生怀疑。因此这时争取中农的工作是一个很重要的问题”①。4月，国民党军东北军以11个师的兵力，分三路向关中特区发动“围剿”，同时出动飞机轰炸。仅1个月时间，关中特区5个县除新宁县1个乡的平道川未遭敌军骚扰外，几乎全被国民党军侵占，所有中心区域都设立武装据点。国民党军清查户口，编制保甲，收买利诱中共党员和干部叛变。关中红军主力第一团及第一、第二、第三独立营离开关中苏区北上，特区所辖5个县的苏维埃政权被迫撤离，关中特区苏维埃政府主席秦善秀等被国民党军杀害，个别游击支队哗变投敌，斗争更为残酷。鉴于此种形势，中共中央决定撤销中共陕甘省委，将其所辖关中特委划归中共陕北省委。这一时期，红军在山西的东征行动也遭到阎锡山部队的顽抗，蒋介石并调集大量军队增援阎锡山。

面对变化的形势，中共中央结束东征，随即发动西征。1936年5月18日，毛泽东、周恩来、彭德怀发布西征战役命令，组成以彭德怀为司令员兼政治委员的

---

① 《习仲勋文集》，中共党史出版社 2013 年版，第 15—16 页。

中国工农红军西方野战军，向陕、甘、宁三省边界地区发动进攻，以打破国民党军对西北苏区的围攻，消灭宁夏马鸿宾、马鸿逵，扩大苏区，打通和苏联间的国际路线，迎接红军二、四方面军北上，争取团结国民党军东北军、十七路军和一切抗日武装，促进抗日民族统一战线的形成。中共中央根据新形势，要求新建的陕甘宁省委派大批干部随军进入新解放地区，开辟工作，建立健全党的组织和革命政权，扩大西北革命根据地。5月，习仲勋被中共中央调至陕甘宁省委工作，28日随集结于吴起镇的西方野战军左路军红一军团向甘肃省东部的曲子、环县开进。30日，随部队到达甘肃省东部的元城地区，按照毛泽东占领曲子及其南北一线、“以不与东北军正式作战为原则，对马鸿宾则坚决打击之”①指示的精神，在此开展地方工作。曲子镇是国民党曲子县（后归环县）县政府所在地，是甘肃庆阳通往宁夏的要隘，国民党军第三十五师第一〇五旅旅长冶成章带300多名骑兵驻守城内。6月4日，西方野战军第一师攻占环县，5日进驻环县以北的洪德城。曲子被西方野战军解放后，中共曲环工委成立，习仲勋任书记。西方野战军解放环县后继续挥师西进，习仲勋即由曲子镇赶赴洪德城，任中共环县县委书记。同时，环县苏维埃政府成立，刘占奎任县苏维埃政府主席。河连湾是陕甘宁省委驻地，离洪德城约5公里，习仲勋及县委的工作随时得到李富春等省委领导的指示。县委成立后的主要任务是发展壮大中共基层组织，建立地方政权。习仲勋深入到南湫乡一带向农民群众宣传党的抗日救国政策，揭露国民党反动当局积极反共、消极抗日的行径，发动农民组织起来，废除保甲制度，建立新政权，没收地主恶霸土地财产，分给劳苦大众。习仲勋以大量精力投入群众武装的组织和领导，要求加强县委军事部、县政府保卫局的力量，设立警卫队，组建环县、洪德、胡家洞子3个区游击队，发展队员40多人，配备长短枪30余支。多数乡、村还成立自卫军、赤卫队，有效地遏制和打击反动势力，保卫了人民民主政权。

1936年8月中旬，习仲勋向陕甘宁省委汇报工作，省委书记李富春转达中共中央让其回保安县（今志丹县，时中共中央已由瓦窑堡移此）另行分配工作的决定。9月中旬，习仲勋列席中共中央政治局扩大会议聆听毛泽东的发言，更加明确地认识到中国共产党在抗日民族统一战线中的作用和地位。会后，中央

---

① 毛泽东1936年5月26日23时致彭德怀电，见军事科学院编：《毛泽东军事年谱》，广西人民出版社1994年版，第131页。

调他任关中特委书记，再守边区“南大门”。10月初，习仲勋一行10余人到达关中特区所在地旬邑县七界石，与留守的中共关中临时特委组织部部长张凤岐取得联系。在特委会议上，习仲勋要求立即健全特委组织，部署开展各项工作，决定张凤岐负责组织，张策负责宣传、统战，郭炳坤负责军事。习仲勋强调说，无论组织、宣传、统战工作都要围绕战争进行。关中特区工作分南线、北线，习仲勋派张策到南线、张凤岐到北线开展工作。由于全国抗日救亡运动不断高涨，国民党地方当局对共产党和红军的策略也发生变化，军事进攻上有了缓和，开始以政治控制为主，不断加强保甲训练，对共产党组织和游击区民主政权内部进行瓦解破坏。为了应对这一特殊形势，习仲勋10月中旬在七界石主持召开有30多人参加的关中特区党的活动分子会议，讨论坚持与恢复关中苏区和游击战争问题。会议决定：(1) 以县为单位整理与扩大游击队，行动上以“集中打仗，分散活动”为原则，成立关中游击队指挥部。郭炳坤任指挥，习仲勋兼政治委员，统一领导关中游击队。(2) 开展统战工作，争取进步、中间的民团、保甲，打击最反动的少数分子。(3) 整理各地党的工作，健全党的组织生活。(4) 恢复各县苏维埃政权，在敌人后方开辟新苏区。

1936年12月，西安事变的爆发及其和平解决，成为时局转换的枢纽，国共两党十年内战的局面基本结束。国内政治形势的变化和中共中央重大方针政策的转变，给中共地方组织提出新的任务和要求。习仲勋在分析关中形势后认为，西安事变的和平解决，促进了国共两党合作，目前“党的中心工作是：第一，开展统一战线工作；第二，整理内部组织；第三，扩大红军，加强整训；第四，大量发展党的组织”①。关中特委即以建立和扩大统一战线中心，重点开展三方面的工作：(1) 进行苏区与友区划分区域的谈判。(2) 争取民团。由于长期的游击战争，大多数国民党地方民团和红军游击队结怨较深，但是在党的抗日民族统一战线政策的感召下，经过习仲勋和关中特委其他同志艰苦细致的工作，一些过去有统战关系的民团进一步与苏维埃政权靠近。(3) 加强对友区的群众工作。1937年1月，中共中央决定再次成立中共陕甘省委，李维汉任书记，刘景范、张邦英、习仲勋等13人为委员，以加强对甘泉以南党组织的领导，发动武装群众。习仲勋领导的关中特区划归陕甘省委管辖。同月，习仲勋领导关中特区同国民党当局就关中所辖范围进行谈判，划定了界限，关中特区

---

① 《习仲勋文集》，中共党史出版社 2013 年版，第 18 页。

日益巩固。2月9日，中共陕甘省委、陕甘省抗日救国政府作出《关于苏区与邻近各县友区行政关系之原则》的决定，作为苏区政府与友区各县政府交涉的根据，指出：除关中各县由关中特区负责外，其他各县由省抗日救国政府直接派代表（或帮助各县政府）进行。习仲勋指示时任新宁县委书记的郭廷藩为首席谈判代表，与国民党甘肃省正宁县县长朱门在正宁县城山河镇谈判，驻防正宁县的红一军团第一师政治委员邓华作为评判代表参加。在维护抗日大局、有利国共合作、避免纷争的前提下，划定苏区和友区的行政区域界限。

4月，中共陕甘省委撤销，中共关中特委和特区苏维埃政府由桃渠河移驻旬邑县马家堡。特委设立常委会，以强自修、张策、霍维德、张仲良为常委，习仲勋仍为书记，并以习仲勋、强自修、张策等11人组成执委会，特委各工作部门也逐步健全。同时，特区苏维埃政府更名为抗日救国政府。原陕甘省苏维埃政府副主席霍维德调任关中特区抗日救国政府主席兼党团书记。关中特区司令部武装力量扩大，辖淳耀第六、第八、第九、第十支队和赤水第十二、第十三支队，永红保卫队及新宁第二十支队等游击队。张仲良、金道松分任正副司令员，习仲勋兼任关中特区司令部政治委员。

三

1937年7月7日，抗日战争全面爆发。中共陕甘宁特区委员会改为中共陕甘宁边区委员会，9月陕甘宁边区政府成立，共辖22个县，面积12万平方公里，人口200万。10月，习仲勋等在马家堡主持召开中共关中分区代表大会，50多人出席，代表关中分区700多名党员。大会着重“检查过去党的工作，讨论开展关中统一战线以及苏区转变为边区问题”，产生中共关中分区委员会，选举习仲勋、郭炳坤、张仲良、霍维德等为关中分委委员，习仲勋仍当选为书记。新的关中分委除管辖新正、新宁、赤水、淳耀4个县委外，还领导做国民党统治区工作的旬邑、淳化两个县的八路军办事处。关中特区司令部改为关中分区保安司令部，习仲勋兼任政治委员。在关中分区工作期间，习仲勋为做好对周边地区国民党武装的统战工作花费了大量心血。他常对干部讲，对于边区周围的国民党民团要下大力气做好工作，只有减少和阻止他们对边区的侵袭骚扰，我们才能集中精力建设民主根据地；还要特别注意在抗日民主政权中安排一些地方知名人士、社会贤达任职，发挥他们在抗日救亡运动中的作用。此间，他将赤水县的士绅景田玉安排到县政府任财政科长，新正县雷庄的老中医张治平、旬邑县的萧芝葆聘为关中分区参议员。

随着抗战形势的发展变化，国共两党在统一战线中的矛盾逐渐尖锐。关中分区是陕甘宁边区的南大门，是反磨擦斗争的重点区域。以习仲勋为书记的关中分委，担负着领导分区军民同国民党顽固派进行政治、经济、军事各方面斗争的艰巨任务。抗日战争进入战略相持阶段后，1939年1月召开的国民党五届五中全会制定“溶共”、“防共”、“限共”、“反共”的方针，设立“防共委员会”，确定一系列反共的具体办法。在陕甘宁边区，国民党顽固派不断进行袭扰、挑衅，继陇东分区的镇原、宁县事件后，国民党在关中分区又制造旬邑事件。1月，八路军设在黄河边上的荣校（伤残军人学校）奉命转移到旬邑县城南的土桥镇。下旬，国民党旬邑县县长张中堂及国民党彬县专员张明经调集保安队两三千人，武装围攻八路军荣校。习仲勋指示荣校撤离土桥，退驻城北看花宫，避免了伤亡。5月，荣校一工作人员在旬邑县遭保安队枪杀。荣校派代表前往国民党政府请愿，遭张中堂镇压，死九人。随后，国民党当局又率大队人马向驻守县城的关中分区保安独立一营进攻。激战七天八夜，独立营撤退，县城被顽军占领。正在延安向西北局汇报工作的习仲勋得知后，立即赶赴马家堡，派宣传部部长郭炳坤、组织部部长张凤岐进入县城，加强对独立营的指挥。郭、张未进城，独立营已退出县城。习仲勋立即召开关中分委会议，研究对策，决定分区党政军暂时撤离马家堡，移至北部长舌头村。此时，独立一营官兵要求增派兵力，夺回失地。习仲勋一面向陕甘宁边区党委和政府报告情况，一面按中央精神耐心细致地做部队和群众的思想工作。他说：事情是顽固派挑起的，他们杀了人，夺了地，我们自卫还击，完全在情理之中。但以武力还击，还是利少弊多，一则，敌众我寡的态势未变，要打，吃亏更大；二则，顽固派正是想要以我们动武为借口，而制造更大的磨擦事件。我们一定要按党中央维护抗日大局、争取和平解决的指示办，保持克制冷静态度，等待上级解决。随即，习仲勋与分区保安司令张仲良致信国民党保安九团尤奉山，晓以民族大义，劝其悬崖勒马。尤看信后，表示绝不再向关中分区前进。之后，在中共中央的正确领导下，旬邑事件得到正确解决，习仲勋和关中分区同志从事件处理中，对中央方针政策和斗争艺术有了更深刻的理解，为以后坚持有理、有利、有节地同顽固派作斗争积累了经验。习仲勋在检查两年的工作后，认为关中分区在统战工作中必须进行斗争，只有斗争，才能团结。

1939年9月上旬，中共关中分区委员会在新正县上墙村召开分区第二次代表大会。大会选出习仲勋、张仲良、郭炳坤、张凤岐等13名分委委员组成关中党的领导机关，习仲勋连任分委书记。11月13日，习仲勋出席在安塞县徐家沟召开的中共陕甘宁边区第二次代表大会，再次当选中共陕甘宁边区委员会委员。是年冬，国民党掀起第一次反共高潮，国民党顽固派在陕甘宁边区极力分裂统一战线，武装磨擦日益猖獗。他们在边区周围设立秘密据点，派遣特务、土匪，绑架和杀害边区党、政、军工作人员，制造事端，并在短时间内侵占了陕甘宁边区的4个区、7个乡、131个村庄。从1939年11月至1940年6月，国民党军武装进攻关中分区的事件达64起。在关中的周边一带土匪武装活动频繁，对分区社会秩序和群众生命财产安全造成严重威胁。1940年1月21日，中共关中分委书记兼保安司令部政治委员习仲勋以关中分区专员名义向陕甘宁边区政府作题为《关于关中分区的反磨擦问题》的报告。他在报告中详细分析关中分区所面临的形势，提出开展反磨擦斗争的行动方案。主要策略有："第一，在任何情况中，都要坚持统一战线，坚持抗战。因为我们坚持反磨擦斗争，就是扩大和巩固抗日民族统一战线，坚持抗战到最后胜利的目的。第二，反磨擦斗争，目前仍是以政治进攻为主，准备战争是在自卫原则下进行的。……第三，此次对方的进攻是有整个计划与组织的，因此，不能简单地与过去论比。如对方突然向我袭击，或占我某一地区，我则一定要派出兵力深入到其后的有利地区活动，为的是打垮反动基础与扶植进步力量，以达到保卫边区，保卫关中分区的目的。"①3月1日至17日，习仲勋赴延安出席有各分区书记、专员和各县委书记、县长、保安科长等负责人参加的陕甘宁边区党政联席会议。会议总结边区党代表大会所提出的征粮和扩军工作落实情况，同时讨论第二次党代表大会提出的经济建设工作。5日，习仲勋在联席会上汇报关中分区工作。他说，在扩军征粮工作中，关中分区扩兵原定200人，完成642人；征粮9500石，完成9952多石。从数字可以看出，关中分区在国民党顽固派不断制造磨擦和重重围困下，圆满地完成征粮和扩兵任务。为了粉碎顽固派的反动图谋，习仲勋在陕甘宁边区党委和留守兵团的领导和支持配合下，组织边区军民进行了大小数十次反磨擦战斗，并取得胜利。7月22日，习仲勋在阳坡头主持召开关中分委常委扩大会议，主要总结一年多的反磨擦斗争经验，布置开展新工作，迎击顽固派的新

① 《习仲勋文集》，中共党史出版社 2013 年版，第 4 页。

进攻。习仲勋具体分析了各县所面临的形势，指出：关中分区反磨擦斗争本身仍是急剧地发展着和转变着，并未因之而消沉和停止；为了完成自卫的反磨擦斗争的战略任务，必须建立我们的新阵地，必须建立坚强巩固的后方，打好准备反击顽固派的良好基础；要进一步团结和扩大进步势力，开展新区工作。

1942年春，整风运动开始在党的各级干部和党员中进行，这是一次具有深远意义的普遍的马克思主义教育运动。7月，习仲勋任中共中央西北局党校校长。在此之前，关中分区的隶属关系由西北局划归陕西省委，习仲勋任陕西省委委员、常委。为了彻底清除王明路线在边区的影响，加强边区党的建设，从10月19日开始，中共中央西北局在延安召开了为期88天的高级干部会议（又称陕甘宁边区高级干部会议），毛泽东直接领导会议的召开。参加会议的有党政军民机关县团级以上干部266人，中央机关高级学习组成员和在中央党校学习的重要干部209人列席会议。会议的中心议题是：通过整党、整政、整军、整财经、整党政军民关系，建立党的一元化领导；澄清西北根据地历史上的路线问题；明确当前工作方针，转变领导作风和领导方法，树立新风。习仲勋作为西北局党校校长出席会议并发表讲话。从11月5日开始，会议转入讨论西北根据地（包括陕甘边及陕北）历史问题阶段。11日，习仲勋在大会上发言。他结合自己的亲身经历，首先，讲述了陕甘边苏区和红二十六军发展过程中的红二团南下失败、陈家坡会议和阎家洼子会议等重要历史事件中发生的不同形式的思想斗争；其次，讲了陕甘边党组织内在各种政策上的争论和斗争，指出当时的历史背景是苏维埃运动和游击运动正处于巩固和扩大时期，外部国民党武装加紧军事“围剿”，边区还缺乏大批经过斗争的中下层干部，加之长期与上级领导失去联系，在这个情形下，要想非常坚固、没有缺点是不可能的；第三，是陕甘边区、陕北苏区肃反和肃反带来的恶果及革命遭到的损失。习仲勋在发言中对自己的缺点和不足作了认真的自我批评。11月17日至18日，西北局书记高岗在大会上作《边区党的历史问题的检讨》的报告，对历史问题的讨论作了结论。1943年1月8日，习仲勋以《关中党史简述》为题发表长篇讲话。他将关中党的历史经验概括为三点：(1) 关中党是经过了三个时期的斗争（大革命、苏维埃、统一战线），它具有公开的、秘密的、武装的丰富斗争经验，领导着关中广大群众，并和他们密切地结合着，进行了保卫关中、保卫边区的各种残酷斗争。(2) 关中党的产生，始于大革命时代，但它的发展壮大，是在红军游击队的武装斗争中成长起来的，特别是红二十六军的直接帮助与指导，给关中党发展存在以有力的支持。(3) 关中党的发展，其主要斗争形式是武装斗争，从它的历史全过程看，没有一天是离开了武装斗争的。中国革命武装斗争的特点，同样是表现在关中的党里。

1943年1月14日，中共中央西北局高级干部会议闭幕，毛泽东再次莅临会议作关于领导问题的讲演。会议对领导经济建设成绩卓著的王震、习仲勋等22人给予奖励。习仲勋等在热烈的掌声中登上主席台，从陕甘宁边区主席林伯渠手中接过奖状和毛毯。毛泽东为22名获奖者逐一题词，给习仲勋的题词是："党的利益在第一位"。上款写"赠给习仲勋同志，"下署"毛泽东"。[①]2月3日，延安《解放日报》报道习仲勋等受奖和毛泽东题词的新闻和社论。

1943年初，西北局决定习仲勋任中共绥德地委书记兼绥德警备区司令部政治委员。2月中旬，习仲勋移交西北局党校工作离开延安，到绥德赴任。绥德位于陕北重镇榆林以南，是边区"北大门"。其众多的人口和特殊的地理位置对陕甘宁边区有重要影响。习仲勋通过走访调查，座谈讨论，广泛听取干部、群众、地方士绅的意见，全面了解了绥德地区的历史和现实，尤其对抗战以来该区的反磨擦状况，心中有数。由于日本侵略者和国民党顽固派的军事和经济封锁，陕甘宁边区的经济状况恶化。1943年元旦，《解放日报》发表社论指出，1943年边区人民的中心任务是发展生产，加强教育，而发展生产是尤为中心的中心。习仲勋调查后，针对绥德地区情况提出，机关干部不仅要自己动手，丰衣足食，而且要深入农村，推动大生产运动。他带领一个调查组到沙滩坪区一乡的郝家桥村蹲点调查，以取得经验，指导全区工作。通过调查，习仲勋认为郝家桥村在农业生产改革中，理顺土地租佃关系，改造二流子，组织群众移民南下，实行变工互助、精耕细作等方面都很有典型意义和推广价值。经他提议、地委研究决定，授予刘玉厚模范党员、劳动英雄称号，在全区范围内开展了"村村学习郝家桥，人人学习刘玉厚"的活动。在典型经验的引导下，全区各级组织制定发展生产计划，农村建立了变工队组织，积极提倡革新农业耕作技术，同时发展副业（城镇发展商业），开展劳动竞赛。至当年年底，粮食生产取得较好收成，基本解决了全区52万人的吃饭问题。在大生产运动中，绥德地委和专员公署还号召机关干部厉行节约，勤俭办事，走出机关，参加生产劳动，帮助农民克服困难，发展生产。习仲勋在地委干部会上说，要按照党中

---

① 《习仲勋革命生涯》，中共党史出版社、中国文史出版社 2002 年版，第 29 页。

央、毛主席确定的方针，大家动手，搞好生产；只搞机关工作不参加生产劳动的干部，是轻视体力劳动、缺乏群众观点的表现。在绥德工作期间，习仲勋经常用“为五十二万群众服务”告诫自己、告诫机关工作人员，要把建设适合抗战需要、真正为全区人民服务，兼顾各界利益的抗日民主政权作为地委工作的头等大事，常抓不懈，保证边区政府政令畅通和各项社会事业的顺利推进。

为了解决全区群众文化水平偏低的问题，习仲勋极力提倡因地制宜，大办冬学。仅1943年，绥德全区办起冬学905所，参加学习的人数达7万多人。其中，322个乡办起冬学644所，使冬学成为普及文化知识的重要阵地。1944年3月11日，《解放日报》以《绥德国民教育大革新》为题，全面报道和推广绥德教育工作的经验。

习仲勋经常提醒各级党政组织和党员干部同党外人士交朋友，听取他们对中共组织和政权的意见、建议，不断巩固和完善抗日民主政权。1943年6月，习仲勋在绥德会见即将赴重庆开会的国民党爱国将领邓宝珊，介绍中国共产党的各项政策并倾心交谈。邓宝珊向习仲勋谈对时局的看法，对蒋介石消极抗战、积极反共政策表示强烈不满。习仲勋为民主政权建设倾注了大量的心血，要求全区工作人员时刻不忘记全心全意为人民服务的宗旨。1944年秋，绥德地区召开司法会议，习仲勋发表《贯彻司法工作的正确方向》的讲话，指出：(1) 把屁股端端地坐在老百姓这一方面。司法工作是人民政权中的一项重要建设，和其他行政工作一样，是替老百姓服务的。(2) 不当“官”和“老爷”。司法工作者既是为老百姓服务，就应该站在老百姓中间，万不能站在老百姓头上。(3) 走出“衙门”，深入乡村。司法工作如果不是从团结老百姓、教育老百姓方面着眼，只会“断官司”、“写判决书”的话，即使官司断得清楚，判决书写得漂亮（实际上不可能办到），这个“断官司”和“判决书”的本身仍将是失败的。(4) 关于有出息和没出息。我们个别司法干部，认为做司法工作进步慢，没出息。这种认识是极不正确的。我们司法干部首先应该着重于想问题，在业务上多下功夫，刻苦钻研。其次在工作中，应订出自己的学习计划，从学习业务、学习文化、学习历史、学习社会常识各方面，不断提高自己。再次应加强品质上的修养，把革命利益放在第一位，处处给他人做表率。果真如此做去，还说进步慢，没出息的话，是没有的事。①

---

① 《解放日报》1944 年 11 月 5 日。

1944年4月28日，习仲勋与齐心结婚，婚后育有桥桥、安安、近平、远平两女两子。在半个多世纪的人生历程中，他们始终休戚相关，同舟共济，风雨相伴，是一对亲密无间的革命伴侣。

1945年4月23日，中国共产党第七次全国代表大会在延安开幕，习仲勋作为陕甘宁边区代表团成员出席会议。他围绕几个主要报告特别是毛泽东的政治报告在小组讨论会上多次发言，谈认识和体会。他认为大会确定“放手发动群众，壮大人民力量，在我党的领导下，打败日本侵略者，解放全国人民，建立一个新民主主义的中国”的政治路线是正确的，符合中国实际；毛泽东提出的新民主主义中国的一般纲领、具体纲领和政策，在重大转折时期为中国革命指明了航程。大会选出44名中央委员和33名候补中央委员，习仲勋当选候补中央委员。

6月26日至8月2日，习仲勋参加西北党的历史座谈会。会议是在朱德、任弼时、陈云指导下召开的。7月11日，习仲勋在会上发言，系统地回顾了中国共产党在西北地区的斗争历史，指出武装是革命之本，边区党史实际上就是一部武装斗争史，“梢山主义”是创建根据地的马列主义；真正的领袖是群众斗争中产生的；理论与实际结合是夺取革命斗争胜利的主要因素；“左”倾机会主义是错误的路线；西北地区的革命史，是统一战线又斗争又联合的历史。他侧重于总结不同历史时期党组织活动的经验教训，目的是指导当前和今后的革命斗争。

西北党史座谈会尚未结束，习仲勋接到陕甘宁晋绥联防司令部的通知，他被调到边区反击国民党顽固派军事磨擦的爷台山前线。抗日战争胜利前夕，侵华日军已到覆灭境地，国民党为了独吞胜利果实，制造磨擦，调动兵力，企图夺取关中地区，钳制陕甘宁边区。爷台山位于陕甘宁边区淳耀县东部（今属陕西淳化县），乔山山脉南端。国民党军制造借口的起因，一是同陕甘宁边区南部防线对峙的国民党军陕西省彬洛区保安二团团长刘文华及一部分士兵不满国民党当局的反动政策和法西斯统治而发生哗变，向边区警一旅投诚。二是发生了淳化县方里镇国民党地方武装一个排士兵的起义，即所谓“淳化事件”。胡宗南诬称这是陕甘宁边区部队策动的，便从7月15日起，将河南黄河防线和驻西安等地国民党军西调，在淳化、耀县、同官（今铜川）、旬邑等地集中了9个师的兵力。21日，国民党军暂编第五十九师、骑兵第二师，向关中地区淳耀县境内的爷台山等地陕甘宁边区部队防地发起攻击。关中分区警一旅及新四旅一部英勇自卫，终因寡不敌众，奉命撤出爷台山及其以西的41个村庄。7月下旬，陕甘宁晋绥联防司令部遵照中共中央军委命令，成立爷台山反击战临时指挥部，张宗逊任司令员，习仲勋任政治委员。张宗逊、习仲勋等勘察地形，分析了敌我态势后，决心趁顽军立足未稳之际，集中优势兵力，全歼爷台山守军，彻底挫败国民党军侵犯边区的阴谋。

习仲勋在关中分区工作6年之久，和当地群众建立了深厚的感情，他深知离开了地方党组织和人民群众的支援要取得作战的胜利是不可能的。他与关中地委的同志共同商定了拥军支前方案，并以地委名义向各县委发出《关于保卫关中制止内战的紧急指示》，要求：(1) 立即在干部群众中进行深入动员，揭露国民党顽固派进攻关中地区、发动内战的阴谋。(2) 立即整理自卫军，组织游击小组，动员民兵参战。(3) 立即封锁边界要道，清查户口、山林，捕捉敌探奸细。(4) 立即清查仓库，注意仓库安全及供给需要。(5) 立即转变工作作风，抓紧战争动员。(6) 立即加强机关警戒，防止敌人袭击。在思想政治工作指导下，关中分区人民迅速动员起来，提出“部队需要什么就给什么，需要多少就送多少”的支前口号，民兵踊跃参军参战，群众积极支援前线。仅赤水县就动员支前队员1400多人，出动担架400多副，筹措军粮万余斤，送军鞋1万多双。8月7日，部队向预定作战区域开进。张宗逊、习仲勋等随临时指挥部进至距爷台山仅20里的凤凰山下兔鹿村靠前指挥。胡宗南暂编五十九师占据爷台山后，大肆抓民夫，抢修大小10多座碉堡和众多掩体、堑壕等工事，尤以主峰的碉堡最大，工事最多。8日黄昏，突然狂风大作，暴雨骤降。张宗逊、习仲勋命令作战部队迅速向前沿运动，进入阵地。晚11时，临时指挥部发出总攻命令，各部队全线出击向爷台山守军展开猛烈进攻。经过激烈战斗，至9日下午2时全歼守军。10日，收复爷台山周围全部失地。14日，爷台山反击战取得胜利，临时指挥部奉命撤销。爷台山战斗是抗日战争胜利已成定局的情况下，国民党蒋介石集团向人民抢夺胜利果实、阴谋发动内战的信号。反击战的胜利，充分体现了党中央和毛泽东制定的“以打对打，以拉对拉”和“有理、有利、有节”原则的正确。习仲勋等正确执行中央政策，采取坚守又不死守的作战方针，在防守中消耗顽军、赢得时间后主动撤出，待顽军深入后，利用有利条件，集中优势兵力聚而歼之的策略，充分体现了习仲勋的军事指挥才能。

8月，习仲勋出任中共中央组织部副部长。15日，日本帝国主义宣布无条件投降，中国人民抗日战争终于取得最后的胜利。

四

抗日战争胜利后，中国面临两种命运、两种前途的决战。中共中央制订“向南防御，向北发展”的战略方针，陕甘宁边区军民和各解放区军民一样承担着争取和平、民主，准备自卫战争的历史重任。按照中共中央的指示，西北局书记高岗和边区万名干部调出，赴东北地区建立根据地。在这重要时刻，习仲勋受命担任中共西北局书记兼陕甘宁晋绥联防军代政治委员。在遴选西北局书记人选时，毛泽东曾说，我们要选一个年轻干部担任，他就是习仲勋同志，他是一个从群众中走出来的群众领袖。①1945年12月，习仲勋在西北局召开的联席会议上，就1946年陕甘宁边区任务和工作方针提出意见。他分析了国民党蒋介石集团玩弄“假和谈，真备战”的阴谋，要求解放区军民必须保持警惕，准备自卫战争，在战争中争取和平；提出陕甘宁边区目前总的方针是，一切从长远打算，进一步巩固边区、建设边区和保卫边区。他提出边区目前五大任务：继续发展生产，整顿财政；加紧练兵；开展文化教育工作；发展民主政权建设；整顿党务。陕甘宁边区军民遵照党中央“和平、民主、团结”的方针和西北局、边区政府的部署，广泛深入地开展以选举、减租、生产为中心的群众运动。

习仲勋主持西北局工作时，中共中央安排的自下而上的普选工作开始进行。《解放日报》发表社论，要求陕甘宁边区的普选“在全国人民面前做出好的榜样”。习仲勋对这次普选作了周密部署和精心指导，在试点试选、广泛宣传动员的基础上，分步骤、有秩序地进行普选和县、分区政权的选举工作，顺利选出了出席边区参议会的正式议员135名、候补议员35名。1946年2月10日，习仲勋主持西北局记者招待会，向新闻记者通报陕甘宁边区工作，强调改变各级领导的作风问题。他说，8年来边区工作有很大的进步，不论政治、军事、经济、文化各个方面之工作，都已打下了基础。但我们要把边区建设成为全国的榜样，就不能满足现有的成绩。我们党的方针和政策都是对的，但在执行过程中往往发生偏向，这主要是由于各级干部在工作作风上存在着缺点。县级对区乡缺乏具体的领导，办法提得少，没有很好地去研究下面的干部问题，并很

① 《习仲勋革命生涯》，中共党史出版社、中国文史出版社 2002 年版，第 30 页。

好地去帮助解决，或做出示范，启发下面，今年转变工作作风的关键在县级。习仲勋在分析了产生这些问题的原因后，进一步提出了加强监督问题，特别是发挥报纸的作用，欢迎新闻监督。希望党报对领导干部的缺点提出严正的善意的和实事求是的批评，必须纠正某些干部只愿听好话、不愿听批评的偏向。①

1946年4月底至5月中旬，习仲勋主持召开陕甘宁边区高级干部会议。在4月28日的预备会上，他提出会议要解决的几个问题，即财经问题、复员问题、保卫工作、边防和武装问题。5月13日，边区高干会议结束，他作总结报告。报告分为六部分：(1) 继续发展经济，解决财政问题；(2) 复员问题；(3) 整军与加强地方武装问题；(4) 保卫工作；(5) 继续发动群众，解决租佃与地权问题；(6) 党的领导问题。他在报告中特别强调了发展陕甘宁边区生产的六项重要措施：(1) 发展陕甘宁边区的生产，要实事求是，从现有条件出发，要有远景规划，就是要看得远一点；(2) 发展农业为第一，对于农业的要求，就是增产粮食；(3) 坚持发展农村家织业，发展手工业；(4) 边区的畜牧业也要发展；(5) 合作社问题；(6) 发展工业、建设工业问题。几个月时间，习仲勋或多次参加西北局和边区重要会议并发表讲话，或在报纸上发表文章，充分体现了在中共中央“和平、民主、团结”方针指示下，边区军民努力进行民主运动与和平建设的主线。12月24日，为了发展边区生产，习仲勋主持召开西北局举办的农业科技人员和劳动模范座谈会，专门讨论改进农业技术问题。在座谈会上，他指出：必须认识改良农业技术的重要性和长期性，必须采取有领导有计划的群众路线，一方面反对对此不闻不问的错误思想和态度，一方面又不能操之过急，必须根据当地群众的具体情况，一步一步地做，切忌强迫命令和形式主义。在西北局和习仲勋的领导下，陕甘宁边区政治、军事、经济、文化等工作有了全面发展。

1946年6月26日，国民党军队向中原解放区大举发动进攻，全面内战爆发。中原解放区部队按照预定部署分两路向西突围。王震率第三五九旅和干部旅杀出一条血路，攻占陕南镇安县城后，遭受胡宗南集团重兵围追。第三五九旅转战数日，难以立足。8月，中央军委批准第三五九旅夺路北上，返回陕甘宁边区。根据中共中央部署，习仲勋担任组织指挥接应王震部北返延安的重任。在

---

① 《解放日报》1946 年 2 月 13 日。

一个多月内，毛泽东先后九次亲笔致信习仲勋，就中原部队突围后豫鄂陕边区的建设和迎接王震部北返做出周密部署。习仲勋派中共陕西省工委书记汪锋前往陕南接应；同时，要求甘肃省工委、西府工委等组织武装力量开展斗争，牵制敌人，配合突围部队。9月，当第三五九旅将士回到延安时，习仲勋同其他边区领导和延安各界群众夹道欢迎南下支队胜利归来。习仲勋随毛泽东、朱德等中央领导出席在杨家岭大礼堂举行的欢迎大会。

1946年夏，习仲勋在奉命组织领导南线出击、接应第三五九旅返回陕甘宁边区时，驻横山、榆林地区的国民党第二十二军等部频繁袭扰边区北部地区。中央军委决定，陕甘宁晋绥联防军发动榆横战役，打击袭扰之敌，保证边区北线安全，减轻后顾之忧，并策应国民党陕北保安团队相机进行反内战起义，解放无定河以南地区。习仲勋再次承担此次行动的组织领导重任。6月，毛泽东召见习仲勋并指示说：胡宗南已在调兵遣将，准备进攻陕甘宁边区，并且命令榆林的国民党部队一致行动，对我实行南北夹攻。现在胡宗南还没有采取大的动作，顾不上进犯边区。你们要抓住这个时机，集中精力，组织北线战役，策动横山起义，解放榆、横地区，使我们获得较大的回旋余地，以便对付胡宗南的进攻。最后又叮嘱说，保卫延安、保卫边区必须加强统战工作，争取榆林地区国民党部队起义，以扩大保卫延安战争的战场。7月，习仲勋在陕甘宁边区绥德分区干部会议上坚定地表示："陕甘宁是老根据地，是党中央所在地，有经济基础，群众有斗争经验，群众和党有深厚的感情，这样的一块土地是不允许敌人占领的，也不会轻易放弃的，除非在中国没有了八路军和共产党。只要我们还存在一人一枪，就要战斗到最后。"7月初，习仲勋在延安花石砭西北局机关主持西北局扩大会议，传达毛泽东的有关谈话精神和党中央的北线作战意图，指出：我们必须在胡宗南大举进攻边区之前，集中力量解决北线问题，要对北线国民党军队开展统战工作，争取一切可以争取的国民党官兵站到我们一边。会议决定策动国民党军陕北保安指挥部副指挥官胡景铎部起义，并安排中共绥德地委统战部副部长师源（陕西富平人，与胡景铎同学）和曾在国民党军第三十八军长期从事兵运工作的西北局统战部白区工作处处长范明进入绥德地区同胡景铎接触，具体商定起义事宜。9月中旬，习仲勋指示已到绥德的范明持他给胡景铎的密信，赴横山县波罗堡国民党军陕北保安指挥部面见胡景铎。10月，陕甘宁晋绥联防军北线战役指挥部进至横山县响水堡以南地区，同中共绥德地委领导会合。西北局决定王世泰、张仲良指挥教导一团、新编第四旅、警备第三旅八团、新编第十一旅二团一部和绥德、西乌审、三边军分区等地方部队1万余人，配合胡景铎部起义。10月13日凌晨，北线战役作战部队发起攻击，战斗在榆林与横山之间的武镇和镇川堡打响。同时，胡景铎率国民党保安第九团5个大队2100余名官兵，趁机分别在波罗堡、石湾、高镇等地举行起义，并迎接范明带领的接应部队进入波罗堡。10月24日，攻克国民党军残部占据的最后据点——响水堡，歼敌2个营。是役，国民党军5000余人起义，1000余人被俘或投降，无定河以南30多个城镇、12万人口、5000平方公里的广大地区获得解放，在新区建立了中共榆横特别委员会和榆横政务委员会。起义部队改编为西北民主联军骑兵第六师，胡景铎任师长。习仲勋听到胡景铎起义成功的消息后，即同马明方等联名致电祝贺。在习仲勋等的领导下，陕甘宁边区周围的国民党军队接连起义，如董策丞起义、谷秀华起义、梅廷栋起义等，削弱了封锁边区的国民党军队的力量，壮大了人民军队的力量。

12月11日，为了加强战备工作，习仲勋由延安启程，随中央军委副主席兼总参谋长彭德怀赴山西省离石县高家沟，参与主持召开陕甘宁边区、晋绥军区和晋冀鲁豫太岳地区的高级干部会议。16日，会议举行，彭德怀、贺龙、习仲勋、陈赓、李井泉、王震等出席。会上，传达了中央军委关于粉碎国民党军进攻陕甘宁边区，做好战备工作的指示；研究部署了加强统一领导，黄河东西两个解放区的联防部署和密切配合作战等问题。

1947年初，中央军委根据陕甘宁边区军事形势的需要，组建陕甘宁野战集团军，2月，任命张宗逊为司令员，习仲勋为政治委员，着手部署反击胡宗南集团进攻边区的任务。2月20日，胡宗南部整编第七十六师师长廖昂指挥第四十八、第二十四、第一四四旅和新编第一旅、骑兵第一旅，在青海马步芳集团第八十二师的配合下，分三路向陕甘宁边区陇东分区的庆阳、合水进攻，以吸引边区主力部队西调，达到乘虚突袭延安的目的。24日，中央军委致电张宗逊、习仲勋、王世泰、廖汉生，提出保卫延安的对策。25日，习仲勋召集关中党政军负责人开会，对关中分区坚持游击战争以及配合主力作战等问题进行部署。26日，中央军委电示张宗逊、习仲勋：敌向西转移，准备进攻陇东，我军不要出动得太早，让敌深入，弄清情况，以逸待劳；待敌进至我有利地区，准备连续几个战斗消灭敌一两个旅。3月2日，中央军委致电张宗逊、习仲勋，提出保卫延安三个作战方案。6日，中央军委电令张宗逊、习仲勋：今后的任务是内外线配合，坚决保卫边区，保卫延安。主力由现地东进，隐蔽集结张村驿附近地区，准备内线机动；游击队、武工队、独立营深入封锁线外，配合主力作战。10日，中央军委电令张宗逊、习仲勋：新四旅立即开赴延安。

3月13日，胡宗南集团发起全线进攻，著名的延安保卫战打响。为配合地面作战，国民党军调集作战飞机94架，从西安、郑州、太原等地起飞，对延安及其附近地区疯狂轰炸。16日，中央军委主席毛泽东发布关于保卫延安的战斗令，决定陕甘宁边区部队划分为野战部队和地方部队，统归中央军委副主席彭德怀、中共中央西北局书记习仲勋指挥。同时决定组成西北野战兵团，以彭德怀为司令员兼政治委员，习仲勋为副政治委员，撤销陕甘宁野战集团军番号。从当时不断的电报往来，可以看出局势的严峻和中央对西北工作的重视，以及对彭德怀、习仲勋的厚望。18日，胡宗南部队进抵延安城郊。毛泽东、周恩来和彭德怀、习仲勋、王震等，不顾敌机轰炸扫射在防空洞内开会，研究撤出延安和西北野战兵团作战等问题。当日傍晚，毛泽东和周恩来率中央机关和人民解放军总部撤离延安。19日拂晓，彭德怀、习仲勋把一切安排好后沿王家坪北山一条小路撤离。19日上午，边区部队在完成阻击任务后有序撤离延安。在毛泽东部署下，彭德怀、习仲勋指挥西北野战兵团展开的延安保卫战，从3月13日起，经过6天激战，以仅伤亡690余人的代价，消灭国民党军5200余人的有生力量，迟滞了敌军对延安的进攻，保障了中央机关的正常工作。于19日掩护在延安的机关、学校、医院安全撤离，群众顺利疏散，延安保卫战胜利结束。习仲勋作为中共中央西北局书记、西北野战兵团副政治委员，有力地配合彭德怀指挥边区部队，充分发挥了党政军民团结一致的坚强力量。

彭德怀、习仲勋撤离延安时，按照中央军委集中兵力打运动战的指示，将西北野战兵团主力集结于甘谷驿、青化砭地区，以第一纵队独一旅第二团二营在延安西北同敌保持接触，佯作掩护主力撤退之势，诱敌主力深入安塞。3月21日，胡宗南部为西北野战兵团第一纵队一部的佯动所惑，误以为是西北野战兵团主力，遂令其整编第一军第一、第九十师共5个旅的兵力向西急进，24日占领安塞。为保证其主力的侧翼安全，另以整编第二十七师第三十一旅（欠第九十一团）由临真向青化砭前进，建立据点。当晚，西北野战兵团电台截获并破译了胡宗南调动第三十一旅的电报。为了不失战机，彭德怀、习仲勋和张文舟一起连夜察看地图，分析研究敌情。在判明敌军意图后，彭德怀、习仲勋当即决定采用伏击战术，在青化砭地区坚决歼灭侧翼之敌第三十一旅。

22日，彭德怀、习仲勋致电毛泽东，提出：我拟以伏击或乘敌立足未稳围歼敌三十一旅。毛泽东于23日批准彭、习作战部署。当日，彭德怀、习仲勋在青化砭西北高地指挥所向作战部队发出歼敌命令。24日拂晓前，西北野战兵团作战部队进入伏击阵地。25日，彭德怀、习仲勋指挥青化砭伏击战，歼敌第三十一旅旅部和一个团2900余人，俘少将旅长李纪云、少将副旅长周贵昌、少将参谋长熊宗继等。26日，毛泽东致电彭德怀、习仲勋，祝贺歼敌第三十一旅主力的胜利。当日中午，毛泽东为中央军委起草致彭德怀、习仲勋电报，祝贺青化砭战斗的胜利。

4月2日，毛泽东致电彭德怀、习仲勋：胡宗南将以全力取瓦窑堡，预计4月半攻下绥德。我军歼击敌军必须采取正面及两翼三面埋伏之部署方能有效。彭德怀、习仲勋回电称：敌自青化砭被歼后异常谨慎，不走大道平川，专走小路爬高山；不就房屋设营，多宿露营；不单独一路前进，数路并列，间隔很小。3日，毛泽东电复彭、习：敌10个旅密集不好打，你们避免作战很对。4日，彭德怀、习仲勋连发2电给中央军委请示行动方针。5日，毛泽东电复彭、习，对西北作战提出4个方案，征求他们意见。8日，彭德怀、习仲勋致电中央，提出下一步作战上、中、下三策，请示应行何案为宜。9日，毛泽东电复彭、习：主力在现地待机为有利。11日夜，毛泽东致电彭、习：清涧之二十四旅一个团本日调赴瓦窑堡。该团到后，一三五旅很可能调动，或往安塞或往蟠龙，望注意侦察并准备乘该旅移动途中伏歼之。13日，习仲勋与彭德怀召开旅以上干部会议进一步分析敌军态势，具体落实作战方案，就战斗中宣传动员、思想教育、瓦解敌军、俘虏政策及伤病员收治等做了详细部署。14日，彭德怀、习仲勋指挥羊马河战役，全歼胡宗南部第一三五旅4700余人，俘少将代旅长麦宗禹，西北野战军首次歼国民党军一个整旅。

4月27日，彭德怀、习仲勋向毛泽东报告：董钊、刘戡两军27日15时进抵瓦窑堡，有犯绥德企图。我野战军本日隐蔽于瓦市东南及西南，拟待敌进逼绥德时，围攻蟠龙之敌。28日，毛泽东复电彭德怀、习仲勋：计划甚好。让敌北进绥德或东进清涧时，然后再打蟠龙等地之敌。29日，彭德怀、习仲勋发出围歼蟠龙之敌的作战命令：以第一纵队由核桃坪、孙家台线南高地自西向东攻击蟠龙镇、窑坪线之敌；第二纵队之独四旅由向家峁子、郭家庄之线向北攻击蟠龙之敌，教导旅主力位于青化砭以北地区机动，一部肃清青化砭及其以南之反动组织，彻底破坏青化砭南北公路；新四旅由谢家嘴、刘家坪向纸坊坪、蟠龙线之敌攻击。5月2日至4日，彭德怀、习仲勋指挥蟠龙攻坚战，全歼胡宗南部第一六七旅等6700余人，俘少将旅长李昆岗，缴获大批粮食、弹药。至此，陕北三战三捷，共歼灭胡宗南军1.4万余人，稳定了西北战局，奠定了粉碎胡宗南集团重点进攻的基础。

5月14日，陕甘宁边区五万军民在安塞县真武洞举行青化砭、羊马河、蟠龙三战三捷祝捷大会，周恩来、彭德怀、习仲勋等出席并讲话。习仲勋在讲话中说："陕甘宁边区的自卫战争到现在不过两个月，已经取得了很大的胜利。""这两个月的胜利是全体指战员的功劳，是全边区人民的功劳，是全边区军民共同努力取得的"。"今天这个大会完全揭穿了两个月来敌人的造谣"，"毛主席和中共中央仍然在边区领导着我们"，我们要"更加发扬勇敢精神，更加提高作战技术，更加严整纪律，紧密团结群众，继续争取更多更大的胜利，歼灭敌人！"①

5月30日至6月16日，彭德怀、习仲勋指挥陇东战役，持续了18天之久，给马步芳整编第八十一师以重大打击，歼敌步、骑2个整团，计4300余人。收复环县、曲子及庆阳、合水以西广大地区，突破国民党军80公里防线，为日后向北发展打开了缺口。6月17日，中央军委决定收复三边（定边、安边、靖边）地区，致电彭德怀、习仲勋：目前宜打分散与较弱之敌，不宜打集中与强大之敌。彭德怀、习仲勋决定趁雨季和暑期到来之前收复三边地区。22日，毛泽东复电彭德怀、习仲勋：同意21日提出的收复三边的作战计划，指出：三边敌力强大，请注意各个击破，每次集中全力歼其一两个团，以一个月以上时间完成任务。25日，毛泽东电告彭德怀、习仲勋：你们打三边时除注意攻歼外，应部署大力准备于其逃跑时歼灭之。彭德怀、习仲勋率野战兵团从环县向三边地区隐蔽进发。29日，部队越过荒漠苦水地区，进入定边南山。30日，彭德怀、习仲勋指挥第一纵队和新四旅迅速向定边发起进攻，教导旅进至定边西南截击可能向西逃跑之敌，第二纵队消灭砖井堡、安边之敌并截断砖井堡以东之敌西撤退路。当日正午时分，西北野战兵团主力接近定边城郊，守敌骑兵第十旅第二团弃城逃跑，第二纵队占领砖井堡。7月2日，第二纵队独四旅攻占安边。7日，第一纵队继续西进，攻占盐池城，歼灭敌骑兵第二十团一个连。至此，三边分区全境收复。

---

① 《习仲勋文集》，中共党史出版社 2013 年版，第 63—64 页。

7月21日至23日，习仲勋出席中共中央在靖边县小河村召开的总前委扩大会议，总结第一年战绩，着重讨论军事计划和地方工作等问题。会议的第一天，首先由毛泽东就军事计划、战争形势作了讲话。会议决定陈赓、谢富治纵队挺进豫西，由陕甘宁晋绥联防军司令贺龙解决统一后方、精简节约、地方工作三个问题；将晋绥军区重新并入陕甘宁晋绥联防军，贺龙任司令员，习仲勋任政治委员，统一领导陕甘宁和晋绥两个解放区的地方武装。会议期间，习仲勋对边区土改工作中出现的问题讲了意见，提出要纠正土改中损害中农和民族工商业利益，乱斗乱打人的现象。中央对他的意见给予肯定。习仲勋后来在《忆党中央在转战陕北中召开的小河会议》一文中指出："这次会议对于西北野战军在陕北战场迅速转入战略进攻，解放大西北，夺取全国解放战争的胜利有着重要的历史意义。"①会后，中央军委批准西北野战军前线委员会由彭德怀、习仲勋、张宗逊、王震、刘景范五人组成，彭为书记；决定西北野战兵团定名为西北人民解放军野战军（即西北野战军），彭德怀任司令员兼政治委员，习仲勋任副政治委员；并决定西北野战军前委成立后，习仲勋回后方主持工作。会后，习仲勋和贺龙一起前往绥德，统筹后方工作，全力支援野战军作战。

8月10日，习仲勋同贺龙出席绥德地区召开的县委书记联席会议，传达小河会议精神，讨论统一陕甘宁和晋绥两边区的三项具体措施：一是统一生产建设和金融贸易，建立独立自主的财政经济体系；二是加强对支前工作的领导，有计划地使用人力、物力、财力，为前方服务；三是搞好土改，从根本上调动劳动人民生产、支前的积极性。11日，习仲勋签署《关于整顿后方的决定》，提出：(1) 所有后方机关部队迅即厉行精简，裁减不必要的单位和人员，以提高效率，增强统一，并收节约之效。(2) 后方重伤医院、荣誉军人院、工厂、中学、俘官教导处及边区一级各单位和野战军家属老弱暂移河东。(3) 延属、关中、陇东各分区后方东来人员，除部分不适宜回原地者外，其余应陆续转回原地工作，家属亦分别转回安置。为了部署沙家店战役，毛泽东要求贺龙、习仲勋率机关东渡黄河诱惑敌人。18日，习仲勋等来到山西临县。果然调动了胡宗南军追击到黄河西岸。彭德怀立即抓住有利战机，指挥西北野战军主力于20日向沙家店、常高山之敌发起攻击。西北野战军在沙家店战役中，一举歼灭国民

---

① 《中共党史资料》第52辑，中共党史出版社1994年版，第11页。

党军整编第三十六师师部及第一六五、第一二三旅6000余人，彻底粉碎了国民党军企图将西北野战军消灭于陕北或赶过黄河以东的狂妄计划，成为西北战场进入战略反攻的转折点。西北野战军乘胜于9月上旬连克米脂、葭县，到10月中旬包括绥德、清涧、瓦窑堡在内的整个绥德分区全部收复。习仲勋和贺龙、林伯渠即率西北局、陕甘宁边区政府机关和陕甘宁晋绥联防军司令部西渡黄河，驻扎绥德县义合镇一带。

1947年10月，中共中央批准全国土地会议通过的《中国土地法大纲》，规定“废除封建性及半封建性剥削的土地制度，实行耕者有其田的土地制度”；以没收地主牲畜、农具、房屋、粮食及其他财产的政策，代替过去“征购地主土地”的政策。11月1日，中共中央西北局在绥德县义合镇召开陕甘宁边区干部会议，传达全国土地会议精神，部署边区的土地改革和整党工作，各地委和边区922名干部出席，史称义合会议。习仲勋、贺龙、林伯渠分别主持会议，在检查以往工作的基础上，作出彻底完成边区土改和认真进行整党的决议。义合会议期间，在贯彻全国土地会议精神的同时，一些不正常的情绪也逐渐露头，如会议没有把老区（占三分之二）和新区（占三分之一）的不同情况区分开来，没有划清一般地主和恶霸地主的界限，没有对中农、工商业和“三三制”等政策解释清楚，在反对右的倾向时防“左”不够，等等。23日，习仲勋代表西北局作会议总结报告。他说，全国土地会议制定了土地法大纲，并已颁布，边区需要依据大纲，彻底完成土地改革和进行整党工作。他认为这次会议的收获有：决定彻底完成土地改革工作和开展整党工作；初步整顿了党的领导队伍，使得干部阶级观点提高，对敌斗争意志增强；官僚主义、自由主义打掉了许多；对党的政策、对党的统一领导，进一步重视，使各项工作回到党的正确路线上，并随时改正各项错误，循正确道路前进。之后，习仲勋在调查中发现，一些地方不加区别地平分一切土地，把财产较多、生活较好的农民当土改对象，把已转化为农民的旧地富又拉出来斗争，甚至把在人民政权任职的公教人员，其家中缺乏劳力者，也定成地主、富农，发生极左偏向。虽不普遍，但影响所及，人心不安。

面对始料不及的“左”的偏向，习仲勋一再叮嘱大家在工作中要讲政策，讲纪律，切莫头脑发热。带着这些问题，12月，习仲勋参加中共中央在米脂县杨家沟召开的扩大会议，参加由任弼时主持的土改小组，集中围绕土改政策特别是正确分析阶级问题进行讨论。根据工作实际，习仲勋提出陕甘宁、晋绥地区土改中存在的问题和处理办法，专门向毛泽东谈了自己对土改和形势发展的看法。12月27日，任弼时在发言中对纠正土改中“左”的错误提出较为系统的意见和建议，这使习仲勋更加坚定了纠“左”的信心和决心。25日，毛泽东发表讲话指出，团结中农，团结中小资产阶级以共同反对美帝国主义、打倒官僚资本、打倒封建制度，这个方针是正确的；现在要解决新的问题，就是在对待中农，对待中小资产阶级，对待党外人士问题上出现的“左”的偏向。

杨家沟会议后，习仲勋返回绥德义合西北局驻地，带领工作组到绥德、米脂县传达中共中央十二月会议精神，检查和指导陕甘宁边区的土地改革工作。1948年1月2日，习仲勋在绥德召集有分区党、政、军、土改工作团干部200余人参加的会议，传达毛泽东关于《目前形势和我们的任务》的报告。他特别提出要在土地改革中注意划分阶级与救灾问题。他说：“只有正确地分析阶级，才能正确执行《土地法大纲》。我们一方面要放手发动群众，彻底消灭地主阶级，平分土地，满足贫雇农要求，以贫雇农为骨干，坚决团结中农，才能胜利完成土改。但同时我们应当注意纠正在划分阶级时把中农定成富农的过‘左’偏向。”①在全面了解情况的基础上，他决定将调查研究中发现的带有普遍性、规律性的问题归纳整理，向党中央、毛泽东报告。4日，习仲勋致信西北局并转党中央，内容包括五个方面：(1) 毛泽东报告发表后，获得了党内外热烈拥护，大大地安定了人心，把一切工作都推上了轨道。(2) 苏维埃时期的老区，成分一般定得高，群众不满意；其次中农多，贫雇农少。平分土地对我不利，最好以抽补方法解决少数农民少地或无地问题；地主、旧富农也比新区少得多。如果在老区再沿用地主富农占中国农村百分之八左右的做法，必然会导致错误；对老区地主，应查其剥削关系及是否参加劳动与时间长短来决定；在老区发动群众运动，要坚决反对“左倾形式主义”。(3) 绥德分区领导上虽有明确决定，但是一般的都是过左。这种“左”的情绪，不是群众原来就有的，而是干部带去的。要将运动引向正确的方向，这还是一件很艰苦的工作。(4) 在选贫农团、农会领导土改的成员中，要由能代表多数群众利益，并为全村、全乡群众所拥护的人来担任，工作团不能包办代替和搞其他形式主义。(5) 许多地方是搞群众自发运动，这种为数不多的、盲目的而为各种动机不纯分子所鼓动起来的群众斗争，如果任其发展下去，必将造成许多脱离群众的恶果。他特别指出：“陕甘宁边区的老区（全国解放区的一块特殊地区）是有许多问题

---

① 《边区群众报》1948 年 1 月 8 日。

同新区有其基本上的区别，望能在土改方针及方式上，随时注意，适合当地的具体情况。”①毛泽东看到习仲勋这封反映农村实际的信后，给予充分肯定，于9日给贺龙、习仲勋及西北局各位同志发来电报，指出：完全同意仲勋同志所提各项意见；望照这些意见密切指导各分区及各县的土改工作，务使边区土改工作循正轨进行，少犯错误。并提议习仲勋、马明方分别巡视绥属、延属各县，派马文瑞去三边、陇东、关中巡视一周，是否可行，望酌定。

在毛泽东发电之前，习仲勋到子洲县检查工作，在子洲县停留9天。1月8日，习仲勋致信西北局，列举子洲县土地改革中存在的9种不良现象。10日，西北局将习仲勋这份调查报告转报中央。19日，习仲勋就陕甘宁边区近期的工作特别是防止和克服土地改革中“左”的偏向问题，再次致电毛泽东，提出边区土改中9个值得注意的问题。习仲勋的意见，引起毛泽东对全国土改工作的高度重视和更多思考。第二天，毛泽东复电习仲勋：(1) 十九日来电完全同意。(2) 望坚决纠正“左”的偏向。(3) 同时注意不要使下面因为纠正“左”而误认为不要动。毛泽东又将习仲勋的电报转发全国各解放区。正是由于习仲勋和西北局其他同志的共同努力，及时发现和纠正“左”的偏差，使陕甘宁边区的土地改革取得很大成绩。至1948年4月，在占老区、半老区总人口一半（约60万人口）的地区中，调剂土地90万亩，彻底消灭了封建剥削的土地制度，解放了生产力，发展了边区的经济建设，调动了广大人民群众支援解放战争的积极性。

1948年3月，陕甘宁晋绥联防军区（简称“联防军区”）成立，下辖晋绥军区及陕甘宁5个军分区，贺龙任司令员，习仲勋兼任政治委员。接着，西北野战军取得了被毛泽东称为“西北战场第一大捷”的宜川、瓦子街战役的重大胜利，歼灭胡宗南集团2.8万余人。3月10日，边区各界举行有万人参加的庆祝宜瓦大捷及纪念“三八”节大会，习仲勋发表讲话。随着西北野战军出击西府，深入国统区胜利作战，4月21日，据守延安的胡宗南部何文鼎师，在孤立无援的形势下弃城逃跑，中国人民解放军延属军分区部队和游击队进入延安市区。解放军主动撤离1年1个月零3天后，延安宣告光复。24日，中共中央致电彭德怀、贺龙、习仲勋、林伯渠及西北人民解放军全体指战员，祝贺收复延安的伟大胜利。25日，西北局发布庆祝延安光复的通告。5月4日，延安各界举行庆祝光复延安胜利万人大会，并通过给中共中央、毛泽东主席和西北人民解放军的致敬

---

① 《习仲勋文集》，中共党史出版社 2013 年版，第 67 页。

电。在陕甘宁晋绥联防军区收复延安时，彭德怀正率西北野战军乘宜瓦大捷之势，挥师南下，鏖战西府。习仲勋在西北局会议上提出，当前的方针是“一切为了前线，一切为了开展新区”。他多次主持召开西北局会议，专题研究地方党组织配合西北野战军行动和搞好支前工作等问题。5月2日，习仲勋同贺龙、王维舟、张经武等联防军区首长报告中央军委并向各军分区发出通报：西北野战军第三纵队在军区部队配合下，在白水至洛川公路的追击战斗中，共俘敌1500余人，另俘敌逃散兵数百，毙伤敌1000余人，敌损失至少在4000人以上，缴获大量武器装备，解救被敌胁迫群众2000余人。

5月，中共西北野战军第二次前委扩大会议在洛川县土基镇召开。习仲勋在参加前委扩大会议期间，在新解放的黄龙地区做调查。6月，习仲勋出席黄龙分区干部会议并发表讲话。他有针对性地提出要做好几项工作：(1) 发动群众。这是当前工作的根本环节，其内容包括：减租减息、清算恶霸、清算特务、合理负担等项。(2) 合理负担。全分区要完成夏征公粮12万石任务，并掌握三项原则。(3) 武装工作。民主政府如不抓紧武装工作，群众利益便无保障。(4) 财经贸易。贸易公司的基本任务是发展生产，平抑物价，稳定金融，解决财政，使其在经济上获得更利于翻身的条件。根据新解放区实际工作中出现的问题和西北局集体讨论的意见，习仲勋于7月14日致电毛泽东，就新区工作的路线、方针、政策问题提出建议：(1) 坚决贯彻中央政策是顺利建设新区的重要条件。(2) 抗战期间，陕甘两省农村生产未遭大的破坏，蒋管区的农民生活并不像我们过去想象的那样无法活下去。一些地方中农户数占55%左右，小农经济较为发展。故我军进出这些地区，必须严格遵守党的政策，群众纪律也要十分严明。(3) 新区解放后，首要任务是建立革命秩序，宣布解散一切反动特务组织，有计划地转入发动群众，进行社会改革。(4) 派出去到新区的近千名干部理论水平不足，执行政策不谨慎，照搬老区工作经验。要开展一次普遍的学习运动来克服上述缺点，创造适应新区环境的工作作风。(5) 党的队伍、党内思想、党的政策，已为各级党委所重视，工作也有了很大转变，但仍有自以为是、各自为政无组织无政府现象存在，必须坚决克服。毛泽东、刘少奇、周恩来传阅这一报告，并给予高度评价。24日，中共中央复电习仲勋：“报告内容很好。所提各项问题的意见都很重要很正确。望提交西北局召开的干部会议上再加讨论。我们已将此报告转发各中央局分局参考。”7月，习仲勋在西北局干部会议上讲到土改问题时，将陕甘宁边区分为基本区、接敌区和新区三种地区。按照三种地区的不同情况，提出土改的具体任务和方法：接敌区和新区应以对敌作军事斗争为中心任务，今年不进行土地改革工作；基本区包括老区、半老区的大部分，封建的土地制度已基本消灭，不论过去是否调剂了土地，不再提土地改革，而以确定地权颁发土地证为中心，将工作重心转为团结农村一切人民，开展生产运动这个基本任务上去。他还根据不同地区的具体情况对发放土地证、确定地权以及阶级成分划分等提出了具体政策要求。对于新解放区的工作，习仲勋要求联合一切可能联合和中立的社会力量，帮助人民解放军消灭国民党军队。新区的巩固和发展，关键在于执行正确的政策，领导机关和干部必须认真研究，十分严肃、十分谨慎地按照当地实际情况，正确实现。在习仲勋的正确领导下，陕甘宁边区的土地改革工作纠正了“左”的倾向，紧张有序地开展，极大地鼓舞了农民生产和革命的积极性，有力地保障了西北地区解放战争的顺利进行。

1948年7月21日，为配合西北野战军主力歼击进犯黄龙之敌，习仲勋和贺龙电令：黄龙全体党政军民立即动员起来，准备迎击犯敌，直接配合主力作战。8月6日，在澄合战役打响前夕，习仲勋、贺龙联名致电彭德怀、张宗逊，对战役计划提出重要建议：“因敌第三十六师集结冯原镇周围二十余里，正面狭窄，我们建议在战术上似应正面（西）攻入敌阵，采取小包围，有重点将其分割，打敌之指挥机关，求得一营一团的聚而歼灭之，尔后再以足够的预备队逐步扩张战果。”这一建议，对于彭德怀及时调整作战部署，夺取战役的胜利起到了重要的决策作用。10月5日、28日，习仲勋、贺龙联名先后向各军分区、旅发布作战命令，配合西北野战军主力发起的秋季作战和冬季作战。12月上旬西北局召开组织工作会议，总结全边区和新区党的建设和其他工作。4日，习仲勋在会上着重就领导问题发表讲话，批评一些地方没有把中心工作和其他工作有机结合起来，缺乏对土改、建政和大生产这一系列工作的中心和其间关系的认识。他要求加强党的政治和组织工作，并提出检查工作应以群众发动的程度如何、农民群众中各种问题解决的程度如何为准绳。他的这篇报告，引起了中共中央的重视，1949年1月10日新华社全文播发。

1949年1月中下旬，中共西北野战军第一次代表会议在陕西澄城县以北的武庄举行。参加会议的代表113人。1月17日，习仲勋作《关于接管城市的问题》的报告。他提出，在解放战争不断取得胜利，中小城市相继解放的情况下，进城之初要做好接收、建立秩序和发动组织群众三大工作。要处理好三者的关系，健全并发挥工会、学生会、青年团的作用，依靠工人、职员、学生和各种劳动人民的组织，作为城市革命政权的可靠群众基础，还要从工人、职员和其他劳动群众中选拔一大批优秀分子来做管理城市、工厂、企业的干部。接收的办法是“各按系统，自上而下，原封不动，先接后分”。要区别两种情况，即：官僚资本企业，应由人民政府接收；国民党员私人经营的工商业，除重要反动首领经西北局或前委批准没收其所有财产外，其余的要允许和保护其所有权。对恢复城市经济生活，习仲勋提出，先准备足够货币，供给市场需要，迅速禁止敌币使用。要严格保护工商业，又必须严格取缔奸商投机操纵，囤积居奇，违者法办。他还对教育、报纸、刊物、通讯社、广播电台、出版、涉外事务、少数民族问题等作了细致的安排和部署，要求所有城市解放后，都必须实行军事管制，以达到有效地完成接收、建立秩序和发动组织群众的任务。24日，习仲勋和贺龙参加西北野战军前委会议。会议宣布，根据中央军委指令，决定西北野战军改为中国人民解放军第一野战军。2月1日，陕甘宁晋绥联防军区改称西北军区，贺龙任司令员，习仲勋任政治委员。8日，陕甘宁边区参议会常驻议员、政府委员暨晋绥代表联席会议在延安召开，习仲勋被推选为边区参议会代理议长。

2月17日，习仲勋、贺龙和由前线回到延安的彭德怀、王震东渡黄河，前往河北建屏县（后并入平山县）西柏坡村出席中国共产党七届二中全会。习仲勋聆听了毛泽东、周恩来、刘少奇、朱德、任弼时的讲话，并结合西北的实际认真参加会议讨论，对如何迎接全国革命的胜利和如何建设新中国有了更明确的认识。4月19日至23日，中共第一野战军前委在澄城县城北的平城召开第六次扩大会议，王震传达七届二中全会精神和毛泽东的报告。习仲勋作总结讲话，提出要抓紧时间进行军事训练，筹备粮草，准备吃大苦，打大仗，解放西安，解放大西北。28日，习仲勋在西北军区后勤政治工作会议上提出：在西北，大规模的战争还在后面，必须加强后勤工作。随着第一野战军发动陕东战役，西安解放指日可待。5月10日，习仲勋出席西北局在延安桃林广场举行的进军西安干部动员大会并发表讲话。他指出：干部工作队进驻西安，是协助人民解放军奋勇前进。要保护和建设西安市，迅速恢复和发展生产，使其成为生产与农村经济相结合的为人民服务的城市。20日，西安解放。24日，以贺龙为主任的西安军事管制委员会成立，习仲勋签发西北局关于中共西安市委员会组成人员的决定，任命贾拓夫为西安市市长。6月8日，中共中央根据全国形势的发展和解放大西北的任务，决定组成新的中共中央西北局，彭德怀、贺龙分任第一、第二书记，习仲勋任第三书记，1950年以后，习仲勋任第二书记。由于彭德怀正在指挥第一野战军向甘、宁、青、新广大地区进军，军务繁忙，贺龙不久即筹备率军入川与第二野战军会合作战事宜，习仲勋实际主持西北局日常工作。

1949年6月，第一野战军在眉县、咸阳、礼泉地区给予胡宗南部第一六五师和青海马继援部沉重打击，继而发动扶眉战役、兰州战役，并追歼残敌，解放青海、宁夏、甘肃河西走廊和陕南、陇南。6月19日，习仲勋出席中共中央西北局、第一野战军前委在西安召开的紧急会议，讨论击南击北（即打胡打马）问题。7月6日，出席第一野战军前委在咸阳召开的第七次扩大会议，确定“钳马打胡”的作战方针，同时与贺龙发出指示，要求地方大力配合与支援第一野战军作战。八九月间，他连续主持召开新解放区地委书记联席会议、西安市各界代表会议、西北工会工作会议暨公营企业联席会议，对目前和今后一个时期的工作作指示，及时提出西北经济建设问题。他说：战争结束后我们的主要任务是建设，在建设事业中又是以工业建设为重心，以便经过一定时期，将西北由一个在经济上散漫、落后的农牧区，改变为工业经济起领导作用的先进地区。第一步要恢复与发展现有的公私企业；第二步要有计划地建设新的大规模的工业，这种新的大工业经济，必须是用最新式技术装备建立起来的，其中又以重工业为主。①

9月30日，中国人民政治协商会议第一届全体会议在北平闭幕。会议选出以毛泽东为主席、由56名委员组成的中华人民共和国中央人民政府委员会。习仲勋当选中央人民政府委员会委员。

五

新中国成立后，习仲勋一直担任西北地区的党政军主要领导职务。从1949年10月至1950年2月，任西北局第三书记，1950年2月至1954年12月，任西北局第二书记。从1950年1月至1953年1月，任西北军政委员会副主席、代主席，1953年1月，西北军政委员会改为西北行政委员会后仍任副主席。从1949年2月至1955年10月，任西北军区政治委员。

1949年10月1日，中华人民共和国成立。翌日，习仲勋出席西安各界举行的

① 见《习仲勋文集》，中共党史出版社 2013 年版，第 135 页。

庆祝中华人民共和国中央人民政府成立大会，并作《建设新中国争取世界和平，团结在毛主席的旗帜下前进》的演讲。随着西北大部分地区的解放，人民政权的建设迫在眉睫。根据中共中央和毛泽东的指示，习仲勋选择陕西省长安县作为建政工作的试点。8日，他出席在群众日报社礼堂举行的长安县第一届农民代表大会开幕式并讲话，要求在农村掀起一个广泛的宣传组织热潮，“将我们的农民大军，完全组织起来，在统一的指挥与统一的政策指导之下，有计划、有步骤的展开反封建的斗争”。经过充分讨论，会议通过长安县《农民协会简章草案》和《减租减息的暂行办法》，选举产生长安县农会临时委员会作为领导农村土地改革的权力机构，选出179名代表准备出席全县各界人民代表会议。至1951年底，陕西、甘肃、宁夏、青海、新疆省及西安市都召开了各界人民代表会议，除新疆外，其他都代行省、市人民代表大会的职权。在所属的297个县（市）级单位中，274个县（市）级单位召开了一次至四次各界人民代表会议，其中58个单位代行人民代表大会职权；在经过土改的陕、甘两省，有2714个乡农民代表会议代行乡人民代表大会职权。

为便于领导，中央人民政府将全国划分为华北、东北、西北、华东、中南、西南六大行政区，设立军政委员会。西北军政委员会在原陕甘宁边区政府的基础发展起来。1949年11月10日，习仲勋主持召开中共中央西北局常委办公会议，经过讨论提出西北军政委员会组织机构设置方案。同时，提出军政委员会要配备若干党外人士，各省政府委员中党外人士应占三分之一。经过一个时期的工作，西北各省人民政府相继成立。1950年1月19日，西北军政委员会在西安成立，当日，举行主席、副主席就职典礼，彭德怀主席，习仲勋、张治中副主席分别在就职典礼上讲话。习仲勋在讲话中明确阐释了新生政权的施政理念，表达了当好人民忠实勤务员的坚定决心。他说：我们要做的事情是很多的，困难也很大，但依靠我们各族、各界人民的大团结，依靠我们正确地执行各项政策，依靠我们艰苦奋斗，我们就完全能够克服当前的各种困难，有步骤地进入经济建设高潮和文化建设高潮。建设一个经济繁荣、文化昌盛的新西北。3月，彭德怀去北京开会，临行前提出：“我去北京后，政府职务由习（仲勋）代，对内对外，出命令也叫代主席。”①此后，在彭德怀离开西北期间，习仲勋以西北

① 《彭德怀年谱》，人民出版社 1998 年版，第 430 页。习仲勋:《关于传达三中全会的报告》，1950 年 7 月 1 日。原件存陕西档案馆。

军政委员会代主席身份履行职责。

西北军政委员会成立时，习仲勋和党政主要负责人坚持统一战线方针，先后聘请许多声望高、有代表性的民主人士参加人民政权。他说："新民主主义的政治就是各民族、各民主阶级、各民主党派的合作共事，而不是我们一党包办，是人民民主专政，而不是无产阶级专政或共产党专政。无产阶级及共产党的领导地位，是经过发挥自己的领导作用来实现的，这就是要承认各民族、各民主阶级、各民主党派在政权中大家有份，善于在和大家合作共事中，提出代表全体人民利益的正确主张，获得大家的真诚拥护，而将大家团结在自己的周围。"①张治中、张凤翙、韩兆鹗、邓宝珊、黄正清、孙蔚如、陶峙岳、邢肇棠等知名民主人士就是在这种情况下担任西北军政委员会委员的，不少人参加各省市人民政府的领导工作，有的还担任省长或副省长。各地区和各市县，也吸收了一批民主人士参加政府工作。习仲勋还十分注意同宗教领袖、上层人士交朋友，宣传党的民族宗教政策。1950年7月，习仲勋在中共中央西北局第二次扩大会议上讲话和传达中共七届三中全会精神时，反复强调指出："民族问题，这在西北地区来说是最大的实际问题。这也是我们这里多出的一项任务"。②21日，西北局召开西北民族事务委员会第一次会议。习仲勋在27日的闭幕会上再次强调民族团结问题，指出，由各民族人士来商讨各民族的大事，是解决各民族问题的一个好办法。民族团结是一切之本，希望到会的各民族人士把西北各民族的事业办好。为了促进民族统一战线的巩固和发展，既要反对大汉族主义，又要反对地方民族主义。

领导剿匪是习仲勋在西北工作的一个重点。1949年12月，在陕西关中地区地委书记会议上，他指出：要以发动群众、政治争取改造为主，配合军事清剿，肃清散匪，教育改造大批流散匪众、胁从分子，进而组织民兵，实行自卫，巩固农村革命秩序，为进一步普遍发动群众、进行民主改革创造有利条件。他特别重视在剿匪中发动群众工作，强调只有老老实实把群众工作做好，匪患方可从根本上肃清。对剿匪工作，习仲勋一直主张采取审慎的方针。1950年6月，他在西北局扩大会议上指出，"在新区，特别是少数民族地区，对任何土匪事件都要先防

---

① 《习仲勋在西北军政委员会第二次会议党员干部会上的讲话》，1950 年 7 月 7 日。原件存陕西省档案馆。

② 习仲勋：《关于传达三中全会的报告》，1950 年 7 月 1 日。原件存陕西省档案馆。

御、后进攻，先分化、后打击，先争取、后进剿，以及在必要情况下实行剿抚结合的办法”。他要求西北军政委员会公安部做出具体布置，加强肃清匪特工作，同时利用各种有效办法，如慰问团、团结会等方式，扩大深入宣传，平息骚动事件。在处理甘肃南部阿木去乎叛乱时，习仲勋十分重视发挥藏族上层人士黄正清的作用，组成以黄正清为团长的甘南藏区访问团前往阿木去乎，进行宣传和政治争取工作。由于方法得当，策略正确，阿木去乎叛乱很快平息。

1950年秋，青海昂拉部落千户项谦组织“反共救国军”，经常侵扰政府和人民群众。项谦自恃2000余武装，地形又十分有利，认为人民政府和解放军奈何不了他。十世班禅和喜饶嘉措曾两次写信和派人争取项谦，都没有奏效，中共青海省委和省军区对争取项谦失去耐心。对昂拉部落的问题，西北局一直主张政治瓦解无效之后进行军事进剿，要充分考虑怎样才能在政治上、军事上都有利。习仲勋对项谦问题的考虑，并不是单纯局限在争取项谦一个部落，而是着眼于广大少数民族地区的工作。1951年10月5日，习仲勋指示，“决不能打，万万不可擅自兴兵，只有在政治瓦解无效以后，才能考虑军事进剿。”1952年春，项谦一意孤行，组织叛匪到处抢劫，不断袭击人民解放军，致使附近地区形势混乱，事态日益严重。军事进剿时机成熟。经中共中央和中央军委同意，进剿昂拉匪部的战斗于5月2日清晨6点半按计划打响，4个小时的战斗将各路匪徒基本击溃，项谦带少数人逃入尖扎西南35公里的深山密林。经过多方努力，在党和政府的感召下，项谦终于解除顾虑，于7月11日回到昂拉，向人民政府投诚。8月上旬，习仲勋从新疆抵达兰州，项谦要求谒见，习仲勋接见并设宴款待他。后来，习仲勋回忆，毛主席见了我说：“仲勋，你真厉害，诸葛亮七擒孟获，你比诸葛亮还厉害！”①

到1953年底，西北地区共消灭各类匪特近九万人，西吉叛乱、阿木去乎叛乱、乌斯满事件等多起武装叛乱被平息，盘踞在甘青两省的马家军残部被打垮，匪患基本肃清，社会秩序明显好转。

与此同时，习仲勋和中共中央西北局准确把握政策，积极稳妥地搞好西北的土改工作。1950年下半年，西北局着手土地改革的准备工作。7月10日至17日，西北军政委员会第二次会议着重讨论土改问题，习仲勋被推选为由25人组成的西北土地改革委员会主任，负责领导土地改革工作。他在会上作关于土地

① 习仲勋与习仲凯谈话记录，1984 年 4 月 6 日。

改革计划的报告，提出1950年秋后在陕西省关中41县、榆林部分新区、西安郊区、甘肃省庆阳新区和宁夏省盐池等两县，计731万人口的汉族地区实行土地改革，并对若干具体政策作说明。习仲勋和西北局特别要求各级党组织和人民政府及人民团体，掌握好土地改革的总路线和总政策，尤其是保存富农经济的政策。1950年3月20日，西北局常委会议对保存富农经济进行了讨论，习仲勋表示拥护中共中央关于“中立富农”的政策。他说：“中立富农，保存富农经济，不仅为了孤立地主，更重要的是为了稳定和保护中农。保护中农的积极生产情绪，使中农的生产情绪不因土地改革而降低，使全体农民的生产情绪都因经过土地改革而提高。”①他认为，这一点在中农占40%多的陕西地区显得更为重要，而且这还可以防止产生乱打乱杀现象，对稳定民族资产阶级有一定好处。他强调，要使成千上万的土地改革工作组懂得这一点，才能把土地改革搞好。6月上旬，中共七届三中全会在听取各地意见的基础上，把土地改革总路线调整为：“依靠贫农、雇农，团结中农，中立富农，有步骤地有分别地消灭封建剥削制度，发展农业生产。”习仲勋和西北局按照中央的要求，积极稳妥地以先农业区、后牧区的顺序进行土改，1951年秋把土地改革工作力量，集中到回汉杂居、少数民族较多、民族问题比较复杂的甘肃和青海部分地区。他指出：“在这些地区进行土改，必须要以民族团结为基础，以当地民族大多数群众的自觉为前提，要有当地民族干部参加工作，要以少数民族群众为主去向本民族的地主进行斗争”，“必须首先争取和团结各民族各方面的人士赞助土地改革，只有团结各族各界民主人士，联合一切可能联合的各族上层领袖人物和各教派中的一切赞成土改的人士，才能使农民声势更加壮大，地主阶级更加孤立”。②从1951年冬到1952年5月，中共中央西北局在甘肃、青海、宁夏等省的106个县、8个市，1600万人口的广大地区完成了第二批土地改革；1952年冬到1953年春，在新疆的62个县，400万人口的农耕区顺利完成第三批土地改革。到1953年底，西北地区土地改革全部结束。

1950年10月，抗美援朝战争开始，西北地区同全国一样，不分民族、职业、信仰，广泛地开展抗美援朝运动，给恢复和发展国民经济提供了强大动力。在

---

① 《习仲勋文集》，中共党史出版社 2013 年版，第 240 页。

② 西北军政委员会土地改革委员会：《关于土地改革工作报告》，1952 年 3 月。原件存陕西档案馆。

1951年3月下旬召开的西北军政委员会第三次会议上，按照习仲勋的提议，中国人民志愿军回国代表团给与会代表作抗美援朝的报告，之后代表团分赴西北各地先后作报告数十场，并逐级传达，极大地鼓舞和教育了广大群众。至5月，西北全区普遍形成抗美援朝运动的高潮。据不完全统计，参加游行示威的城乡人民在1000万人以上，边远的南疆参加集会和示威的人民亦达97万多，占全区人口三分之一。各地人民积极开展增产竞赛、自动参军、集体纳税、热烈捐献、优待烈军属等工作，不断地顺利进行和发展，“截止七月底统计，已捐献飞机一〇八架，大炮九门，高射炮七门，坦克一辆”①。在西北抗美援朝运动中，习仲勋关心支持香玉剧社义演，常香玉最终完成“香玉剧社号”战斗机的捐献任务，成为全国先进典型。

1951年底至1952年上半年，全国开展了轰轰烈烈的“三反”、“五反”运动。1951年11月下旬，西北军政委员会召开第四次会议部署“三反”工作。习仲勋在29日的闭幕会上作《为开展增产节约运动而奋斗》的报告，阐述开展增产节约运动的重要意义，明确工作措施。《人民日报》对会议重点报道，全文刊登习仲勋的讲话。中共中央西北局于12月7日召开增产节约动员大会，西北局、陕西省和西安市各直属机关的党员干部1400余人参加。习仲勋在报告中指出：“需要进行一次反官僚主义、反贪污、反浪费为主要内容的整风运动，为开展增产节约运动开辟道路。”“党内享乐腐化思想确实增长起来，贪污蜕化已成为主要危险。”他从严重的问题中感到，七届二中全会的预见和所规定的防止腐蚀方针是完全正确的。习仲勋给中共中央和毛泽东写了书面报告表示：“坚决执行中央指示，大张旗鼓、雷厉风行地开展大规模的反贪污斗争。准备抛弃少数蜕化分子，挽救多数犯错误分子，并在党内外进行普遍教育，为今后加强经济工作打下思想基础。”②1952年春节前，西北地区各个单位把贪污案件大体清理出来，贪污款额达45亿元（旧币），浪费款额达1645亿元（旧币）。从揭发出来的问题看，机关单位的贪污分子往往同工商业界的不法商人勾结在一起。从1月下旬起，“三反”运动同在工商业界开展的“五反”运动结合起来进行，“三反”、“五反”运动成为党政军各级机关和大中城市工商企业的中心工作。在“打虎”运动的高潮中，他及时召开中共中央西北局、陕西省和西安市三级高

---

① 西北军政委员会给周总理并转呈毛主席《1951年上半年工作报告》，1951年7月。

② 习仲勋：《关于彻底展开反贪污斗争给毛泽东并中央的报告》，1951年12月11日。

干会议，反复强调要保持清醒头脑，第一要正确掌握方向，第二要抓住重点，第三方法、步骤要对头，克服群众中出现的简单急躁情绪和蛮干做法。对不同贪污对象要采取不同的处理方法，并提出“密切指导，严密控制，坚持可疑错，不可打错，防止逼供信”，使群众运动起来后可能产生的“左”的偏向限制在最小范围内。

领导经济建设是习仲勋在西北工作的另一个重点。1950年3月，习仲勋在西北首届交通会议上说：“我们在全国胜利了！在西北胜利了！因而我们的工作重心，进入了一个新环境，负起了一个新的任务，已由结束战争转入和平建设新时期。”①根据当时的经济形势，中共中央西北局和习仲勋决定在完成接管、初步稳定社会秩序的基础上，“有重点地开展了恢复工作。主要是：恢复工业生产，活跃贸易市场，调剂金融，平稳物价，整理财政，以及整顿学校，巩固治安，教育和组织群众等”②。他在各种会议上反复强调：“生产是压倒一切的中心任务。”③西北地区首先面对的是市场严重不稳，物价剧烈波动的严峻形势。中共中央西北局按照中央的部署，从河南、安徽和陇海路沿线的城市调集粮食、棉布等物资，在西北各地集中抛售，使物价迅速回落并保持平稳态势。同时，中共中央西北局还采取一系列措施，增加收入，紧缩通货。1950年1月，成立西北五省人民胜利折实公债推销委员会，习仲勋任主任，委员包括各界民主人士、党政军及财政贸易银行等负责人，文教及工青妇代表，各省市主席及市长，下设推销发行、宣传动员和债券债款出纳三个委员会。2月中下旬，政务院财经委员会作出《关于统一全国财政经济工作的决定》，要求各地结束以往财经管理上的分散局面，统一全国的财政收支、物资调度和现金管理，把国家的财力物力集中起来，克服财政困难，稳定金融物价。西北军政委员会于3月召开各有关部门和各省市财经负责人会议，传达全国财经会议精神。习仲勋在开幕式上作《为统一国家财政经济工作而斗争》的讲话，指出：“统一国家财政经济是一个重大的政治问题，任何事业，离开这个主题都是走不通的。”④就西北地区如何落实中央决定，习仲勋提出重要意见。他指出，《决定》的基本精神是“增加收入，缩减开支，统一领导”，

① 习仲勋：《在西北首届交通会议上的讲话》，《群众日报》1950年3月2日。
② 《习仲勋文集》，中共党史出版社2013年版，第166页。
③ 《习仲勋文集》，中共党史出版社2013年版，第166页。
④ 《习仲勋文集》，中共党史出版社2013年版，第158页。

因此，“贯彻中央《决定》的基本方向，就是多收一点，少支一点，统一起来，而且还要把事情办好”。①随后，又以彭德怀、习仲勋和西北军政委员会的名义，先后发出《关于贯彻政务院统一国家财政经济工作的决定》《为执行中央人民政府政务院关于全国仓库物资清理调配的决定的通令》和《为贯彻政务院关于实行国家机关现金管理的决定》等重要文件。中共中央西北局还向各级党委发出《关于贯彻统一国家财政经济工作的通知》，要求各级党组织全力贯彻军政委员会的决定。由于中共中央西北局和西北军政委员会采取一系列的正确措施，西北地区的财政状况明显好转，各项税收显著增加。1950年1月至3月，西北地区税收完成全年计划的66%，4月完成85%，5月完成103%；财政工作开始进入统一领导和统一管理轨道。由于建立了严格国库等一系列制度，财政收支逐渐接近平衡，货币发行量大大减少，通货膨胀得到有效遏制。

9月，中共中央西北局召开常委会议，讨论西北三年经济建设计划，决定今后三年在经济建设方面以“铁路、石油、煤、电、纺织五项为重点”，首要问题是做好大规模的勘测。根据会议确定的方针，西北军政委员会财经委会同有关各部门制定《西北区经济建设三年计划草案提要》（1951—1953年）。根据西北经济建设计划，西北石油管理局集中精力用近一年时间对西北地区的石油储藏情况进行勘测，到1951年夏，基本弄清甘肃、宁夏、青海的石油储量，并继续勘察陕西石油储藏情况。习仲勋于5月27日给毛泽东和中共中央并中央财经委陈云、薄一波、李富春致信，建议中央把开发西北石油的方针早日确定下来，同时派出西北石油管理局负责人康世恩赴北京同燃料工业部研究这一计划。在习仲勋和西北局的大力争取下，西北石油工业在新中国成立初期得到长足发展，并成为带动西北经济发展的龙头产业。

习仲勋和西北军政委员会十分重视农业生产。1950年3月中旬，西北军政委员会发出指示，要求“大力宣传‘生产发家’‘劳动致富’‘谁种谁收’等政策，打破农民的一切顾虑，积极生产”②。4月下旬，习仲勋主持召开西北军政委员会第十三次行政会议，检查总结春耕工作，提出下一步应该注意的问题。会后的5月5日再次发布命令，要求各地政府组织工作组，派干部下乡，“把主要

---

① 《群众日报》1950 年 3 月 21 日。

② 《西北政讯》第 2 期，1950 年 3 月 19 日。

注意力集中于春耕生产的组织和领导”，抓紧播种棉花和早秋作物，扩大宣传党和人民政府发展生产的政策，把政府的计划变成群众自己的计划和实际行动。①他在领导西北军政委员会的三年中，每年春耕前都会适时地以他同彭德怀、张治中的名义，发出《关于农业生产贷款工作的指示》，要求各级成立农贷委员会，以更多的解决农民生产中的困难问题。由于习仲勋和西北局的正确领导，广大农民群众的生产积极性不断高涨，农业生产任务超额完成。1950年，粮食产量较1949年增产12亿斤，提高10%，战胜了解放后第一年出现的严重灾荒。1950年12月下旬，陕西省召开农业生产会议，习仲勋出席会议并讲话。他说，这一年我们做了许多工作，如兴修水利，活跃借贷，改良种子，防虫防旱等，更重要的是动员和组织了广大群众参加到生产战线上来。之后，习仲勋主持召开西北地区农业生产会议，全面总结1950年农业生产工作，提出1951年粮棉增产任务和工作措施。习仲勋还运用典型带动和组织群众的办法，在西北农业战线开展爱国主义农业生产竞赛运动。他支持陕西省兴平县张明亮等47个互助组，向西北和全国小麦产区各农业互助组提出夏收、夏选（选留小麦良种）的挑战竞赛。国家农业部对这一做法给予充分肯定。1951年10月，全国第一次农业生产合作会议在北京召开，随之农业互助合作运动在全国逐步兴起。1952年6月，西北全区已组织起互助合作组62万多个，其中有129个生产合作社，600多万农业劳动力参加了互助组，有互助合作历史的陕北老区一些县80%的劳动力参加了互助组。习仲勋十分关注互助合作运动的发展。为了使运动向着健康的方向发展，6月上旬，中共中央西北局召开西北农业互助合作工作会议，分析运动发展的形势，总结经验，检查存在问题，提出互助合作运动发展的任务。6月6日会议结束时，习仲勋作《西北地区农业互助合作运动的回顾与前瞻》的总结报告，对西北地区的互助合作起到指导作用。

习仲勋十分重视西北地区畜牧业的发展。在筹备建立西北军政委员会时，他就提出设立西北畜牧部的意见。之后，各省市县相继设立了畜牧业管理机构。他说：“这个机构除内蒙外，其他大行政区是没有的。而西北大行政区在一成立，畜牧这个机构就占了很重要的部分，这说明西北各地畜牧事业在人民生活里占有很重要的地位。”②1951年初，西北军政委员会召开第一次畜牧

① 《军政委员会命令各地全力领导生产工作》，《群众日报》1950 年 5 月 6 日。

② 习仲勋：《在畜牧兽医会议上的讲话》，《群众日报》1951 年 1 月 11 日。

兽医会议。习仲勋参加会议并作讲话说，关于这样的会议在西北来讲是第一次，过去从来没有哪一个政府专门开会来研究畜牧业。西北有好几个民族的广大人民都是以畜牧业为生的，因而要发展经济必须在发展工业和农业的同时，注重发展畜牧业。1952年6月初，习仲勋主持召开西北军政委员会第七十五次行政会议，再次研究畜牧工作。会议决议指出："西北畜牧工作的主要目的在恢复和发展生产，今后畜牧工作必须注意和其他生产工作密切联系，互相适应。目前畜牧工作的中心环节是深入纯牧区和半农半牧区进行重点的调查研究，做好典型试办，摸出规律，推动全局。"①按照决议精神，各省区迅速行动，组织干部和畜牧技术人员深入牧区展开调研，进行试点，发现典型，总结经验。同时，有的地区还成立草原管理委员会、保畜委员会，把劳动模范、种畜户、中兽医、羊把式以及牧民中的积极分子组织起来，加强饲养管理、牲畜繁育和群防群治工作。据统计，陕、甘、宁、青4省成立县、区、乡保畜委员会1399个，村保畜小组7241个。通过一系列行之有效的措施，西北地区畜牧业有了新的发展，畜牧管理饲养落后的状况有所改善，部分草原严重破坏的状况得到遏制，牲畜大批死亡的现象大大减少。当年，西北地区畜产品普遍丰收，牧区经济日渐繁荣。

发展交通是习仲勋在西北的又一重要任务。1949年11月15日，彭德怀和中共中央西北局在向毛泽东报告1950年西北地区生产交通建设的初步安排时，提出除整修天（水）宝（鸡）铁路外，还应在中央人民政府铁道部帮助下修筑天（水）兰（州）铁路。这一计划得到毛泽东的赞同。1950年1月西北军政委员会成立时，明确提出"交通是关乎整个西北经济恢复与发展的重要的先决的关键。今年着重铁路及公路国道之恢复改善与修建工作"②。9月下旬，中共中央西北局常委会研究三年经济建设计划时，彭德怀初步提出了西北铁路建设的规划和实施步骤，习仲勋全力支持彭德怀的意见。1950年3月，中共中央西北局和西北军政委员会召开西北首届交通会议，西北五省铁路、公路等方面的干部130余人参加会议。彭德怀、习仲勋分别讲话，阐释交通事业在西北国民经济中的重要地位。习仲勋说："就西北地区具体情况看，地面辽阔，经济状况比其他各区都要落后，将来必须大力发展。而发展经济的重要条件之一，就

① 西北军政委员会第七十五次行政会议记录，1952年6月3日。

② 西北军政委员会财经委员会：《1950年西北经济建设初步计划草案》，1950年1月。

是办好交通。”[1]要做好交通部门的工作，必须发动全体员工积极努力。在补修路基、桥梁、护路、养路等各项工作中，要吸收沿线广大农民参加。会议确定“为完成宝天、天兰段的工程，特组织工程委员会，领导工作，并依靠第一野战军抽调十万大军担任土石方工程。”经过反复酝酿讨论并报经政务院批准，中共中央西北局组建了西北铁路干线工程局（简称西干局），领导宝天、天兰铁路改造和兴建工作，5月1日正式成立办公。[2]9月4日，西北局向各级党委发出《关于加强西北修建铁路工作的指示》，要求必须克服存在的问题，“保证按计划完成宝天路全部改进工程及天兰路通车的艰巨任务，同时用大力争取早日修通西北干线”。宝天铁路整修和天兰铁路建设工程进展顺利。1952年10月1日，天兰铁路举行通车典礼，远在朝鲜战场的彭德怀发来贺词祝贺。习仲勋题写贺词：“庆祝修成天兰铁路的伟大胜利！西北各族人民的愿望，解放后三年就实现了，这是一件大好事，我们必须继续努力，为实现西北铁路的干线及一切必须修筑的铁路工程而斗争”。

林业建设在西北具有特殊意义。在绿化大西北的工作中，习仲勋付出了很多精力。1950年1月，西北军政委员会第一次会议即提出“注意森林和草原的保护与培植”。在实际工作中，习仲勋坚持这一方针，组织完成1950年植树造林2870万株的任务，推动了绿化大西北植树造林运动的发展。5月9日，《西北军政委员会护林通令草稿》要求“各地区、乡人民政府应指导当地群众，组织护林小组，订立护林公约，经常进行护林工作”。7月4日，习仲勋批示西北军政委员会发出《关于宣传教育组织群众保护铁路沿线林木的指示》，西北军政委员会农林部及各省人民政府遵照《通令》和《指示》，严禁滥伐滥垦，“普遍进行宣传，并逐步建立与健全林区管理机构。在行政领导配合技术指导下，发动群众普遍展开护林运动”。到1950年底，“全区已建立林管站32个，组织群众护林小组312个”。仅秦岭林区一处，先后建立8个管理站，181个护林小组，订立民主护林公约，参加护林群众达2495人。1951年春，西北军政委员会发出《展开大规模春季植树造林运动的指示》。要求全年“完成造林五万七千六百一十五亩，植树二千六百七十六万株的任务，把西北林业工作推进一步”。

1951年，西北地区的林业取得了好成绩，涌现出许多造林防沙的先进地区

---

① 习仲勋：《在西北首届交通会议上的讲话》，《群众日报》1950年3月24日。

② 《关于商讨西北铁路干线工程问题的纪要》，1950年5月24日。

和个人。年底，召开西北首届农林、水利、畜牧劳动模范代表会议，表彰林业方面的模范人物和典型地区。习仲勋在会上号召1952年继续开展大规模的植树运动，“提倡每人一年一株树运动，一年三千万株，经过十年二十年之后，就可以使我们西北所有铁道旁、公路旁、河畔、秃山逐渐绿化起来”。1952年2月，西北军政委员会召开第六十五次行政会议，再次强调“植树造林工作，在西北特别重要”，初步规划了东起陕北府谷、中经宁夏、西到甘肃河西走廊的3000里防沙林蓝图。6月8日，习仲勋批示发出《关于育苗采种工作的指示》，要求“在营造防风防沙林、水源林、护岸林及铁路、公路两旁护路林地区的当地政府，更应切实加强育苗采种工作”①，为来年的植树造林运动顺利进行提供保证。8月下旬至9月上旬，西北地区首届林业工作会议在西安召开，总结三年来西北林业工作的成绩和存在的问题，确定今后的工作任务。习仲勋作《为绿化西北而努力》的总结讲话，指出：“在我们国家财政经济情况已经根本好转的今天，林业工作，应该是我们即将进入大规模经济建设时期的一项重要工作”，“今后林业工作的具体任务就是绿化西北”。②“我们要在数千里的流沙线上，建造森林长城，要在滚滚河流的两岸和红土山上，到处种起树来。这样，我们的西北地区，就会变成绿荫遍地、青山绿水、气候良好，水旱风沙的灾害就会被我们逐渐征服。”③

习仲勋与西北局和西北军政委员会对做好西藏工作，为争取西藏和平解放作出了重要贡献。1950年1月22日，中共中央就积极争取十世班禅问题致电中共中央西北局、西南局，指示：班禅即已表示拥护毛主席和中央人民政府，我应积极争取之。在解放西藏的既定方针下，在实际工作的策略上，应采取十分慎重的态度。④中共中央西北局多次召开会议，认真讨论贯彻中共中央指示，决定组建专门机构，加强对十世班禅方面的团结争取工作，并确定由西北军区政治部联络部部长范明任驻班禅行辕代表，中共甘肃省委统战部副部长牙含章协助担任联络及领导工作。12月底，中共中央西北局再次讨论了护送十世班禅入藏问题，形成若干实施意见并决定成立中共西北西藏工委，派专人去北京向中共中央汇报和请示有关问题。1951年1月底，中共中央西北局统战部部长

① 西北军政委员会：《关于育苗采种工作的指示》，1952年6月8日。

② 《习仲勋文集》，中共党史出版社2013年版，第294页。

③ 《习仲勋文集》，中共党史出版社2013年版，第296页。

④ 《中国共产党西藏历史大事记》（第一卷），中共党史出版社2005年版，第11页。

汪锋和范明、牙含章到北京，向中共中央统战部汇报工作。李维汉就护送十世班禅返藏、做好统战工作及争取和平解放西藏等问题提出具体意见。他们一起向周恩来作了汇报，周恩来对西北地区进藏的任务、路线、部队隶属关系、进藏物资准备和干部等问题作了明确指示。3月27日，十世班禅致电毛泽东，希望“入藏前到北京谒见毛主席”。4月23日，习仲勋代表西北局和西北军政委员会到西安机场迎接十世班禅进京。5月23日，经过中央人民政府全权代表李维汉等同西藏地方政府代表的多次谈判，在十四世达赖、十世班禅的响应和努力下，《中央人民政府和西藏地方政府关于和平解放西藏办法的协议》签订，西藏和平解放。

6月21日，十世班禅在完成这一重大历史使命后，返回青海塔尔寺。途经西安时，习仲勋再次设宴欢迎十世班禅。1951年11月，十世班禅准备入藏。11日，中共中央致电西北局并转中共青海省委：“对班禅入藏事宜，请你们负责检查督促，帮助其克服困难，不可疏忽”，“请仲勋同志于班禅起程前代表毛主席和中央人民政府前去向班禅致欢送之意并向随同入藏的藏汉人员讲解政策”。12月12日，习仲勋作为中央人民政府特命代表乘飞机从西安前往兰州，从兰州乘车到达西宁，欢送十世班禅返藏。14日，习仲勋在喜饶嘉措和黄正清陪同下，前往塔尔寺拜会十世班禅。16日，习仲勋参加青海省各民族和各界人民在省政府礼堂隆重举行的欢送十世班禅回藏大会，并致欢送词。18日，习仲勋在西宁向班禅行辕人员和随班禅入藏的汉族干部作报告，细致讲解入藏后应注意的问题。19日，十世班禅及随行人员由西宁启程返藏。1952年4月28日，十世班禅一行历经4个多月的长途跋涉，顺利到达拉萨。

六

1952年8月，为了适应大规模经济建设和加强中央集中统一领导的需要，中共中央调各大区主要领导人到中央工作，邓小平、高岗、饶漱石、邓子恢、习仲勋等都被调到中央工作。从1952年9月至1954年7月，习仲勋接替陆定一任中共中央宣传部部长，同时兼政务院文化教育委员会副主任，任政务院文教委员会党组书记。

在国民经济恢复基本完成的情况下，国家从1953年起实行第一个五年计划，进入大规模的经济建设阶段。经济建设和文化建设是相辅而行的两个轮子，文化教育工作提到了党和国家的重要议事日程。习仲勋作为政务院文化教育委员会副主任兼党组书记，协助政务院副总理兼文化教育委员会主任郭沫若，领导文化部、教育部、高教部、卫生部、出版总署、文字改革委员会的工作。面对文化教育整体落后、观念陈旧、不适应大规模经济建设需要，甚至与经济建设脱节的状况，习仲勋深入进行调查研究，在基本理顺思路后，建议中央召开一次全国大区文化教育委员会主任会议，这个建议得到周恩来、邓小平的支持，会议于1953年1月13日至21日召开。13日，习仲勋在会上作关于1953年文教工作的方针和任务的报告。他指出：文教工作必须与经济建设密切结合，并很好地为经济建设服务，总的方针是"整顿巩固、重点发展、提高质量、稳步前进"。他提出，新一年文教工作的主要任务是：大力整顿和办好高等教育与中等专业教育，适应培养经济建设人才的需要；继续开展群众性的爱国卫生运动，研究改进公费医疗卫生工作中的缺点，加强城市、工厂、交通、农林种植场的医疗卫生机构工作队；调整和加强科学研究机构和科学工作者队伍，密切科学研究工作与经济建设的联系，发展有关国家工业农业建设与国防建设的勘测研究工作；提高劳动人民、特别是工矿区人民的文化艺术生活和文化水平；大力整顿和充实文教基层组织，控制数量，提高质量，克服混乱和不巩固现象；加强对外宣传及联络工作；继续进行文教工作人员的改造运动；加强文教工作中的政治思想领导，切实改进领导作风和工作方法。这次会议贯彻了中共中央的正确方针，明确了文化教育工作的指导思想，安排部署了1953年文化教育的工作任务，使大规模经济建设时期的文化教育工作有了一个良好开端。

3月13日，习仲勋应中宣部副部长、文化部副部长兼党组书记周扬之邀，到正在举行的第一届电影艺术工作会议上作长达两个多小时的报告。他首先强调提高作家和领导政治责任心的问题，并用西北地区作家的情况加以说明。他举例说明陕西作家柳青在创作小说《创业史》和《铜墙铁壁》的过程中，党是怎样给予无微不至的关心和帮助。他指出，对文艺工作的领导，不是依靠行政命令，不能用简单粗暴的办法。有些作品不是基本立场观点上的错误，而是写作技巧上的问题，就不能完全否定；即使立场观点上的问题，也不能随便加以"枪毙"。我们提倡社会主义现实主义是对的，但并不是要求所有作品都符合一个标准。任何一个作品，不能要求作家一气呵成，总要给以耐心帮助，反复修改，而不是乱找岔子，夸大缺点，使作家无所适从。要求作家提供作品，也不能像向工厂加工订货那样限期交货，总要给予充分的时间。习仲勋在谈到文艺批评时说，文艺批评也要有高度的批评艺术，善于运用批评武器，恰到好处，而不是倾盆大雨，狗血淋头，结果不欢而散。并不是作家难以领导，而是批评者要懂得批评的方法和目的。批评尖锐也要实事求是，不是越尖锐越好。我们要用对党对人民负责的态度，反对那种夸大缺点、乱找岔子的文艺批评家。要从作家的具体水平出发，给作家指明出路，善于引导作家前进。习仲勋的讲话在与会文学艺术工作者中引起强烈反响，对正确执行党的文艺方针、繁荣文化事业起到十分重要的作用。

从1953年9月至1954年9月，习仲勋接替李维汉担任政务院秘书长。1954年9月，政务院改为国务院，习仲勋继续担任秘书长直至1959年4月。在担任秘书长期间，他协助周恩来总理工作，分管总理和副总理分工以外的其余12个国务院直属机构。他按照周恩来的要求和国务院机关的工作实际，制订一系列规范国家机关活动的规章制度，确保机关的有效运转。1954年10月，在第二次国务院全体会议上，周恩来提出大事要集中到国务院全体会议和常务会议，有些事情集中到他和陈云、陈毅、习仲勋处。

1954年11月16日，习仲勋主持召开国务院秘书长会议第一次会议，通过国务院机关办公制度，确定每周五召开秘书长办公会议；设立机要办公室，负责国务院总理、副总理、秘书长电报文件收发、分办、传阅立卷及打印事宜。1955年5月10日，周恩来召集国务院汇报会议，决定不归各办管辖的国务院各直属机构及其他例行工作，由习仲勋负责处理。习仲勋日常工作十分繁忙，小到会议活动安排、重要出访代表团成员名单审查，大到国务院部门体制的设置、国民经济计划的制定、重要的外事活动等，都有他的身影。从第一次秘书长会议开始到1956年2月17日，习仲勋先后主持召开35次秘书长会议，对国务院秘书厅、机关事务管理局、外国专家局、法制局、档案局、广播局、人事局、宗教事务局、计量局、测绘局、参事室、文史馆、机要交通局、对外文化联络局、文字改革委员会办公室、编制工资委员会办公室、出国工人管理局等10多个单位的职能范围、机构编制、干部配备、工作计划、检查与总结等，做出切实可行的规定，建立健全各项制度，从而使国务院机关日常工作得以严谨高效、紧张有序地运转。

在国务院任秘书长期间，习仲勋十分重视人民来信来访工作，认为这是党和国家领导人倾听群众呼声，密切联系群众的重要渠道。1957年5月31日，在中共中央办公厅和国务院秘书厅联合召开的全国来信来访工作会议讲话中，习仲勋严肃批评从中央到地方对信访工作无人负责的官僚主义作风，对人民群众来信来访照抄照转、错抄错办、草率推诿的现象。他认为，产生这些问题的原因主要是全国胜利、领导机关进城后，我们干部的思想意识发生变化，很多领导干部“和群众离得远了，群众观点减弱了，对群众生活疾苦的关怀淡薄了”①。他指出，国家在社会主义三大改造之前的主要矛盾是阶级矛盾，但在三大改造胜利完成后，人民内部矛盾就成为主要矛盾而突出出来。信访工作反映的主要是人民内部矛盾。因此，处理人民来信来访，“不是小事，是大事；不是一般工作，是个重要的政治任务”②。他要求各级领导恢复和发扬密切联系群众，和群众同甘共苦、全心全意为人民服务的精神，做好人民信访工作。

1957年，第一个五年计划超额完成，全国经济形势良好。1958年5月，习仲勋参加中共八届二次会议，会议通过“鼓足干劲，力争上游，多快好省地建设社会主义”的总路线。提出15年赶上和超过英国，要求提前5年完成全国农业发展纲要，苦战3年基本改变面貌的目标。由此，“大跃进”运动进入高潮。由于指导思想严重脱离实际，导致全国高指标、瞎指挥、浮夸风、“共产风”盛行，各地纷纷提出工业“大跃进”和农业“大跃进”的不切实际的目标，片面追求工农业生产和建设的高速度，大幅度提高和修改计划指标。

为了解真实情况，1958年8月12日，周恩来指示习仲勋带领考察组到西北地区考察。根据周恩来的指示，习仲勋组织了一个十多人的调查组，9月，先后到陕西、甘肃、青海、宁夏、内蒙古五省区考察调研。习仲勋一行所到之处，既看到广大人民群众改变落后面貌的愿望和热情，也发现不少问题，引起他的深思。习仲勋一行在陕西，到全国农业劳动模范王保京所在的礼泉县烽火人民公社调研。在和当地群众的交谈中，习仲勋不时听到“人民公社将很快实现全民所有制”，“共产主义马上就要实现了”的议论，他皱着眉头暗自说：“哪能这样快呀！”由于调查日程安排较紧，习仲勋一行连夜从西安乘火车前往兰州。西安到宝鸡的铁路线两旁，处处是大炼钢铁的场面。习仲勋是陕西关中人，知道这里缺乏铁矿资源，不具备大炼钢铁的条件，即使有一些废钢铁，也不可能满足如此多炼铁、炼钢炉的需求。到达兰州后，习仲勋和当地领导坐羊皮筏

---

① 《习仲勋文集》，中共党史出版社 2013 年版，第 350 页。
② 《习仲勋文集》，中共党史出版社 2013 年版，第 351 页。

子，考察黄河岸边水车抽水灌溉良田情况。习仲勋了解到“大跃进”工程“引洮上山”项目后，感到震惊和担心。他看到工地上数万名精壮农民，或用镢头挖地，或身背肩挑石头，或推着独轮小车，来来往往，使用的唯一先进的工具就是利用高低落差架设的铁索摇轱辘，来回运砂送料，夜间他们还要打着灯笼火把劳动。事实证明习仲勋的担心不是多余的。第二年春天，甘肃发生粮荒，青黄不接，粮库变空，老百姓没有饭吃，甚至出现饿死人的问题，“引洮工程”被迫下马。中共中央得知后，按周恩来的指示，习仲勋立即召集粮食部、内务部、铁道部、交通部领导人开会，安排从陕西、四川、宁夏几路紧急调运粮食支援甘肃。在青海、宁夏、内蒙古，习仲勋一行也了解到类似陕西、甘肃出现的问题。

这次调研，习仲勋既看到群众积极参加“大跃进”运动热情高涨的一面，也敏锐地察觉到运动中出现的忽视甚至违背经济规律、违背科学精神的问题。一些领导对经济发展形势认识不清，急于求成，夸大主观意志和主观努力的作用，有的地方“五风”严重，这些问题还在进一步发展。回到北京后，习仲勋把了解到的情况和自己的看法向中央领导作了汇报，后来在中央的几次会议上，他都表明自己的观点，对中央进行纠“左”起到一定作用。

1959年4月，二届全国人大一次会议在北京举行，选举刘少奇为中华人民共和国主席，决定周恩来任国务院总理。28日，刘少奇签署国家主席令：任命陈云、林彪、彭德怀、邓小平、邓子恢、贺龙、陈毅、乌兰夫、李富春、李先念、聂荣臻、薄一波、谭震林、陆定一、罗瑞卿、习仲勋为国务院副总理，任命习仲勋兼国务院秘书长。为迎接中华人民共和国成立十周年，计划在首都建设十大建筑，筹建部门曾经计划建造国务院办公大楼。周恩来看到设计图纸，征求习仲勋的意见。习仲勋说：“人民大会堂是人民代表开会讨论国家大事的地方，需要建筑，中南海这个地方，过去袁世凯、段祺瑞他们都办过公，我们拾掇一下就可以办公了，不一定要盖国务院办公大楼。”①周恩来说：“你的意见很好，和我想法一样，国务院不需要盖办公大楼。在我担任国务院总理职务期间，绝对不盖政府办公大楼！”②周恩来当机立断把国务院办公大楼这项建筑计划撤销了。

在国务院工作期间，习仲勋还参加了许多大的外事活动，其中主要有1959

---

① 《习仲勋文集》，中共党史出版社 2013 年版，第 490 页。
② 《习仲勋文集》，中共党史出版社 2013 年版，第 490 页。

年3月19日至25日，参加由朱德副主席率领的中国共产党和中国政府代表团赴匈牙利的访问，参加匈牙利苏维埃共和国成立40周年纪念大会，去中国驻匈牙利大使馆会见使馆全体工作人员和在匈牙利学习的中国留学生并讲话。8月下旬至9月初，习仲勋任中国政府代表团团长，率团赴苏联、捷克斯洛伐克访问。8月28日，在莫斯科参观苏联国民经济成就展览会，出席苏联部长会议副主席扎夏迪科举行的招待宴会。他在讲话中说，苏联人民在完成7年计划的努力中旗开得胜，这对中国人民和社会主义各国人民以及一切爱好和平的人民是巨大的鼓舞。苏联国民经济成就展览会集中地表现了苏联40多年来经济建设的光辉成就，中国人民热烈祝贺苏联人民所取得的伟大建设成就，我们正是利用这一机会来学习苏联的科学技术和发展国民经济的先进经验的。9月10日，习仲勋在莫斯科与苏联部长会议副主席扎夏迪科出席中国驻苏联大使馆举行的晚宴。他说，我们在这里愉快地度过了有意义的、令人难忘的十几天。参观和访问的时间虽然很短，但看到和学到的东西很多。苏联国民经济成就展览会是苏联人民在苏联共产党和政府领导下40多年来进行社会主义建设成就的总结。苏联的科学技术和发展国民经济的先进经验，对我们是非常宝贵的。我们尤其珍视的是苏联人民对中国人民的伟大友谊。我国社会主义建设的巨大成就是同学习苏联的先进经验和苏联人民对我国兄弟般的援助分不开的。

习仲勋担任国务院副总理期间正值“大跃进”时期，“大跃进”运动给国民经济带来的严重后果已越来越清楚地显露出来。毛泽东虽然发现工作中存在的问题，并从1958年11月的郑州会议开始注意纠“左”，但由于没有从根本上解决问题，加上1959年七八月的庐山会议突然转向“反对右倾机会主义”，党的路线方针政策、主观与客观实际相脱离的问题越来越严重，对经济建设带来的损失也越来越大。面对日益严峻的形势，1960年11月3日，中共中央发出《关于农村人民公社当前政策问题的紧急指示信》（简称“十二条”），1961年3月又制定《农村人民公社工作条例（草案）》（简称“农业六十条”），主要是纠正“共产风”，恢复农村经济。为了及时了解指示和条例的贯彻落实情况，中央号召全党大兴调查研究之风，将1961年确定为“实事求是年、调查研究年”。

1961年4月上旬，习仲勋率由国务院副秘书长和部分直属局正、副局长十多人组成的工作队，到河南省长葛县开展调查。习仲勋带工作队走村串户，在调查中发现许多问题，根据掌握的情况，于4月23日和5月9日，两次向中共中央总书记邓小平和中共中央作详细的书面报告。4月23日的报告他以河南长葛县和尚桥公社为例，对农村形势分析如下：(1) 中央十二条指示下达以来，形势急骤好转。(2) 公共食堂问题。和尚桥公社的食堂大部分已经在3月初散伙。据了解，长葛县70%以上的食堂也都相继停办。余下的一小部分食堂，群众都在观察等待，只要干部一松口，马上也会停办。从当前情况看，在低标准和办食堂非企业化的条件下，食堂不宜再办，还是把粮食分到户，是更便利群众，有利生产，争取更快地扭转农村困难局面的一个有效措施。(3) 劳动保护问题。目前农村的劳动非常紧张，抗旱浇麦，春播种菜，十分忙碌。由于最近两三年来牲口大量死亡（一般死掉50%），就更加重了人力的负担。因此，从长期着眼，在当前必须坚持劳逸结合，要强调少劳多逸，给群众足够的休息时间，以便休养生息。(4) 多劳多吃问题。长葛县最近普遍搞多劳多吃，办法有两种：第一种是有储备粮的社、队，从储备粮中拿出一部分，实行"工分带粮"，多增加了群众的口粮。第二种是没有储备粮的社、队，从有劳动能力的人（老、幼、残疾除外）的口粮标准中，扣出10%，作为多劳多吃的奖励粮食，这样做实在不好。更不好的是，按人口扣出5%或10%的口粮，作为奖励粮。这种办法，实际上是降低了一般有劳力和无劳力的口粮标准，挖他们的口粮，去奖励他们。有的生产队连讨论也没有讨论，并且不分男女老幼每人扣了10%的粮食，引起群众很大波动。

5月9日，习仲勋向党中央并邓小平报告从4月24日起，在和尚桥公社宗寨大队对粮食问题和"三包一奖"、分配、耕畜问题的调查情况。报告指出：(1) 农村的情况和群众情绪越来越好。根据观察，凡是党的政策执行得比较好、群众生活安排妥善的地方，广大群众和干部的心情是真正舒畅的，干劲也很大。中央十二条指示下达后，仅仅几个月的时间，就出现了这样好的情况，如果今后再把六十条坚决地贯彻下去，把干部的工作作风好好转变一下，农村的情况将会更好，群众和干部的心情就会更加舒畅，生产积极性将会更加高涨。(2) 退赔问题是中央十二条指示的中心内容，也是彻底根除"五风"、调动群众积极性的根本政策。只有彻底退赔，才能取信于民。(3) 在生产队的权限问题上，许多群众和干部提出了不少意见和要求。中央十二条指示和六十条都规定了生产队的种植权，可是由于当前包产包工的办法，是按农作物逐项逐亩的包，麦子种多少，谷子、高粱、大豆等种多少，一一都规定死了，所以生产队的这项权利实际上并未落实。在研究"三包一奖"时，干部和群众对包总产的办法特别拥护，就是因为"一包总产，生产队就真正当家作主了"，生产队才真正有权因地制宜，合理的种植各种作物，从根本上杜绝生产上的瞎指挥。

群众还要求休假权利得到保证。随着“三包一奖”的实行，生产队的“三权”落实，最近群众要求把休假权利交给生产队掌握。总之，生产队的权利越落实，就可以更加促进生产大队基本所有制的巩固，对农业生产的发展十分有利。(4) 从最近的调查中可以看出，公社问题最根本的是按劳分配问题。公社化以来，在大刮“五风”、什么都大办的情况下，由于没有认真地贯彻执行社会主义按劳分配的原则，结果大大挫伤了群众的生产积极性。中央十二条指示下达以后，实行了“三七开”，这种情况已有改变，但是还不彻底。在讨论分配问题时，多数群众都倾向于实行除了包“五保户”，照顾困难户以外，一律按工分分配的办法。(5) 农村一切工作归根到底是一个“大办农业”、“大办粮食”问题。要下决心在今后一定时期不搞大的水利工程，而是踏踏实实地搞群众性的小型农田水利，主要是打土井，整修渠道，平整土地，增添排灌机械等，做到参加水利工程的劳力不出社，有的甚至不出队。只要把这项工作经常抓，抓到底，就给农业生产打下了牢靠的物质基础。(6) 干部作风问题。从这里的情况来看，经过整风整社，干部的作风确有很大的转变。但是这种转变还很不彻底，很不巩固。不好的作风破了，新的作风未立。因此，在各级组织，特别是领导核心都需要无例外地进行一次严格的整风，只有经过长期的艰苦的工作，才能把干部的作风彻底转变过来，从而把工作大大推向前进。

在长葛县的一个多月时间里，习仲勋与当地干部群众结下了深厚情谊，长葛人民一直惦记着他。1984年9月12日，长葛县城关镇公社八七村（即原和尚桥公社宗寨大队）的党支部全体成员及干部群众，给中共中央政治局委员、中央书记处书记习仲勋写信汇报宗寨村从1960年由富变穷，24年后又由穷变富的发展过程。习仲勋看后，非常高兴并立即复信：

看到你们9月12日写给我的信，不胜欣慰之至。回想起20多年前我在长葛县调查研究时的所见所闻，至今依然历历在目，记忆犹新。当时你们大队由一个好端端的富队变成了一个响当当的穷队，我们如实地向中央作了反映。现在看来，最根本的原因是在“左”的错误思想指导下，破坏了农业生产力，结果使广大干部群众吃了很大的苦头。这是多么深刻的教训啊！时至今日，你们那里在党的十一届三中全会的路线、方针、政策的指引下，在农村经济体制改革的推动下，面貌焕然一新，走上了由穷变富的康庄大道，并在社会主义精神文明建设中取得了很大成绩。我衷心地向你们表示热烈的祝贺和亲切的慰问！①

在国务院工作期间，习仲勋还十分关心机关工作人员的生活。1960年，国民经济形势十分严峻，他根据周恩来的指示，为机关食堂建立生产基地，让干部职工自己动手，种地、养猪、磨豆腐，机关生活很快得到改善，受到干部职工的称赞。这个办法也迅速推广到中央各部委和各省市机关，对帮助机关渡过国民经济困难时期起到很好的作用。

七

1962年初，中共中央对国内形势的判断和恢复农业生产政策所存在的不同意见凸显出来。毛泽东在七八月间主持召开的北戴河会议上和随后召开的中共八届十中全会上重提阶级斗争问题，党内国内形势逐步向"左"的方向发展。习仲勋成为这场"左"的斗争最早的受害者之一，被扣上"习仲勋反党集团"、"西北反党集团"等种种"莫须有"罪名，被审查、关押、监护长达16年之久。直至中共十一届三中全会以后，才予以彻底平反。

1962年7月至8月，中共中央政治局在北戴河召开中央工作会议。8月6日，毛泽东在大会上作关于阶级、形势、矛盾和党内团结问题的讲话。会议即转为着重讨论阶级斗争问题和批判"黑暗风"、"单干风"，这个题目也成为9月在北京召开的中共八届十中全会的主题。习仲勋没有参加北戴河会议，在此期间他受周恩来委托，正在北京主持召开全国中等工业城市座谈会。在刚刚闭幕的中央工作会议上，中共中央政治局候补委员康生开始给习仲勋罗织罪名，并把他与彭德怀联系在一起，以"翻案风"罪名加以批判。在8月24日北戴河中央工作会议结束时，康生利用一些捕风捉影的材料，公然诬陷习仲勋"勾结刘志丹的胞弟刘景范和刘的妻子李建彤，授意炮制反党小说《刘志丹》，为高岗翻案"②。并说习仲勋是"翻案风"中的又一个"挂帅人物"。当天，康生给中共中央书记处写信，说小说《刘志丹》"这不是一个单纯的文艺写作问题，看来是

① 《河南日报》1984年11月1日。

② 习仲勋：《永远难忘的怀念》，《人民日报》1979年4月8日。

带有政治倾向性”的问题，并要求中央书记处处理这个问题。①从此，习仲勋的人生开始了一段坎坷漫长的被审查、关押和监护的岁月。

9月19日，中共八届十中全会预备会上，突然公布高岗妻子李力群在1959年庐山会议后被迫写的揭发彭德怀、习仲勋的材料。9月，习仲勋给中央写信坚决否认小说《刘志丹》是自己主持写的，坚决不承认康生强加给自己的罪名。第二天这封信刊登在会议简报上，结果是对他的批判进一步升级。无奈，习仲勋找周恩来请假，不再参加会议，好好想想问题，检查错误。9月24日，中共八届十中全会正式开幕，毛泽东在发表讲话时，康生向毛泽东递了一张条子，上面写道：“利用小说进行反党活动，是一大发明。”毛泽东念了这张条子，接着说：“近来出现了好些利用文艺作品进行反革命活动的事。用写小说来反党反人民，这是一大发明。”毛泽东后来又说：“利用小说反党，是康生发现的。”②同日，康生又建议，提出被列为审查对象的彭德怀、习仲勋等五人不必要再参加会议，国庆节也不上天安门。9月27日下午，全会正式通过决议，分别组成“彭德怀专案审查委员会”和“习仲勋专案审查委员会”，康生任“习仲勋专案审查委员会”主任。中共八届十中全会给习仲勋定的罪状是：小说《刘志丹》是“伪造党史”，把陕甘边写成中国革命的“中心”和“正统”；“把毛泽东思想说成是刘志丹思想，企图以他们的思想作为全党的指导思想”；书中的“罗炎、许锺写的就是高岗、习仲勋”，因而是“为高岗翻案”、“吹捧习仲勋”。

之后，专案组指定专人对习仲勋办公室的文书档案进行清理，习仲勋也按规定将所有文件包括历次参加会议的笔记等全部上缴，并被停职检查。小说《刘志丹》作者李建彤被开除党籍，监督劳动。对小说《刘志丹》和习仲勋的专案审查，一直到“文化大革命”开始还没有结束。中共十一届三中全会以后，邓小平批示重新审查此案。中央组织部对小说《刘志丹》案进行复查，并于1979年7月14日向中央报告，提出：(1) 李建彤写小说《刘志丹》是工人出版社的约稿，并非康生说的“蓄谋已久”，同习仲勋没有关系。(2) 习仲勋只是在1960年以后向作者和工人出版社同志谈了两次他对小说《刘志丹》样稿的意见，除此对小说创作没有过问过，康生说习仲勋是这本书的主谋、“第一作者”是没

---

① 薄一波：《若干重大决策与事件的回顾》(下册)，中共中央党校出版社 1993 年版，第 1096 页。

② 薄一波：《若干重大决策与事件的回顾》(下册)，中共中央党校出版社 1993 年版，第 1096 页。

有根据的。习仲勋两次谈话内容也是正确的，康生说习仲勋企图在小说中把陕甘边写成“中国革命的正统”和“中心”，作为“篡党篡国的纲领”，全属诬陷不实之词。(3) 习仲勋在被审查时向党说明真相，不承认康生强加的罪名，这是实事求是的表现，也是党章规定的党员权利，更不应该以此定案。报告认为这部小说“是一部比较好的歌颂老一辈无产阶级革命家、描写革命斗争历史的小说”，“把这部小说定做毒草的四点理由是和小说的实际情况不相符合的”，“《刘志丹》小说的创作过程，是正常的，没有什么阴谋，没有根据说习仲勋、刘景范、李建彤在此书创作过程中‘结成反党集团’。习仲勋同志关心这部小说的创作，对如何改好这部小说发表过意见，是完全正当的，根本谈不上是什么反党阴谋集团活动”。这个案件“是康生制造的一起大错案”。1979年8月4日，《中共中央批转中共中央组织部关于为小说〈刘志丹〉平反的报告》，并于1980年2月发出通知，为因此案受到诬陷的习仲勋等人平反昭雪。

1965年4月12日，中共中央发出关于加强战备的指示，号召全党、全军和全国人民准备应付最严重的局势。9月，中共中央工作会议同意“以国防建设第一，加速三线建设，逐步改变工业布局”为第三个五年计划的方针。之后，中央组织部部长安子文找习仲勋谈话，宣布中央让他到洛阳矿山机器厂担任副厂长的决定。习仲勋表示服从中央的安排，并请安子文向中央转达自己的三点意见：第一，坚定地信仰马列主义、毛泽东思想，以一个共产党员的标准要求自己；第二，不做有损于党和人民的事情；第三，不会自绝于人民。

12月，习仲勋来到洛阳，担任洛阳矿山机器厂副厂长。习仲勋担任副厂长时，该厂生产和建设规模已有很大发展。对习仲勋的生活和工作安排，洛阳矿山机器厂党委非常重视。习仲勋一住进工厂，厂党委副书记兼政治部主任赵祥庆便带着他到厂部和车间熟悉情况，并介绍厂里的生产和职工情况。习仲勋表示：“这些年我一直在中央机关工作，一大二空，脱离实际，脱离群众。这次是挂职锻炼的，主要任务是劳动锻炼，不需要再休息，不承担分管行政管理工作，但要保证每天至少有半天在车间劳动。”①习仲勋被安排到第二金工车间的电二班参加劳动。每天，他总是提前到车间，按照班组长分派的活路，在工人师傅的指导下，边学习，边实践。他像一位小学生一样渴求知识，态度诚恳。有时下班时间过了，他还在专心琢磨技术，放不下手中的活儿。每

---

① 《习仲勋革命生涯》，中共党史出版社、中国文史出版社 2002 年版，第 501 页。

天下午，他坚持读书看报。尽管处境发生很大变化，但他却依然关心着国内外大事，不断学习新知识，开拓视野。节假日和工余时间，他就到工人家里或职工宿舍串门拉家常。他关心工人的家庭生活，经常帮助他们解决困难。在洛阳矿山机器厂期间，习仲勋除坚持读书劳动外，还保持着两个生活习惯，一是洗澡，一是散步。他和工人在大澡堂里洗澡，一边洗一边拉家常，可以更多地听到群众意见。晚饭后，他经常到离厂不远的南村苹果园散步，和农民聊天。他相信自己的问题会得到解决，笼罩在他身上的尘埃终会除去。他坚持每天散步，锻炼身体，准备随时承担党和人民赋予他的重任。

1966年5月"文化大革命"开始，洛阳陷入混乱。中央文革小组顾问康生没有忘记诋毁习仲勋，多次在不同场合诬蔑习仲勋，说小说《刘志丹》反党，为高岗翻案。有关习仲勋"反党罪行"的流言蜚语，在洛阳传得沸沸扬扬。这时，习仲勋除了开会、学习和阅读文件外，很少到厂部办公，他分管的安全技术科和动力生产科有事时，就在车间找他谈。12月，洛阳矿山机器厂党委召开全厂职工大会，宣布洛阳矿山机器厂"文化大革命"开始。此后，工厂生产停顿。

1967年元旦，《红旗》杂志刊登姚文元《评反革命两面派周扬》的文章，《人民日报》3日全文转载，公开点名批判周扬和小说《刘志丹》，不点名地诬陷习仲勋等，又一次把未出版的小说《刘志丹》作为"罪证"。之后，造反派向各级党政机关和企事业单位夺权，已被贬职的习仲勋在劫难逃。4日晚11时，西北大学"文化大革命"临时委员会的十几个红卫兵，突然猛敲习仲勋宿舍房门，冲到他面前。他们是专程来洛阳揪习仲勋回西安接受批斗的。5日一大早，习仲勋同押解他的十几个红卫兵乘坐火车头到达西安车站。10日晚，习仲勋被拉到西安红安公司大礼堂批斗，后被拉到西北大学，关押在3号学生宿舍楼的2层34号房间，并让一名红卫兵与他同住，监督他的一举一动。①习仲勋被揪到西安时，陕西省的造反派也掀起席卷全省的夺权恶浪。23日，"西安地区大专院校造反组织统一指挥部"召开会议，研究夺权问题。24日，习仲勋和中共中央西北局、中共陕西省委领导刘澜涛、王林、赵守一、李启明、严克伦、舒同等胸前挂着"反党分子"的木牌，被押入会场批斗。

习仲勋在西安的境况，引起周恩来的重视。2月13日和16日，周恩来在北京

---

① 孟德强：《和习仲勋相处的七十二天》（打印稿），2010 年 6 月。孟德强时为西北大学中文系三年级学生。

接见西安地区两派造反派组织代表时批评说,“打、砸、抢的口号是错误的”,并对他们提出严肃批评。3月19日,陕西省军区遵照周恩来的命令,宣布对习仲勋实行军事管制。习仲勋由西北大学的住所,被转移到陕西省军区机关看管,这是在军管的名义下采取的保护措施。在这里,他被各级造反派组织要求反复地写交待材料。4月5日,习仲勋给周恩来写信:“我的反面作用起完了,现在只是陪别人挨批挨斗。”①他坚决不承认自己是“走资本主义道路的当权派”、“修正主义分子”和“混进党内的资产阶级代理人”,请求中央“最好让我早些回去,在原单位劳动锻炼,继续彻底改造自己”。②10月2日,富平县造反派将习仲勋拉到县迤山中学操场批斗。之后,在这种无休止的批斗会、“拼刺刀”的折磨下,习仲勋感到“身体有些支持不住了”,③遂给毛泽东、周恩来等写了一封信,汇报自己在西安十个月受批斗情况和思想的变化。周恩来得知习仲勋在西安的处境后,决定由北京卫戍区对习仲勋实行监护,采取特殊方式予以保护。1968年1月3日,周恩来派飞机把习仲勋接回北京,结束了他整整一年被批斗的日子,开始了漫长的被监护生活。

从1968年初到1978年初,整整10年,习仲勋在北京卫戍区被监护,过着既无党的组织生活,又无具体工作、监外监护的“流放生活”。他被关押在北京市北新桥交通干校,住在一间狭窄的小屋里,除监护人员送饭和有事来找外,很少能见到其他人,几乎与世隔绝。所幸的是监护所为他每天送《人民日报》,可以从中了解情况。有时,他还可在指定地点散步、洗澡。在监护期间,林彪、“四人帮”和康生以及他们直接操纵的专案组加紧对习仲勋的审讯和“定案”。在漫长的被监护的日子里,他思念昔日朝夕相处的同志和战友,也十分惦念妻子和儿女。然而,他没有和他们见面的自由,只能望墙兴叹。他回忆说:“我独处斗室,断绝了和一切人往来,连直系亲属也看不到,更不知道外边的真实情况。”④1972年冬,经家人多方努力,习仲勋终于同妻子齐心和儿女们见面。见面时,孩子们一下子围了上去,亲热地叫着:“爸爸、爸爸”。他八年没有见过孩子,顿时热泪盈眶。临别时,齐心特别告诉习仲勋说,这次见你面是周恩来总理亲自批准和安排的。1979年春,习仲勋在谈到当时听完这句话后的心情说:“我

---

① 习仲勋:《永远难忘的怀念》,《人民日报》1979年4月8日。

② 习仲勋写的一份材料,1967年10月31日。

③ 习仲勋:《永远难忘的怀念》,《人民日报》1979年4月8日。

④ 习仲勋:《永远难忘的怀念》,《人民日报》1979年4月8日。

再也控制不住自己的感情，簌簌流下了泪珠。恩来同志处境困难，日理万机，却这样无微不至地关怀在监护中的革命老干部，让我和久别的家人相见。”①

1974年12月27日，毛泽东对小说《刘志丹》案批示：“此案审查已久，不必再拖了，建议宣布释放，免于追究。”②但是，康生对毛泽东的批示，采取消极拖延的态度。1975年5月22日，习仲勋被带到洛阳，“安置在矿山机器厂附近的耐火材料厂里，同工人住在一起，交给一个造反派头头继续监视行动，但总算有了一定的自由”。习仲勋夫妇被安置在洛阳耐火材料厂生活区，相邻的民兵连长按照厂里的布置，监视习仲勋的日常活动，发现情况随时向厂组织部报告。8月底，习仲勋专案组派人到洛阳，就拟好的一份审查结论草稿征求习仲勋的意见。结论说：习仲勋问题恢复“文化大革命”以前的结论。仍然维持习仲勋犯有利用小说《刘志丹》反党严重错误的定性。习仲勋坚决要求对结论中的小说《刘志丹》是在他授意下写的、小说《刘志丹》是反党性质错误的这两个不符合事实、完全凭空主观推断的话，做实事求是地修改。否则，他拒绝在审查结论上签字。

1976年1月9日晨，锻炼刚回来的习仲勋，惊悉周恩来总理于1月8日逝世的噩耗，顿时泪流满面，心情极其悲痛，回屋坐下后一时难以站立起来。他沉痛地给周恩来治丧委员会主任邓小平发出唁电，并转邓颖超：“惊闻噩耗，不胜悲痛至极，不能亲临悼念，深为终身憾事。”在悼念周恩来的日子里，习仲勋常常泪流不止，悲痛难抑。7月6日，德高望重的朱德逝世。在悼念朱德的日子里，习仲勋给工人们讲述朱德的丰功伟绩和高尚品质。9月9日，毛泽东逝世。他和全国人民一起沉浸在悲痛中。10月6日，中共中央粉碎“四人帮”反革命集团。14日，消息公布，人们兴高采烈，奔走相告。次日，习仲勋致信华国锋，热烈祝贺党中央一举粉碎“四人帮”篡党夺权阴谋的伟大胜利。

1977年8月，中国共产党第十一次全国代表大会在北京召开，总结同“四人帮”反革命集团斗争的经历，宣告历时十年的“文化大革命”结束。22日，习仲勋分别致信邓小平、胡耀邦和王震，谈自己在“文化大革命”中的遭遇，特别是被“监护”以后的情况，请求党中央认真审查，作出实事求是的结论。24日，习仲勋又致信华国锋、叶剑英、邓小平、李先念、汪东兴并党中央，再次请求中

---

① 习仲勋：《永远难忘的怀念》，《人民日报》1979年4月8日。

② 《习仲勋革命生涯》，中共党史出版社、中国文史出版社2002年版，第504页。

央查清自己的问题，表示“一切听从党中央的安排”，并说“我今年64岁，余年不多了，但我的身体已近康复，还可以为党做点事情”，希望能在有生之年再为党做些工作，“为实现四个现代化，为共产主义事业献出自己的一切”。①

1978年1月1日，习仲勋再次致信华国锋、叶剑英、邓小平、李先念和汪东兴，对原来专案组的“审查结论”提出申诉。2月中旬，中共中央办公厅电话通知中共河南省委迅速将习仲勋接回省委并护送到北京。2月22日，习仲勋乘火车回到北京。

八

1978年二三月间，习仲勋以特邀委员身份出席全国政协五届一次会议，当选全国政协常委。同时，习仲勋列席五届全国人大一次会议。4月初，中共中央决定习仲勋担任中共广东省委第二书记。5日，习仲勋从北京飞抵广州，6日上午，出席中共广东省第四次代表大会第三次全体会议并讲话。他说：“这次党中央分配我到广东工作，感到担子很重。我决心和同志们一起，在省委的集体领导下，努力做好工作。”下午，在中共广东省委四届一次会议上，韦国清当选省委第一书记，习仲勋当选第二书记。韦国清因为既是中央政治局委员、全国人大常委会副委员长，又是解放军总政治部主任、广州军区第一政委，工作繁忙，不久即返回北京，广东工作实际由习仲勋主持。习仲勋上任不久，全国人大常委会委员长叶剑英到广东视察工作和休息。叶剑英在听取习仲勋关于广东工作初步设想的汇报后，以六句话相赠：“深入调查研究，稳妥制订计划；及时报告中央，按步执行实施；分清轻重缓急，注意保密安全。”②习仲勋在广东工作期间，一直把这作为座右铭。

十年“文化大革命”刚刚结束，人们的思想还十分混乱。习仲勋一方面大量地阅读相关资料，一方面找干部谈话调查研究。他认为，广东省的各级党组织和领导班子，绝大多数是好的和比较好的，但由于极左思潮的影响，不少干部对很多重大问题认识不清，中央的路线方针不能很好地贯彻执行；有的干部受过去“反地方主义”和“文化大革命”后期批修正主义及割资本主义尾巴

---

① 《习仲勋致华国锋、叶剑英、邓小平、李先念、汪东兴的信》，1977年8月24日。
② 习仲勋：《痛悼敬爱的叶帅》，《人民日报》1986年10月31日。

的影响，工作积极性不高；有些干部强迫命令作风依旧，群众意见很大；有些干部因“海外关系”的“黑六条”受到排斥而感到不公，心气不顺。习仲勋和广东省委经过认真分析研究，决定用整风的方式，解决干部队伍中存在的问题。按照习仲勋的要求，广东省委借鉴全军政治工作会议的精神和做法，领导带头整风，认真总结经验教训；动员全省干部、群众，首先是各级领导骨干通过整风弄清思想，统一认识，解决问题。①6月30日，习仲勋在广东省委四届一次常委扩大会议上总结省委常委整风的情况，指出：“这次会议，既帮助了省委常委整风，也教育了大家。”习仲勋集中讲了大家最关心的问题，特别是动员全党力量集中解决广东农业落后的问题，广东存在着农业落后的局面，鱼米之乡没鱼吃，水果之城没水果。他提出要通过这次全省整风，实实在在地促进全省农业的发展。这次整风，抓住了广东省的关键问题，取得了良好的效果。在中共广东省委的正确领导下，广东的整风运动取得了明显成效，有力地推动了广东各项事业的开展，于1978年底基本结束。

为突破“两个凡是”的阻挠，1978年5月10日，在胡耀邦的精心组织下，中央党校内部刊物《理论动态》刊登《实践是检验真理的唯一标准》的重要文章，11日，《光明日报》以特约评论员的名义公开发表此文。文章重申实践是检验真理的唯一标准这个马克思主义认识论的基本原理，从理论上彻底否定“两个凡是”的错误观点。12日和13日，《广州日报》和《南方日报》分别转载《光明日报》的文章。6月2日，邓小平在全军政治工作会议上发表长篇讲话，坚决支持实践是检验真理唯一标准问题的讨论。

6月30日，习仲勋在广东省委四届一次常委扩大会议的总结中指出：“最近报纸上有些文章要好好地读，如《马克思主义的一个最基本的原则》、《实践是检验真理的唯一标准》等。理论要与实践结合起来，理论要指导实践，实践反过来又丰富这个理论，离开实践，理论一文不值。”②6月底7月初，广东省教育工作会议在广州举行。会议批判教育战线上“左”的错误，就海南“屯昌教育革命经验”展开激烈争论。7月4日，习仲勋出席并讲话。他客观分析了“屯昌教育经验”，肯定这是“左”的错误思想的产物，同时认为“屯昌经验”与“四人帮”搞的“朝农经验”不同，不能说是黑样板，但其实质是以“两个估计”为

---

① 习仲勋：《关于广东工作问题的汇报（稿）》，1978 年 11 月 8 日。

② 习仲勋：《在省委四届一次常委扩大会议上的总结讲话》，1978 年 6 月 30 日。

出发点的，所以是错误的。他明确指出：“实践是检验真理的唯一标准。从推广屯昌经验的后果来看，也是不好的。”同时他指出，“屯昌教育革命经验是省委总结、推广的，责任在省委，不在屯昌的同志。”①9月上旬，中共广东省委连续举行真理标准讨论会，习仲勋和与会者联系广东的实际，用实践标准总结新中国成立29年的历史经验教训。20日，《人民日报》以《实事求是，解放思想，加快前进步伐》为题，报道习仲勋主持召开的这次学习会。这篇报道说，广东召开省委常委和省革委会副主任学习会，联系实际讨论真理的标准问题，习仲勋指出，实践是检验真理的唯一标准，这绝不是一个单纯的理论问题，而是一个有重要实践意义的问题。这次学习会后，中共广东省委宣传部召开理论学习座谈会，部署全省开展真理标准问题的讨论。10月，广东省社会科学联合会、广东省委党校先后召开真理标准问题讨论会。在习仲勋的领导下，广东省对真理标准问题的讨论，逐步由理论界扩大到地、市、县领导机关。各级领导班子结合整风，联系如何把农业搞上去的问题，把真理标准问题的讨论同肃清林彪、“四人帮”极左路线的流毒和总结经验教训结合起来，取得了很好的效果。

随着真理标准问题讨论的深入，广大干部群众的思想进一步解放，纷纷要求对“文化大革命”中和历次政治运动中造成的冤假错案平反。习仲勋到广东上任之初，就公开表明：“必须坚决落实党的干部政策，知识分子政策，统一战线政策，侨务政策，民族政策”等。广大蒙冤受屈者对他寄予厚望。为解决这些问题，习仲勋首先组织中共广东省委常委和省纪委、省委组织部、省委统战部、省法院等有关部门负责人，认真学习中共中央有关落实政策的一系列文件，按照中共中央落实干部政策的标准开展工作。其次，他具体深入了解统战部、政协、宗教和侨务等方面的情况，有针对性地进行指导。5月29日，习仲勋系统地听取了省委统战部关于全省统战工作的汇报，并指示他们要认真落实党的各项统战政策。6月18日，习仲勋和省委有关负责人专门听取关于海丰问题和南路（即湛江、茂名等地）地下党问题的汇报。这两个问题是广东“文化大革命”冤假错案的典型。习仲勋对此极为重视。不久，他在深入汕头的调查研究中，进一步实地了解这两个冤案的情况，督促有关部门加快纠错平反。30日，习仲勋安排省委书记、省委纪委书记李坚真就落实干部政策问题，在省委四届一次常委扩大会议上作发言说，要坚持实事求是的原则，严格区分和正

① 习仲勋：《在省教育工作会议上的讲话》（摘要），1978年7月4日。

确处理两类不同性质的矛盾，凡属冤假错案的坚决平反，凡属应纠正的坚决纠正，错多少纠多少，凡定案准确、处理恰当的，则维持原来正确决定。7月11日，习仲勋再次主持召开省委常委会议，听取统战工作的汇报。他指出，民族资产阶级这些人在“文化大革命”中受冲击最大，做统战工作的同志要知道这种情况，他们被查抄的财物、被挤占的私人房屋，要按党的政策办事，该退赔的就要退赔；对错划的右派分子，要坚决按照中央文件精神，全部摘掉右派分子帽子；民族工作，要认真解决海南、韶关等地的国营农林场与少数民族社队的山林土地纠纷问题。

在拨乱反正中，习仲勋大力支持对庄辛辛冤案的平反。1976年4月初，北京发生“天安门事件”，广州人民以各种方式表示拥护邓小平、悼念周恩来，反对江青、王洪文、张春桥、姚文元“四人帮”。其中，最突出的是广州半导体材料厂青年工人庄辛辛。4月7日，他向《人民日报》《红旗》杂志写信：“支持邓小平！打倒张春桥！支持邓小平！打倒姚文元！支持邓小平！打倒江青！”“我们要的是真正的马克思列宁主义！我们不要阉割的马克思主义！”①为此，庄辛辛遭到逮捕和批斗，以“反革命罪”被判处有期徒刑，在广州引起轰动。1978年7月14日，习仲勋参加广州市委研究庄辛辛问题的常委扩大会议，决定为庄辛辛彻底平反。当天，广州市委在中山纪念堂召开5000人参加的大会，省委书记李坚真受习仲勋的委派出席大会，宣布为庄辛辛彻底平反。此案件的平反，走在全国处理同类案件的前面。

1978年底，中共中央先后召开工作会议和中共十一届三中全会，对彭德怀、陶铸、薄一波、杨尚昆以及所谓“六十一人叛徒集团”和“二月逆流”、“天安门事件”等重大冤案平反昭雪，极大地促进了全国各地落实政策的步伐。习仲勋通过听取汇报，审阅案卷材料，深入调查研究，很快弄清广东冤假错案的基本情况。1979年1月，习仲勋在广东落实中央工作会议和党的十一届三中全会精神的省委四届二次常委扩大会议上，对彻底解决广东“文化大革命”中及其以前的历史遗留问题做全面部署。他旗帜鲜明地否定“文化大革命”中“一·二二”夺权事件、“反击右倾翻案风”、“陶赵死党”等问题，宣布同陶铸一道工作的中南局和广东省大批干部，因这一问题受到迫害和株连的，都应该彻底平反昭雪。

---

① 《广州日报》1978年7月13日。

习仲勋对“文化大革命”中广东地下党和革命武装队伍以及彭湃烈士遭受诬蔑、歪曲、攻击事件的平反，作出明确指示。他强调了处理反右派斗争和“四清”运动中遗留问题的政策，对1957年反右派斗争和在“四清”运动中有些同志处分偏重和处分错了的，要本着实事求是的精神，予以改正。习仲勋还特别对处理广东所谓的“海外关系”黑六条问题提出要求。他强调，“海外关系”是“莫须有”的罪名，华侨和侨眷绝大多数是劳动人民，华侨具有爱国的光荣传统，“海外关系”黑六条是反动的，应该彻底批判，凡因黑六条受到迫害的，都要平反昭雪。中共广东省委召开的四届二次常委扩大会议，有力地推动了全省各地和各条战线的平反冤假错案工作。

在落实政策、平反冤假错案工作中，习仲勋坚决贯彻中央“既要解决问题，又要稳定局势”的方针，亲自处理一些有影响的重大案件，其中最突出的是“李一哲”案件和反“地方主义”问题。“李一哲”案件，是“文化大革命”期间闻名广东全省乃至国内外的所谓“反革命集团案件”。1974年11月10日，一张题为《关于社会主义的民主与法制——献给毛主席和四届人大》的长达2.6万字的大字报，张贴在广州闹市区的北京路路口，署名“李一哲”。①大字报公开揭露林彪集团破坏民主与法制、大搞封建法西斯专政的罪行。“文化大革命”中他们受到严厉批判，甚至在粉碎“四人帮”后的1977年12月举行的广东省第五届人民代表大会上，仍公开宣布“李一哲”是反革命集团，李正天、陈一阳、王希哲、郭鸿志还分别被判处有期徒刑，一批与“李一哲”有牵连的干部和青年受到隔离审查和内部批判。

习仲勋到广东不久，被关押在狱中的李正天两次给他写信申诉。习仲勋十分重视，从八九月开始，他多次主持召开省委会议，研究“李一哲”问题，并数次报告党中央。1978年12月29日，省委常委又一次讨论，一致认为“李一哲”不是反革命集团，他们《关于社会主义的民主与法制——献给毛主席和四届人大》的大字报不是反动大字报，应予平反。1979年2月6日，中共广东省委在广州友谊剧院召开有1000多人参加的群众大会，公开为被打成“反革命集团”的“李一哲”案平反。习仲勋对广东反“地方主义”的平反也投入了极大精力，

① “李一哲”，是李正天、陈一阳、王希哲三位年轻人名字各取一字而成的笔名。曾任广东省广播电台人事科长的郭鸿志也参与写作，但没有署名。大字报初稿写于1973年9月13日，1974年11月7日修改出第三稿。

为以后的平反冤假错案打下基础。

经过半年多的整风、拨乱反正和平反冤假错案等工作，尤其是开展实践是检验真理唯一标准问题的讨论后，习仲勋和广东省委、省革委会以及广大干部群众的思想进一步解放，开始率领省委一班人深入开展调查研究，谋划广东发展的新思路，在实现工作着重点的转移中，开始探索农村管理体制的改革。1978年6月，在中共广东省委召开的整风总结会上，习仲勋提出大兴调查研究之风的要求，指出："大家多下去跑跑，把先进经验，包括一些教训总结出来，不要光坐在机关开会，听汇报，一定要重视调查研究。"①省委整风会议一结束，7月上旬，他就以身作则驱车到广东最南端的宝安县调查研究。在沙头角"中英街"上，习仲勋看见竖在街中间的石墩，把窄窄的街道一分为二，粤港两边贫富悬殊，对比鲜明，他心里久久不能平静。习仲勋支持和鼓励宝安的干部，要改变落后面貌，要"说办就办，不要等"，"只要能把生产搞上去的，就干，不要先去反他什么主义。他们是资本主义，但有些好的方法我们要学习"。②习仲勋在宝安县还考察了两家来料加工厂，这是"文化大革命"结束后最早的"三来一补"③企业。这次宝安之行，习仲勋通过接触基层各方面人员，了解了很多新情况，耳闻目睹内地和香港的差距，感触很深，对随行人员强调说："沙头角怎么搞上去，你们要优先考虑。一条街两个世界，他们那边很繁荣，我们这边很荒凉，怎么体现社会主义的优越性呢？一定要想办法把沙头角发展起来，尽快把经济搞上去。"

7月中旬，习仲勋回广州处理了一些亟待解决的问题后，又到粤东三个地区作了为期一个月的调查研究。7月中下旬，习仲勋到梅县，仔细询问揭批"四人帮"和落实政策的情况，了解夏收夏种、农田基本建设、山区建设、科学种田、发展多种经营和养猪等情况。习仲勋根据调查了解的情况，对梅县加强山区建设、打农业翻身仗提出了意见，强调梅县山多人多地少，要充分利用山区的条件，发展梅县地区的建设。他指出这里有巨大潜力，山多田少，表面上看是不利条件，但是如果能够把山区建设好，做到靠山吃山，吃山养山，物产就会越来越丰富，就会变成得天独厚的条件。他要求各级领导干部一定要实事求

---

① 习仲勋：《在省委四届一次常委扩大会议上的总结讲话》，1978 年 6 月 30 日。

② 王全国、杨应彬、张汉青：《深切怀念习仲勋同志》，载《广东党史》2002 年第 4 期。

③ "三来一补"，即来料加工、来件装配、来样制作和补偿贸易。

是，走群众路线，农业要大上，干部要大下基层。7月下旬至8月上旬，习仲勋在汕头12天时间里，先后到饶平、汕头、南澳、潮安、揭阳、揭西、普宁、潮阳、惠来、陆丰和海丰等县（市）实地考察，听取了地委、汕头市委和各县县委的工作汇报。他一路走一路看一路座谈，了解农业生产情况。根据汕头地区的实际情况，习仲勋提出打好农业翻身仗，必须坚持“因地制宜，分类指导”的原则。8月4日，习仲勋来到惠阳地区，先后到宝安、河源、龙川、惠东、惠阳、惠州、博罗等7个县市考察。7日，习仲勋在惠州市主持召开惠阳地委、惠阳县和惠州市领导干部座谈会，对20多天的“东三区”之行作总结。

通过这次调查研究，习仲勋深深认识到，必须迅速扭转近十年来广东农业发展缓慢的局面。他提出，首先要重新认识农业问题，对“农”字要解放思想，放宽眼界。要按照农、林、牧、副、渔五业同时并举，五业和农副产品加工业、商业同时并举，以粮为纲，全面发展，特别要把畜牧业和渔业提到重要位置上来，以提高群众的生活水平和增加国家的出口。其次在生产布局上，要大胆发挥广东的特点，广辟生产门路，把经济工作做活做好。广东自然条件得天独厚，在保证粮食自给前提下，放手发展经济作物、畜牧业和渔业，放手发展农副产品加工等社队企业，放手发展外贸出口工业，加强同港澳、华侨的各种经济合作。三是要坚决维护政策的严肃性，坚持实行“三级所有，队为基础”和“按劳分配、多劳多得”两大政策，必须用各种办法保证实施，当务之急是适当减少生产队的负担。四是在经济管理体制上，要按照新形势和新任务的要求，迅速作出管理体制的相应改变，要普遍推行合同制度，严格按照经济规律办事。如果中央能给广东地方处理问题的一定机动余地，允许吸收港澳、华侨资金，从香港引进一批先进设备和技术，购买电力，进口部分饲料，就可以一方面先把一些国营农场、畜牧场、海水养殖场等武装起来，作为示范，培养人才，取得经验；另一方面在接近香港的地方搞拆船业，解决农具制造所需的钢材，建立强有力的支农工业。并千方百计地创造条件，开辟新的生产门路。①

习仲勋的这些思路，在随后召开的全省地委书记会议上得到广泛赞同，成为广东在全国改革开放大潮中先走一步的重要思想指导。会后，有些工作立即开展起来，如引进香港的资金和技术方面，到年底时已达到几十个项目，资金

---

① 习仲勋：《关于广东工作问题的汇报（稿）》，1978年11月8日。

近4000万美元。其中,同一位港商合作生产电子表项目,40天内就建成投产,成为最初引进工作的突出事例。

在1978年11月10日至12月15日中央工作会议于北京召开时,习仲勋随广东省被划到中南组参加会议。中共中央主席华国锋在讲话中提到了广东已开始利用外资和技术问题,这对习仲勋等广东党政领导是一种鼓舞和支持。在第二天的小组讨论会上,习仲勋联系广东省的实际发言,表示坚决拥护党中央把全党工作着重点转移到社会主义现代化建设上来的决策,认为这个伟大的战略决策反映了历史发展的要求,反映了全党全军和全国人民的迫切愿望。国际形势对我们也非常有利,我们应当不失时机地利用这个大好形势,吸收外国的技术和资金,加快实现我国的四个现代化。①

11月16日上午,习仲勋就如何解决农业问题发言。他说:在农业问题上,一定要揭露矛盾,总结经验,在此基础上统一全党对农业重要性的认识,下最大力气把农业搞上去。我们党领导农民从事革命和生产,具有极为丰富的经验,我们是从农村工作起家的。但现在农业问题却成了拖四个现代化后腿的严重问题。实践是检验真理的唯一标准,一定要认真总结正反两方面的经验,才能提高自觉性,抓好农业这个基础。半年来,我们通过整风,抓住广东农业为什么上不去的问题,揭露矛盾,分清是非,就是动员全党来解决这个问题。②习仲勋赞成设立国家农业委员会的建议,并提出省、地、县都应设立这个机构,加强对农业的领导。他建议农业部"可建立一些必要的专业总公司","农业的投资也需要增加"。习仲勋就如何把广东农业搞上去,谈了他在广东前一段提出的四点意见,并着重提出要按照新形势新任务的要求,改变现在的经济管理体制,在中央统一计划下,充分发挥各地的积极性,希望中央多给地方处理问题的机动余地。他还建议国家把开发海南岛作为发展农业的重点地区之一。他说,海南岛是个宝岛,要大力发展橡胶、剑麻等热带作物,"要搞几个大型的现代化的谷物农场,多生产粮食,为大规模开发海南创造条件"③。12月3日,王全国宣读习仲勋和他及薛光军三人写给华国锋和中央政治局的信,再次要求在会上解决实践是检验真理的唯一标准"这个事关大局的问题",信函

---

① 《中央工作会议简报》(中南组)(1),1978年11月11日。
② 《中央工作会议简报》(中南组)(7),1978年11月16日。
③ 《中央工作会议简报》(中南组)(7),1978年11月16日。

得到中南组大多数同志的支持，同时全文刊登在会议简报上。11日，习仲勋还提出设立中央秘书长的建议。他说："我完全同意设立中央书记处协助常委、政治局处理日常事务，使中央政治局、常委真正考虑一些决策的大事。如果一下子搞不起来，也可以先考虑成立一个处理日常事务的工作班子，设一个秘书长，由胡耀邦任秘书长，再设几个副秘书长。有了这个工作班子，就能够把中央的日常工作全部承担起来，使政治局、常委，特别是常委完全摆脱日常事务。希望这次中央全会能够解决这个问题。"①

12月13日下午，在中央工作会议的闭幕会上，邓小平发表《解放思想，实事求是，团结一致向前看》的著名讲话。这个讲话实际上成为随后召开的十一届三中全会的主题报告，是开辟新时期新道路的宣言书。12月15日，会议结束。历时36天的中央工作会议为随后召开的十一届三中全会做了充分准备。

12月18日至22日，中共十一届三中全会在北京举行。习仲勋列席这一具有划时代意义的盛会，被增补为中央委员。全会结束了党的工作在徘徊中前进的局面，开始认真清理"文化大革命"及其以前的"左"的错误，重新确立党的正确思想路线、政治路线和组织路线，实现中国共产党历史上的伟大转折，开创了社会主义现代化建设和改革开放的新时期。在中央工作会议期间的12月11日，中央决定习仲勋任中共广东省委第一书记、省革命委员会主任，1980年1月，习仲勋兼任广州军区第一政治委员。

十一届三中全会一结束，习仲勋立即赶回广东，先在省级领导干部中传达，随即广东省委发出《关于认真学习党的十一届三中全会公报的通知》。1979年1月8日至25日，习仲勋主持召开广东省委四届二次常委扩大会议，研究贯彻落实十一届三中全会精神。这次会议学习和发扬中央会议的好会风，民主空气活跃，打破一些过去不敢碰的"禁区"，围绕工作重点转移、解放思想、发展农业生产、干部作风等问题进行深入讨论。会议进一步分析广东农业发展缓慢的原因，揭露干部思想和作风上的许多矛盾。25日，广东省委四届二次常委扩大会议结束，习仲勋作总结，阐述十一届三中全会重大的现实意义和深远的历史意义，强调广东一定要把工作着重点转移到社会主义现代化建设上来，集中力量在农业上来一个大的突破，其他各方面的工作也要紧紧跟上，要冲破旧的条条框框，采取新的措施。他说："我省毗邻港澳，对于搞四个现

① 《中央工作会议简报》（中南组）（59），1978年12月11日。

代化来说，这是很有利的条件。我们可以利用外资，引进先进技术设备，搞补偿贸易，搞加工装配，搞合作经营。中央领导同志对此已有明确指示，我们要坚决搞，大胆搞，放手搞，以此来加快我省工农业生产的发展。”①4月21日，广东省委正式成立省农业委员会，习仲勋兼任党组书记和主任，充分显示广东省委和习仲勋对农业问题的高度重视和把农业搞上去的决心。会后，省委常委除少数留在机关外，其余都到基层指导工作。习仲勋、杨尚昆、郭荣昌、王全国和吴南生等分别带领8个工作组，共300多人，分赴肇庆、佛山、韶关、汕头等8个地区和所属的70多个县、市，参加地、县召开的干部会议，传达贯彻十一届三中全会精神，开展调查研究，理清思路，制定规划，同时指导检查春耕生产。由此，拉开了广东农村体制改革的序幕。

1978年下半年，广东有的社队开始恢复1960年代初曾经实行的“包产到组”，相继实行“三定一奖”②生产责任制，不少社队还实行定额计分和按时计分的办法。1978年冬，省委在全省冬种生产中普遍推广“三定一奖”责任制，《南方日报》也连续发表评论员文章，宣传各地落实“三定一奖”的做法以及所取得的经验。年底，省委提出实行“五定一奖”③生产责任制，并广泛征求各地、市、县的意见。习仲勋对广东各地出现的多种形式的农业生产责任制，给予了充分肯定和支持。1979年1月在广东省委四届二次常委扩大会议上，他强调，要切实尊重和保护生产队的所有权和自主权，坚持各尽所能，按劳分配，多劳多得，不劳不得；要全面建立生产责任制，形式可以多种多样，“可以在生产队统一核算和分配的前提下，包工到作业组，联系产量计算劳动报酬。有些生产队实行‘五定一奖’生产责任制的结果证明，这个办法对促进生产有积极的作用，应当认真试点并由点到面推行”④。2月4日，广东省委批转省委农村工作部《关于建立“五定一奖”生产责任制问题的意见》，提出各地大田生产可以普遍实行“五定一奖”责任制。《意见》指出：“实践证明，联系产量的生产责任制，是当前农村实行的生产责任制中比较好的一种形式，因为它把社员的劳动同产量联系起来”，“不是改变原核算单位，削弱了集体经济，而是更加巩固了核算单位，巩固了集体经济”。由此，对作业组实行“五定一奖”

---

① 习仲勋：《在中共广东省委四届二次常委扩大会议上的总结发言》，1979年1月25日。
② “三定一奖”，即定工、定产、定成本、超额奖励。
③ “五定一奖”，定劳动、定地段、定成本、定分工、定产量，超产奖励。
④ 习仲勋：《在中共广东省委四届二次常委扩大会议上的总结发言》，1979年1月25日。

的生产责任制在全省推开。5月20日，《人民日报》发表《调动农民积极性的一项有力措施——关于广东农村实行“五定一奖”生产责任制的调查》，对广东实行“五定一奖”责任制给予肯定。

到1980年春，习仲勋和省委、省政府在组织工作组进行春耕生产大检查中，了解到实行包产到户的地方，粮田都大幅增产，解决了吃饭问题。5月中下旬，广东省委在广州召开农村工作会议。在会议讨论中，对包产到户和包干到户有的县委书记认为可以支持，有的则坚决反对，两种意见争论得很激烈。5月27日，习仲勋在总结讲话中说：“解决这个问题，领导上既要态度明朗，旗帜鲜明，又要善于因势利导，讲究工作方法。不能用压制方法，不要同群众顶牛。”会后，省直机关抽调200多名干部，分赴16个县调查研究。习仲勋根据调查组在农村实地调查所反映出的问题，联系广东的实际调整政策，随着实践慢慢转变，决策也更加符合实际。广东便“形成了粤东粤西试验，粤中粤北看一两年的‘中间不动两头包’的情况”①。1980年9月，中共中央发出《进一步加强完善农业生产责任制的几个问题的通知》（中发〔1980〕75号文件），对包产到户、包干到户等多种形式的生产责任制予以肯定。10月18日，中共广东省委随即发出贯彻执行中央这一文件的通知。在中央和省委文件精神的鼓舞下，过去“偷偷摸摸”搞包产到户、包干到户的生产队，纷纷由暗变明，过去想搞而不敢搞的也很快搞了起来。到1980年底，全省有40%以上的农户实行家庭联产承包责任制，全省粮食产量比上年增产11亿斤，农村人均收入比上年增加51元，达到274元。农村出现盖新房子多、购置耕牛农具多、重视科学种田多的“三多”新气象。有些地区尽管遭受自然灾害，但粮食仍然增产，解决了长期困扰的吃饭问题，农村出现新的生机，为进一步改革开放提供了坚实的基础。

在广泛调查研究基础上，1979年2月，中共广东省委形成新的认识：在改革开放中要先走一步，必须发挥毗邻港澳这个优势。实际上，中共中央在这方面已做了很多工作。从1977年下半年制定国民经济发展纲要开始，中共中央就考虑如何打破闭关自守或半闭关自守的状态，逐步进入国际市场，以加速国内经济的发展。1978年春夏，中央先后派出三个考察组去境外考察。其中一个是由国家计委和外贸部组成的经济贸易考察组，他们在香港、澳门的工厂、农场、

---

① 《习仲勋革命生涯》，中共党史出版社、中国文史出版社2002年版，第564页。

港口、建筑工地、农产品市场和一些商店实地考察，探求与内地特别是广东合作发展的可能性。考察组回到广州后，向习仲勋等广东党政领导介绍考察情况，建议广东把宝安、珠海两县改为两个省辖市（相当于地区），派得力干部，加强领导力量，使农业从“以粮食为主”逐步转到“以经营出口副食品为主”，积极发展建筑材料工业和加工工业，开辟游览区，办好商业、服务业和文化娱乐场所等。考察组介绍的情况和建议，与广东省领导的想法产生了共鸣。习仲勋等广东领导进一步打开思路，向考察组提出了在毗邻港澳的地方建立试验区的大胆建议。国家计委和外贸部考察组回北京后，向中央提交《港澳经济考察报告》，提出借鉴港澳经验，把广东宝安、珠海划为出口基地，力争经过三五年努力，建设成具有相当水平的对外生产基地、加工基地和吸引港澳同胞的游览区。

6月3日，中共中央和国务院主要领导人华国锋等，听取考察组的汇报，肯定这一建议，指示：“总的同意”，“说干就干，把它办起来”。习仲勋和中共广东省委迅速落实中央领导的指示，由此开始了创办经济特区的历程。20日晚，习仲勋主持召开省委常委会议，研究关于迅速开展对外加工装配业务和宝安、珠海两县建设问题。23日，有关人员给省委写《关于搞好宝安、珠海边防县建设和外贸出口的意见》，提出了组织领导、机构设置、建农副产品出口基地、进出口物资、工业交通建设、来料加工、引进生产线、搞好城镇建设和发展旅游业等问题的意见，初步勾画出深圳、珠海发展的蓝图。习仲勋和省委基本采纳了这一意见。7月上旬，习仲勋再次到宝安视察，进一步感受到加快建设宝安的迫切性。回广州后，他即派省计委副主任张勋甫率领工作组到宝安、珠海做进一步调查研究。工作组很快送上调研报告，提出要在三年至五年内把宝安、珠海两县建设成为具有相当水平的工农业结合的出口商品生产基地、吸引港澳游客的旅游区、新兴的边防城市（简称“三个建成”）。10月，广东省革委会向国务院上报《关于宝安、珠海两县外贸基地和市政规划设想》，提出宝安、珠海建设的目标和政策措施。这时，习仲勋和中共广东省委，也同意国家交通部香港招商局在宝安蛇口投资建立加工工业区的提议，广东省和交通部联名于1979年1月6日向国务院呈报《关于我驻香港招商局在广东宝安建立工业区的报告》，正式提出在宝安蛇口建立工业区，利用国内较廉价的土地和劳动力，结合利用国外资金、先进技术和原材料，实现我国交通航运现代化，促进宝安城市工业建设和广东省的建设。

在习仲勋的主持下，广东根据本省特点并借鉴亚洲“四小龙”①经验，开始着手筹建大规模的出口基地。1979年1月23日，中共广东省委决定宝安县改为深圳市，珠海县改为珠海市，3月5日，国务院同意两县改设为市。4月初，中共广东省委召开省委常委会议，为即将召开的中央工作会议准备材料。习仲勋参加，杨尚昆主持，讨论《关于广东经济工作的汇报材料》和《对外经济技术交流专题报告》。两个材料根据广东经济中存在的问题，向中央提出具体要求和建议，中共广东省委一致意见是：“要求中央充分利用广东毗邻港澳、华侨众多的有利条件，允许广东在开展对外经济技术交流方面先走一步。为此，要求中央多给广东一点权（审批权）和钱（外汇）。”在讨论中，大家建议要向中央“讲清广东的有利条件，先走一步可以为全国提供经验；先让地方松动一些，将来中央拿的外汇可能更多一些；广东市场长期紧张，不给我们一定的权力和外汇，这个现实问题就解决不了。要讲清我们的要求和大的措施，争取中央同意我们先走一步。”②这时，叶剑英正在广州视察工作。习仲勋和吴南生前去看望，向他汇报了广东省委常委会讨论的情况和省委的设想。叶剑英非常高兴，表示支持，说你们要快些向邓小平同志汇报。③

4月3日，习仲勋和王全国赴京参加中央工作会议，会议中心内容是讨论经济调整问题，习仲勋担任中南组的会议召集人。5日，会议开幕。8日下午，中南组继续开会讨论李先念的报告。习仲勋特别提出给广东放权的要求。他说：“广东邻近港澳，华侨众多，应充分利用这个有利条件，积极开展对外经济技术交流。这方面，希望中央给点权，让广东先走一步，放手干。”“现在省的地方机动权力太小，国家和中央部门统得过死，不利于国民经济的发展。我们的要求是在全国的集中统一领导下，放手一点，搞活一点。这样做，对地方有利，对国家也有利，是一致的。”④

习仲勋的发言受到中央高度重视。17日，中央政治局召开中央工作会议各组召集人汇报会，汇报各组讨论情况，华国锋、邓小平和李先念、谷牧等参加。

---

① 亚洲“四小龙”，即亚洲的香港、新加坡、韩国和台湾从20世纪60年代开始，推行出口导向型战略，重点发展劳动密集型的加工产业，在短时间内实现了经济的腾飞。它们也因此被称为亚洲“四小龙”。

② 中共广东省委办公厅第一秘书处：《省委常委会议决定事项》，1979年4月4日。

③ 访问吴南生谈话记录，2000年5月30日、6月3日。

④ 《中央工作会议简报》（中南组）（5），1979年4月8日。

习仲勋首先汇报广东情况，邓小平插话说："广东、福建实行特殊政策，利用华侨资金、技术，包括设厂，这样搞不会变成资本主义。我们赚的钱不会装到华国锋同志和我们这些人的口袋里，我们是全民所有制。如果广东、福建两省8000万人先富起来，没有什么坏处。"①

会议期间，习仲勋向邓小平作专题汇报，再次提出希望中央下放若干权力，让广东在对外经济活动中有较多的自主权和机动余地；允许在毗邻港澳的深圳、珠海以及属于重要侨乡的汕头，各划出一块地方，单独进行管理，作为华侨港澳同胞和外商的投资场所，按照国际市场的需要组织生产，初步定名为"贸易合作区"。邓小平非常赞同广东富有新意的设想。当听说"贸易合作区"的名称定不下来，大家意见不一致时，邓小平不假思索地说："还是叫特区好，可以划出一块地方，叫作特区。陕甘宁开始就叫特区嘛！"当谈到配套资金时，邓小平说："中央没有钱，可以给些政策，你们自己去搞，杀出一条血路来。"②根据邓小平的建议，中央要求福建广东两省进一步论证，提出具体实施方案。

5月，习仲勋主持召开中共广东省委四届三次常委扩大会议和省、地、县三级干部会议，传达中央工作会议精神。6月6日，中共广东省委向中共中央和国务院上报《关于发挥广东优越条件，扩大对外贸易，加快经济发展的报告》。9日，中共福建省委也提出类似报告。7月15日，中共中央、国务院批转广东和福建两省的报告，即"中发［1979］50号文件"。文件指出：先在深圳、珠海试办出口特区，待取得经验后，再考虑在汕头和厦门设置特区。中央对广东实行特殊政策和灵活措施的主要内容包括：外汇收入和财政实行定额包干，一定五年不变；在国家计划指导下，物资、商业实行新的经济体制，适当利用市场的调节；在计划、物价、劳动工资、企业管理和对外经济活动等方面，扩大地方管理权限；试办深圳、珠海两个出口特区，积极吸收侨资、外资，引进国外先进技术和管理经验。

广东群众偷渡外逃到港澳，是一个历史上长期没有解决的特殊问题。1978年下半年，偷渡外逃问题又严重起来。7月初，习仲勋第一次到地市县考察，就选择到逃港最严重的宝安县。针对偷渡外逃问题，他指出，制止群众性外逃的

---

① 《邓小平年谱（1975—1997）》（上），中央文献出版社 2004 年版，第 506 页。

② 《邓小平年谱（1975—1997）》（下），中央文献出版社 2004 年版，第 510 页。

根本措施是发展经济，提高群众生活水平。①为了尽快遏制偷渡外逃风潮，根据习仲勋指示，中共广东省委于9月发出制止偷渡外逃的紧急电报通知。10月，全省反偷渡外逃座谈会在汕头市召开，提出必须切实加强对反偷渡外逃斗争的领导，积极搞好生产，发展经济，提高人民生活水平。同时严格边防管理，加强堵截工作等措施。②当时对抓住的外逃人员采取收容办法。大批群众偷渡外逃，给收容工作带来极大困难。1979年上半年，深圳收容站收容人数已超过10万人（包括港英当局1月至6月初遣送回的3.3万多人），比上年全年收容总数增加了一倍。习仲勋很重视，立即与有关人员研究“偷渡外逃”和收容站的问题。习仲勋认为是“人民内部矛盾，不是敌我矛盾，不能把他们当作敌人”③。

广东偷渡外逃问题，引起中央的高度重视。1979年6月，国务院和中央军委在北京召集广东省革委会、广东省军区和有关部门的负责人开会，研究制止偷渡外逃的紧急措施。14日，国务院和中央军委发出《关于坚决制止广东省大量群众偷渡外逃的指示》。习仲勋对中央的指示极为重视，他连续两次主持召开省委常委会议，专门研究贯彻中央指示，部署反外逃工作，决心把反偷渡外逃作为一个大战役来打，6月底刹住偷渡风。④中共广东省委成立了反偷渡外逃十人领导小组，习仲勋任组长。同时，习仲勋和寇庆延到惠阳，吴南生到汕头，分别坐镇指挥。21日，广东省革命委员会发出《关于坚决制止偷渡外逃的布告》。《南方日报》刊发《布告》全文，配发题为《坚决执行布告，制止偷渡外逃》的社论，号召全省人民，特别是边防地区的广大干部和群众，要坚决拥护和模范地执行《布告》。23日至24日，习仲勋等人又赶往深圳检查反偷渡外逃工作。接着，又到珠海市参加珠江三角洲反偷渡工作会议。7月7日晚，习仲勋致电国务院副总理李先念、陈慕华并中央，就制止广东群众偷渡外逃问题，作简要报告。报告说：反偷渡外逃，省委确定采取治标治本并举的方针，从总的趋势来看，去年底以来发生的这股偷渡外逃风，已经得到遏制。他还提出要改进收容工作，不能把外逃人员当作犯人对待。中共中央于21日复电广东

---

① 《中国共产党深圳历史大事记》（1924—1978），中共党史出版社2003年版，第354—355页。

② 中共广东省委边防口岸领导小组：《全省反偷渡外逃座谈会的情况报告》，1978年10月20日。

③ 访问郭荣昌谈话记录，2004年12月27日。

④ 习仲勋：《在惠阳地委反偷渡外逃会议上的讲话要点》，1979年6月20日。

省委，对广东省委和习仲勋贯彻执行国务院、中央军委的指示给予了充分肯定，并要求及时总结经验，继续做好防范和堵截工作，防止出现反复。[①]31日，中共广东省委发出《关于印发习仲勋同志在惠阳地委反偷渡外逃会议上的讲话要点的通知》。《通知》指出，要从根本上解决偷渡外逃问题，还要继续治本，要做大量的艰苦细致的工作，特别是要把偷渡外逃严重地区的生产建设搞好，把党风和党的基层组织整顿好，把思想教育工作抓好。8月27日，中共广东省委又发出《关于进一步做好反偷渡外逃工作的指示》，要求各级党委把反偷渡外逃作为一项长期的政治任务，"贯彻治本治标并举，以治本为主的方针"，切实改进收容遣送工作，帮助他们解决存在的困难。12月18日晚，习仲勋主持召开广东省委常委会议，研究反偷渡外逃问题。会议决定要继续加强领导反偷渡外逃的斗争，要调整和加强反偷渡外逃领导小组；要大造舆论，尽快颁布《关于处理偷渡外逃的规定》，采取多管齐下的措施，在全省范围内开展反偷渡外逃的专项斗争。

1979年12月，广东省五届人大二次会议召开，决定广东省革命委员会改为广东省人民政府，习仲勋当选省长，刘田夫、吴南生等当选副省长。1980年1月8日，广东省政府颁布《关于处理偷渡外逃的规定》，反偷渡外逃斗争从此有了操作性比较强的政策依据。经过半年多的艰苦努力，广东偷渡外逃势头得到遏制。在反偷渡外逃的斗争中，习仲勋和广东省委深切地感到最终解决偷渡外逃问题，根本是要靠加快改革开放步伐，只有坚持治标治本并举、以治本为主的方针，才能解决好偷渡外逃问题。

1979年9月21日，习仲勋在省委召开的地委书记会议上，就贯彻《中共中央、国务院批转广东省委、福建省委关于对外经济活动实行特殊政策和灵活措施的两个报告》（中发［1979］50号文件）精神发表讲话。他在向与会者说明中央决定对广东实行特殊政策的由来后说，这一政策一方面是省委向中央"要权"要来的，另一方面更是中央从搞好四个现代化建设出发，对体制改革所作出的一个重要决策。我相信，在中央的领导下，只要我们认真对待，努力工作，50号文件一定能贯彻执行好，我们一定会在经济管理体制改革的试验中，走出一条路子来。[②]9月下旬，习仲勋和杨尚昆等人赴京参加中共十一届四中

---

① 《中共中央复中共广东省委电》，1979 年 7 月 21 日。

② 习仲勋：《在地委书记会议上的总结发言》1979 年 9 月 21 日。

全会。之后，习仲勋又参加中央召开的省、市、自治区党委第一书记座谈会。10月3日，习仲勋向中央汇报广东工作，中央领导一致支持广东放手干事。会议期间，习仲勋和杨尚昆还向邓小平作了汇报，邓小平对广东改革开放作重要指示。在向广东干部传达这两个会议精神时，习仲勋把邓小平的原话作了重点传达。习仲勋说：小平同志“要我们放手搞，不要小手小脚，只要不丧权辱国，能够把经济快点搞上去，就放手搞。他还说深圳、珠海划两块地方，就叫特区好”①。邓小平的指示，给广东增添了新的巨大力量。习仲勋和广东省委又通过调查研究，对深圳、珠海、汕头三个经济特区的规划作了进一步修改完善，并召开深圳、珠海和汕头特区工作座谈会，研究细化特区有关方针政策和工作具体做法。在此基础上，形成广东省《关于建立出口特区几个问题的汇报提纲》。12月17日，谷牧在北京召开广东、福建两省会议，两省负责特区工作的领导人和国务院有关部门负责人参加会议。吴南生代表广东省作汇报。在汇报中提出将“出口特区”名称改为“经济特区”为好，这样含义更确切，特区不仅办出口工业，而且还搞房地产、旅游和其他经济事业。谷牧在讲话中强调，中央批准广东、福建两省在对外经济活动中实行特殊政策和灵活措施，是对两个省经济工作的全面要求。两省不仅是搞特区，而且要利用外资，使两个省的工农业生产和整个经济活起来，比其他省更繁荣。不仅对外经济活动要先行一步，国民经济的调整、改革、整顿、提高等方面都要比各省市先行一步。

1980年3月，谷牧受中共中央、国务院的委托，在广州主持召开广东、福建两省负责人会议。习仲勋、杨尚昆、刘田夫、吴南生和福建省负责人马兴元、郭超等以及国务院有关部门负责人、负责港澳工作的人员参加会议。会议检查总结了中发［1979］50号文件的贯彻执行情况，进一步研究试办特区的一些重要政策。习仲勋和刘田夫向会议汇报了广东的情况。会议强调，试办特区必须采取既积极又慎重的方针，根据目前两省财力物力的可能，广东应首先集中力量把深圳特区办好，其次是珠海。会议还明确指出，经济特区的管理，在坚持四项基本原则和不损害主权的条件下，可以采取与内地不同的政策。特区主要是实行市场调节等。②30日，在广泛讨论研究的基础上，形成《广东、福建

① 习仲勋：《关于十一届四中全会和省市自治区党委第一书记座谈会精神的传达》，1979年10月24日。

② 《广东、福建两省会议纪要》，1980年3月30日。

两省会议纪要》，重新核定广东每年财政上交10亿元，比中发［1979］50号文件确定的少2亿元，并就解决能源和交通运输、改进海关管理、简化出入境手续和资金信贷等方面的问题提出具体办法。此外，会议还采纳了广东省的建议，把“出口特区”正式改名为具有更丰富内涵的“经济特区”。5月16日，中共中央和国务院批准了这个《纪要》（即中发［1980］41号文件），肯定了中央决定在广东、福建两省对外经济活动中实行特殊政策和灵活措施是正确的，是经济体制改革的一种试验，不但有利于加快两省经济发展，而且有利于促进全国的经济体制改革。

6月19日，中共广东省委举行省、市直属机关处以上党员干部报告会，传达中共中央、国务院关于《纪要》的批示。习仲勋在会上作重要讲话，要求全省各级党组织坚决贯彻执行中央指示，继续解放思想，肃清极左影响，充分发挥广东省优势，积极稳步地进行经济体制改革，切实把经济搞活，创造性地闯出一条加快四化建设的路子来，为国家作出更大的贡献。7月29日至8月8日，中共广东省委召开地、市委书记会议，讨论运用中央对广东实行特殊政策和灵活措施的有利条件，发挥优势，扬长避短，调整经济结构和经济政策，加快广东经济管理体制改革和经济发展步伐的问题。习仲勋在总结会议时指出：“中央批准我省实行特殊政策和灵活措施，给了我们在改革经济管理体制方面先走一步的权力，这也是我们加快经济发展的很重要的有利条件”，“现在重要的是要认清形势，勇于实践，积极地通过实践、通过试验，去探索调整经济结构、改革经济管理体制的路子，使我们的经济真正活起来，加快前进的步伐”。①1979年12月27日，广东省五届人大二次会议审议并原则通过了《广东省经济特区条例（草案）》。1980年8月26日，第五届全国人大常委会第15次会议批准广东省深圳、珠海、汕头和福建省厦门设置经济特区，并通过《广东省经济特区条例》。为在全国开展经济特区，扩大改革开放创出一条新路。

深圳和珠海特区建设步伐的加快，带动了广东全省经济发展和其他各项改革。以习仲勋为班长的中共广东省委，率先进行市场价格改革，企业管理改革和计划、商品流通等方面的改革也先后跟进，并取得明显成效。广东成为全国改革开放的“窗口”和“排头兵”。在创办经济特区及推动广东走上改革开放之路的历史进程中，习仲勋表现出了解放思想、实事求是、开拓创新的革命

① 习仲勋：《在地、市委书记会议上的总结讲话》，1980年8月8日。

胆略，为广东的改革开放事业和经济特区建设作出了重大贡献。

价格体制改革是整个经济体制改革和搞活市场流通的关键环节。习仲勋刚到广东，就对当地副食品和农副产品的供应紧张局面深有感触。当时，广东同全国一样，农副产品统购统销，市场商品奇缺，40多种商品限量凭票供应。习仲勋和省委经过研究，决定广东的经济体制改革以价格改革和搞活城乡流通为突破口。从1978年秋开始，广东省依据先农副产品、后工业产品，先消费品、后生产资料的顺序，按照放、调结合，以放为主的方针，逐步把价格放开。同时，在产品的流通经营上，实行国家、集体、联合体、私人多种经营的方式。8月，广州首先对蔬菜流通体制进行改革，实行部分大宗品种幅度议价交易，小品种自由议价的购销形式。水产品实行派购和议购相结合，对国家收购计划外的水产品实行产销见面，随行就市，议价成交，以搞活流通促进生产，吸引鱼货进城，广州市在全国兴办第一家河鲜货栈。价格改革也有波折，1979年水产品市场放开后，草鱼价格骤升，市民意见很大。1980年初又恢复定量供应，市场却出现了有价无鱼的状况。经过比较，人们认为还是放开市场好。水产品市场遂继续放开，生产者积极性提高，鱼塘产量增加，不到一年时间价格就明显下降，"鱼米之乡食无鱼"的状况很快得到改变。

习仲勋和中共广东省委在改革初期，依照经济发展规律，决定加快计划管理体制改革的步伐。按照简政放权，搞活企业等原则，对传统的计划管理体制和政府职能进行了相应的改革：一是在工业部门逐步扩大指导性计划，工业生产计划实行以指令性计划与指导性计划相结合，以指导性计划为主的办法。为了适应市场调节的要求和对内对外开放的需要，省里下达的工业产品计划，除少数重要产品实行指令性计划外，其余大多数产品实行指导性计划。二是在农业方面，从1980年开始，取消农业生产的指令性计划，全部实行指导性计划，除对十几种主要农副产品继续实行统派购外，其余全部改为指导性计划和市场调节，改变"以粮为纲"的格局，促进了农业经济结构调整，经济作物比重上升，二、三产业迅速发展。三是在物资管理方面，实行指导性计划为主的管理体制，改变了过去单纯由政府部门分配物资的独家经营的局面。广东省的外贸体制改革遇到的阻力比较大，习仲勋和刘田夫等冲破阻力，坚决打破独家经营的局面，适当扩大地、市、县外贸经营的权限，主要是在来料加工、补偿贸易和合资经营等方面大胆放权，促进了对外贸易的发展。经过一段工作后，各地区、各部门对外贸易的积极性调动起来了，但又出现各自为政、相对混乱的现象。针对改革中出现的新情况，1980年8月，习仲勋在地、市委书记会议上，强调要解决分散经营和统一对外的问题。他指出，对外经济活动要在政策、法令和计划指导上统一对外，要在价格、客户、市场等问题上协同行动，不能让资本家钻我们的空子。他指出，改革的方向一定要坚持，说统一对外，不是要统一经营、一家独办，要在活的基础上统一，而不能统死，要采取发挥优势、保护竞争、推动联合的方针，进一步贯彻落实鼓励出口的政策和继续推进外贸体制改革。①之后，经过反复讨论修改，形成广东省《关于外贸体制改革的意见》，促进了对外贸易的发展，外贸出口三年翻了一番。

习仲勋和中共广东省委还注重推进国营企业的改革。随着农村经营体制和价格、流通、外贸体制改革的深入，城市管理体制特别是国营企业的管理体制的缺陷日益暴露出来。国营企业作为各级行政机构的附属物，缺乏应有的生机和活力，企业和市场脱节，许多企业的产品十几年“一贯制”，企业经营的好坏同职工也没有关系，严重影响着企业的发展，有的停滞不前甚至倒退。1979年8月11日至23日，广东省召开全省工业交通增产节约工作会议，之后，中共广东省委、广东省革委会先后批转印发《关于开展商业企业扩大自主权试点的报告》《关于扩大企业自主权试点工作中有关问题的意见》《关于开展农副产品议价购销情况和意见的报告》《关于开展扩大基层供销社自主权试点的报告》等文件，给企业下放数十项权力，赋予企业在人、财、物与产、供、销等方面有较多的自主权，开始国营企业经济体制改革的探索之路。习仲勋对冲破旧体制尝试的“清远经验”给予充分肯定。他指出，“清远经验”说明，要把企业搞活，必须扩大企业的自主权，必须落实按劳分配政策，要把企业经营好坏同职工的切身利益联系在一起，把国家、企业和个人利益密切联系起来，才能把企业和职工的积极性调动起来，克服盈利亏本一个样，干好干坏一个样“吃大锅饭”的现象，达到增产增收，扭亏为盈，加快生产发展，提高经济效果的目的。②会议决定，全省选择广州绢麻纺织厂等100家企业进行扩大企业自主权试点，在300家企业试行利润留成的办法。

在习仲勋的大力促进下，中共广东省委和广东省政府于1980年7月29日正式批转清远县委关于《清远县国营工业企业试行超计划利润提成奖和改革

---

① 习仲勋：《在地、市委书记会议上的总结讲话》，1980年8月8日。

② 习仲勋：《在全省工业交通增产节约工作会议上的讲话》，1979年8月11日。

工业管理体制的情况报告》。批示指出，“清远经验”“是一种大胆的、可贵的尝试”，决定在全省范围内推广，要求各地学习清远解放思想、勇于创新的精神，在实践中继续探索和创造扩大企业自主权、把经济进一步搞活的经验。8月1日《人民日报》、8月2日《南方日报》详细报道清远率先试行企业承包制的经验，在广东乃至全国引起很大反响。到1981年底，广东全省100个县和县级市中，有63个仿效清远的办法，改革了工业管理体制，48个县市经委对财政实行包干。全国有363个县和17个小城市学习借鉴清远体制改革的经验。“清远经验”得到国家经委的肯定。

在习仲勋及中共广东省委领导下，广东经济管理体制改革不断深入，涉及面越来越广。除上述几个方面的改革外，还对劳动工资体制、交通体制、科技教育体制等方面进行了大胆的改革和探索，并取得显著成效，许多经验后来为全国改革开放提供了有益借鉴。

1980年9月，在五届全国人大三次会议上，习仲勋被补选为全国人大常委会副委员长。此后，中共中央决定习仲勋调中央工作，任命任仲夷为中共广东省委第一书记。

九

习仲勋是第一、第二、第五、第七届全国人大代表，先后担任第五届全国人大常委会副委员长、常委会党组成员、常委会法制委员会主任，第七届全国人大常委会副委员长、常委会党组成员、全国人大内务司法委员会主任委员。

1953年至1954年期间，习仲勋担任宪法起草委员会委员，参与了新中国第一部宪法的起草制定工作。1953年2月，习仲勋作为中央人民政府委员会委员，参与制定全国人大及地方各级人大选举法，并担任中央选举委员会委员，参与组织和领导了中国历史上第一次全国范围内的规模空前的民主选举。

1980年9月，在五届全国人大三次会议上，习仲勋当选为全国人大常委会副委员长，同时担任宪法修改委员会委员，1981年6月兼任全国人大常委会法制委员会主任。他以高度的政治责任感参加宪法修改工作，发表了许多真知灼见，为这部治国安邦的根本大法的修改完善贡献了宝贵智慧。

在担任全国人大常委会法制委员会主任的两年间，习仲勋主持召开17次法制委员会主任办公会议、5次法制委员会会议，讨论和审议了25部法律和决议、决定草案，为推进新时期立法工作做了大量卓有成效的工作。他领导了全国人民代表大会组织法、国务院组织法、地方各级人民代表大会和地方各级人民政府组织法、全国人民代表大会和地方各级人民代表大会选举法的制定和修改工作。这四部重要法律，落实了宪法的相关规定，完善了人民代表大会制度，健全了国家的领导体制和政治体制。

从20世纪80年代初期开始，为适应社会主义现代化建设、经济体制改革和对外开放的需要，全国人大及其常委会把制定有关经济方面的法律作为立法工作的重点。习仲勋提出，要努力加快经济立法的步伐，并要分别主次、轻重、缓急，把一些重要的、当前急需的而又有条件的先提出来。立法不能求全，也要力求能够解决实际问题，能够行得通。他强调，要妥善处理起草单位因强调本部门权益而引起的与上下左右的矛盾，并尽可能把有关部门的力量组织起来共同起草。在此期间，习仲勋组织领导了民事诉讼法（试行）、公司法、经济合同法、外国企业所得税法、商标法、海洋环境保护法等一批重要法律的制定工作，为改革开放和社会主义现代化建设提供了有力的法律保障。

1988年4月，习仲勋在七届全国人大一次会议上当选为副委员长，并任新设立的全国人大内务司法委员会主任委员。期间，他强调指出，人大及其常委会要依法加强对内务司法部门进行法律监督，他要求内务司法委员会同各有关部门、各地方密切合作，在检查总结工作的基础上，为人大及其常委会对内务司法部门进行监督的内容和方式提出建议，使这种监督逐步走向制度化和法律化。他十分关注通过立法加强公民权利的保护，领导内务司法委员会认真落实全国人大常委会立法规划，主持起草和审议了妇女权益保障法、未成年人保护法、残疾人保障法等一批法律草案。这些法律草案先后经全国人大常委会审议通过，为实现宪法规定的公民权利提供了法律保障。

习仲勋高度重视对宪法和法律实施的监督。在他担任全国人大内务司法委员会主任委员期间，全国人大内务司法委员会着力加强对司法工作的监督，切实按照《内务司法委员会五年工作规划》和《内务司法委员会议事规则》的要求，组织开展了多次执法检查，重点检查宪法和刑法、刑事诉讼法等法律的实施情况，听取了最高人民法院、最高人民检察院和公安部、监察部、司法部关于公务员制度试点、职称改革、惩治腐败、查处贪污受贿犯罪案件等情况的汇报，推动有关方面的改进工作，使人大对“一府两院”的监督进一步落到实处。

习仲勋认为，为了更好地完成全国人大及其常委会交付的任务，内务司法委员会要不断加强自身建设，提高工作质量和工作效率。委员会在办理职责范围内的事项中，必须实事求是，公正廉明，严谨细致，讲求效率，注意防止和克服官僚主义作风。

1989年1月，在全国人大内务司法委员会召开的部分省、自治区、直辖市人大内务司法工作座谈会上，习仲勋在讲话中强调指出，人大及其常委会要依法加强法律监督、工作监督，不失职、不越权，逐步形成法律化；行使监督权，主要通过听取汇报、审议议案、检查执法情况等方式进行；检查执法情况，是实施监督的基础工作，每年都要有计划地、有重点地对各部门的执法情况进行检查。习仲勋关于人大监督的思想，对于健全人大监督制度、完善人大监督形式、增强人大监督实效具有重要的指导意义。

习仲勋在任全国人大常委会副委员长兼内务司法委员会主任委员期间，亲自主持多部法律、条例的审议，为坚持和完善人民代表大会制度、加强我国民主法制建设作出了积极贡献。习仲勋还积极参与了全国人大的代表、外事等各项工作，积极推动各级人大常委会加强自身建设特别是作风建设，促进了全国人大加强对地方人大工作的联系和指导。

十

1981年3月，习仲勋参加中央书记处工作。6月，中共十一届六中全会在北京举行。会议通过《关于建国以来党的若干历史问题的决议》，对中央主要领导成员进行改选和增选，胡耀邦当选中共中央委员会主席，赵紫阳、华国锋为副主席，邓小平当选中央军委主席，中央政治局常委会由胡耀邦、叶剑英、邓小平、赵紫阳、李先念、陈云、华国锋组成，增选习仲勋为中央书记处书记。

1982年9月1日至11日，中国共产党第十二次全国代表大会在北京举行，习仲勋被选为大会主席团成员。在这次大会上，习仲勋当选为中央委员，在随后召开的中共十二届一中全会上当选为中央政治局委员、中央书记处书记。9月17日，中央书记处第二次会议决定：胡启立任常务书记，习仲勋协助。30日，胡耀邦主持中央书记处第五次会议，明确书记处分工，习仲勋除协助胡启立工作外，负责联系干部工作，负责统一战线、民族、宗教方面的动态和方针政策的研究工作。

在中央书记处，习仲勋直接参与和领导了党和国家的领导体制及干部制度的改革工作。1981年10月15日，中央书记处第一二七次会议决定中央机关机构改革由胡耀邦、赵紫阳主持，中央直属机关机构改革由习仲勋牵头，宋任穷、冯文彬、邓力群等参加。11月9日，中央书记处决定由习仲勋负责制定中直机关机构改革方案，提交中央书记处会议讨论。经过近两周的工作，习仲勋在前期工作基础上起草了《关于中直机关机构改革方案》，11月，中央书记处第一三七次会议基本同意这个方案，决定提交中央政治局扩大会议讨论。1982年1月，中共中央政治局讨论中央机构精简问题，原则同意《关于中直机关机构改革方案》。28日，中央书记处再次讨论中央机关的精简问题，通过《中央书记处各同志对精简整编机构工作的分工》意见。中直机关由习仲勋总负责，冯文彬协助，负责的单位有：中央办公厅、中央调查部、中央书记处研究室、中央党校、全国总工会、共青团中央、全国妇联、全国人大常委会机关等。中央机关机构改革的目的是：精简机构、压缩编制，建立正常的干部离退休制度，使一批老同志退下来，选拔一批年轻的干部进入领导班子，实现干部革命化、年轻化、知识化、专业化。习仲勋要求，中直机关干部要认识机构改革的重大意义。他指出，党中央这个决心下得对，是一项战略决策，具有深远的历史意义。精简机构是一场深刻的革命，触及到每个人。老同志退下来也是革命。他说，退下来的老同志干什么？有的同志精力还很充沛，有的同志还有剩勇余力，要"余热"利用，还可以为党为人民做许多事情。①习仲勋对中直机关的干部说，必须按照德才兼备的原则选拔干部，尤其是中青年干部。所谓德，最主要的就是坚持社会主义道路和党的领导。在这个前提下，干部队伍要年轻化、知识化、专业化。他还着重指出，要通过机构改革，采取适当的过渡办法，逐步废除干部领导职务的终身制，建立有利于大量培养、选拔优秀的中青年干部到各级领导岗位的新制度，保证我们党和国家的事业继往开来、持续发展。机构改革不仅要解决干部年轻化的问题，而且要解决官僚主义、办事拖拉、工作效率低的问题。因此，机构改革是适应历史发展的客观要求，合乎人民心愿的一场深刻革命，决不是简单地为了撤并一些机构，减少几个干部。如果把机构改革看成仅仅是为了减少机构和工作人员，那就没有认识到这次改革的根本目的和深远意义。②

---

① 习仲勋：《接见调查部领导干部的谈话要点》，1982年4月9日。

② 习仲勋：《在全国总工会第九届第四次执委会议上的讲话》，1982年8月3日。

中直机关机构改革方案经中共中央批准后，习仲勋逐一在各单位调查研究，按照单位的特点精心组织、分类指导、具体落实，他多次与部门领导和有关干部谈话，耐心细致地做思想工作。在全国总工会、共青团中央、全国妇联机关的机构改革工作中，习仲勋注意体现群众团体的特点，进行分类指导。他认为，工会、共青团、妇联是群众组织，组织机构、人员配备、活动内容、工作制度、工作方法、工作作风等等，都要有利于密切联系群众，充分反映群众的意愿和要求，维护群众正当的权利和利益。他把机构改革方案和群众组织单位的工作实际紧密地结合起来，要求工、青、妇“搞一个精简的方案，搞一个精简的机构，造成一个好传统”，①使它们真正成为群众自己的组织。在习仲勋的直接指导下，这三个群众组织机构得到精简，领导班子得到加强，建立了一系列联系群众的制度，形成各具特色的工作特点。

中央调查部在“文化大革命”中受到严重冲击，遗留问题比较多，机构改革难度大。习仲勋先后同调查部的负责同志罗青长、陈忠经、冯基平等谈话，做深入细致的工作。1982年4月，在弄清情况的基础上，他又与调查部的12位领导干部座谈，有针对性地解决问题。经过习仲勋的辛勤工作，他所联系的部门的机构改革都进行得很顺利。

通过改革，党中央直属单位局级机构减少了10%，工作人员总编制缩减了17.3%，各部委的正副职减少了15.7%，在班子中新选拔的中青年干部占16%，平均年龄由64岁降到了60岁。②这些单位的正常的干部离退休制度逐步建立起来。

1983年2月，习仲勋到福建省就干部“四化”、地方机构改革、领导班子建设和改进工作作风等问题进行专题调研，中共福建省委第一书记项南陪同他实地考察福州、泉州、厦门、漳州和闽北山区。17日，习仲勋召集厦门市领导谈话。当他看到在座的既有年龄较大的老同志，又有中青年干部，还有妇女干部时说，今天这个会很好，来的干部中有老的，有新的，还有年轻的女副市长，你们在新老合作和交替方面带了头。新老要交替，要合作，非这样办不可，这是历史发展的规律。现在最重要的是要积极选拔一些德才兼备的优秀青年人上来，老同志要大力扶持他们工作。习仲勋强调，现在我们就是要宣传这个思想，要大胆提拔年轻人，要热情支持和积极帮助他们工作。对青年人，把担子

---

① 习仲勋：《在全国总工会第九届第四次执委会议上的讲话》，1982 年 8 月 3 日。

② 《三中全会以来重要文件选编》（下），人民出版社 1982 年版，第 1698 页。

放在他们身上才能锻炼出来，不压担子，永远也不行。他说，当前摆在我们面前的一项很重要的任务是挑选干部。挑选人才，品质是最重要的，当然还要有才，就是德才兼备。还要群众公认才好，群众不批准，你就得不到群众的支持，什么事也办不成。习仲勋还对老同志提出殷切希望。他说，我们老同志退下来，超脱一些还可以做些事，甚至可以比在职时做得更多，做得更好。

3月10日，习仲勋就福建的调研情况向中央写出《关于福建见闻的报告》，肯定了福建省的机构改革工作，同时根据干部群众的意见向中央建议加快机构改革步伐，通盘考虑机构改革和经济体制改革问题。在福建闽北山区调研时，习仲勋发现林业生产上的一些问题，为此专题撰写《闽北山区建设和林业政策中的几个问题》的报告。回到北京后，习仲勋把两份报告上报胡耀邦等中央领导同志，为中央决策提供参考。3月2日，习仲勋与万里、宋任穷、陈野萍在北京召集山西省霍士廉、罗贵波、李立功等13位同志座谈机构改革和领导班子建设问题，宣布了山西省新的领导班子。

经过一段时间的工作，调整配备各省、市、自治区领导班子的工作大部分已经结束。1983年3月，全国机构改革结束，中央机关和省、地一级的机构及干部人数普遍减少，领导班子年龄普遍下降，文化程度普遍提高。习仲勋在领导中直机关机构改革和省级领导班子调整配备中坚持原则、任人唯贤、公道正派，由此得到中央充分肯定，并赋予他更大的责任。1983年4月14日，中央书记处决定：以后凡各省市自治区人大、政协副职配备的报告，不必再提交书记处讨论，由中央组织部报胡启立、习仲勋批准即可。

1983年10月，中共十二届二中全会通过《中共中央关于整党的决定》，确定从1983年冬季开始，用三年时间分期分批对党的作风和党的组织进行一次全面整顿。《决定》指出，这次整党的目的，就是要正确地运用批评和自我批评的武器，执行党的纪律，揭露和解决党内存在的思想、作风、组织严重不纯的问题，实现党风根本好转，提高全党的思想水平和工作水平，更加密切与人民群众的联系，努力把党建设成领导社会主义现代化事业的坚强核心；任务是统一思想，整顿作风，加强纪律，纯洁组织，推进精神文明和物质文明建设。在这次全会上，邓小平作题为《党在组织战线和思想战线上的迫切任务》的讲话，强调整党不能走过场，在整党中对于“三种人”①和其他各种错

① “三种人”，指“文化大革命”中以造反起家的人、帮派思想严重的人和打砸抢分子。

误严重、危害严重的人，必须严肃地做组织处理，“各级领导干部，特别是高级干部，更应该严格遵守党章、遵守《关于党内政治生活的若干准则》，起到模范作用”①。全会决定成立中央整党工作指导委员会，胡耀邦任主任，万里、余秋里、薄一波、胡启立、王鹤寿为副主任，王震、杨尚昆、胡乔木、习仲勋、宋任穷为顾问。中央整党指导委员会的工作和中央书记处的工作密不可分，习仲勋虽然是顾问，但由于他在书记处协助主持常务的胡启立工作，因此也参与了中央整党指导委员会的领导工作，日常工作基本上由薄一波和习仲勋处理。

1984年五六月间，习仲勋先后到上海、浙江、江苏、山东就整党问题进行调查研究。每到一地，他都仔细听取当地党委的汇报，深入基层，与基层党的工作者座谈交流，了解情况。习仲勋对各地在整党中好的做法给予充分肯定，同时对大家反映的问题耐心细致地做出解释或发表自己的见解，与他们一起研究解决问题的办法。期间，习仲勋在上海召集有三个区和三个郊县主要负责人参加的座谈会。当有人谈到整党要贯彻自上而下的方针时，习仲勋说整党是要自上而下的，但在一个地区不要限于这一规定，也可以先搞一些试点，哪个区、县委具备了对照检查条件的，就可以先搞，这也是正常现象。当议论到对照检查问题时，习仲勋说，对照检查有集体的和个人的，重点应该放在集体。集体对照检查是在个人对照检查的基础上做的，也就是集思广益。个人对照检查，就是进行自我检讨，有问题的要检查，没有问题的也可以不检查，靠学习、靠自觉，不要人人过关。我的意见，批评与自我批评，以自我批评为主。当大家谈到在“两案”②审判中，是否对犯错误的人进行重新处理时，习仲勋说：除了对那些发现新的重大问题和表现恶劣的，要重新处理外，一般的不要再做重新处理。选拔干部是大家谈论的一个热门话题。习仲勋指出，要任人唯贤，光明正大，公道正派，要搞五湖四海。这一点你们当一把手的，搞组织工作的特别要注意。当大家讨论改革问题时，习仲勋强调，上海是世界有名的大城市，在全国占据很重要的地位。现在14个沿海城市开放，上海的力量雄厚，有一支强大的有觉悟有技术的工人队伍，应该走在前面。

6月5日晚，习仲勋在南京调阅中共江苏省委常委的对照检查材料。6日上

① 《邓小平文选》第三卷，人民出版社 1993 年版，第 38、39 页。

② “两案”审判，指对林彪、江青两个反革命集团的审判。

午，召集中共江苏省委常委一起座谈整党工作。他在听取工作汇报后讲道，江苏省委前一段整党工作是认真的、健康的、有成效的，在对照检查中省委常委起了带头作用。希望在这个基础上高标准地完成这期整党任务，创造、总结经验，把今后的整党工作搞得更好。他在分析江苏的形势后指出，要进一步认识整党的根本目的，增强整党的自觉性。我们的一切工作，都要有利于加强团结，有利于发展经济，有利于发展大好形势，有利于开创社会主义现代化建设的新局面，整党工作同样是这样。江苏省要充分运用自己的好条件，创造出更好的成绩来。习仲勋向中共江苏省委转达了胡耀邦要求江苏来个新的“七战七捷”的要求，即今后七年，经济年年要有增长，在前几年工农业年总产值翻一番以后，到1990年再翻一番。他强调，搞好整党必须继续克服“左”的影响，党的每个组织和每个党员都要按照党章规定和中央整党决定的要求，开展批评和自我批评，进行集体的和个人的对照检查。习仲勋说，清理“三种人”首要的是做好两件事，把住两道关，一是必须坚决地把现在仍然留在各级领导班子中的“三种人”一个不漏地清理出来；二是决不允许把任何一个“三种人”选进第三梯队。整党的关键是要整顿和建设好领导班子，领导上要有清醒的认识。他指出，在整党中，还要基本解决好一个大的战略问题，即重视和抓好建立第三梯队的工作。整党三年，如果发现、培养、锻炼、选拔不出一批人才来，整党就不成功。

6月7日，习仲勋到达山东济南，8日、9日两天分别和中共山东省委六位领导谈话。11日上午，在听取省委工作汇报后，习仲勋作重要讲话。他在讲话中指出，1984年中央主要抓两件大事，一是整党，二是经济。经济工作是一抓改革，二抓开放。各方面都要改革，但改革的重点要转到城市，一切妨碍经济发展的规章制度和办法都要改，不能老是因袭过了时的老办法，还要善于把中央的方针政策同自己的实际结合起来，在执行中有所创造，有所发展，有所前进。习仲勋特别讲了在整党中加强团结的问题，着重指出，要坚持不纠缠历史旧账和团结一致向前看的方针。中央提出整党对照检查要以领导班子集体对照检查为主，以现在的领导班子为主，以检查近期问题为主，以检查如何开创新局面为主，这四个为主是根据前一段整党的实践提出来的，是对中央关于整党的决定的进一步发展和具体化，有很强的针对性。

习仲勋回京后，6月21日向中央书记处呈交了《关于华东一市三省之行的报告》。他认为这四个省（市）委常委的对照检查所以做得较好，主要经验有三条：第一，有明确的指导思想，坚持以检查现任领导班子和现实工作中的问题为主。第二，充分发扬民主，广泛征求意见。第三，省委常委在坚持高标准严要求，自觉进行自我批评方面，都做得比较好。同时，习仲勋向中央书记处和整党指导委员会建议，第一期整党工作做得好坏对今后影响很大，要加强检查，总结经验，精心指导，务求扎扎实实地打好基础，决不可操之过急，搞“夹生饭”。这样，这一期的时间可能稍微长些，但第二、三期就可能搞得更快更好。现在就应该提出和考虑这样一个问题，就是整党工作将逐步向地市县和基层展开，下面的工作任务更是繁重，每个单位的整党时间不宜也不可能拖得过长。习仲勋在报告中提出，新的领导班子需要充实、加强，建立第三梯队的工作必须抓紧抓好。他认为今后应当注意以下几个问题：(1) 实现干部队伍“四化”，革命化是根本。领导上对人的选择、任用，一定要公道正派，决不可有亲疏之分。(2) 在知识分子中选拔干部，要注意有一定的实际工作经验和组织领导能力，至少在这方面要有培养前途。(3) 要重视年龄，但也要看知识、能力、身体等条件。(4) 要注意及早选拔年轻优秀的同志到地县或基层锻炼、学习，掌握全面工作经验，提高组织领导能力。(5) 继续解放思想、开阔视野，抓紧做好建立第三梯队的工作，但也不能简单急躁，不能勉强凑数。(6) 重视和做好老同志的安置，正确发挥他们的作用。(7) 各省市区党委都需要培养一支精干的、符合“四化”要求的，能够理论联系实际和富有创造精神的理论班子，作为自己的参谋和助手。

习仲勋的报告受到中央书记处和胡耀邦的重视，被批转各省、市、自治区和整党指导委员会参阅。习仲勋还参与对中央国家机关整党工作的领导，对中共中央办公厅、公安部、安全部等单位整党工作提出指导意见，并帮助其修改对照检查提纲。8月，中央和国家机关各部委的整党工作进入整改阶段。针对存在的问题，中央整党工作指导委员会以召开中央和国家机关各部委整改工作经验交流会的方式加以引导。习仲勋到会讲话，提出了三条意见：一是要提高对整改工作重要性的认识，增强搞好整改的信心和自觉性。要注意克服一些领导干部和党员思想上存在的松劲急躁情绪、克服有些党员和党外群众对整改缺乏信心的障碍。二是要正确对待党内的是非问题。对持有不同意见的同志，对待同志之间、领导同被领导之间的关系问题，只能用我们党和毛泽东一贯倡导的“团结——批评——团结”的方法去解决，绝不能用强制压服的方法或其他错误的方法去解决。三是要正确理解和处理好整改与改革的关系，全面完成中央整党指导委员会九号通知中关于整改的四项任务。①要注意把整党工作同经济工作及其他业务工作统筹安排好，做到互相促进。

在中央书记处工作期间，习仲勋十分关心文化教育和新闻宣传工作。1981年8月，全国学校思想政治教育工作会议在北京召开。10日，习仲勋和李先念、万里一起和与会部分代表座谈。习仲勋指出：中央提出第一抓经济建设，第二抓思想建设。这两方面是互为因果的，这是一个原则。过去在困难条件下要思想先行，现在条件好了，仍然要思想先行。必须有一个正确的政治方向，要坚持四项基本原则，坚持党的领导，坚持走社会主义道路，坚持马列主义、毛泽东思想。这不仅没有过时，现在、今后仍然是我们的指导思想。教育战线的同志确实很苦，但是大家能体谅国家的困难，坚持工作，这是很不容易的。民办教师的困难就更不用说了，他们肩负着教育青少年的重大历史使命。现在犯罪的很多是青少年，看到这种现象，我们心里很难过。经济工作只要方针政策对头，振奋精神，就可能搞得快一点，但思想教育工作，要比经济工作费时更多，至少要多一倍的时间才能把青少年一代的风气搞好。12月，全国中小学工会思想政治工作经验交流会在北京召开。为了更深入地了解中小学思想政治工作情况，习仲勋到会参加交流和讨论。

1981年11月，新华社举行建社50周年纪念活动。10日，习仲勋应邀出席新华社举行的茶话会并发表讲话。他以新华社50年的实践，归纳提炼出“真、短、快、活、强”的五字箴言，回赠新华社的负责人和编辑记者。真，新闻必须真实。延安时代就反对过“客里空”，②这几年又反对“假大空”，假字排在第一，所以首先要反假。短，新闻、通讯、文章都要短，长了没人看。快，新闻报道的时间性很强，不快就成旧闻了。活，要生动活泼，不要老一套，老框框，老面孔，那些没有人看。强，要做到思想性强，政策性强，针对性强。一篇新闻报道，总要给人一点有益的东西，使人们看了受到教育，受到鼓舞，精神振奋，斗志昂扬，团结一致干四化。做不到这一点就是出废品。③习仲勋的五字箴言，简洁明了，道出新闻宣传工作的实质，既是对新华社新闻工作者的要求，更是对党的新闻宣传工作的要求。

---

① 习仲勋：《在中央和国家机关各部委整改工作经验交流会上的讲话》，1984年8月28日。

② “客里空”，是苏联剧本《前线》中塑造的一个惯于捕风捉影、捏造事实的新闻记者形象，后来我国新闻界借以泛指那些脱离实际、虚构浮夸、说空话的新闻报道作风。

③ 《习仲勋文集》，中共党史出版社2013年版，第695页。

12月27日，他在会见全国故事片电影创作会议代表时，充分肯定电影事业的发展。指出：一是现在的电影，不管从内容上讲，还是从艺术上讲，思想性、艺术性等许多方面，都超过了过去的水平。二是有人才，从电影作品看，老艺术家更加成熟，新秀也涌现出不少。老人带新人，新人要学老人、超老人。可谓人才济济，人才辈出。三是有困难，电影用的那点钱，只要把其他方面大的浪费堵死了，也就足够你们用了。四是有缺点，现在好的和比较好的影片占大约70%，不好的，思想性、艺术性差一点的占30%。有缺点不要紧，大家来评论，群众来评论，专家来评论，评论了以后可以改嘛。五是有希望，电影事业大有希望。现在是英雄有用武之地，特别是大转变时期，改变党风，改变社会风气，建设社会主义的物质文明和精神文明，很多事情，可以大做文章，也能做出大文章。

习仲勋十分关心地方戏曲的发展。20世纪80年代初，他对中共陕西省委主要领导说，晋剧上去了，豫剧上去了，秦腔是戏曲的鼻祖，要很好地抓一下。中共陕西省委按照习仲勋的指示，尽快调整了陕西省戏曲研究院的领导班子，经多次研究，创作了一部反映秦始皇历史功过的大型秦腔剧，最后定名为《千古一帝》。经过紧张的排练，在陕西演出后反响很好。1985年12月，《千古一帝》赴京参加全国戏曲观摩演出，轰动京城，获得全国戏曲观摩演出十个金奖，一个二等奖，创造了单个剧目获奖的最高纪录，使秦腔这个古老的剧种走向全国，声名远播。习仲勋不仅关心家乡戏曲的发展，同时也关心着京剧、豫剧、粤剧、评剧、晋剧等剧种的发展和繁荣。

在中央书记处工作期间，习仲勋负责统一战线民族、宗教方面的动态和方针政策的研究，在这方面倾注了大量心血，为丰富党的统一战线理论，做好统战工作日夜操劳，深得党内外人士的拥戴。1981年12月21日至1982年1月6日，全国统战工作会议在北京召开，1月5日，胡耀邦、彭冲、习仲勋等讲了话。习仲勋在讲话中说：毛主席在1939年10月4日写的《〈共产党人〉发刊词》中讲到，所谓党的三个基本问题，也是党的三个主要法宝，第一条就是统一战线，第二条是武装斗争，第三条是党的建设。这是毛主席总结了18年的经验提出来的。现在我们有60年的经验，我们面临的任务不同于当年。80年代的三大任务：一是实现四化建设，一是保卫世界和平，一是完成祖国统一大业。尽管时代不同了，任务不同了，“三大法宝”不能丢。“统一战线工作，包括发展爱国统一战线和加强国际反霸统一战线，不是事情少了，不是责任小了，而是工作量更大，责任更大，而且很多工作比过去更难做。”“十年‘文化大革命’是个大破坏，给我们遗留的问题很多。现在处在一个新时期，我们的统战工作更要适应新的历史时期的特点，作出新的贡献。”①他强调，统战工作不仅有“左”的影响，甚至“左”的流毒还很深。习仲勋特别“希望各级统战部都要成为党外人士之家。像组织部是干部之家一样，使各民主党派人士、无党派人士、一切党外人士，觉得统战部是他们的家，什么话都可以说，什么问题都可以提出来，什么事都可以商量，他们有困难我们诚心诚意帮他们解决。这样，我们的工作就做到家了，就搞好了”。②习仲勋还特别强调发挥民主人士的作用。他认为，在新的历史时期要做好统战工作，要有新的观念，新的视角，新的方式方法，也要对新时期的统战对象，对民主人士有新的认识。“统一战线也有一个接替的问题，不然老的老了，死的死了，统一战线就持续不下去了。现在要广泛地交一些新朋友，年轻的朋友，这一条非常之要紧。”③习仲勋十分重视肃清和防止统一战线工作中“左”的倾向，端正统战工作的思想路线。主持制定了几个解决历史遗留问题的文件，亲自批示了一些典型的案件，使许多多年没有解决的冤假错案得以平反，从政治上、思想上极大地消除了“文化大革命”以及历史上一些错案的不良影响，使这些遭受冤屈的朋友在政治上得到平反昭雪，经济上得到适当补偿，使他们心情舒畅地投入到祖国的建设事业之中。习仲勋对加强党对统战工作的领导作了认真的思考。他提出统战部也要管干部、扩大统战对象、广交朋友等许多富有前瞻性的意见。他指出，我们总的是有一个管理干部的组织部，但是，统战部也要管干部，负责考核、挑选和推荐一些党外的、各民主党派的干部。习仲勋的意见得到中央肯定。1982年2月12日，中共中央转发了《全国统战工作会议纪要》，其中进一步明确了统战部负责管理党外干部的职能，使各级统战部门真正成了党外干部之家。

1985年2月，全国统一战线理论工作会议在北京召开，这是新中国成立以来召开的第一次研究统一战线理论的会议。习仲勋在会上发表讲话，深刻阐明统战理论研究工作的重要意义。他提出：“统一战线包括民族、宗教，是一门科学。它的内容极其丰富繁杂，是一座大可攀登的科学高峰。马列主义奠

---

① 《习仲勋文集》，中共党史出版社 2013 年版，第 723 页。

② 《习仲勋文集》，中共党史出版社 2013 年版，第 729 页。

③ 《习仲勋文集》，中共党史出版社 2013 年版，第 728 页。

定了统一战线的理论基础和策略基础。我国的革命统一战线已经有六十多年的历史，经验极其丰富。我们党在长期的革命实践中，大大发展了统一战线的理论和政策，这是毛泽东思想的重要组成部分，是马列主义在中国的重大发展。”“但是，统一战线这门科学必须随着实践的发展而继续向前发展，不能停滞和僵化，否则就没有生命力了。而我们对统一战线这门科学的理论研究，跟我们党丰富的实践经验和老一辈无产阶级革命家留给我们的大量理论财富比较起来，就显得薄弱。一方面，统一战线的历史经验有待于我们提高到理论上去总结，以资借鉴；另一方面，新的历史时期统一战线出现的大量新情况、新问题、新经验，又要求我们进行深入的调查研究和理论探讨，以指导工作。”①研究新情况，总结新经验，解决新问题。

在改革开放深入的新形势下，民族宗教工作如何适应和发展？习仲勋经过调查研究，认为在干部群众，特别是领导同志中，要树立正确的民族宗教观，要培养大批的民族宗教工作干部。同时，要大力发展民族地区的经济，坚持物质文明和精神文明一齐抓。1986年11月，习仲勋在全国民族事务委员会主任会议上说，民族问题“最根本的一条就是要在全国人民中加强民族政策、民族团结的教育”。1987年7月，习仲勋在出席庆祝内蒙古自治区成立40周年干部大会上的一次讲话中又说：不论是搞建设还是搞改革，必须有一个社会安定、民族团结的环境。在新的历史时期，我们要不断巩固和发展社会主义的新型民族关系，进一步加强各族人民的团结。要在各族干部和群众中，经常地、深入地进行马克思主义民族观、民族政策、民族团结的教育，进行热爱社会主义祖国、维护祖国统一的教育。要实事求是、慎重合理地处理民族关系方面的问题，坚持教育和疏导的方法，及时消除一切不利于民族团结的消极因素，努力造成一种友爱、信任、民主、和谐的环境和气氛，充分调动各族人民建设内蒙古的积极性。

习仲勋十分重视对青年学生进行马克思主义宗教观的教育。1982年，他从有关材料看到新疆伊犁师范学院对学生进行正确宗教观教育的经验后，十分高兴。新疆伊犁师范学院有500多名学生，60%是维吾尔族、哈萨克族等少数民族，由于家庭成员信仰宗教，他们阅读宗教书籍，回家参加宗教活动。对此，学院采取多种形式，循循善诱，进行马克思主义宗教观教育，帮助学生正确认

① 《习仲勋文集》，中共党史出版社 2013 年版，第 952 页。

识宗教。经过细致的思想教育，许多学生对宗教有了正确的认识，对党和国家产生了由衷的热爱之情。许多学生参加了中国共产主义青年团，不少学生还申请加入中国共产党。习仲勋赞扬这个“学院党委工作有成绩，路子走得对，涌现了一个集体的李燕杰式的样板”，并指示国家民委转发各省市区。中央统战部按照习仲勋的批示，将这个学院的经验在全国推广，收到明显效果。他还强调，各级民族事务委员会要积极参与少数民族地区的经济工作，主要从两个方面进行帮助：一是研究发展少数民族经济的总体规划；二是解决实际问题，并且要把解决实际问题放在重要位置。1986年9月，中共十二届六中全会作出《关于社会主义精神文明建设指导方针的决议》。在少数民族地区如何从实际出发正确贯彻落实决议精神，他说：“封建迷信不是指的宗教，按教规教义搞的宗教活动是允许的。但现在有些宗教也搞迷信，这些问题由宗教自己去解决。行政上对这些问题不要做硬性规定。”①“在民族工作中，应当积极地帮助各少数民族改变封闭状态，实行开放。这种开放，包含对国外开放和对国内其他地区、其他民族开放。随着商品经济的发展，对外开放、交流是脱贫致富，吸收先进技术、人才，开阔视野，增长知识的必由之路。这一点要反复地向少数民族群众讲清楚，做工作。要摆些实际的例子做宣传。说得再多，没有样子看不行。这是个大舞台，就看你咋演，带个好头，群众一看就会认为这样好，进步啊。”②习仲勋的这些见解和要求，对于在少数民族地区开展精神文明建设起到很好作用。

1987年二三月间，习仲勋到广东省进行为期1个月的考察。在离开广东的6年里，他始终挂念着广东的改革开放，一直想去看一看。这次回广东，他深入到深圳、珠海经济特区和广州、江门、佛山、惠阳、肇庆、怀集、连县、乳源、仁化、韶关等23个市、县，实地考察城市建设、工厂、学校、农村、旅游区及正在建设中的大瑶山隧道，与市（地）、县负责人亲切交谈，并看望离退休的老干部，勉励他们要坚持四项基本原则，坚持改革开放和搞活经济的方针，坚持两个文明一起抓，维护安定团结的政治局面。阔别6年后，踏上这方改革开放的热土，习仲勋格外高兴。他说：“党中央为广东开放、搞活经济制定的特殊政策和灵活措施产生了这样大的威力，使广东发生了这样历史性的、巨大的变化，

① 《习仲勋文集》，中共党史出版社 2013 年版，第 1125 页。
② 《习仲勋文集》，中共党史出版社 2013 年版，第 1125 页。

变得出乎意料的好，真使人感慨万千。这都是执行党的十一届三中全会以来路线、方针、政策的结果。”他说：“正如邓小平同志所讲的那样，实践证明我们的开放、改革政策是完全正确的，我可以作为历史变化的见证人。”①

1987年10月25日至11月1日，中国共产党第十三次全国代表大会在北京举行，习仲勋不再担任中共中央委员、中共中央政治局委员。不久，习仲勋到海南岛调查研究。这是他第四次到祖国的第二大岛，前三次是他在主政广东期间去的。海南岛一直隶属广东省，他这次去时中央已决定设立海南省，建省筹备工作正在紧张进行。习仲勋先后到文昌、琼海、万宁、三亚、通什、琼中、儋县等地察看工厂，走访农村，看望种植、养殖专业户，还专门参观考察了琼中黎族苗族自治县坡心村的橡胶园、华南热带植物园、橡胶花药试管植株大田和从国外引进的稀有水果红香蕉园，同县、市负责人进行了座谈。习仲勋对海南岛改革开放以来发生的巨大变化由衷高兴，希望干部群众认清新的形势，进一步增强团结，认真贯彻和落实党的十三大精神和中央关于建设海南的各项方针政策，解放思想，实事求是，从实际出发，艰苦创业，加快改革开放的步伐，使海南的经济建设获得新的历史性的发展。习仲勋在通什市民族博物馆参观后挥笔题词：“加强民族大团结，开发建设新海南”。

1988年2月，习仲勋在深圳和干部群众一起欢度春节。他和干部群众一起参加春节联欢晚会，吃团圆饭，心情愉悦，他对大家说，深圳是大有前途的，大有希望的！②12月，他又一次到广东了解治理经济环境、整顿经济秩序、全面深化改革以及当地群众生产生活情况，先后在广州、东莞、深圳、珠海、中山等市县调查研究。17日，习仲勋实地考察了深圳市区部分服务行业和宝安县农村，听取了市委、市政府汇报。他指出，改革是一项十分艰巨的任务，难免出现某些失误。但改革的方向必须坚定不移，不能踏步不前，决不能走回头路。他说：“十亿人口搞改革，这是一篇大文章，要在实践中不断总结经验。改革开放，深圳走在前头，实践经验比较多，要把这些经验提高到理论上进行总结，深化改革，加快改革的步伐。”③18日，习仲勋专门听取中共广东省委、广东省人大常委会的工作汇报。他赞成广东提出的工作思路和措施，希望广东坚持

---

① 《人民日报》1987年3月14日。

② 《深圳特区报》1988年2月16日。

③ 《深圳特区报》1988年12月18日。

马克思主义观点，实事求是地研究新情况、新问题，在改革开放的实践中加强对马克思主义的理论研究，勉励大家不断总结经验，充分发挥改革开放综合试验区先走一步的作用。

1988年4月，习仲勋在七届全国人大一次会议上当选为副委员长，并兼内务司法委员会主任委员。期间，做了大量卓有成效的工作。

1993年3月，习仲勋退休。他从领导岗位上退下来后，仍一直关心中国的改革开放和社会主义现代化建设事业，关心社会主义市场经济体制的建立，坚决支持以江泽民同志为核心的党中央工作，拥护“三个代表”重要思想。他认真撰写回忆文章，留下了大量珍贵的历史资料，他时刻关心革命老区的经济发展，为老区经济社会的发展作出了重要贡献。

2002年5月24日凌晨，习仲勋因病医治无效，与世长辞，享年89岁。2005年5月24日，他的骨灰安放在生他养他的家乡陕西省富平县，实现了他魂归故土的愿望。

姚文琦　梁月兰　袁武振

阿沛·阿旺晋美

阿沛·阿旺晋美，藏族，1930年到西藏地方政府新成立的仲扎代本①当兵，历任久本、甲本、如

① 仲扎代本：第十三世达赖喇嘛推行新政，建立“仲扎代本”，相当于贵族军团，试图将它作为藏军的骨干，改造旧藏军。

本。①1936年起，任西藏地方政府昌都粮官、民事法官，西藏地方政府孜本（审计官）、噶伦②兼昌都总管。1951年作为西藏地方政府赴北京谈判的首席全权代表，同中央人民政府签订了《中央人民政府与西藏地方政府关于和平解放西藏办法的协议》。西藏和平解放后，任国防委员会委员、西藏军区第一副司令员。1959年起，历任西藏自治区筹备委员会筹备处处长、常务委员兼秘书长、副主任委员兼秘书长、代主任。1965年起，任西藏自治区人民委员会主席、革命委员会副主任、人大常委会主任、人民政府主席。第三至第七届全国人大常委会副委员长、全国人大民族委员会主任委员。他坚决维护祖国统一和民族团结，积极投身西藏的各项改革和建设事业，努力推动西藏的发展，为推动中国民族工作以及民族区域自治制度的实践和完善贡献了毕生的精力。他是中国人民政治协商会议第一届全国委员会委员，第三至第十一届全国政协副主席，1955年被授予中国人民解放军中将军衔，荣获一级解放勋章。

---

① 藏军职务："久本"（班长）管理10人，"甲本"（连长）管理125人，"如本"（营长）管理250人。

② 噶伦：原西藏地方政府的高级行政官员，一般设四名，一僧三俗，为三品官。

一、在中华民族的风云变幻之中

阿沛·阿旺晋美出生成长的年代，正处在中华民族的风云变幻之中。1911年，辛亥革命推翻了延续两千多年的封建专制制度，清王朝在这种大变革、大动荡中被民国政府所替代。然而，软弱无力的资产阶级革命未能拯救灾难深重的中华民族，中国很快又陷入军阀混战、天下大乱、民不聊生的局面。1919年的五四运动后，中国人民迎来了马克思主义，中国进入了新民主主义革命阶段。1921年，中国共产党成立，为中华民族带来了复兴的希望，但直到西藏解放前夕，中国一直处于光明与黑暗的激烈较量之中。在这段时间里，西藏也同全国一样，遭到内乱与帝国主义势力的侵扰。阿沛·阿旺晋美的青少年时代正是在这样的背景下度过的。

青少年时代的耳闻目睹

1910年2月，阿沛·阿旺晋美出生在霍康世家拥有的贵族庄园——甲玛赤康里，按西藏世家习俗，家人为他求名为霍康·阿旺晋美。23岁后，他入赘阿沛家，承袭了阿沛的贵族封号，遂易名阿沛·阿旺晋美。

霍康家族是西藏的望族之一，在西藏的政治、经济和社会生活中有着一定影响。在元朝开国时期，在帝师八思巴①的号召下，长期割据的西藏各地从此归顺元朝，结束了西藏长达几百年割据的局面，一批蒙古族人定居藏北，成为霍康家族的祖先。1643年，蒙古族和硕特部首领固始汗②应清朝廷之命协助第五世达赖喇嘛建立了甘丹颇章政权③，定居藏北的和硕特蒙古首领们也来到拉萨。甘丹颇章感念他们帮助击败明朝扶持的噶玛噶举派藏巴汗政权，遂划出一部分庄园送给和硕特蒙古首领们，并在拉萨为其兴建府邸，命名为"霍尔康萨"，意为"蒙人新宅"。"霍尔"在藏语中意为"蒙古人"，"康"为房舍、公馆、府邸，这是霍康家族名称的来历。霍康家族发展到清代，已成为名震藏区的显赫贵族，他们忠诚于清朝廷，所以家族至尊颇罗鼐④被清朝廷封为"郡王"，因而在霍康家的文书中，总把自己的家族注明来自元朝的皇族。

阿沛·阿旺晋美出生的时期，正值中华民族内忧外患频发之时。在全国范围内，随着帝国主义对中国的瓜分日益激烈，反帝反封建的民族民主革命迭起，辛亥革命爆发，满清王朝被推翻。在中国的西南边疆，英法帝国主义势力相继入侵云南、西藏地区。1904年，英国再次出兵侵略西藏，在地方政府中培植分裂势力，逼迫清廷赋予英国在藏某些特权，使清朝廷在西藏的统治力逐渐削弱。在阿沛·阿旺晋美出生的那一年，川滇边务大臣赵尔丰⑤在康区推行

① 八思巴（1239—1280）：元朝第一代帝师。吐蕃萨斯迦人。本名罗古罗思监藏，八思巴（又译八合思巴、发思巴，意为"圣者"）是尊称。

② 固始汗（1582—1655）：又译顾实汗，皆"国师"之音译，姓孛儿只斤，名图鲁拜琥。明末清初卫拉特蒙古和硕特部首领。卫拉特汗哈尼诺颜洪果尔第四子。

③ 甘丹颇章政权：明崇祯十五年（1642年），和硕特蒙古首领固始汗支持第五世达赖喇嘛打败藏巴汗后，建立了格鲁派统治政权，其政权机构即设于甘丹颇章。直到清顺治五年（1648年）布达拉宫白宫建成，第五世达赖喇嘛由甘丹颇章移居布达拉宫，政权机构也随之转移。后来，把格鲁派统治的西藏地方政权统称为甘丹颇章政权。

④ 颇罗鼐（1689—1747）：清代西藏贵族。西藏江孜人，本名索朗多吉。康熙五十九年（1720年），时为拉藏汗秘书的颇罗鼐配合阿里总管康济鼐出兵策应进藏清军，击退入侵的准噶尔军。清政府平乱后，任命颇罗鼐为四噶伦之一，掌管财政。1727年，噶伦阿尔布巴杀首席噶伦康济鼐。颇罗鼐发后藏、阿里军讨击。1728年，清廷任命颇罗鼐协助驻藏大臣总理政务，并封其为贝子。1739年，颇罗鼐被封为郡王。

⑤ 赵尔丰（1845—1911）：清末汉军正蓝旗人。光绪三十一年（1905年）任建昌道，不久任川滇边务大臣。

“改土归流”①，率军进藏并派兵直驱拉萨，与僧俗人士发生冲突，第十三世达赖喇嘛出逃印度。1911年，辛亥革命推翻了封建帝制。次年，中华民国成立。辛亥革命爆发后，西藏上层集团在英印势力的挑唆下，借驻藏清军哗变、无人主持大局之机，发动了“驱汉事件”，将驻藏大臣衙门人员、官军及眷属一并缴械褫物递送出藏。1919年，民国政府命甘肃省官员朱绣、李仲莲代表中央政府入藏，会见第十三世达赖喇嘛及西藏上层各界人士，建立了民国中央政府与西藏地方政府的联系。

然而，受亲英势力的挑唆，第十三世达赖喇嘛从印度返藏后，大肆清算与中央政府靠近的开明人士，驱逐清兵及内地来藏的商人，继而又逼迫第九世班禅额尔德尼出走内地。1927年，中华民国政府定都南京。第十三世达赖喇嘛即派官员赴南京拜见蒋介石，声明“不背中央”。

这些重大变乱和事件给少年时代的阿沛·阿旺晋美产生了深刻的影响。阿沛·阿旺晋美14岁那年，拜格西（藏传佛教僧人的最高学位）喜饶嘉措为师，主要攻读诗词韵律和藏文文法。喜饶嘉措在给阿沛·阿旺晋美教授藏文知识的同时，也教他如何养成正直诚实的作风。喜饶嘉措大师是当时少有的爱国宗教界人士的代表人物之一，为人耿直豪爽，鄙视西藏贵族官员的尔虞我诈。他学识渊博，精通佛学、藏文和历史。当时他正在拉萨校勘大藏经《甘珠尔》，住在罗布林卡。其时，阿沛·阿旺晋美的表姐夫多仁台吉负责罗布林卡警卫代本（弓箭官，相当于团长）的军训。阿沛·阿旺晋美住在多仁台吉家里，每天按喜饶嘉措老师规定的时间，去聆听教诲，由此，对西藏乃至全国的历史和社会有了初步的了解，受益匪浅。这为他后来养成热爱读书，热衷于研究历史及佛教教义以及注重增强自我修养、培养坦诚正直、尊重历史、尊重事实的作风，奠定了早期的坚实思想基础。

1929年，19岁的阿沛·阿旺晋美开始担当起管理甲玛赤康庄园的责任。在管理庄园期间，他更多地接触到社会的底层，许多过去不曾遇到的情况和问题闯入他的视野。在这个地区，广大农奴普遍借寺庙的高利贷，每到秋季，沟里坡上，田间地头，到处以甘丹寺为主的各寺庙催索收贷的管事僧人，挨家挨户

---

① “改土归流”是明清两代为加强对边疆地区的统治，废除民族地区的土司制度，任命流官统治的一项政治措施。这样的官员是由上面委派，不像土司那样世袭官职，因此称为“改土归流”。

逼债，逼债人的叫骂威逼声和农奴的乞求哭泣声连成一片，十分凄惨。每当遇到这种情况，阿沛·阿旺晋美的心情就变得非常沉重，所以在青年时期，他就萌发了改革旧制度的思想。

踏进纷乱复杂的西藏上层社会

在全国风云变幻和西藏地方的不断变乱中，阿沛·阿旺晋美从少年步入了青年时期。这时，西藏的情况仍然是非常复杂的，西姆拉会议①骗局失败之后，英帝国主义加紧鼓动分裂主义势力搞“西藏独立”的活动，西藏地方内部一些人也乘内地军阀混战之机谋求脱离中央政府。刚刚成立不久的南京国民政府为了解决自辛亥革命以来西藏地方与中央政府不和谐的关系，在批准设立西藏驻南京办事处的同时，专门就密切西藏与中央的关系及其他事宜进行研究，以立法的形式加以明确，特别是在《中华民国训政时期约法》中重申中国历代中央政府宣布的西藏是中国领土的严正立场。《中华民国宪法》规定国民大会、立法院、检察院等国家机构和政府部门都要有西藏的代表参加，明确“西藏自治制度，应予以保障”。1929年，南京政府特派刘曼卿进藏联络感情，西藏和中央政府的关系逐步趋于正常。1931年5月，西藏方面18位代表参加国民会议，结束了辛亥革命以来西藏不派人参加中央重大活动的状况。然而英印政府不愿看到西藏与中央政府的日益接近，不断在幕后挑起西藏与四川、青海的纠纷，并支持噶厦（原西藏地方政府）建立一支现代化的新军。这时，22岁的阿沛·阿旺晋美，由佣人伴随，入新军当兵。这支1200多人的新军是第十三世达赖喇嘛为加强自己的统治而采纳印度驻锡金政治专员查尔斯·贝尔②的建议组建的，其实是第十三世达赖喇嘛的御林军。第十三世达赖喇嘛对组建这支新军特别重视，新军的装备、供给十分优越，为其他藏军部队所望尘莫及。

---

① 1913年英帝国主义在印度西姆拉操纵召开了图谋西藏独立的西姆拉会议，企图以条约的形式分裂西藏，并利用中国国内动荡的局势诱使袁世凯让步。最后，中国政府代表陈贻范拒绝在条约的正式文本上签字，维护了中国对西藏的主权。

② 查尔斯·贝尔（Charles Bell）：英国人，曾任职印度内务部，长期担任英国驻锡金行政长官，负责对锡金、不丹的经营和打开西藏通商渠道事务以及驻西藏亚东、江孜一线商务代理处等侵略机构的高级官员，是英国政界有名的“西藏通”，并一贯坚持侵略、分裂西藏的强硬派立场。

阿沛·阿旺晋美作为贵族子弟进入新军，是步入西藏上层社会的开始。在这支队伍里，大量的内外信息通过各种途径不断涌入，阿沛·阿旺晋美对一切传闻都感到新鲜，后来转而对此时发生的众多重大事件深入思考。特别是九一八事变后，日本帝国主义侵占中国东北大片领土，曾使他一度感到震动。阿沛·阿旺晋美一入伍就被指定为久本，三个月后升为甲本，不久又提升为如本。他以如本的身份又兼任另外两个如本，实际上成为该“仲扎代本”的实际副代本（副团长），官爵小四品（色郎巴）或正五品。

1933年12月17日，第十三世达赖喇嘛突然病逝，引发了西藏统治集团内部的权力争夺。随着他的去世，其苦心经营的新军也在争权夺利的斗争中土崩瓦解，阿沛·阿旺晋美也结束了他的军旅生涯。但军旅生活却成就了他与阿沛·才旦卓嘎的婚姻。阿沛·才旦卓嘎原是贵族宇妥家的姑娘，嫁给阿沛噶伦不久，其夫阿沛噶伦病故。她时常前往新军中探望时任代本的叔叔宇妥·扎西顿珠。在军营中她经常见到霍康·阿旺晋美，两人来往增多，两情相悦，遂定嫁娶。1934年夏，霍康·阿旺晋美与阿沛·才旦卓嘎结婚，入赘阿沛家，夫妻同回到工布江达阿沛庄园。至此，霍康·阿旺晋美将本姓“霍康”更换为“阿沛”，改名为阿沛·阿旺晋美。阿沛·阿旺晋美虽出生于霍康家族，但因外甥的身份无法继承霍康家族的贵族封号及特权，和阿沛·才旦卓嘎结合使他拥有了合法的贵族继承权。经过申办手续，于1935年藏历新年，噶厦批准他承袭阿沛的封爵和财产，并官列四品，取得了参与上层议政的资格。在阿沛·阿旺晋美结婚前后，西藏正处在重大变局之中，第十三世达赖喇嘛圆寂后，西藏僧俗处于极度悲伤之中。根据噶厦会议决定，西藏将仿照第五世达赖喇嘛的灵塔规模，安葬第十三世达赖喇嘛，并遵照清朝以来“凡达赖喇嘛圆寂，须报朝廷”的定制，电告西藏驻京代表转报第十三世达赖喇嘛圆寂致蒙藏委员会代电：“达赖佛座于藏历亥月三十日下午七时半圆寂，藏中事务暂由司伦及噶厦负责处理，希安心供职，并呈报中央，详情容后另电知照。”①在这近一年的中央政府与西藏的互动中，阿沛·阿旺晋美目睹和耳闻了许多关于中央大员与噶厦官员往来的重大事件，同时也听到英印官员在幕后一再阻挠西藏地方与中央政府接近的传闻。

---

① 中国藏学研究中心、中国第二历史档案馆编：《十三世达赖圆寂致祭和十四世达赖转世坐床档案选编》，中国藏学出版社1991年版。

1936年，阿沛·阿旺晋美出任西藏地方政府昌都颇本（粮饷官）。他借用第十世帕巴拉活佛的一幢两层小楼，同夫人住了下来。这时的阿沛·阿旺晋美有充裕的时间四处寻访名师学者，将他们请到家里，指导他重温松久巴（藏文文法，即"虚字论"）、登久巴（藏文文法，即"因势论"）和念阿（诗词韵律）。在这里，他的两个孩子也相继出生。

1940年，阿沛·阿旺晋美被噶厦调回拉萨任协邦（民事法官）一职，负责拉萨、昌都以外所有宗谿①人命案的审理和判决。通过审理各种命案，特别是在封建农奴制度下封建贵族仰仗特权任意判处农奴死刑的现象，使他更深地认识到当时西藏社会的落后。在他任协邦一职的时候，西藏政治风云变幻莫测，波谲云诡。此时的西藏，一场针对爱国人士摄政热振②的阴谋正在英国人的策划下悄悄进行。第十三世达赖喇嘛圆寂后，担任摄政王的热振活佛倾心内向中央，对英国等帝国主义势力的不断渗透进行了抵制，对中央大员到西藏密切中央与西藏地方的关系报以热忱欢迎。

热振活佛的爱国举措和同亲英派势力的斗争，引起了英帝国主义和西藏上层分裂主义分子的仇恨，视其为实现"西藏独立"的最大障碍，以种种借口和阴谋手段，迫使热振于1941年辞去摄政职务，由达扎·阿旺松绕③活佛接任。达扎担任摄政后，便投入了亲英势力的怀抱，分裂主义势力重新得势。1942年7月，噶厦在英国人的唆使下，设立所谓"外交局"，并通知蒙藏委员会驻拉萨办事处以后有关接洽事宜，均与新成立的"外交局"联系，企图把国民政府和英国、尼泊尔政府一样视同"外国"对待，以此表明西藏已是"独立国家"。

在西藏地方政治旋涡中的艰难抉择

1945年初，阿沛·阿旺晋美被提升为西藏地方政府孜本，主要权力有三：推荐俗官人选、主持"官员会议"和统计全藏农牧业产量。孜本的地位仅次于

---

① "宗"意为"县"，"谿"意为"庄园"。

② 热振呼图克图图旦绛白益西丹坚赞（1912—1947）：出生于西藏东南之塔波下如地方（今西藏加查县镇热麦村），为热振寺第五世活佛，是近代史上对西藏政教事业作出过贡献的爱国者。

③ 达扎·阿旺松绕（1871—1951）：是第三世达扎活佛，亲英派分裂分子。曾是第十三世达赖喇嘛图登嘉措的参厦（侍读僧），在第十四世达赖喇嘛坐床后成为副经师（正经师是摄政五世热振活佛）。

噶伦，掌握西藏地方政府的一定实权，由四大仲译（秘书长）和四大孜本组成的“仲孜杰”（八大员）会议，有权对西藏的某些重大问题作出决定，并参与噶厦重大政策的制定。

在阿沛·阿旺晋美升任孜本的那年5月，国民党六届全会在重庆召开，热振活佛和罗桑坚赞当选为国民党六届候补中央执行委员，这引起了以达扎为首的亲英势力的不安，他们秘密策划，以求尽快置热振于死地。1947年，英国驻拉萨代表处代表黎吉生①与达扎等亲英分子密谋，逮捕热振活佛，并血腥镇压了西藏上层人士中的爱国力量。自此以后，西藏地方政府为分裂主义势力所控制。热振事件，震惊了整个西藏。阿沛·阿旺晋美认为这是热振和达扎两活佛之间的权力之争，还没有从中央和西藏地方关系的高度来看待这一问题，他对达扎保持默认的态度，并谨慎地履行着孜本的职责。

热振事件发生后，热振、色拉等寺的僧人试图通过武力营救热振活佛，遂与藏军发生冲突。这时，西藏上层分裂主义势力撕下了“保护寺庙、不伤僧众”的伪装，命令大批藏军包围了色拉寺，同时决定由噶伦噶雪巴·曲吉尼玛、藏军司令格桑次臣、堪钦（三品僧官）阿旺朗杰、孜本阿沛·阿旺晋美、孜本朗色林·班觉晋美、仲译钦波（秘书长）拉丁·阿旺扎巴等人组成军事指挥部，对抵抗的僧众大开杀戒。尽管在这次冲突中阿沛·阿旺晋美极力主张减少杀伤，减少对寺庙建筑的破坏，但还是有500多名僧人遭到残酷杀害，色拉寺的许多主要建筑也遭到炮火的严重毁坏。而热振活佛被带到拉萨后，很快在狱中被害死。达扎在剪除了爱国的热振活佛后，加快了投靠英印政府、图谋“西藏独立”的步伐。

1949年，解放战争犹如风卷残云，横扫大江南北的国民党政权，人民的新中国即将取代国民党的旧中国。达扎集团借中央政权更替的时机，进一步勾结英美帝国主义，在政治、军事和外交等各个方面采取一系列步骤，对抗西藏的解放，妄想把西藏从祖国分裂出去。6月下旬，噶厦在帝国主义势力的支持下，趁国民党在全国节节败退之际，发动了驱逐国民党驻藏人员及内地在藏商人的事件。黎吉生诡秘地对西藏“外交局”局长柳霞·土登塔巴说：“拉萨有很多

① 黎吉生（H.E.Richardson）：英国人，1934年进入英国政府外交部，1936年任英国政府驻西藏江孜商务官兼拉萨使团负责官员，1940年后在重庆担任印度驻华专员公署一等秘书，1946年复任英国驻西藏江孜商务事务官兼拉萨使团负责官员，被称为“西藏通”，为英国侵略中国西藏的代表人物。

共产党的人，留他们在这里，将来就会充当内应，把共军引进来。”并拿出了共产党人的“名单”。①这一伪造的情报，使包括阿沛·阿旺晋美在内的西藏当局上层很不安。黎吉生还直接向达扎摄政进言：“目前正值中国政局大变时期，你们要立即把汉人驱逐出拉萨，如不这样，势必会里应外合引进共产党。”于是，噶厦经过紧急商讨后，决定于7月8日由首席噶伦然巴·土登衮钦“召见”国民党政府蒙藏委员会驻藏办事处代理处长陈锡璋②，限令办事处及其下属单位人员必须在两周内离开拉萨，同时通知了已迁至广州的国民党政府行政院。蒙藏委员会驻藏办事处及其下属的小学、电台、气象测候所等单位人员共300余人，在藏军的威逼下，他们分批经亚东撤离西藏。③这是一起明目张胆地策划“西藏独立”的严重事件。国民党政府行政院立即发表声明并致函噶厦，希望纠正这一错误做法，恢复西藏与中央的固有关系④。

9月2日，新华通讯社奉中共中央之命发表题为《决不容许外国侵略者吞并中国领土——西藏》的社论，指出拉萨发生的“七八”事件，“是在英、美帝国主义及其追随者印度尼赫鲁政府的策划下发动的”。9月7日，《人民日报》又发表《中国人民一定要解放西藏》的署名文章，揭露帝国主义的阴谋，表明中国人民解放西藏的坚定立场，中国人民坚决反对分裂西藏的行径。中国共产党的这一严正立场，如春天的惊雷响彻了拉萨的上空。为此噶厦频繁召开“官员会议”进行战争动员和军事部署。战争气氛笼罩着拉萨古城和西藏大地，社会上谣言四起，人心惶惶。

一天，摄政和噶厦向“官员会议”提交了一份议案，其主要内容为在紧急情况下派出四个代表团，分别到英国、美国、印度、尼泊尔等四国争取军事援助，阻止共产党解放西藏。阿沛·阿旺晋美没有当即表态，在思考成熟后发言：诸位比我清楚，从清朝退位后我们就在争取独立，英、美、印等国都说过支持我们的话，30多年过去了，世界上哪一个国家的政府正式承认了我们？可见外国人的话靠不住。根据以往的经验，再派代表团出去，同样不可能取得什么成

---

① 土丹旦达：《关于和平解放西藏办法的协议签订前后》，见《西藏文史资料选辑》（第1辑），西藏人民出版社 1981 年版，第 30 页。

② 陈锡璋（？—1963）：1944 年 8 月至 1949 年 7 月任国民党政府蒙藏委员会驻西藏办事处处长，著有《西藏从政纪略》。

③ 国民政府行政院长阎锡山致摄政和噶厦函，存南京第二历史档案馆。

④ ［加］谭·戈伦夫：《现代西藏的诞生》（汉文版），中国藏学出版社 1990 年版，第 134 页。

果。特别是在目前这种情况下，寻求外援反而会刺激共产党提前进攻西藏。大家怕共产党打进来，我何尝不怕？国民党有强大的军队，而且美国支持它，不还是被共产党打败了？凭我们一点点武装能阻止共产党军队吗？和共产党作战，无异于鸡蛋碰石头。共产党说要解放全中国，迟早要来西藏，我们打与不打都无济于事。两者相较，显然不打对我们更有利。一句话，我同意派四个代表团访问上述四国，另外我建议再派一个代表团到内地，也许能找到不通过战争解决问题的办法。

阿沛·阿旺晋美话音刚落，会场就沸腾起来。多数人拥护阿沛·阿旺晋美的发言，特别是年轻的官员，他们从坐垫上站起来，举起左臂，高呼"阿沛老爷说得好"。少数顽固的主战派，气冲冲地指责阿沛·阿旺晋美要投降汉人，但阿沛·阿旺晋美并没有因此改变自己的看法。对要不要向内地派代表团，双方各持己见，相持不下。会议主持者仲孜八大员决定，派不派代表团访问内地之事，将在布达拉宫帕巴洛吉夏惹（观世音）画像前打卦，由神断决定。后来，由于英国、美国表示不愿意接待西藏使团，出访四国的计划流产，只有派赴内地访问的代表成行，但是带队的夏格巴·旺秋德丹是一个极端亲帝的分裂分子，由他率领的"代表团"在到达印度后，顽固坚持"西藏独立"的立场，迟迟滞留印度不到北京，耽误了最初和平解决西藏问题的大好时机。

面对西藏地方当局的分裂行径，第十世班禅额尔德尼、天宝、益西楚臣、喜饶嘉措及西康省的格达活佛、夏格刀登、邦达多吉等著名藏族爱国民族、宗教人士纷纷予以谴责，呼吁中央尽早解放西藏。中共中央审时度势，作出解放西藏的重大决策。中共中央、中央人民政府主席毛泽东在决定进军西藏的同时，采取了诸多举措，制定了正确的方针政策，并派出藏族干部张竞成一行、志清法师、青海寺院劝和代表团等几路人员入藏劝说西藏地方政府与中央和谈，争取以和平的方式解决西藏问题。

然而噶厦却逆潮流而动，加快扩军备战，西藏官员会议讨论通过了经噶厦和基巧堪布①提出的具体扩军措施。在这种情况下，阿沛·阿旺晋美所考虑的要避免与解放军正面冲突的想法难以实现，他只有尽个人的力量努力争取形势向着和平的方向发展。

---

① 总僧官，三品衔，掌管达赖喇嘛印信，负责管理达赖喇嘛身边的全部僧职人员，对全藏僧俗事务有很大的决定权。

二、为和平解放西藏贡献力量

中华人民共和国成立后，西藏地方政府上层少数分裂分子投靠帝国主义势力，公然抗拒解放西藏，谋求"西藏独立"的分裂活动，遭到了包括西藏人民在内的全国人民的强烈反对，在中央人民政府的命令下，人民解放军向西藏进军。在这一历史紧要关头，阿沛·阿旺晋美顺应历史潮流，在昌都战役前后尽自己的努力避免因藏军的顽抗而带来的损失，反复向噶厦和第十四世达赖喇嘛做说服工作，在促使西藏地方政府派人到北京谈判方面作了最大努力，并代表西藏地方政府与中央人民政府签订了关于和平解放西藏办法的协议，为促进西藏的和平解放、实现祖国大陆的统一发挥了不可替代的重要作用，作出了重要贡献。

顺应历史潮流，为昌都解放立大功

1950年初，遵照中共中央的命令，中国人民解放军由四川等地向西藏进发。4月28日，人民解放军进藏北路先遣支队抵达西康省西部的藏族地区甘孜。7月底，进藏南路先遣支队抵达金沙江东岸的巴安（今巴塘），与金沙江西岸昌都的藏军隔江对峙。此时，昌都总管拉鲁·次旺多吉①称任期已满，要求回拉萨述职，西藏地方政府然巴·土登衮钦、索康·旺清格勒等噶伦面对势不可当的人民解放军，以各种托词拒绝出任昌都总管，而昌都总管一职按定制必须由一位噶伦担任。在西藏历史风云变幻的时刻，阿沛·阿旺晋美被推上了风口浪尖。由于阿沛·阿旺晋美参加新军的经历和个人出众的能力，西藏地方政府紧急提升他为增补噶伦，出任昌都总管。由于阿沛·阿旺晋美多次提出同中央政府接触、希望不发生冲突而解决西藏问题，当权的达扎分裂集团派他去接任昌都总管，目的是让解放军认为他是在昌都抵抗的急先锋，藏军如果打胜了，当然符合反动上层的心愿，但如果被解放军打败了，他罪责难逃，甚至还会遭受失职之罪的处罚。

而此时的阿沛·阿旺晋美则看得更远。他想趁此机会跟解放军有近距离

---

① 拉鲁·次旺多吉：祖籍后藏达那（属今谢通门县），1914年生于印度大吉岭，系贵族龙厦家之子，12岁时随父回到拉萨，入赘贵族拉鲁家，历任孜本、噶伦兼昌都总管等职。

的接触，真切地了解中国共产党和人民解放军，进而寻找有利于避战的机会，所以接受了噶厦对他的安排。他在谒见摄政达扎领受任命时提出了两个请求：一是由于形势紧迫，到昌都后短期内很难熟悉情况，请把熟悉情况的拉鲁暂留昌都，共同负责一个时期；二是到昌都后，请求给予自己不受干扰，直接和共产党接触，谈判解决纷争的权力，并要求颁发委任书。5月26日，达扎召开"官员会议"讨论阿沛·阿旺晋美提出的建议。会议认为，第一次和共产党接触就派噶厦的高级官员噶伦很不妥当，决定派停留在印度的夏格巴前往北京，先行接触，然后视情况需要派噶伦时，再提交会议决定。噶厦的决定实际上是拒绝了阿沛·阿旺晋美直接和共产党、人民解放军谈判的请求。尽管如此，阿沛·阿旺晋美临行前还是在达扎和第十四世达赖喇嘛面前争取了不少临机变通的权力。

7月8日，阿沛·阿旺晋美带秘书崔科·登珠泽仁、副官桑林·平措多吉、警卫查地三人前往昌都。在长途跋涉52天后于8月28日到达昌都。两位新旧总管见面寒暄之后，拉鲁遂即告诉阿沛·阿旺晋美，称噶厦前几天来电要他们趁青海国民党军的马步芳被共产党打得大败之际收复"失地"①，昌都藏军"指挥部"也正准备收复"失地"计划，趁马家军刚逃离青海玉树而解放军尚未到达之机，派驻昌都的藏兵占领之。阿沛·阿旺晋美听后感到既荒唐又不切实际，坚决不同意拉鲁的意见，认为目前形势一触即发，再兴兵挑衅，无疑是火上浇油，自找苦吃。他还以个人名义打电报给噶厦，充分阐述了不能发动进攻的理由，并再次申明和平解决争端的主张。他在电文中就收回"失地"一事向噶厦政府报告："这里有的宗内仅有七八户还有糌粑（青稞粉），其余以食圆根（高寒山区的一种萝卜品种）为生，到处乞丐成群，景象凄惨。在此情况下，不要谈发动进攻，即按目前这样强派乌拉差役备战下去，就是没有共产党、解放军的进攻，其局面也维持不了一年。从目前情况看，不应再兴兵向青海进攻，再说，共产党的先头部队已经到达青海玉树，我们应先从青藏边上撤出……"几天后，拉萨发来复电，对他的请求给了个模棱两可的答复，这反而给他提供了按自己意愿活动的空间。就在这时，商人邦达热嘎从康区巴塘来到昌都，找到阿

① 所谓"失地"是指，青海省玉树地区原囊谦王管辖的地盘内，有两座寺庙，一个属西藏势力，一个属马步芳势力。1932年，两个寺庙发生武装冲突，引起西藏同马步芳间的一场战争。结果西藏战败，马步芳势力西移。"失地"即指那次战争中马步芳拓展的地区。

沛·阿旺晋美，对他说：巴塘的解放军要我到这里，寻找藏汉和谈的途径。阿沛·阿旺晋美立即派去过南京并懂汉语的孜仲·益西塔杰随邦达热嘎到巴塘见解放军，又指派五品官洛珠朗杰前往德格、甘孜方向，普布拉杰前往青海玉树方向找解放军接触。

阿沛·阿旺晋美通过派人与人民解放军接触、向滞留昌都的劝和人员了解、对金沙江东岸人民解放军的侦察等，认识到共产党、人民解放军不是谣传中的妖魔鬼怪。在他看来，国民党有800万军队都被共产党打败了，凭手中战斗力极差的几千藏军与人民解放军作战，无异是以卵击石。因此，他避免武力对抗、主张谈和的愿望更加强烈了。为了减少无谓的损失，他除继续向西藏地方政府提出谈和的建议，还遣散了地方政府召集来的6000民兵，但形势的发展与阿沛·阿旺晋美和平解决的愿望背道而驰。拉萨当局自恃有帝国主义势力撑腰，顽固坚持拒解放军于金沙江东岸的立场，置中央人民政府争取和平解决西藏问题的种种努力而不顾，对阿沛·阿旺晋美等一些官员的劝告和担忧也不理会。他们决意关闭和谈大门，对中央派出的劝和代表加以阻挠、软禁，特别令人愤慨的是在阿沛·阿旺晋美到达昌都之前的8月22日毒杀了前来劝和的西南军政委员会委员、西康省人民政府委员会副主席格达活佛，同时还气焰嚣张地增兵金沙江西岸，决意以武力阻挡人民解放军进军西藏。中央人民政府被迫决定以打促和，早日实现西藏的和平解放。待命于金沙江东岸的人民解放军于1950年10月6日发起昌都战役，如秋风扫落叶般挫败藏军的抵抗。面对人民解放军的凌厉攻势，藏兵溃不成军，藏军第九团在代本德格·格桑旺堆①的率领下于12日在宁静（现芒康县）宣布起义。各地逃回昌都的藏军带来战败的消息，使总管府极为恐慌。阿沛·阿旺晋美连日发电报向噶厦报告军情，急切等待回复。拉萨的噶伦们虽知道昌都已经发生战事，但他们不相信局势会那样严重，仍然在园林里吃喝玩乐，迟迟不予回复。这使阿沛·阿旺晋美等“文武官员曾为等待政府之命令而（承受）日夜焦虑之苦”②。17日傍晚，得知藏军第三、第十两个团在觉雍遭到重创、解放军已抵近昌都的消息后，总管府陷入一片混乱。

---

① 德格·格桑旺堆（1919—1983）：出身德格土司世家，曾受训于英国在江孜办的军事训练班。1943 年出任昌都总管宇妥的随从副官，1946 年担任藏军第九团团长。

② 西藏自治区委党史资料征集委员会、西藏军区党史资料征集领导小组编：《阿沛等 40 名官员给噶厦的信》，见《和平解放西藏》，西藏人民出版社 1995 年版，第 174 页。

阿沛·阿旺晋美立即召集所属官员商讨对策。他向大家说明了当前的境况，表示昌都外围各防区已无力阻挡解放军的前进，目前只有停止武力对抗，与解放军商讨和平解决。最后他对大家说："共产党军队离昌都只有一天的路了，我们怎么办？是继续待在这里，还是撤走，大家有什么意见？"面对紧张形势，大多数人说为解燃眉之急，撤走是唯一上策。此刻，已到了午夜12点，阿沛·阿旺晋美根据多数人的意见，决定第二天撤离昌都。1950年10月18日早晨，阿沛·阿旺晋美带着总管府的官员崔科、唐纳和桑林等，加上家属、佣人70余人，率驻守及撤到昌都的藏军2000余人，沿西向恩达方向撤走。天黑时分，阿沛·阿旺晋美一行来到朗措拉蜿蜒的山道上，得知解放军已占领恩达，西去的道路已被卡断。阿沛·阿旺晋美考虑再三，对众人说："道路已被截断，在此危险时刻，我们不能只考虑个人的安危，应该以宗谿卡头人和黎民百姓的安危为重，尽早与解放军接触。"但恐惧不安的人们，坚持认为只有继续逃走，才是唯一的出路。19日上午，阿沛·阿旺晋美一行撤至朱古寺。朱古寺坐落在昌都以西几十公里的一条山沟里，三面环山，草木茂密。来到朱古寺后，溃败的部分藏军也陆续撤至朱古寺一带，宁静的山沟寺庙顿时嘈杂混乱起来，满山遍野横躺竖卧着藏军，大家陷入绝境。阿沛·阿旺晋美在朱古寺里同几位官员稍事商量，便派堪穷（四品僧官）桑嘎沿昂曲河寻找解放军，派波曲宗宗本（相当于县长）佳荣基甲和孜仲（四品僧官）①藏巴拉也往西去恩达寻找解放军。此时，解放军青海骑兵支队之五十二师骑兵侦察连也从恩达搜索到朱古寺附近，与阿沛·阿旺晋美派来的人相遇，解放军遂与他们至朱古寺。在了解了人民解放军宣传中共中央关于和平解放西藏的政策和解放军对待放下武器的官兵的宽大政策后，本就无心打仗的阿沛·阿旺晋美与官员协商后，21日，下令总管府机关、藏军2700余人放下武器，并交出了英籍报务员福特。解放军收缴藏军武器后，就地遣散了所有士兵，连同12岁以上的家属，每人发5块银元路费，3人合发1匹骡马，听凭各人意愿，自由返乡；排以上军官，仍按原来品级予以特殊优待。阿沛·阿旺晋美还派人通知各溃逃的藏军放下武器停止抵抗，减少了无谓的伤亡。10月24日，昌都战役胜利结束，为打开西藏和平解放的大门奠定了基础。

此时，阿沛·阿旺晋美和总管府官员一行随解放军一同回到昌都，他们怀

① 孜仲：原西藏地方政府的县级僧侣官职，凡贵族家庭出身的僧人，从僧官学校毕业即可充任此职。

着忐忑不安的心情又住到了总管府，并受到了第十八军副政委王其梅①和解放军指战员的热烈欢迎。王其梅在欢迎会上称赞阿沛·阿旺晋美的义举加快了昌都的解放，为争取西藏的和平解放树立了典范，同时将一面五星红旗亲手赠给阿沛·阿旺晋美，并说："西藏是祖国领土不可分割的一部分，为把西藏人民从帝国主义侵略势力下解放出来，在进军西藏之际，中央曾多次通知噶厦派出代表谈判，和平解决西藏问题，但却屡遭拒绝，解放军不得不发起昌都战役，其最终目的是以打促和，因而出现的少许战斗在所难免，尽管伤亡不多，但伤的都是同胞兄弟，这是非常不幸的。"心情激动的阿沛·阿旺晋美表示，他早就主张响应中央号召，通过协商和平解决西藏问题，但他的意见在噶厦内得不到当权者的支持。到昌都任职后，更加感到以武力与中央对抗没有出路。说到现在的感受，阿沛·阿旺晋美说，通过这几天同人民解放军各级领导的接触，对中央和平解放西藏的方针、政策更加坚信不疑，他决心为藏汉民族的团结，为解放西藏作出努力。阿沛·阿旺晋美住进总管府官邸后，依然享受总管的身份和待遇。昌都地区的活佛、贵族，还有阿沛·阿旺晋美当年任昌都粮官时的老相识、老朋友，随时都可以自由出入他的官邸。来访者无拘无束，纵情畅谈，毫无顾忌，和以往没有两样。阿沛·阿旺晋美通过这些老朋友在解放后的境遇，进一步了解到共产党是心口一致、所作所为也是为西藏人民服务的。

王其梅、吴忠②等经常去看望阿沛·阿旺晋美，与他促膝谈心，解释中央解放西藏的方针、政策，盛赞他深明大义，在关键时刻下令藏军停止抵抗，放下武器，为解放西藏作出了贡献。当阿沛·阿旺晋美透露他的坐骑"金鞍银蹬"丢了时，王其梅立即严令部队查找，送还给了阿沛·阿旺晋美。时值寒冬季节，王其梅让阿沛·阿旺晋美等官员仍住在原来总管府内一幢较好的楼房内，自己却搬进帐篷里住。人民解放军的行为，使这些官员深受感动。王其梅向阿沛·阿旺晋美转达了中央人民政府关于和平解放西藏的愿望和基本方针，并详细讲述了人民解放军的宗旨和根本任务，讲述三大纪律八项注意以及同西藏

---

① 王其梅（1914—1967）：湖南省桃源县人，大学文化程度。1933 年加入中国共产党。曾任河南西华县委书记，豫东特委书记、水东独立团政委、水东地委书记兼军分区政委，第十八军五十三师政委。入藏前被任命为第十八军副政委。

② 吴忠（1921—1990）：四川省苍溪人，1933 年 12 岁时参加红四方面军，1935 年加入中国共产党。1949 年 2 月任第十八军五十二师师长。

地方政府进行和平谈判的基本原则“约法十条”①（又称“十大政策”）。当王其梅诚恳地表示希望阿沛·阿旺晋美利用个人影响规劝西藏地方政府和中央人民政府谈判时，他欣然同意。1950年11月9日，阿沛·阿旺晋美和驻昌都的藏军代本、藏政府官员40人联名写信给西藏当局，以其亲身经历，介绍中央和平解放西藏的政策，提出“目前藏汉和谈是个好时机”，建议迅速派出谈判代表。此信由阿沛·阿旺晋美亲自起草并派副官桑林·平措多吉和随员金中·坚赞平措②日夜兼程送往拉萨。

规劝噶厦响应中央政府号召派出代表谈判

昌都战役的胜利和洛隆、边坝、丁青、波密等地相继解放后，1950年11月17日摄政达扎被赶下台，第十四世达赖喇嘛提前亲政。然而，实际权力仍然操纵在个别噶伦的手中，他们仍然坚持投靠美英帝国主义的立场，期望在爆发朝鲜战争的情况下帝国主义势力能够为他们提供武装支持，因而对阿沛·阿旺晋美等提出的和平规劝采取不作答复、静观待变的“风标”策略。他们一方面安排第十四世达赖喇嘛带着噶伦索康等30名重要官员从拉萨出走边境小镇亚东，做随时逃往国外的准备；另一方面派堪穷土登列门③、桑颇·登增顿珠④为代

---

① 由西南军区政治委员邓小平亲自起草，并报中共中央于1950年5月29日同意的和平谈判十大政策：（一）西藏人民团结起来，驱逐帝国主义侵略势力出西藏，西藏人民回到中华人民共和国祖国的大家庭中来。（二）实行西藏民族区域自治。（三）西藏现行各种制度维持原状概不变更。达赖活佛之地位及职权不予变更。各级官员照常供职。（四）实行宗教自由，保护喇嘛寺庙，尊重西藏人民的宗教信仰和风俗习惯。（五）维持西藏现行军事制度不予变更，西藏现有军队成为中华人民共和国国防武装之一部分。（六）发展西藏民族的语言文字和学校教育。（七）发展西藏的农牧工商业，改善人民生活。（八）有关西藏的各项改革事宜，完全根据西藏人民的意志，由西藏人民及西藏领导人员采取协商方式解决。（九）对于过去亲英美和亲国民党的官员，只要他们脱离与英美帝国主义和国民党的关系，不进行破坏和反抗，一律继续任职，不咎既往。（十）中国人民解放军进入西藏，巩固国防。人民解放军遵守上列各项政策，人民解放军的经费完全由中央人民政府供给。人民解放军买卖公平。

② 金中·坚赞平措（1926—2010）：西藏林周人。原西藏地方政府官员。1952年参加革命工作。历任拉萨市政府副市长、自治区商业厅厅长、自治区机关事务管理局副局长、自治区社会科学院副院长，第三、第四、第五、第六、第七届西藏自治区政协副主席。

③ 土登列门（1902—？）：原摄政达扎办公室的负责人，四品僧官。

④ 桑颇·登增顿珠（1924—1973）：江孜人，为噶伦桑颇·才旺仁增之子，1942年为噶准，后为仁希，即四品俗官。

表前往昌都作为阿沛·阿旺晋美的助手，向解放军进行试探。这种不识时势大局的做法令在昌都的阿沛·阿旺晋美等官员们感到不解。

1950年12月27日至1951年1月3日，昌都地区第一届人民代表会议召开，选举产生了昌都地区人民解放委员会。由于阿沛·阿旺晋美的进步表现和影响，他被王其梅推荐担任昌都地区解放委员会副主任。为促成西藏的和平解放，在这次人民代表会议期间，昌都地区各族各界还选举产生了"昌都地区僧俗人民争取和平解放西藏工作委员会"，阿沛·阿旺晋美为主任委员，他积极主动地参与昌都解委会工作，协助人民解放军做昌都当地贵族及上层僧侣等的统战工作。1951年元旦，阿沛·阿旺晋美带头发起争取和平解放西藏的签名运动，昌都地区各界僧俗人民在他的带领下发出《争取和平解放西藏的签名书》，并呈送第十四世达赖喇嘛和噶厦政府。

1951年2月6日，土登列门、桑颇·登增顿珠到达昌都，给阿沛·阿旺晋美带来了西藏地方政府的和谈委托书。委托书大概之意：委任阿沛·阿旺晋美为首席谈判代表，土登列门、桑颇·登增顿珠为代表。可以同共产党建立关系，但不能放弃"西藏独立"，也不同意解放军进藏。此外，委托书还详列了与共产党谈判的五项条件。阿沛·阿旺晋美看完委托书后当即对土登列门、桑颇·登增顿珠说："他们简直是疯了，这样的条件，根本没有谈判的基础。不论在昌都还是到北京都谈不出结果来。"他又对两人说："我个人愿意为和平解放西藏而努力，为西藏人民的利益和祖国的统一尽我的全部力量。现在的形势很明显，在我们西藏地方政府面前只有两条路：一是坚决摆脱帝国主义的羁绊，回到祖国大家庭的怀抱里，这是大势所趋，最符合西藏人民的利益和愿望，是光明的道路；另一条是继续依靠帝国主义和外国反动势力，妄图同中央继续对抗，这只能给西藏人民带来灾难，而且也是一条走不通的绝路。"1951年1月2日，第十四世达赖喇嘛一行到达亚东后，立即将其驻印度的商务代办和所谓"负责汉地事务"的官员夏格巴等召回亚东，听取其在国外"求援"情况的汇报。亚东噶厦的官员们认为，美英及印度等国不愿以支持"西藏独立"而损害其国家利益。他们感到这些国家在支持"西藏独立"的问题上，目前是讲得多做得少，颇感失望，而中央人民政府军事上又很强大，无法与之对抗，昌都一战更加剧了噶厦的政治危机，中央提出的和谈条件又是很宽容的。处于进退维谷的西藏当局，经过反复权衡利弊，在中央的感召下，只得面对现实，准备同中央和谈。官员会议最后决定，正式派出代表去北京，同中央人民政府谈判和平解决西藏问题。①

亚东噶厦电告阿沛·阿旺晋美，谈判将在北京举行，任命他为首席全权代表，凯墨·索安旺堆、土丹旦达、土登列门、桑颇·登增顿珠为代表。为了确保此去和谈成功，阿沛·阿旺晋美给第十四世达赖喇嘛写了一封长信，详细报告了在昌都的情况，叙述了他为藏汉和谈所作的努力，含蓄地批驳了噶厦制定的五项谈判条件，请求噶厦修改谈判条件。他在信中说，政府方面的真正意图是不接受"人民解放军进军西藏"和"西藏是中国领土"，这样对谈判不可能带来任何益处……请审时度势，考虑长远与眼前之利害关系，事先作出决策，给予明确答复。但直到阿沛·阿旺晋美离开昌都赴京和平谈判之时，噶厦也没有明确回复。

赴京和平谈判

1951年3月29日，心情复杂的阿沛·阿旺晋美同夫人才旦卓嘎、年仅5岁的女儿才旺和谈判代表土登列门、桑颇·登增顿珠，随员金中·坚赞平措以及时任中共西藏工委委员、第十八军政治部民运部部长的平措旺杰②、中共西藏工委办公室主任乐于泓③从昌都骑马出发。4月9日，他们在甘孜受到人民解放军第十八军后方部队司令员兼政治委员陈明义④和第十八军第二参谋长李觉⑤的热情接待。阿沛·阿旺晋美在欢迎会上说，西藏是祖国不可分割的一部分。通过谈判解放西藏，实现和平进军西藏，是西藏广大僧俗人民的夙愿。行至达乌投宿拉康贡巴寺时，随行护送的解放军怕打扰寺庙僧侣，只向寺庙借了几处屋

---

① 噶厦 1951 年 1 月 11 日《西藏会议纪要》，存西藏历史档案馆"卓木噶厦"卷。

② 平措旺杰（1922—2014）：四川巴塘人，1939—1949 年任藏族共产主义组织的负责人。1949 年秋与中共滇西北组织联系，任改组后的中共康藏边地工委会即巴塘地下党及东藏民青的主要负责人。1950 年 3 月，任中共西藏工委委员、西南军政委员会委员。

③ 乐于泓（1908—1991）：江苏太仓人，1932 年加入中国共产党。1938 年参加新四军，进藏后任第十八军政治部宣传部部长，西藏工委政策研究室副主任、西藏工委办公室主任等。

④ 陈明义（1917—2002）：河南省商城人，1931 年参加红军，1933 年加入中国共产党。中华人民共和国成立后，任第十八军参谋长、进藏后方部队司令员兼政治委员，主管进军西藏的后方修路和运输工作。

⑤ 李觉（1914—2010）：山东省沂水县人，大学文化程度，1937 年参加红军，同年入党。入藏前任第十八军第二参谋长。

外的廊檐，廊檐口向东敞着，迎着高原凛冽的寒风。阿沛·阿旺晋美看到这一切深受感动，他对同行的桑颇·登增顿珠说："你看，同行的一排解放军，还有乐于泓、平措旺杰这些解放军的干部，在这样的条件下，没有强迫老百姓腾房子。解放军的纪律严明，如今我们亲自体会到了。"在共产党领导下，内地普通老百姓的生活怎么样？那些宗教界人士、旧政权留下来的官员的命运又是怎么样呢？路上，阿沛·阿旺晋美处处留心考察，尽量找寻机会和各方面接触，以求找出正确答案。

代表团在去北京的路途中，受到了当地党政军及社会各界人士的热烈欢迎。4月15日，代表团到达雅安，晚饭后西康省人民政府主席廖志高①同阿沛·阿旺晋美等人进行了亲切谈话。当问到他们沿途有何观感时，阿沛·阿旺晋美说，你们不同于过去的国民党，说到做到，而且能够贯彻执行，并以沿途见闻举例。廖志高也向阿沛·阿旺晋美介绍了西康省人民政府委员的比例与人口比例、彝族自治区人民政府情况等事实②。16日，代表团到达重庆，受到王维舟③、李达④等西南军政委员会领导的热烈欢迎。19日，中共中央西南局第一书记、西南军政委员会第一副主席、西南军区政委邓小平在欢迎会上向阿沛·阿旺晋美一行讲述了中央人民政府争取和平解放西藏的"十大政策"。谈话时，阿沛·阿旺晋美表达了对和平解决西藏问题的热切希望。他说，争取达赖喇嘛回来是上策；如果达赖喇嘛不回来，也要打通取道印度的代表们的思想，求得藏军退回，人民解放军和平进藏，这是中策。邓小平肯定了阿沛·阿旺晋美的看法：我们一定要用事实取得藏族同胞的信任，争取达赖喇嘛回来，和平进军西藏。要认识到达赖喇嘛回来、和平进军的好处。希望他们（阿沛·阿旺晋美代表等）向取道印度来的代表们把这些问题讲清楚，谈判是能成功的。⑤阿沛·阿旺晋美深有感触地说："共产党确实伟大、英明，共产党不

---

① 廖志高（1913—2000）：四川冕宁人，1934年4月加入中国共产党。1935年参加中国工农红军。1950年1月至1955年9月任中共西康区委书记、西康省委书记，1950年4月至1955年9月任西康省人民政府主席、西康省省长。

② 乐于泓：《和平解放西藏日记摘抄》，载《西藏日报》1981年6月12日。

③ 王维舟（1887—1970）：四川宣汉县人，1927年加入中国共产党。1950年任中共中央西南局常委、西南军政委员会副主席。

④ 李达（1905—1993）：陕西眉县人，1932年加入中国共产党。中华人民共和国成立后，任西南军区副司令员兼参谋长。

⑤ 罗松多吉主编：《西藏文史资料选辑》（第1辑），民族出版社2007年版，第31页。

同于国民党，你们能说又能做，深得民心。”阿沛·阿旺晋美还看到西藏人有所耳闻的原西康省主席刘文辉①在欢迎的党政干部中，感到非常吃惊。他与随员们私下里交谈：“对这样一个大地主、大军阀，共产党不仅没有怎么着他，反而给他这么高的地位，让他致欢迎词，我们西藏贵族对共产党还有什么害怕的呢？”在重庆停留期间，代表团参观了重庆钢铁厂，这次参观让阿沛·阿旺晋美等人大开眼界。阿沛·阿旺晋美见到工人们热火朝天的劳动干劲，和他在西藏看到民不聊生的情况，如同一个天上，一个地下，不禁心生感慨。参观结束时，工厂领导把部分工人集合在广场上，请阿沛·阿旺晋美讲话。他从来没有接触过工人，对工人的情况一无所知，怎么敢讲话呢？阿沛·阿旺晋美一再谢绝，而工厂领导一再请他讲话。于是，阿沛·阿旺晋美讲了昌都解放后，他迈入一个崭新的生活环境的感受。工人听了不断发出阵阵笑声和掌声，会场气氛非常活跃。阿沛·阿旺晋美一行于4月20日由重庆乘飞机到达西安时，受到西北军政委员会有关领导人，包括他的老师喜饶嘉措大师的热情迎接。喜饶嘉措鼓励阿沛·阿旺晋美尽力“办好和谈，为和平解放西藏做出贡献……”，他表示“一定尽力而为”。22日傍晚，阿沛·阿旺晋美一行由西安乘火车到达北京，政务院总理周恩来、副总理郭沫若和中央各部委负责人早已等候在火车站，热情迎接代表团的到来，体现了中央人民政府和平解决西藏问题的真诚愿望和对西藏人民的深切关怀，阿沛深受感动。

4月26日，经印度取道香港的和谈代表凯墨·索安旺堆②、拉乌达热·土丹旦达③抵达北京，一起到达北京的还有作为代表团翻译的第十四世达赖喇嘛的姐夫尧西·彭措扎西。凯墨·索安旺堆、土丹旦达从亚东带来了噶厦在考虑阿沛·阿旺晋美建议后最后定出的关于内部掌握的谈判条件。和先前噶厦的谈判五项条件相比，内部条件有所改变，承认“西藏是中国的一部分”，但是反对派解放军进驻西藏守卫国防；同意中央派官员驻西藏，但不准带卫兵，警卫工作可由藏军担任，而且随员必须是信教的，人数限定15名。阿沛·阿旺晋美觉得，噶厦的五项条件与中央人民政府的“十大政策”很多地方是对立的，

---

① 刘文辉（1895—1976）：四川大邑人。1950年，刘文辉任西南军政委员会副主席。

② 凯墨·索安旺堆（1901—1972）：原属索康家族，后入赘凯墨家。18岁步入仕途。1948年任藏军玛基（藏军总司令），属于思想顽固的主战派成员。

③ 拉乌达热·土丹旦达（1908—1985）：拉萨人。曾任译仓（承办宗教事宜的机构）的孜仲、波密宗本、阿里地区总管、仲译钦波兼玛基助理。

如果在谈判桌上正式提出噶厦政府的五项条件，将会形成僵局，最后导致谈判破裂，而这种结局是不符合广大西藏人民的利益，也同他坚持通过谈判解决问题的初衷是背道而驰的。但如果不提出来，他身为西藏地方政府的首席全权代表，又不好向噶厦交代。加之其他几位代表中对“十大政策”的看法有赞成的也有不赞成的，特别是对人民解放军进驻西藏这一条，西藏地方政府的要求恰恰相反，所以大家都不敢承担责任，持保留态度，阿沛·阿旺晋美一时间忧心忡忡。中央人民政府首席全权代表、中共中央统战部部长李维汉①非常了解和理解阿沛·阿旺晋美的为难之处，对他及时给予诚恳的帮助和指点。

阿沛·阿旺晋美首先统一了大家对共产党的认识。从亚东经印度、香港来的代表凯墨·索安旺堆、土丹旦达没有和解放军接触过，他们对中国共产党和解放军疑虑重重，缺乏信任。阿沛·阿旺晋美坦诚相见，动之以情、喻之以理，以他和解放军相处的亲身感受打消他们对共产党的疑虑。阿沛·阿旺晋美将自己在昌都见到解放军执行三大纪律八项注意，坚持民族团结、民族平等的情况以及沿途所见解放军不畏艰险在高山严寒地区施工修筑公路的情景，向大家，特别是向经印度前来的两位代表做了详细介绍。阿沛·阿旺晋美说，亘古以来从未见过这样好的军队，只有共产党才是真心实意帮助西藏繁荣昌盛的。同时，阿沛·阿旺晋美还发动桑颇·登增顿珠、土登列门同凯墨·索安旺堆、土丹旦达谈心，做说服工作。思想统一后，阿沛·阿旺晋美召集代表们开会研究讨论噶厦的谈判条件。他说：“噶厦的谈判条件，分内部掌握和公开谈判两种。公开条件说藏汉之间只有深厚的施主和福田关系，不承认西藏是中国的一部分；内部条件说在不得已的情况下，表面上可以承认西藏是中国的一部分，但不能派兵入藏，中央驻拉萨代表的警卫工作由藏军负责，工作人员要信仰宗教的。这可不行。第一，共产党内部没有信宗教的，派不出信仰宗教的代表。第二，不让派解放军进藏，也行不通。我们在谈判中尽量争取中央不派部队到西藏，但不能把话说死，完全拒绝。”代表团成员就阿沛·阿旺晋美的看法达成了共识。代表们还一致决定：“在谈判中，一般问题不请示噶厦。”后来，阿沛曾回忆道：这是很关键的一条。因为你向噶厦请示一个问题，他就要

---

① 李维汉（1896—1984）：湖南长沙人，1922 年加入中国共产党。1948 年至 1964 年任中共中央统一战线工作部部长。1951 年 5 月，李维汉作为中央人民政府首席全权代表参加和平解放西藏的谈判。

回答一个问题，如果不同意，不仅拖延时间，还没法处理，甚至无法取得谈判成果。况且电报一来一往说不清楚，反而使问题拖而不决，无头无尾。①为了返藏后使第十四世达赖喇嘛对谈判情况确信不疑，阿沛·阿旺晋美每次谈判时都请第十四世达赖喇嘛的姐夫尧西·彭措扎西参加。

代表西藏地方亲手签下和平解放西藏的协议

1951年4月29日，中央人民政府和西藏地方政府关于和平解放西藏的谈判，在北京市军管会的交际厅正式开始。第一次谈判未涉及实质性问题，双方就会谈程序和步骤交换了意见。李维汉在会上说："我们是一家人，大家商量着把事情办好。"他建议学习中国人民政治协商会议通过的《共同纲领》和"十大政策"。第一次谈判，气氛非常融洽友好。

5月1日是国际劳动节，首都人民举行盛大的集会游行。阿沛·阿旺晋美被邀请登上天安门观礼，他第一次见到全国各族人民的伟大领袖、中央人民政府主席毛泽东，按藏族的风俗向毛泽东敬献了哈达。毛泽东握住阿沛·阿旺晋美的手说："你们要好好谈，有什么问题都摆在桌子上。可以争论，可以吵架，但不要分手，都是一家人。家里的事情要商量着办。要谈出团结，谈出进步来。祝你们谈判顺利，取得成功。祝你们在北京生活得愉快……"短短几句话，却含有深刻的哲理和政治原则，使阿沛·阿旺晋美受到很大的教育和启发。在阿沛·阿旺晋美看来，"一家人"，就是说都是祖国大家庭的成员，和平解放西藏是祖国大家庭内部的事情，要商量解决。②一路上的所见所闻以及毛泽东、周恩来等中央领导的真诚关怀，让阿沛·阿旺晋美的内心涌出阵阵暖流，以前因各种谣言而存在的隔阂、不解、担忧在逐渐消融，他对和平谈判取得成功更有信心了。

在5月2日下午的谈判中，双方围绕着各个问题激烈交锋。阿沛·阿旺晋美之前预料和担心的事果然发生了，双方代表在"人民解放军进藏"问题上的谈判，产生了重大分歧。噶厦暗中指示西藏代表不得许诺人民解放军进入西藏。阿沛·阿旺晋美向在亚东驻留的第十四世达赖喇嘛和噶厦发电报：在和中央

---

① 阿沛·阿旺晋美：《回顾西藏和平解放的谈判情况》，见《中共党史资料》(第27辑)，中共党史出版社1988年版，第8页。

② 《巨大的鼓舞、无尽的思念——访全国政协副主席阿沛·阿旺晋美》，《西藏日报》，1993年12月25日。

代表的谈判中，其他方面的问题都不大，唯解放军进藏守卫边疆一则，如不同意，谈判恐怕不能继续下去。亚东方面马上回电，仍然坚持不同意解放军进藏。谈判一时间陷入了胶着状态。李维汉等中央代表耐心细致地给西藏代表做工作，详细阐述党的民族政策。同时，他反复强调：人民解放军进军西藏，主要目的是为了巩固西南国防，防止帝国主义可能的侵略。人民解放军保护西藏人民的利益，帮助西藏人民发展进步，而绝不伤害西藏人民的利益，这是中央人民政府坚定不移的方针。这一点你们完全可以放心，更不用害怕。为了缓和情绪，也为了给西藏代表一个思考的过程，李维汉、阿沛·阿旺晋美两位首席代表商量，决定暂时休会。李维汉将有关情况及时向毛泽东、周恩来汇报。周恩来亲自到代表驻地北京饭店看望，与阿沛·阿旺晋美等代表共进晚餐，沟通感情，消除隔阂，缓和紧张气氛。党中央还让张治中①、邵力子②等与西藏代表见面，以自身经历进行开导与说服，让他们从国家统一、中华民族复兴的大业出发，来对待和谈中出现的各种分歧。周恩来、李维汉、张治中等人的肺腑之言，使阿沛·阿旺晋美深受启发。阿沛·阿旺晋美想到：不同意解放军进驻西藏边疆，和平协议就签订不了，我们已经承认西藏不是独立的，这么大的问题都已经解决，其他就都是小问题了。几番思虑后，阿沛·阿旺晋美苦口婆心地说服所有代表作出决定，同意“积极协助人民解放军进入西藏，巩固国防”这一条款。

谈判进行到5月16日，又一重大分歧产生了。中央代表提出“班禅地位问题”③，要求讨论。西藏代表则表示，现在是中央和西藏地方谈判，解决中央和西藏地方之间的问题，班禅问题与此无关，根本拒绝讨论，谈判陷入僵局。

---

① 张治中（1890—1969）：安徽巢湖人。中华人民共和国成立后，历任西北军政委员会副主席、全国人民代表大会常务委员会副委员长、中华人民共和国国防委员会副主席、中国国民党革命委员会中央副主席等职。

② 邵力子（1882—1967）：浙江绍兴人。1921年加入上海共产主义小组，1926年退出中国共产党，但其一直主张国共合作。新中国成立后任全国人大常委、政协常委。

③ “班禅地位问题”：历史上，第十三世达赖喇嘛和第九世班禅额尔德尼严重失和，1923年，第九世班禅额尔德尼移居内地。双方积怨很深。1933年12月，第十三世达赖喇嘛逝世，西藏地方政府写信给第九世班禅额尔德尼，请他主持寻找达赖喇嘛转世灵童。1935年至1936年之间，第九世班禅额尔德尼在国民党卫队护送下准备返藏。行至玉树，噶厦提出不准卫队入藏，双方经过多次交涉毫无结果。最后第九世班禅额尔德尼在玉树逝世，双方对立更加严重。第十世班禅额尔德尼坐床后，西藏地方政府未给予承认。

李维汉明确指出："这个问题关系到西藏内部的团结，过去国民党时期没有得到解决，现在在共产党领导下，不仅要解决藏汉民族之间的团结，也要解决西藏民族内部的团结问题……中华人民共和国成立时，班禅即通电拥护，他们近三十年没有勾结帝国主义，没有出国，是爱国的，这是一个界线。"西藏代表团虽表示对中央代表讲的没有什么意见，但同时又强调此问题的复杂性。之后，双方各推出两人，对此问题作进一步的研究。由于双方在班禅的地位问题上认识难以统一，5月19日下午，中央人民政府谈判代表孙志远①到西藏代表团下榻的北京饭店，与阿沛·阿旺晋美单独交谈，进行了一整天耐心细致的说服工作。休会的几天中，周恩来等也与阿沛·阿旺晋美等代表交流、谈话，进行劝说开导工作。

在周恩来、李维汉、孙志远等的耐心解说下，阿沛·阿旺晋美受到极大启发。他逐渐懂得了爱民族和爱祖国的一致性，懂得了正确处理民族关系的道理和重要性，真正懂得了所解决的问题关系到西藏各族人民的前途和命运，从而把维护祖国统一和民族团结放在了更加自觉的思想基础之上②。转变思想的阿沛·阿旺晋美接受了孙志远提出的"恢复九世班禅和十三世达赖喇嘛和好时固有的地位和职权"的建议，并积极做其他代表接受这一建议的思想工作，打开了谈判僵局。

5月21日的最后一次谈判，大家对班禅地位问题达成了一致认识。李维汉高兴地说，在座的各位为西藏人民、为全国人民做了一件有益的事情。这些文件的效果，愈向前走愈可以看得出来。西藏民族从此以后就要发生不同的变化，你们对西藏历史写了一个划时代的东西。阿沛·阿旺晋美也高兴地表示，谈判能达成这样的协议，我们很感谢中央人民政府。谈判临近结尾时，李维汉特地将阿沛·阿旺晋美请到政务院秘书长办公室，作了一次亲切的谈话。李维汉希望西藏代表了解中央的政策、和平解放西藏的意义以及共产党、毛泽东主席对西藏民族的关切。阿沛·阿旺晋美答应做好代表们的工作，回西藏后好好地按协议办事。同时，阿沛·阿旺晋美再次就班禅问题发报给亚东的噶厦："共产党政府已决定承认班禅灵童，如果我们不承认，谈判就要破裂。因此，

① 孙志远(1911—1966)：河北定县人，1930年加入中国共产党。中华人民共和国成立后，任西南军政委员会秘书长。

② 阿沛·阿旺晋美：《良师诤友——缅怀李维汉同志》，《人民日报》，1986年6月22日。

我们已经承认班禅灵童本人和他固有的地位及一切。”噶厦复电西藏代表团，同意承认班禅灵童。作为西藏地方政府噶伦、首席谈判代表的阿沛·阿旺晋美还主动去拜见了第十世班禅额尔德尼，这一举动事实上等于西藏地方政府公开承认了第十世班禅额尔德尼，推动了达赖集团和班禅集团之间的团结。

经过20多天耐心、友好、充分协商的谈判，双方谈判代表圆满达成了协议，其主要内容为：驱逐帝国主义侵略势力出西藏，西藏人民回到祖国大家庭中来；西藏地方政府积极协助人民解放军进入西藏，巩固国防；在中央人民政府统一领导之下，西藏人民有实行民族区域自治的权利；对于西藏的现行政治制度及达赖喇嘛的固有地位和职权，中央不予变更。有关西藏的各项改革事宜，中央不加强迫，西藏地方政府应自动进行改革，人民提出改革要求时，得采取与西藏领导人员协商的方法解决之；班禅额尔德尼的固有地位及职权，应予维持；实行宗教信仰自由的政策，尊重西藏人民的宗教信仰和风俗习惯，保护喇嘛寺庙；依据西藏实际情况，逐步发展农牧工商业和文化教育，改善人民生活；设立西藏军政委员会和军区司令部，西藏军队逐步改编为人民解放军等。

协议达成了，却还没有得到噶厦的批准回电，阿沛·阿旺晋美又多次报告、请示说明，但是噶厦始终没有回音。他深知，在这种情况下，如不等噶厦批准的回音就签字要冒很大的风险，如不签字更要承担与中央政府谈判破裂的责任，对国家统一、民族团结有百害无一利。在大义、大局面前，他不能有丝毫的犹豫。他召集谈判代表及第十四世达赖喇嘛的姐夫，在关键时刻取得了他们的支持，决定充分运用噶厦给予全权处理谈判相关事宜的权利，代表西藏地方政府在协议上签字。

1951年5月23日，《中央人民政府和西藏地方政府关于和平解放西藏办法的协议》（简称《十七条协议》）的签字仪式在北京中南海勤政殿隆重举行。作为西藏地方政府首席谈判代表的阿沛·阿旺晋美，在协议上重重写下了“阿沛·阿旺晋美”这一名字。其他四位代表也逐一签名。

5月24日下午，中央人民政府主席毛泽东在中南海勤政殿接见了和谈代表，同他们合影留念，并举行盛大宴会。当阿沛·阿旺晋美等到达中南海勤政殿时，毛泽东已站在门前等候了。毛泽东同他们一一握手，把他们让进屋里，亲切地说：“你们辛苦了。”

接着，毛泽东一一询问每个人的名字、年龄、在西藏地方政府的职务。毛泽东询问阿沛·阿旺晋美有几个孩子时说：“要教育孩子们好好学习，在新中国，他们是有希望的。”

毛泽东问：“你们和李维汉他们谈得怎么样？”

阿沛·阿旺晋美站起身回答：“谈得很好，已经达成了协议。”

毛泽东连忙招手，示意他坐下，高兴地对谈判代表们说：“好啊，这是大好事，大大的好事。藏族是个勤劳勇敢的民族，有悠久的历史和文化，是祖国大家庭的重要成员。”

宴会开始时，毛泽东致辞：“现在，达赖喇嘛所领导的力量与班禅额尔德尼所领导的力量与中央人民政府之间，都团结起来了。这是中国人民打倒了帝国主义及国内反动统治之后才达到的。这种团结是兄弟般的团结，不是一方面压迫另一方面。这种团结是各方面共同努力的结果。今后，在这一团结基础之上，我们各民族之间，将在各方面，将在政治、经济、文化等一切方面，得到发展和进步。”阿沛·阿旺晋美也发表了热情洋溢的讲话：“……现在我们很光荣地签订了关于和平解放西藏办法的协议。从此，藏族人民永远摆脱了帝国主义的羁绊，而回到我们自己平等、友爱、互助、团结的祖国大家庭里来！我们此次回去，一定要坚决执行我们全权代表所亲手签订的这个协议，同时我们要在中央人民政府领导下，建设我们祖国的西藏！”

三、坚决贯彻执行和维护协议

《十七条协议》签订后，中央确定了党在西藏的主要任务是：积极开展上层反帝爱国统一战线工作，搞好达赖喇嘛与班禅额尔德尼之间的团结，同时做好影响群众的工作，为全面实现协议而努力。这期间，阿沛·阿旺晋美坚决维护祖国统一和民族团结，带头维护和贯彻执行《十七条协议》，积极支援人民解放军进军西藏，配合敦促西藏地方政府拥护协议，协助刚进藏的人民解放军解决粮食等困难，与伪“人民会议”①作坚决斗争，参与西藏自治区筹备委员会工作，努

① “人民会议”：1950 年底达赖喇嘛出走亚东期间，在司曹鲁康娃等人的唆使下，由阿乐群则等一些反对祖国统一的商人和寺庙的中层僧人拼凑起来的反动组织。1951 年 8 月，达赖喇嘛从亚东返回拉萨时，噶厦批准他们的代表参加迎接达赖喇嘛的行列。由于西藏从来没有群众组织欢迎达赖喇嘛的先例，因而该组织名声大噪。随后，他们公开打出“人民会议”的旗号，反对《十七条协议》，进行反对人民解放军进驻西藏，秘密召开会议、吸纳成员、订立誓约、商讨策略等分裂祖国的活动。

力宣传中央“六年不改”的方针政策，做好对西藏上层人士的统战工作，为协议的贯彻执行以及帮助进藏部队、工作人员站稳脚跟发挥了重要作用。

离京返藏，支援人民解放军进藏

《十七条协议》刚签订，西藏和谈代表即准备起程返回西藏。在亚东的噶厦却给西藏谈判代表团发来电报：“需要将协议与附件全文电发亚东，等待研究决定。你们留在北京不能返藏。”阿沛·阿旺晋美等人看了电报很气愤，当即复报：“协议附件系国家机密，不便电发，只能随身带回。噶厦如不同意协议，应另派人来北京谈判，我们将按原计划返藏。”此后，噶厦对他们返藏再没有提出异议。

代表团决定分两路返回西藏。阿沛·阿旺晋美、土登列门等于6月20日离京返藏。此前，另一路凯墨·索安旺堆、土丹旦达、桑颇·登增顿珠于6月13日同中央人民政府赴西藏代表张经武①一道离京，经印度返藏，先行向第十四世达赖喇嘛和噶厦汇报北京谈判情况。6月下旬，阿沛·阿旺晋美一行到达重庆，受到邓小平等西南军政委员会领导人的隆重欢迎。7月8日，重庆各界人民代表举行盛大庆祝会，庆祝《十七条协议》的签订，阿沛·阿旺晋美等应邀参加。阿沛·阿旺晋美在会上又一次表达了他坚定贯彻执行协议的决心，表示回藏之后，一定要把中央人民政府的民族政策和毛主席对西藏人民的关怀，传达给西藏全体僧俗人民，并为彻底实现协议而努力②。7月17日代表团到达昌都。18日，昌都各族各界群众举行盛大集会，热烈欢迎以阿沛·阿旺晋美为首的西藏代表团。阿沛·阿旺晋美在欢迎大会上号召昌都僧俗官员和群众拥护《十七条协议》，以实际行动贯彻协议。他说：“在党中央和毛主席的民族政策的感召下，我们在祖国首都北京与中央人民政府签订了具有历史意义的关于和平解放西藏的协议。从此，西藏人民永远摆脱了帝国主义的羁绊，回到了平等、友爱、互助、团结的大家庭里。我们藏族内部的团结也得到了加强。因此，我们衷心拥护中央的民族政策与和平解放西藏的各项方针政策。我们西藏将在中

---

① 张经武（1906—1971）：湖南省炎陵县（原名酃县）人，1930年加入中国共产党，1932年参加红军。曾任红军教导师长、野战纵队参谋长、八路军山东纵队司令员、陕甘宁留守兵团副司令员、晋绥军区参谋长、中共驻北平“军事调停执行部”参谋长、西北军区参谋长，西南军区副参谋长、中央军委人民武装部部长、中央军委办公厅主任。

② 《西南各界盛大庆祝西藏和平解放协议》，《人民日报》，1951年7月11日。

央人民政府的领导下，与全国各兄弟民族一道，为驱逐帝国主义侵略势力出西藏，巩固祖国西南边防，建设新西藏而努力奋斗！”各界代表在会上先后发言，尤其是九岁的昌都小学生代表多吉稚嫩的声音在阿沛·阿旺晋美耳边不停地回响着：“代表叔叔们，你们代表西藏和昌都阿爸、阿妈的心愿，也代表了我们孩子的希望，和中央签订了和平解放西藏办法的协议，应该感谢阿沛副主任和各位伯伯、叔叔们，为西藏人民办了一件最吉祥的大好事……我们将很快地看到拉萨和全西藏的小朋友们能和我们一样的自由、幸福……”不经意间，阿沛·阿旺晋美眼眶湿润了，自己所做的一切不正是为了西藏人民明天的自由和幸福吗！他贯彻执行协议的决心更加坚定起来。

阿沛·阿旺晋美偕另两位和谈代表，随同王其梅率领的中国人民解放军进藏先遣支队，踏上了返回拉萨的道路。先遣支队的主要任务是，与西藏地方政府和谈代表阿沛·阿旺晋美、土登列门同行，先期进入拉萨，了解情况，宣传协议，筹集粮草，为后续部队进入拉萨做准备。先遣支队是在后勤支援非常困难的情况下挺进拉萨的。从昌都到拉萨途中要翻越重重大山深谷，空气稀薄缺氧，冰天雪地，道路险阻，荒无人烟，其困难程度难以想象，口粮补给问题尤其突出。一路上，阿沛·阿旺晋美就主动帮助部队解决途中遇到的各种困难。8月17日，部队到达边坝。从边坝到太昭（今工布江达）的八天路程，是川藏道上被视为畏途的“穷八站”①。在途经边坝时，阿沛·阿旺晋美与王其梅商量，由他派员随第四办事处主任陈之因从边坝经巴塔松多、索宗至拉萨沿途设置兵站，提前组织牦牛运输队运送物资。进入穷八站后，部队粮草出现补给不足的情况。阿沛·阿旺晋美在与王其梅商议后，决定提前出发前往嘉黎亲自给部队打前站。每到一处，阿沛·阿旺晋美都仔细安排，给部队预先备好帐篷、柴火等。到嘉黎后，阿沛·阿旺晋美又让人从太昭自己的庄园调运青稞、面粉到嘉黎准备接济部队。8月21日，部队到达嘉黎时粮草已所剩无几，阿沛·阿旺晋美用自己庄园的牲畜从工布江达运来四五十驮上万斤面粉，解了部队的燃眉之急。阿沛·阿旺晋美不但积极在粮秣方面支援人民解放军进藏，还沿途亲自向群众、僧侣、头人等宣传《十七条协议》精神、党的方针政策、人民解放

---

① 从昌都到拉萨，原西藏地方政府设立了24个驿站，其中以嘉黎为中心，东往阿兰多、南至工布江达的前后各4站，途中翻越3座海拔5000米以上的大雪山，缺草少柴，道路艰险，人烟稀少，被称为“穷八站”。

军的三大纪律八项注意，取得了良好的效果。

8月26日，得到补给的先遣支队到达工布江达，阿沛·阿旺晋美又帮助部队补充了足够到拉萨的口粮。当晚，他还举行盛大家宴，用香醇的美酒和丰盛佳肴招待先遣支队负责人。席间，喝得兴高采烈的阿沛·阿旺晋美与夫人才旦卓嘎及佣人唱起了在内地学会的《解放区的天》《没有共产党就没有新中国》《东方红》等歌曲。夜渐渐深了，唱着歌的阿沛·阿旺晋美不禁沉醉在诱人的酒香里，恍惚间他觉得，西藏的发展、人民的幸福生活离得是那么的近，却又是那么的远。原来，阿沛·阿旺晋美到达工布江达后，得知第十四世达赖喇嘛在中央人民政府赴藏代表张经武的劝说下已从亚东回到拉萨，张经武也到了拉萨，不由得欢喜不已。但得知噶厦对协议迟迟不表示态度，反而发来了因阿沛·阿旺晋美在内地剪去象征噶厦四品以上官员的发髻而对他斥责的电报，让他意识到，贯彻执行协议的道路也许比他想象中的还要艰难。

汇报谈判情况，敦促西藏地方政府拥护协议

《十七条协议》签订后，当时在亚东停留的噶厦官员分作两派，雪康·顿珠多吉、土登群培等多数官员赞成协议，希望第十四世达赖喇嘛返回拉萨并致电拥护；索康·旺清格勒、赤江·洛桑益西以及第十四世达赖喇嘛的家人洛桑三旦等分裂主义分子反对协议，怂恿第十四世达赖喇嘛出走印度。经先期到达亚东的中央人民政府代表张经武耐心细致的工作和一部分僧俗官员的劝说，第十四世达赖喇嘛于1951年8月17日返回了拉萨。第十四世达赖喇嘛回到拉萨以后，西藏地方政府留守在拉萨的两名司曹（代理摄政）鲁康娃和洛桑扎西仍然坚持不接受《十七条协议》。尽管中央人民政府赴藏代表张经武一再催促，噶厦仍然对协议拖延应付，迟迟不作明确表态。9月12日，阿沛·阿旺晋美进入拉萨，受到先期进入拉萨的解放军先遣支队和拉萨人民群众的热烈欢迎，而噶厦政府只派了三品扎萨以下的官员应付了事。作为西藏地方政府的首席全权谈判代表，阿沛·阿旺晋美返回拉萨的第一个任务，就是要争取得到第十四世达赖喇嘛和噶厦的认可和批准，协议才能生效，才能在西藏地方得到贯彻执行。

阿沛·阿旺晋美回到拉萨的当天，噶厦打破了三天后才能见第十四世达赖喇嘛的惯例，通知他翌日晋见。原来，谈判代表凯墨·索安旺堆、土丹旦达和桑颇·登增顿珠经海路回到亚东后，受索康·旺清格勒等当权顽固派的阻拦，根本未见到第十四世达赖喇嘛，无法向他汇报北京的谈判情况，而索康等人，在和

平协议签订之后，却向年轻的第十四世达赖喇嘛灌输共产党恐怖的谣言。

1951年9月13日上午，阿沛·阿旺晋美同噶厦高级官员一起参加了第十四世达赖喇嘛的早间办公，然后单独来到第十四世达赖喇嘛的卧室，向第十四世达赖喇嘛汇报谈判经过，并安抚惶恐不安的第十四世达赖喇嘛。第十四世达赖喇嘛一见阿沛·阿旺晋美，就急忙问："我的命还能保住吗？"阿沛·阿旺晋美坦然表示："佛爷不仅能活下去，而且会活得更好，佛爷的性命，我完全担保。协议签订是吉不是凶，佛爷不仅能活下去，而且地位和职权仍然保持不变，活得更好。完全没有什么可担心的。"第十四世达赖喇嘛又问："真的如此吗？"阿沛·阿旺晋美说："凭三宝起誓，我说的都是真话。"

阿沛·阿旺晋美在向第十四世达赖喇嘛汇报谈判情况后，迅速与张经武取得联系，积极配合张经武和人民解放军给各大寺庙及乞丐发放布施，做西藏上层人士的工作，争取他们拥护和支持协议。同时，他还努力阻止顽固派的破坏行径。在西藏地方政府还在为承认和拒绝《十七条协议》争论时，一些不明真相的群众在分裂分子的煽动下，开始敌视、侮辱、挑衅解放军。西藏上层分裂主义分子孜本朗色林等得知人民解放军先遣支队仅有三四百人，而拉萨有藏军三个团，认为是赶走解放军的好时机，阴谋策划对解放军动武。阿沛·阿旺晋美得知这一消息后，及时向张经武、王其梅通报。为预防不测，先遣支队做了充分的应变准备，分裂分子的阴谋没有得逞。

协议签订四个月了，噶厦仍未明确表示态度。张经武找到阿沛·阿旺晋美商量："协议签订好几个月了，西藏地方政府到底持何态度，是同意还是反对，迟迟不加以明确，我已多次向噶厦交涉，至今没有结果。我想最好在张国华率部队到达拉萨之前，有个明确说法。"此刻，阿沛·阿旺晋美的心情也是十分焦急，他将参加和平谈判的另四位代表请来商量对策。一番讨论后，大家一致推举阿沛·阿旺晋美出面，要求噶厦召开官员会议讨论执行协议问题。阿沛·阿旺晋美说："仅仅由噶厦通知召开会议并不能解决问题，我们代表必须到会对协议内容和签订过程加以解释和说明。因为在通常情况下，噶厦只把议题提交会议而不加任何说明，然后叫大家表态。此次，如照样办理，参加会议的人对协议内容并无深刻了解，如果我们不作解释，很可能马马虎虎，随声附和，其后果难以预测。"其他四位代表同意到会咨询。

在阿沛·阿旺晋美的请求和张经武再三督促下，噶厦才决定于1951年10月20日在拉萨召开"措都舍堆杰巴"（机要扩大会）。阿沛·阿旺晋美在会议上首先发言，他详细介绍了和谈的全部过程，解释了解放军进驻西藏问题、班禅问题，成立军政委员会问题以及容易引起误解的所有问题。他洋洋洒洒，侃侃而谈，一口气讲了两个小时。面对会上分裂分子的叫嚷、围攻，他光明磊落、理直气壮地说："我愿以全体代表和我个人的身家性命担保，签订这个协议，完全是为第十四世达赖喇嘛和西藏僧俗人民的利益着想，中央对协议的诚意不容怀疑。"他还针对谈判代表被收买而签订协议的谣传，让人把一些东西搬进会场，并用手指着说："有人说我们代表被共产党收买了，那么请看：一幅毛主席像、一木箱红茶、还有一匹黄缎子，这是毛主席送给代表的礼物。这几样东西就能收买我们吗？天地良心，自有公论。"阿沛·阿旺晋美大义凛然、义无反顾的气势压住了分裂分子的嚣张气焰，承认协议的声音在会议中逐渐占了上风。

会后，在张经武以及阿沛·阿旺晋美等西藏上层爱国人士的进一步努力下，噶厦最终同意接受协议。1951年10月24日，第十四世达赖喇嘛致电毛泽东，表示拥护协议："今年西藏地方政府，特派全权代表噶伦阿沛等五人，于一九五一年四月底抵达北京，与中央人民政府指定的全权代表进行和谈。双方代表在友好基础上，已于一九五一年五月二十三日签订了关于和平解放西藏办法的协议。西藏地方政府及藏族僧俗人民一致拥护，并在毛主席及中央人民政府领导下，积极协助人民解放军进藏部队，巩固国防，驱逐帝国主义势力出西藏，保护祖国领土主权的统一。"

积极协助解放军站稳脚跟，荣授中将军衔

1951年10月26日，张国华、谭冠三①率领第十八军军直机关进入拉萨。进藏部队严格执行中央"进军西藏，不吃地方"②的指示，但由于公路没有修通，山高路远后方补给困难，出现了严重的缺粮情况，进藏部队被迫采取人员口粮定量等措施来应急。不甘心失败的西藏上层反动分子背弃《十七条协议》，

---

① 谭冠三（1908—1985）：湖南省耒阳县人，1926年入党。参加长征后到延安，任冀中军区政治部主任、军分区政委、南进支队政委，冀中纵队政治部主任、豫皖苏解放区地委书记兼军分区政委，组建第十八军时任军政委。

② "进军西藏，不吃地方"，转引自邓小平1950年7月21日关于西南少数民族问题的讲话，见中共中央文献研究室、中共西藏自治区委员会编：《西藏工作文献选编》，中央文献出版社2005年版，第27页。

趁机封锁粮食，叫嚣“要把解放军饿跑”、“饿肚子比打败仗更难受”。人民解放军面临着能否在西藏站稳脚跟的严峻考验。西藏工委作出决定，遵照中央“慎重稳进”的指示方针，积极开荒生产。开荒生产需要土地，西藏地方政府中的分裂分子却以各种借口推阻给地。阿沛·阿旺晋美得知这一情况后，积极想办法向噶厦呼吁。在张经武、张国华、谭冠三等军政领导和阿沛·阿旺晋美等上层爱国人士的据理力争下，噶厦才勉强划拨出拉萨西郊一块乱石密布、荆棘丛生的荒地，供部队开荒生产。部队动员大批官兵投入开荒生产，但不可能马上产出粮食。这时，执掌噶厦实权的司曹（官职，首席行政长官）鲁康娃在粮食问题上处处作梗，不让拉萨的贵族、寺庙和商户卖粮食给解放军，企图饿走解放军。阿沛·阿旺晋美挺身而出，他对第十四世达赖喇嘛说：“协议规定西藏地方要协助解放军进藏，我们一定要帮助解放军。粮食并不困难，据我所知，贵族和寺庙都存有大量粮食待售，只要政府不反对卖给解放军，价钱合理，他们是乐意卖的。这件事，我可以负责，但是需要设个办事机构。”第十四达赖喇嘛点头同意。阿沛·阿旺晋美顶住反动分子的压力，帮助部队筹集粮食。在阿沛·阿旺晋美的努力下，噶厦临时成立了一个专为解放军采购粮食的机构，称作“宋穷噶厦”，设在大昭寺内，由阿沛·阿旺晋美、扎西林巴·钦饶汪秋和夏苏·居美多吉组成。在阿沛·阿旺晋美的领导下，“宋穷噶厦”同各方面协商，从贵族、寺庙和噶厦粮库采购了大批粮食。部队按公平的价格支付粮款，仅噶厦一处，部队就付粮款130万银元。阿沛·阿旺晋美还与人民解放军一起做上层人士和藏商的工作，由藏商从印度购进了一部分大米，加上牦牛队从内地运来的大批粮食和部队的节衣缩食，人民解放军终于渡过了缺粮这道难关。按照《十七条协议》，1952年2月10日，西藏军区正式成立，张国华为司令员、谭冠三为政委，统一领导西藏地区一切武装部队。根据协议附件规定，噶厦政府应有一至两名噶伦担任西藏军区副司令员，作为西藏地方政府噶伦的阿沛·阿旺晋美、朵噶·彭措饶杰①被任命为西藏军区副司令员。阿沛·阿旺晋美为第一副司令员。

西藏上层分裂分子，见用封锁粮食的办法没有把解放军和进藏干部赶

① 朵噶·彭措饶杰（1903—1957）：西藏拉萨人。1949年8月升任噶伦兼藏军总指挥。1952年任中国人民解放军西藏军区副司令员。1955年被授予中将军衔。1956年当选为西藏自治区筹备委员会委员。

跑，又使出了新的花招。他们在暗中组织所谓的“人民会议”，进行骚乱破坏活动。1952年三四月间，在鲁康娃、洛桑扎西两位司曹的幕后指挥下，“人民会议”在拉萨掀起一场反对协议、赶走解放军的骚乱。两司曹还命令驻后藏的藏军炮兵团赶来拉萨助威。一时间，拉萨古城风声鹤唳，人心惶惶，商店关门，人民的正常生活秩序被破坏。4月1日，非法武装人员包围中央人民政府驻西藏代表张经武驻地，占领拉萨及其周围的制高点并构筑工事，在大街游弋，盘查行人，胁迫市民参加反对解放军的游行。阿沛·阿旺晋美不顾个人安危，主动与其他噶伦一道陪着张经武等谈笑自如。由于解放军做好了防范准备，加之阿沛·阿旺晋美等噶伦的坐镇，反动分子未敢轻举妄动。

阿沛·阿旺晋美因力主和平谈判、协助人民解放军进军西藏、帮助人民解放军解决各种困难、积极宣传《十七条协议》等诸多进步行动，遭到分裂势力嫉恨，并受到威胁，处境非常困难，但他没有丝毫后退。一天，一贯反动并极力主张第十四达赖喇嘛逃亡印度的噶厦官员朗色林向阿沛·阿旺晋美挑衅，并且质问他：“你是同共产党和谈的人，你就相信共产党会实行协议吗？”阿沛·阿旺晋美的回答坚强有力，尖锐锋利：“只要我的头脑不是昏聩的，眼睛不瞎，那我的所见所闻都是事实，共产党的言行是一致的，所说的话都是能够执行的，共产党完全是为各民族办事的。我在北京看到的中央几个副主席大都不是共产党，但他们不仅受到尊重，而且有职有权。我在西康省看到的几个副主席，有彝族，也有藏族；在康定藏族自治区（第一个藏族自治区，地专级，1950年成立。天宝任主席），我看到上自主席下至县长和许多官员，都是藏族人士担任的。同我接触过的人，没有一个人不说共产党好。”接着，阿沛·阿旺晋美针对朗色林之流造谣说共产党天下不能长久，鼓动第十四世达赖喇嘛逃亡印度，待机返回西藏的企图，驳斥说：“共产党的天下是巩固的，长久的，因为他们同别人共事从来不谋私利，不让别人吃亏。有人想变天，那是绝对办不到的。”一番义正词严的话，驳得朗色林面红耳赤、哑口无言。

与“人民会议”的这场斗争，阿沛·阿旺晋美旗帜鲜明地站在西藏工委这一边，按照中央“有理、有利、有节”的斗争方针，与西藏工委一起将矛头直指幕后操纵者鲁康娃和洛桑扎西两司曹，经过斗争彻底揭露了他们的罪行，使他们处于极端孤立的地位。最后噶厦不得不解散“人民会议”，并撤销两司曹职务，一场由分裂主义分子和反动上层分子合谋策划挑起的大骚乱，可能给西藏人民带来大灾难的危机和平解决了，从而为贯彻《十七条协议》，推进各项工作开创了新局面。

在此期间，阿沛·阿旺晋美还积极参与筹备爱国青年文化联谊会、妇女爱国联谊会以及各种联谊会的活动，他和西藏工委领导等一起引导贵族青年、妇女等参加群众组织，挫败上层反动分子的造谣、恫吓、破坏活动。阿沛·阿旺晋美的夫人才旦卓嘎还担任了拉萨妇女爱国联谊会的主任。

为了在西藏站稳脚跟，针对西藏的特殊情况，中共中央、毛泽东指示：要认真做好西藏上层统战工作，通过上层影响下层，寄希望于西藏广大人民。阿沛·阿旺晋美大力配合党的统战、宣传工作，提出了许多有益的建议和忠告。他经常亲自做贵族、官员、喇嘛的工作。他和工委所做的一项重要的工作是通过兴办教育事业广泛团结西藏知识界和上层人士。解放军刚到拉萨，便开始筹建小学校。但西藏上层分裂主义分子和顽固守旧派生怕失去享受文化教育的垄断特权，尤其是惧怕青少年在接受教育、开阔眼界后思想发生变化，便采取各种手段阻挠破坏，与西藏工委争夺教育权。此时，阿沛·阿旺晋美利用职务便利和个人影响，积极参与筹建拉萨小学的工作。在此过程中，他曾提醒西藏工委领导："噶厦对办学各事宜都顺利通过，其中恐怕有文章，要警惕噶厦争夺教育领导权。"在工委的干预下，噶厦一些人企图使小学偏离方向的图谋才未得逞。

早在筹备召开全国人民代表大会之初，中共中央和毛泽东主席就考虑出席大会的西藏人民代表问题。全国绝大多数地区在经过土改，建立民主政权，实行普选后产生了人民代表，但此时西藏不具备普选条件。中央全面分析研究了西藏的实际情况，决定以中央提名与同西藏各个方面协商的方式，邀请达赖、班禅等作为西藏代表同时出席这次大会，并考虑了达赖、班禅在国家领导机关中的工作安排问题。

1954年6月初，张经武传达中央通知，邀请达赖喇嘛、班禅额尔德尼和其他西藏代表赴京出席第一届全国人民代表大会。阿沛·阿旺晋美把这个通知报告第十四世达赖喇嘛后，消息很快传遍拉萨，在上层社会中引起轰动，一部分人积极拥护，另一部分坚决反对。"人民会议"又沉渣泛起，搞敬献会大造舆论，说第十四世达赖喇嘛到北京会被汉人扣留，阻止第十四世达赖喇嘛赴京。一时间，第十四世达赖喇嘛参不参加全国人民代表大会，成为社会议论的焦点。第十四世达赖喇嘛本人意欲前往，但出于舆论压力，拿不定主意，于是，召见阿沛·阿旺晋美听取意见。阿沛·阿旺晋美积极主张第十四世达赖喇嘛赴京，认为这是件大好事，一来看看祖国大好河山和国家建设事业，可以开阔眼界增长见识，二来有机会见到各民族伟大领袖毛主席和中央领导人，当面反映西藏情况和个人意见，密切藏汉关系。而第十四世达赖喇嘛身边的一些重要官员，不但亲自出马挡驾，而且鼓动"人民会议"头目阿乐群则①向阿沛·阿旺晋美施加压力，要他改变立场。阿乐群则对阿沛·阿旺晋美说："西藏离不开佛爷，谁主张佛爷到汉地，谁必须承担责任，与其如此，不如把我们的意见转告张经武，让他撤回通知。"阿沛·阿旺晋美拒绝了这一要求，巧妙地回答："中央虽然向第十四世达赖喇嘛发出邀请，但是去或不去，决定权全在佛爷本人。因此没有必要让我向张代表交涉。"第十四世达赖喇嘛是否参加人民代表大会，两种截然不同的呼声都很高，噶厦无法形成决议，于是决定召开官员会议讨论。会议上两种意见仍然相持不下。噶伦扎西林巴·钦饶汪秋、大喇嘛土登洛桑、凯墨·索安旺堆等是反对派的代表。反对派以各种理由阻挠第十四世达赖喇嘛赴京。而阿沛·阿旺晋美则旗帜鲜明地主张第十四世达赖喇嘛赴京出席全国人民代表大会，他严词驳斥一些人的无稽之谈，并将《中华人民共和国宪法（草案）》中的要点向大家介绍，说明全国人民代表大会的重要性，强调说："协议已经签订几年了，西藏受中央领导，参加人代会理所当然。"最后，第十四世达赖喇嘛决定赴北京出席第一届全国人民代表大会。

1954年7月15日，第十四世达赖喇嘛率领阿沛·阿旺晋美等噶厦重要官员在中央人民政府驻西藏代表张经武的陪同下离开拉萨，于9月4日抵达北京，15—28日出席第一届全国人民代表大会第一次会议。在第一届全国人大第一次会议上，第十四世达赖喇嘛当选为第一届全国人民代表大会常务委员会副委员长，班禅额尔德尼当选为第一届全国人民代表大会常务委员会委员和二届政协委员会副主席。阿沛·阿旺晋美当选为第一届全国人民代表大会代表并被任命为国防委员会委员。会后，阿沛·阿旺晋美还陪同第十四世达赖喇嘛到北京、天津等地参观城市建设及工厂、学校、寺庙等。与上次到北京参加和平谈判相比，阿沛·阿旺晋美这次有了更多时间和机会参观祖国的锦绣河山，看到内地人民信仰宗教的自由，看到人民追求幸福生活的蓬勃精神，看到社会主义祖国各条

---

① 阿乐群则：四川理塘人。在拉萨经商，热衷于"西藏独立"，曾变卖家产，投身于分裂主义活动。1956年被监禁，后逃亡国外，写有《西藏真实情况——阿乐群则的故事》一书，描述了他组织非法的"人民会议"的经过。

战线欣欣向荣的景象，眼前的一切让他无比震撼，他感受到祖国在日益强大，内心更加贴近祖国，期望西藏像内地一样发展前进的决心更加坚定。

1955年6月23日，达赖喇嘛及阿沛·阿旺晋美等随行官员返回拉萨。达赖喇嘛、班禅额尔德尼近一年的内地之行，密切了西藏地方同中央的关系，增强了汉藏之间的团结和藏族内部的团结，随着第十四世达赖喇嘛赴京参加第一届全国人大第一次会议，西藏的政治气候不断好转。欢欣鼓舞的阿沛·阿旺晋美兴奋地向贵族、官员、僧侣讲述着去内地的所见所闻，人民的幸福生活，祖国的强大。在西藏工委和阿沛·阿旺晋美等人的宣传影响及努力下，由各族各界人员组成的致敬团、青年妇女参观团纷纷赴内地参观、学习。西藏僧俗官员、活佛、贵族及其子女到内地参观后，思想上发生了很大变化，祖国的观念第一次印在了许多人的心中，一部分上层爱国人士和持中间观望态度的人士也陆续团结到党的周围。

在阿沛·阿旺晋美等西藏上层爱国人士的倾力支持下，西藏工委和西藏军区坚定执行“慎重稳进”的方针，开展各项工作，积极开荒生产，打通内外贸易，大力组织运输，全力抢筑康藏公路，促成第十四世达赖喇嘛参加一届全国人大一次会议，努力维护和执行协议。特别是康藏、青藏两条公路通车拉萨，使中国共产党和人民解放军在西藏站稳了脚跟。

1955年2月，毛泽东公布了经全国人大常委会通过的《中国人民解放军军官服役条例》。9月，中国人民解放军正式实行军衔制度。9月27日，国务院总理周恩来发布命令，授予西藏军区副司令员阿沛·阿旺晋美以中将军衔。藏军各级军官也被相应地授予了上校、中校等军衔。不久阿沛·阿旺晋美又被授予一级解放勋章。

积极参与自治区筹备委员会工作

为巩固执行协议的成果，需要建立包括西藏各族各界人士在内的政权机构。第十四世达赖喇嘛、第十世班禅额尔德尼在京参加第一届全国人民代表大会后，中央统战部部长李维汉根据毛泽东的指示，于1954年11月1日召集阿沛·阿旺晋美等西藏地方政府的在京主要官员、西藏工委在京的负责干部开会，讨论制定出成立西藏自治区筹备委员会的方案，并报请第七次国务院全体会议批准，决定成立西藏自治区筹备委员会。阿沛·阿旺晋美作为筹备小组的组长，自始至终参与筹委会的筹办、成立及之后的相关工作，积极在西藏地方政府和西藏工委之间奔走联系，协调各项准备工作。

1955年9月15日，阿乐群则等人以“人民代表”的名义向中共西藏工委递交所谓的“意见书”，公开提出反对《十七条协议》，反对成立西藏自治区筹备委员会，反对改编藏军，反对停用藏钞，反对兴办学校和修筑公路等，气焰极为嚣张。阿沛·阿旺晋美在9月22日与西藏工委领导同志交换意见时说，“人民会议”组织是与帝国主义有联系的，他们提出的问题在言词上很好听，实际上是反革命的。对于分裂分子的罪恶活动，西藏工委根据中央指示精神，提请噶厦出面，申斥阿乐群则等人冒充“人民代表”是非法的，必须予以取缔。经过西藏工委及阿沛·阿旺晋美对第十四世达赖喇嘛和噶厦大量耐心细致的工作，11月17日，噶厦宣布“人民代表”为非法，并逮捕了相关人员。

排除各种干扰后，西藏自治区筹备委员会在中央的关怀、领导和各方面的努力下，于1956年4月22日成立。成立大会于4月22日至5月1日举行。中央派出了以中共中央委员、国务院副总理陈毅为团长的高规格代表团到拉萨祝贺。阿沛·阿旺晋美出席大会，并就任自治区筹备委员会秘书长。他在大会上激动地说：“今天，我感到真高兴，真光荣……今后，我们西藏僧俗人民要在中国共产党、伟大领袖毛主席、国务院的正确领导下，在西藏自治区筹备委员会主任委员达赖喇嘛、副主任委员班禅额尔德尼和张经武、张国华等的直接领导下，在现有的基础上，进一步加强兄弟民族，特别是藏汉民族间和西藏内部的团结，并学习先进民族的经验，向前迈进。我深信依靠先进的汉族干部和人民的帮助，大家将能够为西藏人民光辉的未来前途而积极努力工作的。”阿沛·阿旺晋美热情洋溢的讲话是他内心最真实的感受，从和平谈判到自治区筹委会成立的这一天，他亲身经历了这期间发生的每一件大事，和许多人一起付出了艰辛的汗水，在中央的领导下，西藏有了一个带政权性质的协商办事机构，迈出了西藏实行民族区域自治的重大步骤。

自治区筹备委员会一成立，阿沛·阿旺晋美就与大家一起投入到筹委会的各项工作中。5月14日，西藏自治区筹备委员会办公厅在尧西宅举行第一次会议，开始正式办公。阿沛·阿旺晋美在会上对下一步工作提出要求：“西藏自治区筹备委员会办公厅的工作任务是十分繁重的。要很好地完成这些任务，首要的问题是团结，因为团结是做好一切工作的基础。”他接着说：“目前，我们的政治和业务水平还很低，但绝不能以此作为不克服缺点的借口。我们必须开展批评与自我批评，及时发现和纠正工作中的缺点。”会后，阿沛·阿旺晋美多方奔走、四处协调各项筹委会工作。6月28日，西藏自治区筹备委员会财政处、农林处、畜牧处和卫生处正式成立。阿沛·阿旺晋美郑重地把四个处的印章分别交到财政处处长白云峰、畜牧处处长察雅活佛、农林处处长洛桑赤勒（由财政处副处长雪古巴·嘉样凯珠代领）、卫生处处长然巴·郎吉旺秋手中，并再三叮嘱大家：这四个处的任务是非常繁重的。农林业和畜牧业是西藏主要的生产事业。西藏大多数人民从事农牧业，有三分之二的地区是牧场，也有蕴藏量非常丰富的原始森林，但是，过去对这些事业管理不善，有些甚至没有管理，卫生事业方面也是如此。西藏自治区筹备委员会的成立使西藏的工作进入了新的阶段。这四个处成立后也就应该在发展生产，改善人民生活和增进西藏人民的健康、增加西藏人口的事业中起到具体和显著的作用。他还鼓励全体藏汉族干部进一步加强藏汉族干部之间和各地区藏族干部之间的团结；努力学习政策和业务，熟悉西藏情况；认真地互相学习语言和文字，共同为做好工作而努力。

1956年11月印度政府邀请第十四世达赖喇嘛、第十世班禅额尔德尼赴印度参加佛教创始人释迦牟尼涅槃2500周年纪念活动，中央经过认真考虑，同意第十四世达赖喇嘛、第十世班禅额尔德尼出访印度。早在同年2月12日，毛泽东曾对赴拉萨祝贺西藏自治区筹委会成立大会的陈毅说："达赖喇嘛是西藏一位宗教领袖，也是国家领导工作人员，他的行动是自由的，可以让他明年去印度。"①此时，中央又明确指示西藏工委：对第十四世达赖喇嘛、第十世班禅额尔德尼不派任何人陪同，听其来去自由，他们出国后的一切活动由他们自己掌握处理。第十四世达赖喇嘛赴印度参加宗教活动，对于长期在国外从事分裂祖国活动的西藏反动分子来说，是难逢的机会。他们与美国中央情报局互相勾结，企图使第十四世达赖喇嘛滞留印度，利用第十四世达赖喇嘛这面旗帜，进行"西藏独立"活动。

西藏工委由于不能派人陪第十四世达赖喇嘛去印度，为防止第十四世达赖喇嘛在印度发生意外情况，希望阿沛·阿旺晋美陪同前往印度。这天晚上张经武把阿沛·阿旺晋美请到住处谈话，希望他陪同第十四世达赖喇嘛去印度。阿沛·阿旺晋美经过几番思虑，认为在噶厦中只有自己前去比较合适，虽然可能会遇到生命危险，但他仍决定前往。

第十四世达赖喇嘛一踏入印度境内，他的大哥土登居美诺布、二哥嘉乐顿

---

① 《陈毅传》编写组：《陈毅传》，当代中国出版社1991年版，第517页。

珠和长期居留印度的夏格巴、洛桑坚增等“西藏幸福事业会”①的分裂分子便蜂拥而至，围绕第十四世达赖喇嘛和随行官员竭力散布和煽动“西藏独立”。1956年11月24日，第十四世达赖喇嘛一行到了锡金首都冈托后，中国驻印度大使潘自力提醒阿沛·阿旺晋美，分裂分子计划阻留第十四世达赖喇嘛在印度，并以拉拢和暗杀的手段对付你们，大使馆已向印度政府交涉，要求保证第十四世达赖喇嘛、第十世班禅额尔德尼及其随员的安全，请阿沛·阿旺晋美时刻提高警惕。阿沛·阿旺晋美感激潘大使的关心，并表示，既然来了就不怕，请大使放心，自己会处处小心。夏格巴等分裂分子多次找到阿沛·阿旺晋美，以利诱或以性命相威胁，逼迫他一起搞“西藏独立”，将第十四世达赖喇嘛留在印度。阿沛·阿旺晋美态度鲜明地拒绝他们：“你们在印度搞了这么多年‘西藏独立’，世界上哪一个国家承认了？不过喊喊而已，白费力气，与其在国外寄人篱下地生活，还不如在我们佛事活动结束以后，和我一同回拉萨，为咱们藏族做几件实实在在的好事。”

分裂分子除竭力向第十四世达赖喇嘛灌输“西藏独立”的思想外，还在随行官员中策反，鼓吹“独立的好处”。此时，年轻的十四世达赖喇嘛思想严重动摇，随行人员中的少数人也公开与分裂主义分子同流合污。面对十分严峻的局面，严词拒绝分裂分子的阿沛·阿旺晋美没有退缩，主动做随行官员的工作，统一大家的思想。他组织召开随行官员会议，再次强调了此次到印度的纪律：“我们跟随达赖喇嘛来印度，一是参加佛事活动，二是保证达赖喇嘛的安全和健康，不是来这里搞政治活动，搞什么‘西藏独立’的。我们有组织、有规矩，不允许各行其是，不准支持夏格巴等的政治活动。”在阿沛·阿旺晋美的劝说下，随行官员都保证不与夏格巴等人进行接触。同时，阿沛·阿旺晋美也积极配合中央向第十四世达赖喇嘛晓以利害，劝说第十四世达赖喇嘛不要留在印度。第十四世达赖喇嘛停留印度期间，在印度进行国事访问的周恩来也多次耐心劝说第十四世达赖喇嘛。在周恩来以及阿沛·阿旺晋美、朵噶·彭措饶杰等耐心、诚恳的劝说下，第十四世达赖喇嘛于1957年4月1日自印度回到拉萨。国外反华势力和西藏反动势力策划的分裂活动又一次失败。

西藏自治区筹委会成立后，西藏工委关于民主改革的宣传和准备工作逐步启动，一度引起了西藏部分上层人士的骚动和不安。阿沛·阿旺晋美在宣传

---

① “西藏幸福事业会”：是以夏格巴为首的一小撮西藏独立分子在噶伦堡成立的反动组织。

改革中也发现，一些贵族、官员、上层僧侣在涉及改革的话题时支支吾吾，态度极其暧昧，反动势力也乘机造谣生事，暗中组织和策动局部叛乱。中央客观分析西藏的政治形势，认为："西藏的改革条件目前还不成熟，勉强去做就势必出乱子。"1956年9月4日，中央正式发出《关于西藏民主改革问题的指示》，提出了"六年不改"的方针。在中央直接领导下，西藏工委坚决贯彻执行中央"六年不改，适当收缩"的方针，采取坚决措施，停止了关于改革的宣传，对人员、机构、财政等各项事业"大收缩"，紧缩机构，精减了人员。西藏军区遵照中央收缩的精神，为了适应斗争需要，采取"保点、保线，自卫作战"的原则，对部队进行全区性的缩编和部署上的调整。

1957年4月5日，张国华、周仁山①就"六年不改"、收缩工作向阿沛·阿旺晋美征求意见。阿沛·阿旺晋美对"六年不改"方针提出了自己的建议：确定六年不改的方针是对的，因为许多有钱的人对改革有顾虑，许多群众也还不了解改革对他们有好处，因而在机构和人员方面减少一些是必要的。但是这样一来想做些进步事情的人有些失望，保守的人是很满意的。他强调，裁减藏族干部时应妥善予以处理，有些人不靠薪资生活也愿意回家，他们回家是没有问题的；有些靠薪资生活的人，勉强遣送回去是有问题的。在建设方面可能办到的事还需要办一些。另一方面，六年不改是因为条件不具备，但是将来总是要改的。改革的条件也还需要逐渐准备的。因此在可能的情况下，还应当做一些准备工作，培养藏族干部等。紧缩机构时，西藏工委结合阿沛·阿旺晋美等上层爱国人士的意见，根据中央"五为四不为"②的要求，继续加强统一战线工作。

---

① 周仁山（1912—1984）：甘肃省华亭县人，1956 年 11 月任西藏工委副书记、自治区筹委会副主任。

② 1957 年 5 月 14 日，中共中央原则上批准了西藏工委上报的《关于今后西藏工作的决定》以及附件《关于精简机构、紧缩开支的方案》。中共中央在批示中重申了西藏"六年不改"的决定，提出了今后六年内西藏工委要实行"五为"和"四不为"两个方面的工作。"五为"是今后可以做而且应当做的，即：一要继续开展上层统一战线工作，并以达赖集团为主要对象；二要继续注意培养藏族干部；三要继续办些群众欢迎的、上层同意的，而我们又有条件办的，能够对群众发生积极影响的经济、文化事业；四要继续坚持把国防、外事和国防公路等项置于中央管理之下；五要通过各种适当方式，向上层和人民群众进行爱国主义教育，反对分裂活动。"四不为"是：一、停止和结束民主改革的准备工作；二、不干涉西藏的内部事务；三、不在社会上发展党员；四、不办不是西藏上层迫切要求和同意的建设事宜。

阿沛·阿旺晋美在努力贯彻中央“六年不改”方针的同时，积极同各种企图“永远不改”的想法和行为作坚决斗争。他通过自治区筹备委员会和爱国青年、妇女等团体，组织西藏上层人士学习中央一系列重要指示。通过学习，上层人士认识到，西藏人民主要的敌人是帝国主义和背叛祖国、背叛西藏的少数分裂主义分子，必须时时提高警惕，紧密团结在祖国大家庭里，坚决和帝国主义及一小撮反动分子进行斗争。

1957年9月15日，江孜地区发生了头人本根却珠毒打藏族学员旺钦平措的事件①。阿沛·阿旺晋美对此事件进行了严厉的谴责。他还说，西藏人民肯定要走社会主义的道路，而且肯定要实行民主改革，这不仅是发展西藏人民的政治、经济、文化等事业和走向幸福的道路所需要的，而且也是人类向前发展的必然规律，是任何逆流都阻挡不住的；中央决定第二个五年计划期间在西藏不实行民主改革，只是为了使我们在走向社会主义的道路上，根据西藏的具体情况采取稳妥的步骤，使西藏的各项建设事业得以稳步发展，绝不是对任何逆流的屈服。12月30日，自治区筹备委员会召开第二十三次常委会，对本根却珠毒打藏族学员旺钦平措的事件作了处理。会上，阿沛·阿旺晋美宣读了自治区筹委会《关于重判本根却珠毒打学员旺钦平措案件的决定》。同时，阿沛·阿旺晋美坚决拥护和响应自治区筹备委员会《关于免去西藏各族人民参加国家机关工作的人员、学员的人役税的决议》，带头执行决议精神。他与夫人才旦卓嘎在自己的庄园积极贯彻决议精神，大力支持参加国家机关工作的人员、学员、学生的工作，并免去他们承担的各种人役税。同时，他们还经常做一些贵族、官员、夫人们的工作，要大家不要光口头上说拥护，还要用实际行动来拥护，与反对决议的人作斗争，要给自己庄园里的人写信，监督和勉励他们彻底执行决议，号召大家不仅自己要拥护执行决议，而且要广泛向群众、亲戚宣传，使宣传深入到各个宗去。“本根却珠事件”斗争的胜利，在一定程度上触动了封建农奴制度，使全西藏已经参加工作和将要参加学习、工作的农奴和奴隶消除了后顾之忧，从

① 旺钦平措原是本根却珠的朗生（家奴），已参加工作并在江孜分工委举办的训练班学习。本根却珠以没有为其支差为借口，将旺钦平措叫去戴上脚镣，用皮鞭毒打数小时，使其严重受伤。江孜分工委对此非常重视，经报请工委批准，决定给予严肃处理。后由自治区筹委派人调查，作出《关于免去西藏各族人民参加国家机关工作的人员、学员的人役税的决议》，同时宣布判处本根却珠向旺钦平措献哈达道歉、赔偿医药费，并拘押四个月的处罚。

思想上获得了解放，还提高了群众的爱国主义热情，扩大了共产党的政治影响。

阿沛·阿旺晋美经常向西藏工委反映他在宣传“六年不改”中了解的情况、自己的态度和看法。在与上层人士和群众接触中，阿沛·阿旺晋美非常注意了解他们对民主改革的想法。阿沛·阿旺晋美向西藏工委反映，目前大多数群众还没有认识到改革的好处，但随着宣传的不断深入，群众对改革的积极要求将会不断增长。他还提醒工委注意一些特殊情况，比如农牧民中的年轻人容易意识到剥削和压迫并坚决要求改革，但也有人对改革后的情况及新的制度心中无数，虽然觉得改革对自己有好处，但也有顾虑，主要是怕现在积极要求改革，一旦改革后情况变化，旧政权又套在自己的头上，则会使自己受到更大的压迫和痛苦。这种顾虑也影响了群众积极要求改革。阿沛·阿旺晋美的建议和反映的情况，为后来西藏工委制定民主改革的相关方针政策起到了较好的参考作用。

在阿沛·阿旺晋美等上层爱国人士的积极配合下，西藏工委坚决贯彻中央“六年不改”的方针及以后的一系列重要指示，采取了一些行之有效的措施，使上层人士中的多数情绪逐步稳定下来，顾虑有所消除，愿意继续同共产党合作共事，参加自治区筹委会的各项工作。然而，少数上层反动分子囿于他们的阶级本质，认为“六年不改”最终还是要改的，其“美妙的”封建农奴制度仍然岌岌可危。他们采取阳奉阴违的手段，一面对中央虚与应付，一面暗中与国外反华势力勾结，加紧策划武装叛乱和分裂祖国的活动，并加强其内部的统治和控制，极力巩固其农奴制度。一时间，西藏的社会稳定与发展面临着严峻的挑战。阿沛·阿旺晋美迎来了西藏历史上最巨大的变革。

四、在平叛与民主改革的历史巨变中

在西藏地方政府暗中支持发动的局部叛乱中，阿沛·阿旺晋美为避免全面叛乱而四处奔走呼吁。在西藏地方政府发动全面武装叛乱时，他坚决站在党和人民一边，积极支持人民解放军平息叛乱。在西藏地区实行民主改革的伟大历史巨变中，他坚决拥护并积极宣传中央边平边改的方针政策，参与制定了一系列民主改革政策的文件，对民主改革进程中出现的问题，提出了很多好的意见和建议，并身体力行拥护改革，配合落实党的赎买政策，为西藏民主改革的顺利完成作出了重要贡献。

为避免全面叛乱而奔走呼吁

随着维护和执行协议的逐步深入，爱国力量不断壮大，民族内部的团结日益增强，经济、文化事业的不断发展，共产党和解放军在西藏人民群众中的影响不断扩大。西藏上层分裂主义分子感到形势对他们越来越不利，对人民群众思想日益觉悟惶恐不安。为维护封建农奴制度、对抗人民群众改革的要求，从1955年下半年开始，西藏上层反动集团就有预谋、有组织、有计划地组织小股叛乱武装袭击人民解放军车队，破坏桥梁等交通设施。此后，局部武装叛乱不断升级，许多大股叛匪围攻一些地方的分工委驻地，阻断交通，烧毁村庄和林场，迫害爱国人士和人民群众。

1956年夏，受国外反华势力的策动和外省窜入西藏叛乱分子的影响，昌都地区南部的宁静、盐井、左贡等地发生叛乱。中共西藏工委书记张经武同第十四世达赖喇嘛商量，决定由西藏工委、自治区筹委会和噶厦三方组织代表团，前往做劝说安抚工作，阿沛·阿旺晋美为代表团成员之一。行前，阿沛·阿旺晋美的一位好朋友对他说："到昌都做安抚工作，不会有好结果。因为洛桑三旦曾说过，'叛乱搞起来是件好事，达赖喇嘛肯定支持'。洛桑三旦是达赖喇嘛的哥哥，这话可能是真实的。"正像朋友所预料的，阿沛·阿旺晋美的昌都之行，虽然做了很多说服工作，但叛乱已成气候，不可挽回。阿沛·阿旺晋美回到拉萨后立即去见第十四世达赖喇嘛，报告昌都的形势。他对第十四世达赖喇嘛说："我去昌都时，听人传说，齐美公布（昌都叛乱的发动者之一）曾拜访洛桑三旦，洛桑三旦对他说，'叛乱搞起来很好！达赖喇嘛支持'。洛桑三旦是否说过这话，我不清楚，即使说过，他向您请示过没有，也不清楚。现在我当面讲出来，是否有这回事？"第十四世达赖喇嘛急忙说："啊呀，我怎么能说这样的话呢！我一个字也没说。等我问清楚了回你的话。"这桩公案，并无下文。阿沛·阿旺晋美不但做第十四世达赖喇嘛和噶厦的工作，还在各种场合发表讲话反对叛乱。1958年2月22日，阿沛·阿旺晋美在西藏各界人民春节拥军会上说，中央确定了西藏地区在第二个五年计划期间不实行民主改革的方针。这是中央为了使西藏人民通过民主改革走向社会主义道路所采取的稳妥步骤，更有利于各兄弟民族之间的团结，更有利于建设祖国社会主义大家庭。西藏人民唯一的道路，是和全国各族人民一道走社会主义道路，别的道路是没有的。现在有些分裂主义分子，企图将西藏人民引向另一条道路，但那是一条灾难的道路，不仅西藏人民不允许，全国各族人民也绝不允许，如果他们还要继续进行各种阴谋破坏活动，他们就注定要失败。

叛乱渐渐扩展到噶厦直接管辖区内，1958年6月，叛乱分子在山南哲古宗建立叛乱武装根据地。阿沛·阿旺晋美多次向噶厦建议，采取措施，平息叛乱。噶厦一推再推，不得已才给山南叛乱分子写了几封不痛不痒的信，做做样子。阿沛·阿旺晋美要求噶厦派藏军到山南平叛，噶厦反而要他同解放军交涉，要解放军出面平叛，把地方的治安问题推给解放军。对噶厦的做法感到心灰意冷的阿沛·阿旺晋美，借48岁适逢他的凶年，向第十四世达赖喇嘛请假，带着全家人，到山南礼佛去了。阿沛·阿旺晋美在山南险些为叛乱分子挟持，在中共山南分工委的援助之下才回到拉萨。阿沛·阿旺晋美再次去见第十四世达赖喇嘛，报告他在山南了解到的情况，要求第十四世达赖喇嘛采取措施制止叛乱。于是噶厦派扎萨敏吉林·嘉祥坚赞到山南招安，但无功而返；派去说服叛乱头目恩珠仓·贡布扎西①的孜本朗色林到山南后一去不返，成了叛乱武装的头目。

阿沛·阿旺晋美屡次制止叛乱均遭失败，他逐渐从中悟出一个道理：叛乱不仅仅是几个康巴亡命之徒在搞，噶厦的当权者和西藏上层反动势力要搞，而美国向叛乱分子空投武器和特工人员，证明叛乱还有国际的大背景。1958年7月至8月，张经武、张国华、谭冠三、周仁山等工委领导与阿沛·阿旺晋美就平叛进行了谈话。阿沛·阿旺晋美说："西藏内部叛乱，其力量是外部来的，否则不会一直在搞。美蒋特务勾结在外居住的西藏的反动分子，而这些反动分子又指示内部的反动分子，使得事情很难办，情况很坏……康巴人的活动与外部有勾结，受到外部的支持，已经完全证明了。""寺庙负责人和宗本等公开勾结叛乱分子，必须对其严格处理，否则他们不会老实。""从官员中来说，由于人多，而且其中可能有人勾结康巴人，因而他们从开始就会了解康巴人搞叛乱的情况。""我认为不论什么时候改革，叛乱总是会发生的。其原因是噶伦堡的反动分子和帝国主义勾结，利用改革煽动叛乱；内部有反动分子，寺庙多，而在邻省叛乱中进来的叛乱分子又多。将来改革时，这些力量都可能合二为一，搞起全面的大叛乱。"

为了有效地制止叛乱，阿沛·阿旺晋美再次去见第十四世达赖喇嘛说：

---

① 恩珠仓·贡布扎西（1905—1964）：四川理塘县人。青年时参加家乡"自卫团"马队，1942年到拉萨，承袭其家族恩珠仓的事业，成为大商人，后成为叛乱分子的头目。

“现在，叛乱已酿成这种局面，再不设法制止，后果不堪设想。我认为，康巴人敢于这样明目张胆，是由于我们内部一些显要人物的撑腰和支持。是否请您把大贵族、大寺庙的代表人物和西藏有名望有权势的人召集起来，开个大会，您出面讲一讲，或许能够扭转乾坤。”会议在罗布林卡第十四世达赖喇嘛新宫举行。第十四世达赖喇嘛对到会人员说：“现在到了很紧张的时候，大家都要各尽所能，做点工作。康巴人在西藏土地上闹事，反对中央，中央可能会对我们产生怀疑，如能把叛乱平息下去，就能消除中央对我们的怀疑。大家好好讨论，选出代表开会研究解决办法。”阿沛·阿旺晋美不明第十四世达赖喇嘛的真实意图，甚至想直接召开噶厦会议来制止日益扩大的叛乱，但他的想法与上层分裂集团的想法形同水火，不可能取得一致。事实的发展果然如此，1958年12月5日至20日，噶厦在罗布林卡召开官员会议。这次会议在噶伦索康·旺清格勒的主持下，以传达第十四世达赖喇嘛的训示、研究平叛措施为名，实际上开成了一个组织动员全面武装叛乱的会议。分裂主义分子在会上叫嚣：“为了宗教和民族，要与中央战斗到底，坚决实现西藏独立。”藏军代表发誓要为维护西藏政教制度而牺牲。索康公开反对第十四世达赖喇嘛去北京出席第二届全国人民代表大会。会议作出决定：“要把达赖喇嘛请到一个安全的地方，然后再同他们（中央）战斗。”

旗帜鲜明地支持平息叛乱

在噶厦的策动和支持下，局部叛乱愈演愈烈。1959年初，西藏东部和北部及区外的叛乱武装麇集拉萨，以阻止第十四世达赖喇嘛赴京参加第二届全国人大一次会议为号召，加快了全面叛乱的步伐，并以第十四世达赖喇嘛去军区看戏一事挑起全面叛乱。1959年2月7日，西藏地方政府在布达拉宫举行一年一度的“破九跳神”宗教仪式。西藏军区副司令员邓少东①和西藏工委秘书长郭锡兰②应邀前往观看。他们在与第十四世达赖喇嘛交谈时，达赖喇嘛主动提

① 邓少东（1910—1993）：湖北大悟县人，1929 年参加红军，1930 年加入中国共产党，曾任新四军营教导员、团政治处主任、团政委、旅政治部主任、师政委、军副政委兼政治部主任、西藏军区副司令员。

② 郭锡兰（1919—1985）：山西临县人，1938 年入党，曾任西康省党委组织部部长、地委书记。1955 年调任西藏工委计划局局长兼农村工作部副部长、后任西藏工委秘书长，副书记。

出:“听说军区文工团在内地学习回来后,演出的节目很好,我想看一次,请你们给安排一下。”邓少东、郭锡兰当即表示欢迎,并且说,请第十四世达赖喇嘛确定时间,军区随时可以派文工团到罗布林卡演出专场。第十四世达赖喇嘛说,演出要舞台和布景,在罗布林卡演出不方便,就在军区礼堂演,也顺便看看军区新建的大礼堂。事情说定后,邓少东、郭锡兰随即将第十四世达赖喇嘛的这一意愿当面告知西藏地方政府官员柳霞·土登塔巴、夏苏·居美多吉等几位噶伦以及达赖喇嘛的副官长帕拉·土登为登等人。藏历一月底,拉萨传召大法会结束,第十四世达赖喇嘛也考完了格西学位。3月8日下午,达赖的内侍总管基巧堪布噶章电话通知工委统战部,说第十四世达赖喇嘛看文工团演出的时间定为藏历二月一日下午3时(3月10日下午)。为此,军区做了迎接第十四世达赖喇嘛观看演出的周密准备。

3月10日上午,西藏军区大院打扫卫生,路面洒水,张挂彩旗,在军区大礼堂为第十四世达赖喇嘛安排了绒布软椅,准备了招待的茶点。文工团演员在后台忙着化妆,准备。然而此时,一场精心策划的全面叛乱在悄悄进行。上午八九点钟,拉萨街头谣言四起,有人到处散布“军区要毒死达赖喇嘛”,“军区已经准备好了直升机,要把达赖喇嘛劫往北京”,“大家要到罗布林卡去请愿,不能让达赖喇嘛去军区”。藏军警察团(藏军原第六团)代本俊巴等人在街头驱使群众前往罗布林卡。一些从外地来的叛乱武装分子威胁说,第十四世达赖喇嘛要是去了军区,今天就要打仗。一时间人心惶惶,商店纷纷关门,市民抢储食物。由于反动分子的造谣煽动,11时许,涌向罗布林卡的群众已有2000多人,其中混杂着携带枪支的叛乱分子二三百人,罗布林卡四周已被闹事的人群围了起来。自治区筹委会委员、藏族爱国人士堪穷帕巴拉·索朗降措在罗布林卡门前被叛乱分子用石块砸死。军区副司令员、地方政府卸任噶伦桑颇·才旺仁增①在罗布林卡门前被打伤。叛乱分子还用马拖着索朗降措的尸体在市区游街示众,景象惨不忍睹。②阿沛·阿旺晋美因在自治区筹委会机关主持政治学习,才得以幸免。当他听到街头发生骚乱以及索朗降措遇害、桑

---

① 桑颇·才旺仁增(1905—1973):西藏江孜人,1919年步入仕途,曾任孜本,参加过1947年在印度举行的泛亚洲会议,1957年任噶伦。1958年10月,任西藏军区副司令员,并获少将军衔。

② 阿沛·阿旺晋美:《一九五九年“三月十日事件”的真相》,载《中国藏学》1988年第2期,第4页。

颇·才旺仁增被打伤的消息后，立即赶往西藏军区礼堂，同军区政委谭冠三、军区副司令员邓少东一起，等候第十四世达赖喇嘛的到来，并做好应变准备。下午，第十四世达赖喇嘛没有前往军区。西藏地方政府在罗布林卡召开“人民大会”，公开提出“西藏独立”，成立了指挥叛乱武装的总司令部，决定调三大寺甘丹寺、哲蚌寺、色拉寺部分僧侣和康区叛乱分子进驻罗布林卡担任第十四世达赖喇嘛的警卫，并推举功德林札萨·威萨坚赞、洛珠格桑、雪苦巴、堪穷格桑阿旺、堪穷达热、仁希夏格巴等西藏地方政府官员为叛乱武装的总领导。同时，叛乱分子胁迫千余名群众上街同他们一道游行，呼喊“西藏独立了”、“汉人滚出去”等反动口号。几个领头的人骑着马，沿途撕毁宣传画，张贴反动标语，推倒交通岗亭，用石块投掷各机关大门，袭击执勤战士和汉族工作人员。拉萨市区的社会秩序急剧恶化。①

3月11日以后，拉萨市区到处都是荷枪实弹或腰挎长刀的叛乱分子和武装僧人。他们驱赶市民参加游行，用石块和木棒打碎国营商店的橱窗和国家机关的门窗，在大街小巷设置路障，砍倒电杆，割断电线，袭击军车，打冷枪，搞挑衅，造成市区一片恐怖景象，直接威胁着市民的安全。占据大昭寺的叛乱分子强迫僧人换上藏袍，拿枪打仗，将念经的僧人赶出经堂，抢夺金佛和珍贵的佛像、法器；在光天化日之下打死了反对他们暴行的僧人钦饶江巴。叛乱分子在市区贴出“西藏独立国”布告，公然要求驻藏人民解放军和地方党政机关中的藏族起来反对中央，参加叛乱，气焰极为嚣张。在情况最紧张、斗争最尖锐的时候，谭冠三冒着被“打冷枪”和“扔石头”的危险，亲自去阿沛·阿旺晋美家动员他搬到军区住，便于随时商量问题，共同指挥。当谭冠三到达阿沛·阿旺晋美家时，阿沛·阿旺晋美和夫人都十分感动，说：“街上这么乱，谭政委还亲自来这里看我们全家，关心我们全家，真是太感谢了！”谭冠三说：“现在拉萨的这种局面完全是西藏反动分子蓄意策划的阴谋所致，为了您和您全家的安全，我建议您和家人还是搬到军区机关暂住一段，以保安全。”阿沛·阿旺晋美考虑到住在家里可以随时了解外面的情况，以便对第十四世达赖喇嘛和噶伦们进行工作，坚持不搬。谭冠三十分尊重阿沛·阿旺晋美的决定，在征

① 曾任噶厦秘书的格杰巴·丹增多吉目睹了这一状况。他著文《分裂主义分子在拉萨发动武装叛乱的情况》，见《西藏文史资料选辑》(第12辑)，民族出版社1990年版，第66、67页。

得阿沛·阿旺晋美同意后，当即命令军区警卫营长加派警卫兵力，严密部署岗哨，加强巡逻，确保阿沛·阿旺晋美副司令员及家人的安全。阿沛·阿旺晋美不顾个人安危，除在家里及时向军区反馈了解到的情况外，还利用各种方式与爱国人士联络、谈话，尽量争取更多的上层人士站到党和人民这边来，并配合西藏工委动员安排其他上层爱国人士搬往筹备委员会机关内加以保护。

叛乱发生后，根据中央对第十四世达赖喇嘛本人仍应多方争取的指示，谭冠三在坚持祖国统一、民族团结原则的基础上，本着对第十四世达赖喇嘛的尊重、爱护和关怀，以中央人民政府驻西藏代理代表谭冠三的名义，及时给第十四世达赖喇嘛写了三封信，揭露西藏地方政府上层反动分子的分裂祖国阴谋，积极做争取第十四世达赖喇嘛的工作。阿沛·阿旺晋美积极配合，将谭冠三的第二、第三封信转交给第十四世达赖喇嘛，同时也积极劝说第十四世达赖喇嘛。他在转交的第二封信上附了劝导第十四世达赖喇嘛的简短几句话："叛乱已经开始，如何发展难以预料，但可以看出，他们要趁这个机会请您出国。假如这样……就会糟蹋您一生。请您仔细斟酌。"在转交谭冠三的第三封信时，阿沛·阿旺晋美也给第十四世达赖喇嘛写了信："不管怎么叛乱，罗布林卡还有警卫团，您要把叛乱者分离开，不要让他们进入罗布林卡。最好的办法是出来到军区。您如能这样，平叛就非常简单了，以后工作也好做，这对您是万全之策。如果您有这个想法，我可与军区联系，并负责保证您的安全。"然而事与愿违，3月17日傍晚，阿沛·阿旺晋美得到可靠消息：第十四世达赖喇嘛将于当晚12时离开罗布林卡外逃，叛乱分子可能会发动大规模的进攻。他立即通过有关人员把这个情况报告了谭冠三。谭冠三、阿沛·阿旺晋美、邓少东等人在综合各方面得来的消息后，认为第十四世达赖喇嘛走后，叛匪会立即向解放军驻藏部队和所有机关发动进攻，决定命令所有部队和机关民兵全部进入战备紧急状态。

3月18日凌晨3时40分，西藏地方政府上层反动集团纠集的叛乱武装分子在拉萨向解放军驻藏部队和机关全面进攻，发动了全面武装叛乱。枪声、炮声震荡着拉萨夜空，震动了整个高原。人民解放军被迫反击，平息叛乱。上午12时，当平叛部队攻占药王山时，谭冠三派人到阿沛·阿旺晋美家说，用不了多久拉萨的叛乱就会平息，要派出工作组接收罗布林卡、布达拉宫和拉萨政权，要有熟悉情况的爱国上层官员担任工作组组长。派谁合适，请你提出名单和接管时要注意的事项。阿沛·阿旺晋美仔细斟酌后，提出了合适的人选及意见。这天，西藏军区还以张国华、谭冠三、阿沛·阿旺晋美等的名义发布布告，号召西藏广大僧俗人民协助人民解放军讨平叛逆。

3月下旬，在西藏工委、人民解放军和阿沛·阿旺晋美等上层爱国人士、拉萨人民的齐心努力下，拉萨地区的叛乱很快平息，社会秩序恢复，商店陆续开门营业，郊外农民下地春耕生产，人民生活迅速恢复正常。在阿沛·阿旺晋美家里，阿沛·阿旺晋美、查地·次旺多杰、噶雪巴·却吉尼玛、桂香巴·贡嘎南杰、玛朗巴·洛桑旦增、邦苏·才旦诺杰等一批爱国人士，已经剪掉象征旧时代的发髻，围坐在一起饮酒庆祝平叛胜利，举杯相庆西藏人民的彻底解放和拉萨古城的彻底新生。

1959年3月28日，周恩来总理发布国务院命令，宣布解散西藏地方政府，由西藏自治区筹备委员会行使西藏地方政府职权，任命阿沛·阿旺晋美为自治区筹委会副主任委员兼秘书长，同时责成西藏军区彻底平息叛乱。阿沛·阿旺晋美等爱国人士积极响应、拥护国务院发布的命令，纷纷发表谈话痛斥西藏上层反动分子的叛国活动，呼吁西藏人民积极支持人民解放军早日平息叛乱。他在谈话中十分高兴地说：西藏广大人民是爱国的，我们坚决拥护中央人民政府，热爱解放军，反对帝国主义和叛国分子。西藏和平解放八年来，党中央和毛主席对藏族人民无微不至的关怀和伟大的民族团结政策，受到了广大藏族人民的热烈拥戴，而一小撮反动分子的叛乱活动得不到广大藏族人民的支持。

4月8日，西藏自治区筹备委员会举行行使西藏地方政府职权的第一次全体会议。在这次会议上，阿沛·阿旺晋美向代表们列举了上层反动集团发动背叛祖国、背叛西藏人民的武装叛乱的经过，叙述了中央在西藏地方政府未公开叛乱前，对西藏地方政府一贯采取的耐心等待、宽大为怀的态度。他说："西藏地方政府和上层反动集团，勾结帝国主义和叛匪，背叛祖国，背叛人民，破坏祖国统一，妄图使西藏人民重新回到黑暗贫困的境地，受帝国主义的奴役，这一切罪行是西藏僧俗人民和爱国进步人士所不能容忍的。""彻底平息西藏地区的叛乱是我们当前的主要任务，因而我们一定要贡献出一切力量，领导和组织西藏全体僧俗人民积极协助人民解放军平息叛乱。"说着说着，按捺不住内心激动的阿沛·阿旺晋美在会上大声高呼起来："全西藏人民的幸福和新生万岁！""伟大祖国、中国共产党和毛主席万岁！"

1959年4月28日，第二届全国人民代表大会第一次会议通过《第二届全国人民代表大会第一次会议关于西藏问题的决议》。完全同意国务院对于西藏地方政府和上层反动集团在1959年3月发动叛乱后所采取的各项措施。明确指出，在西藏地区，贯彻实行在中央人民政府统一领导下的、由广大人民和各界爱国人士当家做主的民族区域自治，贯彻实行在中央人民政府统一领导下的民主改革，并且依靠各族劳动人民兄弟般的团结和互助，建设繁荣昌盛的社会主义新西藏，这是中华人民共和国的坚定不移的方针。

全面平叛开始后，阿沛·阿旺晋美与西藏广大群众一样既高兴又焦急。高兴的是平叛初步取得了胜利，焦急的是正值西藏高原春耕大忙季节，由于西藏地方政府叛乱，没有及时播种，当年秋收将受到极大影响。对阿沛·阿旺晋美和筹委会的其他委员们来讲，当前主要有两项急需完成的工作：一是协助解放军彻底平定叛乱，尽快恢复社会秩序；二是迅速组织群众生产，及时春耕播种。拉萨市区平叛一结束，阿沛·阿旺晋美便积极配合解放军和拉萨市军管会的工作，组织工作队深入市区各街道向市民宣传党的民族政策和平叛政策，努力做到家喻户晓；还利用广播、开会等方式号召人们积极协助人民解放军平叛，举报叛匪线索，劝说参加叛乱的人员自首；组织人员打扫市区卫生、重新架设被叛匪砍断的电线杆等。拉萨市区社会秩序迅速恢复，市中心的八廓街上，行人逐渐增多，商店陆续开门，菜市上也出现了新鲜的菠菜、小白菜和牛羊肉。为了促进生产，保障当年农牧民的收成，西藏工委经与阿沛·阿旺晋美商量报请中央批准，在1959年对叛乱者的土地实行“谁种谁收”政策。在大量向农民、老弱病残发放无息贷粮、贷种和免费农具、救济粮的同时，迅速以军管会名义宣布没收原西藏地方政府和参加叛乱的贵族、寺庙的土地，由农民耕种，实行谁种谁收，未参加叛乱的贵族、寺庙的土地实行“减租减息”政策，迅速调动了广大农民的生产积极性，及时进行春耕播种。还在西藏各地先后组织了上千个平叛生产委员会，领导当地平息叛乱、维护治安和生产等工作，保证了平叛和生产两不误。

在民主改革的历史巨变中

为了推动西藏的进步与发展，彻底解放西藏农奴，并使西藏逐步过渡到社会主义社会，中央人民政府果断地决定在平叛的同时进行民主改革。制定了“边平边改”的政策，即在平叛的斗争中，发动群众，实行民主改革。阿沛·阿旺晋美坚决拥护中央的“边平边改”的方针政策，他说这叫作“趁热打铁”。

民主改革开始后，阿沛·阿旺晋美满怀激情地投入到这一伟大变革中。1959年3月22日，中共中央发出《关于在西藏平息叛乱中实行民主改革的若干政策问题的指示》，明确指出："在这次平息叛乱的战争中，必须同时坚决地放手发动群众，实行民主改革，以便彻底解放藏族人民群众，引导西藏地区走上社会主义的道路。"民主改革要"依靠劳动人民，团结一切可能团结的力量，有步骤有区别地消灭封建农奴制度"①。阿沛·阿旺晋美早出晚归，与自治区筹委会的同志们一起研究贯彻中央的指示意见，拟定民主改革的方针政策。他担任了土地制度改革委员会副主任，参与完成了西藏土地改革任务，还先后参与制定了《西藏自治区筹委会关于进行民主改革的决定》《关于土地制度改革的实施办法》《西藏地区减租减息的办法》《西藏地区各县、区、乡农民协会的组织章程》等一系列民主改革文件。

西藏的民主改革由于是西藏历史上的一次最深刻、最彻底的社会变革，不可避免会触及包括西藏上层爱国人士在内的昔日西藏统治阶层的自身利益。对于素来开明、热心改革的阿沛·阿旺晋美这样的贵族官员来说，一下子要转变沿袭千年的等级观念，放弃手中掌握已久的特权，改变自己剥削者的身份，也不是件容易的事。阿沛·阿旺晋美等上层爱国人士从和平解放西藏以来，真诚同中国共产党合作，在各个历史阶段都发挥了重要作用，进入民主改革时期，他们的作用更是不能忽视的。中央明确指示："对于改革中的重要问题，要和上层中的进步人士和中间人士进行反复协商，尽可能取得他们同意。"

4月9日，阿沛·阿旺晋美与第十世班禅额尔德尼前往北京，参加第二届全国人民代表大会第一次会议。14日晚上，周恩来总理设宴欢迎他们，并询问了西藏民主改革的情况。阿沛·阿旺晋美将上层人士的态度和人民群众的积极热情报告了周总理。总理高兴地说，群众发动起来了，你们也积极参加，民主改革的事更好办了。4月15日，阿沛·阿旺晋美聆听了毛泽东主席在第十六次最高国务会议上《关于西藏平叛》的讲话。毛主席说，贵族有两种，一种是进步的贵族，一种是反动的贵族，第十世班禅额尔德尼和阿沛·阿旺晋美两位属于进步的贵族。"进步分子主张改革，旧制度不要了，舍掉它算了。旧制度不好，对西藏人民

---

① 中共中央文献研究室、中共西藏自治区委员会编：《西藏工作文献选编》，中央文献出版社 2005 年版，第 203、204 页。

不利，一不人兴，二不财旺。”[①]“我看，西藏的农奴制度，就像我们春秋战国时代那个庄园制度，说奴隶不是奴隶，说自由农民不是自由农民，是介乎这两者之间的一种农奴制度。贵族坐在农奴制度的火山上是不稳固的，每天都觉得要地震，何不舍掉算了，不要那个农奴制度了，不要那个庄园制度了，那一点土地不要了，送给农民。但是吃什么呢？我看，对革命的贵族，革命的庄园主，还有中间派的贵族，中间派的庄园主，只要他不站在反革命那方面，就用赎买政策。”[②]“是不是可以用我们对待民族资产阶级的办法，即实行赎买政策，使他们不吃亏。比如我们中央人民政府把他们的生活包下来，你横直剥削农奴也是得到那么一点，中央政府也给你那么一点，你为什么一定要剥削农奴才舒服呢？”[③]毛主席的讲话激励着阿沛·阿旺晋美全心全意地投身于这场伟大的变革之中。1959年5月7日，毛泽东在中南海怀仁堂接见阿沛·阿旺晋美和第十世班禅额尔德尼、詹东·计晋美[④]时对他们说：“你们站在爱国进步方面，是左派，不要怕丧失你们的庄园以后没有饭吃。对左派和中间派，要采取赎买政策，保证改革以后生活水平不会降低。对你们要和全国各大城市的资本家一样，采取稳定的团结政策。对民主人士和国民党时的文武官员，包括刘文辉那样的全国第一的大地主，只要愿跟我们合作的上层人士，我们绝不会丢掉他们，不会暂时和他们合作，将来不要他们。脱离人民是不好过日子的，站在人民方面是不会吃亏的。这样做，第一政治上有地位，第二生活不降低，第三免于斗争。”毛泽东的一番话让阿沛·阿旺晋美对改革的认识更加深刻。5月12日，周恩来接见了他和第十世班禅额尔德尼、詹东·计晋美等，在谈论西藏改革问题时，阿沛·阿旺晋美讲了对改革的认识：“西藏的改革问题，中央，特别是陈毅副总理1956年到西藏时，曾经作了很多指示，但是由于反动分子的阻挠，达赖喇嘛访

---

① 中共中央文献研究室、中共西藏自治区委员会编：《西藏工作文献选编》，中央文献出版社 2005 年版，第 211 页。

② 中共中央文献研究室、中共西藏自治区委员会编：《西藏工作文献选编》，中央文献出版社 2005 年版，第 212 页。

③ 中共中央文献研究室、中共西藏自治区委员会编：《西藏工作文献选编》，中央文献出版社 2005 年版，第 212 页。

④ 詹东·计晋美（1910—1978）：西藏谢通门人。1951 年代表班禅额尔德尼以列席代表身份到北京参与了和平解放西藏的谈判。1956 年以后，历任西藏自治区筹备委员会常委兼办公厅主任，西藏自治区筹备委员会副主任，日喀则专署专员，政协西藏自治区委员会委员。

问印度期间曾经发生过很大的问题，总理是了解这些情况的。因此，中央延迟了西藏的改革。目前西藏发生了叛乱，出现了新的情况，改革可以很快进行。因为：第一，西藏人民只有改革才能很快摆脱生活困难的境况；第二，叛乱分子发动叛乱，打着民族、宗教的旗帜，实际是一场阶级斗争，如果我们推迟改革，不但对彻底平息叛乱不利，还会引起很多麻烦。所以，西藏的改革是势在必行。由于西藏靠近外国，在国外影响很大，进行改革需要采取慎重稳妥的办法。因此，我们既要尽快地进行改革，同时，很有必要做好改革的准备工作。”总理对阿沛·阿旺晋美的说法给予了充分肯定。

毛泽东主席、周恩来总理的谆谆教导，加之亲眼目睹了内地进行民主改革后人们社会生活的巨大变化，使阿沛·阿旺晋美逐渐意识到，要让西藏人民获得前所未有的幸福生活，必须摧毁延续千年的封建农奴制度，废除封建等级制度、人身依附关系和各种野蛮刑罚，解放百万农奴和奴隶，在封建农奴制度的废墟上建立起真正代表人民利益的新型政权。

6月28日至7月17日，自治区筹委会第二次全体委员会议在拉萨召开，讨论和决定在全区进行民主改革的重要问题。阿沛·阿旺晋美与筹委会代理主任委员第十世班禅额尔德尼、副主任委员张国华、帕巴拉·格列朗杰等主持了会议。阿沛·阿旺晋美在会上作了《关于当前任务中几个主要政策问题的报告》。他在报告中谈到西藏当前的任务时说：“现在广大人民迫切要求进行民主改革，而上层中的爱国进步人士也积极赞成改革，因而现在西藏实行民主改革的条件已经完全成熟。进行民主改革，是一场革命，但这将是一场和平的革命。”阿沛·阿旺晋美在报告中还向代表们明确了此时西藏工作的中心任务和基本步骤。他说：“西藏的中心任务是集中精力进行民主改革，将‘三反双减’（反叛乱、反乌拉差役制度、反奴役和减租减息）作为民主改革的第一步。”“根据中央的指示，对叛乱和没有叛乱的领主（指原西藏地方政府、寺庙、贵族三大领主），采取区别对待的政策，叛乱分子的土地予以没收，今年实行‘谁种谁收’的政策，不纳地租。没有叛乱的领主占有的土地，经过协商，今年实行减租，土地改革时采取赎买政策。”他接着详尽地阐述了几个关于主要政策的问题，其中包括农村工作问题、牧区的政策、寺庙问题、保护工商业和保护遵守我国法律的外国商人、行政区划问题以及赎买政策问题。

在民主改革中，阿沛·阿旺晋美经常深入基层调查，倾听群众意见，了解民主改革进程，协商解决民主改革中出现的问题，提出了很多好的意见和建议。8月8日，他对自治区筹委会派到各地调查访问的两个小组成员布置任务时说，你们主要的任务是：(1)了解“三反双减”执行的情况；(2)提出解决牧区属于高利贷性质的商业债务方案；(3)根据保护、发展牲畜的原则，通过调查访问，提出对叛乱分子牲畜的具体处理意见；(4)访问各阶层人士，参观群众斗争大会。接着他仔细叮嘱调查访问组的同志下去后，一定要放下架子，好好地和群众打成一片，虚心听取他们的意见。有什么事情，多和群众或当地工作队的同志商量。

在阿沛·阿旺晋美看来，民主改革对于他个人，就是要和农奴主剥削生活实行彻底决裂，取得人民的谅解，开始自己崭新的人生。他不但积极参与领导西藏的民主改革，还身体力行地改革自身，在西藏的民主改革进程中起到了很好的示范带头作用，为民主改革的顺利完成发挥了重要作用。

阿沛·阿旺晋美家原有20名佣人，他和夫人才旦卓嘎召集佣人开会，讲明西藏的改革形势和自己对改革的态度：“社会在发展变化，我们这些贵族出身的人，应该改变自己的生活方式，跟上时代的步伐。我们不应该有这么多佣人，我们发给大家一定的财物和费用，请回乡过独立自主的生活。当然，我们还会留下几个人，但已不是过去主人与佣人的关系，不再有老爷与奴仆之分，而是平等的雇主与雇工的新型关系了。”才旦卓嘎给每个返乡的人30克(西藏旧时的计量单位，每克约合14公斤)青稞和安家需要的锅、碗、桶之类的生活用具及生产工具，遣散他们回乡生产。继续留下的几个人，除管吃外，每年冬夏各发1套衣服、青稞18克。

9月22日，在民主改革中，西藏自治区筹备委员会第三次全体会议通过《关于废除封建农奴主土地所有制，实行农民土地所有制的决议》，决定对参加叛乱的农奴主的土地和其他生产资料一律没收，分配给农奴和奴隶；对未参加叛乱的农奴主多余的土地和其他生产资料由国家出钱赎买后，分配给农奴和奴隶①。阿沛·阿旺晋美带头配合执行赎买政策，主动核实赎买的土地、房屋、耕畜等生产资料，认真登记作价。但在国家按政策给阿沛·阿旺晋美支付赎买金时，他多次找西藏工委和有关单位提出不愿接受，还专门找到张国华、谭冠

---

① 党在民主改革中，对未叛乱的贵族的耕地和多余的房屋、耕畜、农具实行赎买后分给农奴所有。按当时的市场物价计算：耕地每克30元，骡马每匹100元，耕牛每头50元，毛驴每头25元，绵羊每只5元，山羊每只2元，房屋按好坏区分每柱（西藏房屋按立柱多少计算面积）24—16元，农具每套20元。

三，要求把赎买支付凭证和现金存折如数退给国家。他表示，土地还家，物归原主，理所当然。赎买金我们不能要，不能继续剥削，国家正处于经济困难时期，愿意把这笔钱捐献给国家。张国华、谭冠三为阿沛·阿旺晋美追求进步的行为和拳拳爱国之心所感动，但仍然诚恳地向他耐心解释："这是党的民主改革的具体政策，你不愿接受，当然是出于真心。但是，你一带头，其他人就不好再要，赎买政策无法兑现，有人便会说坏话，指责共产党讲话不算数。"为了配合赎买政策的顺利执行，阿沛·阿旺晋美只好收下120余万元的赎买金。他收下这笔赎买金后分毫未动，存在银行，存折也长期搁在西藏自治区党委统战部。这件事情始终是阿沛·阿旺晋美夫妇时常挂念的一块"心病"，一直找机会想把钱捐献出来。到20世纪80年代，阿沛·阿旺晋美将120余万元赎买金和68万元私人储蓄捐献出来，用于修建西藏工布江达县仲萨桥、尼洋河小水电站和西藏拉萨市少年宫。

阿沛·阿旺晋美积极宣传党在民主改革中的赎买政策。他在对上层人士、贵族、僧侣等宣传赎买政策时诚恳地说："中央决定在进行民主改革时，对没有叛乱的贵族及代理人采取像祖国内地对待民族资产阶级的办法，进行赎买。这个政策是完全正确的。进行赎买政策是有许多理由的。首先在政治上说，参加叛乱者和没有参加叛乱者有所区别。对叛乱分子的土地等实行没收，对没有参加叛乱者实行赎买。这样，就界线清楚，是非明确。其次，西藏和平解放后，我们站在反帝爱国的立场，为人民做了一些有益的事情，而在西藏上层反动集团发动全面叛乱的时候，我们又能和人民一道反对叛乱。因此在西藏实行民主改革以后，为了使爱国进步人士的生活水平不致降低，经济上生活上更有保证，对我们的土地等生产资料实行赎买。另外，在政治上也将予以适当安排，这样使大家都能愉快地走民主改革的道路，对于劳动人民的彻底解放是有利的。同时国家对没有叛乱者，进行赎买也是有条件和有力量的……没有参加叛乱的寺庙，占有土地的，同样实行赎买。在改革以后，真正从事宗教活动而留住寺庙的僧侣生活等正当需要，由政府负责解决。现在有些人害怕群众斗争，怕是有道理的。因为过去封建农奴主长时间残酷地剥削压迫了劳动人民，给劳动人民造成了很大的仇恨，因而要求斗争，并且在斗争中表现激愤，是很自然的。我们应当同情劳动人民，放手发动群众。党和政府将会有领导有计划地发动群众，向他们讲清政策，把他们组织起来，满足他们的正义要求，这样在斗争中乱子就会少一些。问题在于不论任何人，只要支持群众彻底解放的事业，站在人民方面，群众对他们过去的过错是会原谅的。同时党和政府也会根据他们改正过错的实际表现，说服教育群众。如果现在还不能站到人民方面来，仍坚持错误立场，那就无法取得人民的谅解。”由于对参加叛乱与未参加叛乱的农奴主及其代理人采取了明显区别的政策，加之西藏工委和阿沛·阿旺晋美等人的耐心工作，大多数未参加叛乱的上层人士，进一步相信了党的长期合作的方针，决心站在人民的立场上，衷心拥护改革，不仅希望对自己的一切生产资料尽快地实行赎买，而且愿意亲身参加到民主改革的运动中，和人民一道为彻底消灭封建农奴制度而斗争。

到1962年全区平叛斗争和民主改革基本结束时，国家共支付4500多万元对1300多户未参加叛乱的农奴主和其代理人的90万克（亩）土地和82万多头牲畜进行赎买。农奴和奴隶共分得土地280多万克，人均3.5克多。百万农奴和奴隶第一次成为土地和其他生产资料的主人，迸发出了空前的劳动热情，从而极大地促进了西藏社会经济的发展，改善了西藏人民的生存和发展条件。

五、在西藏社会历史跨越的重要时刻

西藏民主改革的胜利，使百万农奴获得了人身解放，大大解放了西藏的社会生产力，广大人民群众迸发出前所未有的生产热情。为了彻底完成民主改革，使农牧民个体所有制不断发展，尽早建立各级人民政权，阿沛·阿旺晋美以新的精神面貌参与到西藏稳定发展的建设大潮中，为西藏自治区的成立而奔波。他的工作和生活显得格外繁忙和充实。

坚决贯彻中央“稳定发展”的方针

阿沛·阿旺晋美在经历了民主改革的洗礼后，精神面貌焕然一新，他与西藏工委和筹委会的许多领导一样，看到西藏到处焕发出一派勃勃生机，从内心深处感到高兴，同时也萌发出趁热打铁、赶超内地发达地区的想法。然而，他毕竟对西藏的情况有切身了解，对封建农奴制度向社会主义大跨越中出现的问题有直接的体会，特别是当全区很快出现了试办合作社，甚至高级社的情况后，他又对此有了一些担忧。

1960年11月15日，中共中央在批复西藏工委10月18日《关于试办农业生产合作社的工作安排》的电报中指出：“中央认为西藏地区在几年之内不应试办合作社。”1961年4月21日，中共中央在下达的《关于西藏工作方针的指示》中明确提出：“今后西藏工作必须采取稳定发展的方针。从今年算起，五年内不搞社会主义改造，不搞合作社（连试点也不搞），更不搞人民公社，集中力量把民主革命搞彻底，让劳动人民的个体所有制稳定下来，让农（牧）民的经济得到发展，让翻了身的农奴群众确实尝到民主改革给他们带来的好处。”中共中央的指示，端正了西藏工委的思想路线，使西藏进入自和平解放以来最好的发展时期。

5月10日，政协日喀则专区委员会召开中、上层人士座谈会，广泛征询中、上层人士对日喀则地区工作的意见和要求。会上，中、上层人士纷纷发言，对党的“长期共事”的政策、对未叛乱的农奴主和农奴主代理人多余的生产资料进行赎买的政策、宗教信仰自由政策和其他的各项政策，一致赞颂，坚决拥护。正在日喀则视察的阿沛·阿旺晋美出席座谈会并发表了讲话。他说：“由于党和人民政府的亲切关怀，爱国进步的中、上层人士，通过民主改革运动，在进行自我教育和改造方面，也取得了很大成绩。”阿沛·阿旺晋美强调：“西藏的民主改革运动，是一个翻天覆地的革命运动，在这个运动中，少数地区少数工作中的缺点是很难免的，希望中、上层人士打破顾虑，本着‘知无不言，言无不尽’的精神，积极提出批评和建议，帮助政府纠正缺点，把今后的工作做得更好。”

这一年，阿沛·阿旺晋美和西藏的其他筹委会主要领导应邀来到北京，受到了毛泽东、周恩来等中央领导的亲切接见。毛主席对阿沛·阿旺晋美说：中央已指示西藏工委在今后若干年内，西藏不搞合作社，连试点也不搞，更不搞人民公社。西藏翻身农奴，经过民主改革分得了土地，应该让他们充分享受耕种自己土地的快乐。要努力搞好农牧业生产，发展经济，改善人民生活，培养藏族干部，争取早一点把自治区建立起来。在后来的工作实践中，阿沛·阿旺晋美深深体会到，毛主席对他的谈话所包含的最深刻最实际的意义，就是要为成立西藏自治区创造坚实的经济基础。

阿沛·阿旺晋美在北京期间又一次见到了邓小平。邓小平对他说：西藏的农牧业生产很落后，靠天种地，靠天养畜，社会生产力水平很低。根本原因是广大农奴和奴隶长期遭受残酷的剥削，他们的劳动成果绝大部分被农奴主拿走了，自己过着饥寒交迫的生活，生产积极性起不来。现在他们有了自己的土地、牛羊，应该让他们休养生息，尝到民主改革给他们带来的好处。所以不要急于办合作社，更不要搞人民公社。这样有利于调动农牧民群众的积极性，发展社会生产力。邓小平还要求西藏不要急于办工业，先搞好农牧业生产，争取做到粮食产量自给自足。农牧业生产搞上去了，将来从内地每一个省搬一个工厂进去，就把西藏摆满了，很快就可以达到工业化了。

在稳定发展过程中，由于受全国"以阶级斗争为纲"和"左"的路线影响，西藏工作一度出现急于向高级合作社甚至人民公社过渡的现象，这不仅挫伤了一部分农牧民的生产积极性，也伤害了一些群众及爱国人士。第十世班禅额尔德尼向国务院呈报了《关于西藏总的情况和具体情况以及西藏为主的藏族各地区的甘苦和今后希望要求的报告》，又称《七万言书》。第十世班禅额尔德尼的《七万言书》引起了中共中央的高度重视，希望阿沛·阿旺晋美利用他上层爱国人士的身份多做一些第十世班禅额尔德尼的工作。在这段时间里，阿沛·阿旺晋美积极协助中央反复做第十世班禅额尔德尼的思想工作。

1962年5月18日，周恩来在人民大会堂接见了第十世班禅额尔德尼、阿沛·阿旺晋美、帕巴拉·格列朗杰等人。当第十世班禅额尔德尼等汇报了《七万言书》的基本情况后，周恩来指出："班禅代主任委员的书面报告肯定了十一年来的成绩，这一点我们的看法是一致的。涉及的缺点和问题，如你们提出的干部问题，全国如此，西藏也是这样，只不过在某些问题上西藏多些，在某些问题上西藏少些。不好的事发生后，你们不高兴，我们同样不高兴。错误一定要纠正，这一点党中央、毛主席、国务院是肯定的。从一个领导政党的地位来说，发生了不好的事，我们比你们更负责、更关心。"周恩来要求相互交换意见，解决具体问题。根据周恩来的指示，有关方面与第十世班禅额尔德尼共同研究，形成了《改进合作共事关系》以及做好有关甄别处理反叛分子、宗教工作、培养藏族干部等问题的四个文件①。由于全国形势发生变化，在"左"的路线影响下，这四个文件没有能贯彻执行。即使在这样的情况下，阿沛·阿旺晋美也没有动摇对中央、对西藏工委的信任。

西藏经过民主改革，翻身后的广大农奴生产热情高涨。但由于西藏的生产力发展水平还很落后，如何在封建农奴制度的废墟上建设新生活，还面临着许多必须解决的问题。阿沛·阿旺晋美面对烦琐的工作，夜以继日。他不断

---

① 中共西藏自治区委员会党史研究室编著：《中国共产党西藏历史大事记（1949—2004）》，中共党史出版社 2005 年版，第 203 页。

地向中共中央、西藏工委提出善意的建议。他认为，民主改革后，西藏工作总的成绩很大，问题也有，有些问题还是严重的，各级组织要认真总结经验教训。在这种情况下，中央领导和西藏负责人非常关注，经常找阿沛·阿旺晋美谈话，工作上积极找他商量，同时对他还不断给予关心和帮助，要求他大胆工作，共同建设好新西藏。1963年12月7日，中共中央书记处书记彭真①找阿沛·阿旺晋美谈话，西藏工委张经武、张国华等人也参加了座谈。当彭真谈到西藏工作时，对阿沛·阿旺晋美这一年多来的表现予以充分肯定，他说：阿沛·阿旺晋美同志这些年来表现一直很好，工委对你这一年的工作很满意，中央也是满意的。阿沛·阿旺晋美也谈了一年来的工作情况，他说："我们在工作中，有一些过急行为，经过努力会得到纠正的。现在西藏生产很好，群众觉悟也有很大提高。西藏民主改革虽然搞完了，但一部分农奴主和未改造的人，一有风吹草动就呼应，反攻倒算。但有工委领导，未出问题。"彭真就阿沛·阿旺晋美今后的工作提出了要求，并说："打开窗户说亮话，阿沛同志不足的就是不大敢放手大胆工作。西藏工作的好坏，都有你阿沛一份。做工作还能不犯错误，只要我们按照党的方针政策大胆放手工作，大家共同负责，不要怕犯错误。"阿沛·阿旺晋美完全同意彭真提出的几点指示，表示今后要多与工委商量，大胆工作。阿沛·阿旺晋美认为在继续贯彻执行中央制定的"稳定发展"方针政策的同时，应该进行社会主义道路的教育，为成立西藏自治区做准备。

对党的事业无限忠诚和始终不渝

阿沛·阿旺晋美作为一名在国内外有影响的西藏上层爱国人士，他自从认识了共产党，一生始终对党的事业无限忠诚，听党的话，坚定地跟党走。阿沛·阿旺晋美对党的认识有一个逐步升华的过程，在人民解放军进藏前，他在昌都任总管时，拉萨谣言很多，耸人听闻。当时，西藏内部对共产党和人民解放军的谣传相当多，说共产党、人民解放军见了藏人就烧、杀、抢、奸，无恶不作，一时间分不清哪是真、哪是假。昌都解放后，阿沛·阿旺晋美与解放军一接

---

① 彭真（1902—1997）：山西曲沃人，1923年加入中国共产党。山西省共产党组织的创建人之一。1959年6月在中共八届一中全会上被选为中央书记处书记。1965年1月当选为第三届全国人大常委会副委员长。

触，耳闻目睹，共产党所领导的解放军并不像谣言所说的那样。他亲眼见到的人民解放军都是不拿群众一针一线，买卖公平，尊重民族习俗，不住民房，不住寺庙，不论刮风下雨，都住帐篷，严格遵守三大纪律八项注意，所作所为完全是为西藏人民服务的。人民解放军走到哪里，都为那里的群众治病，建立学校，为人民解除疾苦。共产党所领导的人民解放军这种大公无私、一心一意为人民着想的行为深深感动了他，也赢得了西藏上层人士对共产党的信任。不久，西藏地方政府委派他作为首席全权代表到北京参加和平解放西藏谈判时，因他在昌都时已经对共产党和解放军有一定的了解，这就为他在北京能较顺利地完成《十七条协议》签订奠定了一个很重要的思想基础。

那时的汉族干部、人民军队由于能够认真贯彻党的民族政策，处处为人民做好事，为人民排忧解难，阿沛·阿旺晋美从心底里热爱和拥护共产党，热爱人民解放军。那时的干群关系、民族关系、军民关系是十分融洽的，真可谓亲如手足，鱼水难分。共产党在群众中起模范作用、带头作用、骨干作用、桥梁作用，在工作中继续发挥冲天的革命干劲，踏踏实实，实事求是；发扬成绩，戒骄戒躁，虚心地向群众学习；发扬“把困难留给自己，把方便让给别人”的共产主义风格。人民解放军的模范行为赢得了西藏人民对共产党的信任。

西藏和平解放后，阿沛·阿旺晋美始终不渝地追求远大理想，不断深化对党的认识。他说，饮水思源，西藏劳动人民的翻身解放，西藏的革命和建设事业在短短的历史进程中，之所以能够取得这样伟大的成就，其最根本的原因，是有伟大的共产党和伟大的领袖毛主席的英明领导。西藏人民从和平解放以来的一系列的伟大变革中，亲身体会到共产党、毛主席的英明领导，是搞好各项工作的根本保证。只有老老实实听党的话，坚决跟着党走，坚决按党的指示办事，西藏才能取得成绩和进步。

在多年与中国共产党肝胆相照、荣辱与共的合作共事中，阿沛·阿旺晋美同党的感情越来越深。中央和西藏工委始终认为，因工作需要，阿沛·阿旺晋美以上层人士的身份发挥作用更大，不仅有利于团结、教育和改造其他上层人士，还有利于分化瓦解西藏上层反动集团，也更有利于西藏今后的工作。阿沛·阿旺晋美一切听从党的安排，他说，人民群众总结自己的经验，千条万条，党的领导第一条。这是一条完全正确的经验，适合于各方面，他要牢牢地记住它，永远听党的话，永远服从党的领导，永远跟着党和毛主席走。阿沛·阿旺晋美是这样说的，也是这样做的。

为西藏自治区成立而殚精竭虑

西藏自治区筹委会完全行使西藏地方政府权力后，筹委会根据中央及西藏工委的指示精神，领导了全区的民主改革运动。阿沛·阿旺晋美作为筹委会副主任兼秘书长，工作繁忙，不仅参与组织筹委会第一至第五次全体委员会议，而且还不断深入基层了解这些会议精神贯彻执行的情况。西藏自治区筹委会先后通过了《关于进行民主改革的决议》《关于废除封建农奴主土地所有制，实行农民的土地所有制的决议》《关于农村阶级划分的决定》《关于赎买未叛乱农奴主及农奴主代理人占有的多余生产资料的赎买金的支付办法》等。他为了这些决议、决定的贯彻经常深入第一线，进行调查研究，召开座谈会，听取有关部门汇报，发现问题并及时给予解决。

对于筹委会常务委员会如何在加强上下联系、按照民主集中制的原则处理日常工作所取得的成绩等方面，阿沛·阿旺晋美在1962年12月22日自治区筹备委员会第六次全体委员扩大会议上作报告时说，常委会坚持了集体办公会议制度，研究处理了自治区筹委会的日常工作，及时批办了自治区筹委会各直属工作部门、各专署（市）、各县人民政府的各种请示报告，认真办理了国务院及其部委有关的工作指示，适时发出了自治区筹委会的工作指示、命令，同时进行了诸如救济、优抚、防汛、粮食征购等各项工作，并组织了两次下乡视察，派出了各种工作组深入基层进行调查研究，不断地提高和改进了领导作风。

1964年10月1日，中华人民共和国成立15周年，阿沛·阿旺晋美抑制不住内心的激动，在《西藏日报》上发表了《欢呼辉煌的成就，欢呼党的英明领导》的署名文章。他高兴地说：几年来，由于进行了民主改革、坚决贯彻了中央的“稳定发展”方针，农牧业生产有了较大的发展。1963年，西藏耕地面积比1959年扩大了近60万克，粮食产量增长了52%，牲畜头数比1959年增长了37%。工业、交通、财贸、文教卫生等方面都取得了显著成就。过去西藏没有现代工业和交通工具，现在已建立了一批工厂，其中有发电厂、农具修配厂等。绝大部分县都通了汽车。随着农牧业生产和各项建设事业的发展，人民生活有了普遍的提高，广大劳动人民的子弟有了入学受教育的机会。

为了加快培养民族干部，为西藏自治区的成立储备更多的栋梁之材，在自治区成立前几年的时间里，中央和西藏工委进一步加快了培养民族干部的步伐，先后在西藏公学（后易名为西藏民族学院，位于陕西咸阳）、中央民族学院

（后易名为中央民族大学）和西藏干部学院有计划、有重点地培养了大批的民族干部。同时，中央领导人不断邀请西藏上层爱国人士到北京座谈，进一步提高他们的革命觉悟，以饱满的热情和新的精神面貌投入西藏社会变革的伟大进程中。1965年2月24日，在北京中南海西花厅，周恩来总理与阿沛·阿旺晋美进行了语重心长的谈话，西藏工委负责人张经武、张国华在场。

周恩来对阿沛·阿旺晋美说，现在西藏人民在酝酿成立自治区的事，将来自治区成立，你们会发挥更大的作用。自治区成立，政治和宗教将彻底分离，只有无产阶级政党才能真正实行政教分离。其他政党和统治阶级都是为少数人服务的。无产阶级政党是为大多数人服务的。现在，西藏农奴主出身的不到万把人，其中有些人是可以经过改造走革命道路的。你是革命了，脱离了旧的嘛！真正反动的只是少数。你们要为大多数人服务，就要改造。我们党的干部中间，地主、资本家、小资产阶级出身的人不少，但都可以很好地为大多数人服务。为大多数人服务，这是共产党的宗旨所决定的。

阿沛·阿旺晋美在聆听周总理的谈话中，谨慎地插话，问今后将如何做好工作。周恩来说：不要怕。历史发展把你们推上舞台了。一是要大胆做事。你既是筹委会主任，也是全国人大常委会副委员长。要管西藏的事，也要做全国的工作。做工作有做得对的，也有做错了的。不要怕错，错了就改，在做的过程中锻炼自己。做对了不骄傲，做错了不气馁。二是要学，学有三个方面。第一是学毛主席著作，学党的文件；第二是到群众中去学，同劳动人民谈话，多倾听他们的意见，智慧是从劳动者那里来的；第三是向同事们学，互相帮助，互相学习。三是要人帮助。人总是要别人帮助的，一个人做不出事来。要听好话，也要能多听批评的话。尤其是同志批评的话，对自己帮助最大。凡事要一分为二，对了不骄，错了不馁；要严于律己，宽以待人，对上面、同事、下级都是如此。

聆听了周总理谈话后，阿沛·阿旺晋美心情舒畅，态度积极，决心在中央和西藏工委的领导下，认真贯彻党的方针政策，把今后的工作做好。他向西藏工委汇报工作时说："至于如何接近劳动人民的问题，首先自己要放弃农奴主立场，站在劳动人民的立场上，要改变农奴主的感情，逐步树立劳动人民的感情，要关心劳动人民的疾苦，要能倾听劳动人民的意见，要有向劳动人民学习的观点。日常要多接近机关的党团员干部，多接近下面的干部。不要除了开会办公之外，总是只同上层接近，而不去接近党团员或下面的干部。主动争取有更多的机会深入到广大劳动群众中去锻炼和改造自己。"

围绕西藏自治区成立的事宜，西藏工委领导对阿沛·阿旺晋美充分信任，工作中反复征求他的意见。1965年3月8日，西藏工委主要领导张经武、张国华等找他谈话。张经武对阿沛·阿旺晋美说："西藏自治区就要成立了，你要负责自治区政府的工作，要团结改造上层人士，担子更重了，工作如何搞，有些什么困难和问题，我们共同研究，多交交心。封建农奴制度是没有民主的，那时人们没有民主的习惯。在今后的政府工作中，要坚持民主集中制，多同上层人士相处，对一些错误意见，该批评的就批评，该斗争的就斗争，不能采取迁就、调和的态度。"张国华也说，我们之间是同志式的帮助，将来你担负的责任更大了，要求也就要严一点，有些问题可能提得尖锐一点。周总理要求我们一做二学三帮。互相帮助，你对我们有什么意见，也可以提出来。工委领导的一席话，使阿沛·阿旺晋美更加感到党对自己的信任，他对张经武、张国华说："周总理和西藏工委对我的指示极为重要，我做了记录，以后又核对了一遍，记得很清楚，每句话都有深刻的意义。自己一定牢记心中，付诸实践。"

经过民主改革和稳定发展，西藏由封建农奴制向社会主义跨越，正式成立自治区的条件日益成熟。因为百万农奴的彻底解放，基层人民政权相继建立，人民当家做主的地位日益巩固，为西藏的社会跨越奠定了政治基础；在中国共产党的领导下，西藏人民以主人翁的姿态，昂首阔步登上政治舞台，并获得了选举权和被选举权，人民参政议政的意识日益增强，为西藏社会的跨越奠定了社会基础；民主改革的胜利，人民群众获得了生产、生活资料，加之互助组、合作社的陆续建立，使社会生产力得到了空前解放，西藏的经济、社会事业得到了快速发展，在全国人民的大力支援下，西藏相继建立起一批现代工业和农业基础设施，为西藏的社会跨越奠定了物质基础。此时西藏自治区工委、自治区筹委会开始研究讨论如何尽快成立西藏自治区的问题。这时候的阿沛·阿旺晋美心情非常愉快，因为他已经预感到，西藏社会历史的伟大跨越很快就要到来。

1965年8月25日，第三届全国人民大会常务委员会第十五次会议通过《全国人民代表大会常务委员会关于成立西藏自治区的决议》。西藏自治区，是继内蒙古、新疆、广西、宁夏之后最晚成立的一个民族自治区。它的成立，使中国共产党在中国少数民族地区建立省一级自治区的任务得以完成。

1965年9月1日这一天，拉萨各族人民身穿节日盛装，倾城出动隆重欢迎中央代表团的到来，从西郊到布达拉宫人山人海，一片欢腾。中央代表团乘坐的汽车缓缓地开过来了，紧接着锣鼓喧天，鞭炮齐鸣，各族人民挥舞彩旗、花束，喊着口号欢迎亲人。

拉萨主城区的街道上，威武的摩托车开道，数十辆汽车由东向西驶来，在前面几辆敞篷车上站着中央代表团主要成员谢富治①、张经武、张国华、帕巴拉·格列朗杰等，阿沛·阿旺晋美作为中央代表团副团长并列其中。扩音器里播放着《毛主席派人来》这首激动人心的歌曲，一条条洁白的哈达抛上了敞篷汽车，站在车上的阿沛·阿旺晋美频频向各族群众招手致意。汽车慢慢地行驶着，穿过劳动人民文化宫，朱德副主席题写的"劳动人民文化宫"几个大字熠熠生辉。

1965年9月1日至9日，西藏自治区第一届人民代表大会第一次会议在拉萨隆重举行。这届会议是在西藏完成民主改革和进入社会主义时期的形势下召开的，是百万翻身农奴当家做主的大会。出席大会的代表301人，其中藏族代表226人，门巴族、珞巴族、回族、纳西族、怒族和其他代表共16人，藏族等少数民族的代表人数占代表总数的80%以上。藏族和其他少数民族代表中，绝大多数是翻身农奴和奴隶，也有一部分是爱国进步的上层人士和宗教界人士。

在开幕式上，阿沛·阿旺晋美代表自治区筹备委员会作了工作报告。他的报告共分三个部分，第一部分叙述了9年来筹备成立西藏自治区的经过；第二部分详细叙述了几年来全区在政治、经济、文化各个战线上所取得的伟大成就。他说，民主改革以来，农业生产连续6年丰收，牧业生产有了大幅度的增长。粮食总产量1964年比1958年增长了45.7%。牧业生产有了大幅度的增长，牲畜总头数1964年较1958年增长了36.3%。现在全区已有农业生产互助组2.2万多个，入组户数占农业总户数的90%。牧业生产互助组4000多个，入组户数占牧业总户数的34.2%。这些互助组，对促进农牧业生产的发展起到了很大的作用。工业、交通、邮电、商业、财粮、文教卫生、培养藏族革命干部等方面也取得了很大成绩。

阿沛·阿旺晋美说，筹备成立自治区九年以来，特别是1959年以来各项工作所取得的伟大成就，首先应当归功于伟大的中国共产党，归功于全国各族人民敬爱的伟大领袖毛主席。这是党的领导的伟大胜利，是党的民族区域自治

---

① 谢富治（1909—1972）：湖北红安人。1930 年参加中国工农红军第一军。1931 年加入中国共产党。1965 年任国务院副总理。

政策的伟大胜利，是毛泽东思想的伟大胜利，是翻了身的百万农奴敢于斗争、敢于胜利、艰苦奋斗的结果，是全国各族人民大力支援的结果，是进藏人民解放军和全体职工全心全意为西藏人民服务、不怕困难、艰苦奋斗的结果。当他讲到代表西藏人民“向伟大的中国共产党和全国各族人民最敬爱的领袖毛主席致敬！”“向不辞劳苦亲临指导给我们带来很大鼓舞的谢副总理和中央各部门，各省、市、自治区的代表同志致敬！”的时候，会场上响起了长时间暴风雨般的掌声。

代表们投票选举产生了第一届西藏自治区人民委员会，阿沛·阿旺晋美当选为第一任自治区人民委员会主席。

六、孜孜以求，尽心致力于西藏的现代化大业

阿沛·阿旺晋美从接触到西藏的上层政治开始，就曾立下了改变西藏地区的社会、经济面貌，进而使这一贫穷落后的地方不断发展的远大抱负。然而，在那灾难深重的旧中国，内地沿海大城市都无法改变贫穷落后的现实。只有新中国的成立，才具备发展现代化的政治基础和社会基础，这已被和平解放以来党领导西藏革命和建设的实践所证实。因此，在他就任自治区第一届政府主席后，就向党和西藏各族人民表达了自己将全部精力贡献给西藏经济社会发展大业的愿望。然而他的这一愿望曾一度在“文化大革命”时中断。

面对史无前例的“文化大革命”

西藏自治区成立后，阿沛·阿旺晋美的生活和工作格外忙碌和充实。1965年10月初，阿沛·阿旺晋美和自治区党委第一书记张国华一起在山南专区农村进行了两个星期的视察，先后到泽当、乃东等地和农民一起谈生产，谈生活，了解情况。回来后，阿沛·阿旺晋美在自治区人民委员会和政协委员会举行的联席会议上作了《关于视察山南专区情况的报告》。他说，翻了身的农奴正在社会主义大道上阔步前进。他用大量事实说明，民主改革以来，西藏农牧业生产有了巨大发展，人民的生活有了显著提高，人民的精神面貌发生了极大的变化。1966年3月，阿沛·阿旺晋美又和自治区党委书记周仁山（当时区党委设有第一书记）带着30多名干部，来到西藏东部的八宿县蹲点。陪同阿沛·阿旺晋美蹲点的周仁山，是一位德高望重的老领导。阿沛·阿旺晋美到八宿县蹲点，

用他的话说，可以向仁山书记学习许多东西。而周仁山也一再说，同阿沛·阿旺晋美一道蹲点，既可以互相学习，又可以进一步交流感情，从他身上学习丰富的政治经验和维护民族团结统一的高贵品质。当时两位领导的年龄都是55岁，他们来到白玛乡，所住帐篷紧紧相连，一起办学习班，一起听汇报，一起研究和处理问题，亲密无间。

阿沛·阿旺晋美在与群众交流中反复强调要维护民族团结，藏汉族要相互学习，要反对分裂主义和狭隘的民族主义。他要求县里干部在发展农牧业、提高人民生活方面，必须因地制宜，扬长避短，大力发展粮食作物和土特产品。两位领导的言行，让基层干部松了一口气。原先认为自治区的大领导亲自蹲点，又看见随行的警卫人员和大批工作队，心情很紧张。见面会后，许多干部放下包袱，积极参加蹲点工作。在阿沛·阿旺晋美和周仁山等领导蹲点的地方生产生活得到提高，人民群众对党的高级干部有了更亲切的感受和更深刻的认识。

正当阿沛·阿旺晋美以自治区主席的身份继续到西藏各地蹲点和检查工作时，“文化大革命”爆发了。1966年6月初，以《西藏日报》发表《全区人民口诛笔伐猛攻牛鬼蛇神》的通栏消息为标志，急风暴雨般的“文化大革命”在西藏展开。“文化大革命”一开始，中央就指示西藏自治区党委要根据西藏的特点发动运动。自治区党委根据中央指示精神，尽可能地保护一些上层统战人士。然而，在那个特殊的年代，区党委的努力被一波接一波的群众运动破坏了。此时，阿沛·阿旺晋美的工作与生活全部被打乱了，红卫兵向他送大字报，要他交代问题。面对各种批判和攻击，他心中十分坦然，自认没有做过对不起共产党、对不起西藏人民的事。他的行动受到限制，但他对党和国家的忠诚从未动摇。危急关头，为保护阿沛·阿旺晋美免受更大冲击，毛泽东和周恩来决定，要区党委对他加以保护，并迅速将他接到北京。

1966年9月27日，西藏军区负责人通知阿沛·阿旺晋美：“接到周恩来总理的电话，明天中央派专机来接您和才旦卓嘎去北京，要做好准备。”阿沛·阿旺晋美接到要他和夫人去北京的通知，一时间不敢相信自己的耳朵。第二天，他动情地对前来送行的张国华说：“从我自己来说，‘文化大革命’这样轰轰烈烈地开展，大破四旧，我是与自治区党委保持一致的。但由于自己错误不少，群众给贴了很多大字报，口头批评能接受，相信党的政策是正确的，不会把不是我的错误加在我身上的，不会冤枉我的。”他紧紧握住张国华的手说：“这次是党保护了我，我一生也报答不完党的恩情。”

阿沛·阿旺晋美到达北京后，接机人员根据周恩来的指示把他直接送到北京饭店二楼的一个大套房里。和他住在同一层楼的还有赛福鼎·艾则孜、朱德海①等，都是按周总理指示保护起来的。周总理派人来看望他，张经武夫妇也来看望他。阿沛·阿旺晋美经常对人说，如果不是周总理保护，在那个岁月里命运不知如何，真是不堪设想。整个“文化大革命”期间，阿沛·阿旺晋美一直住在北京，尽管大墙之外波浪涛天，他却过着安静闲适的生活，街上散散步，到大专院校看看大字报，或踏动缝纫机，为儿女们缝缝补补。

10月1日，阿沛·阿旺晋美被邀请登上天安门城楼参加国庆观礼。他又一次见到了毛泽东，毛泽东非常关切地问阿沛·阿旺晋美的身体怎么样。只简单的一句话，使他感受到异乎寻常的亲切和温暖，也觉得意味深长。阿沛·阿旺晋美看出，毛主席还有话要对他说。但是，没有翻译在场，只好作罢。从那以后，毛泽东多次在天安门城楼上接见红卫兵时，阿沛·阿旺晋美都被邀陪同，每次见面也都是问好、安慰。1971年10月1日，在天安门城楼上，毛泽东特意把阿沛·阿旺晋美介绍给柬埔寨的西哈努克亲王说，这是西藏的领导人，也是国家领导人。阿沛·阿旺晋美最后一次见到毛泽东是1972年在陈毅的追悼会上。当时，毛泽东显得十分苍老，阿沛·阿旺晋美感到他内心很悲伤，也很疲倦。毛泽东拉着阿沛·阿旺晋美的手问他身体好吗，嘱咐他要保重。阿沛·阿旺晋美感动得几乎流下眼泪，连忙回答：“我很好，谢谢主席关怀，祝您健康长寿。”毛泽东说：“咱们彼此吧！”

阿沛·阿旺晋美迁居北京后，主要从事国务和外事活动。但他仍然心系西藏，念念不忘家乡的父老乡亲。他多么期盼早日回到西藏工作，继续为家乡的发展、人民生活的改善贡献力量。1968年，西藏两派群众组织搞大联合，在北京航空学院开会。周恩来通过秘书给阿沛·阿旺晋美打电话，要他做好准备，在会上做个检讨。在中央的保护下，阿沛·阿旺晋美在这次会上顺利过关。9月5日，拉萨召开近五万人的大会，正式成立西藏自治区革命委员会，阿沛·阿旺晋美回到拉萨参加了此次大会，并被任命为西藏自治区革命委员会副主任。出来工作的阿沛·阿旺晋美在困难的境遇中，始终以国家利益为重，从不计较个人

---

① 朱德海（1911—1972）：朝鲜族，吉林延吉人，1931年加入中国共产党。1966年1月任中共吉林省委常委。

得失，坚定地相信党，相信人民，排除干扰，竭尽全力做好工作，与革委会的同志们采取多种措施促进西藏经济社会的发展，改善人民群众生活。

阿沛·阿旺晋美常说，喝水不忘挖井人。西藏人民能够走出封建农奴制度的无边苦海，走上繁荣幸福的社会主义康庄大道，全靠中国共产党和毛主席的正确指引。他在“文化大革命”中曾经受到过批评和责难，但最痛苦的并不是个人受到批评和攻击，而是不能多为党和国家工作。他说，党和人民给了我这么多、这么大的荣誉，而自己对人民的贡献却很少很少，我要彻底改造世界观，加倍努力为党工作。

阿沛·阿旺晋美最后一次听到周恩来的声音，是1975年1月第四届全国人民代表大会期间，周恩来重病住院治疗，仍然带病向人大会议作政府工作报告。会后的一天晚上，阿沛·阿旺晋美突然接到周恩来在病床上打来的电话。周恩来在电话中亲切问他的身体怎么样，西藏情况如何，并说有什么问题可以同国务院副总理李先念①谈一谈，并且要阿沛·阿旺晋美抽时间去看看第十世班禅额尔德尼，做些工作。当时，他紧握着电话听筒，忍不住流下了热泪，只好用哽咽的声音告诉总理，说自己的身体很好，西藏情况也好，请总理放心，请总理保重，祝总理早日康复。这次电话谈话，是周恩来总理对阿沛·阿旺晋美的最后一次关怀。

阿沛·阿旺晋美始终没有忘记在第四届全国人大一次会议上的情景，特别是当听到周恩来在报告中提出“在本世纪内，全面实现农业、工业、国防和科学技术的现代化，使我国国民经济走在世界的前列”时，不禁激动万分，渴望着“四个现代化”的目标会很快在西藏实现。在这次会上，阿沛·阿旺晋美再次被选为第四届全国人民代表大会常务委员会副委员长。全国人大会后，周恩来病重住院，邓小平在毛泽东主席的支持下主持中央日常工作。邓小平主持中央日常工作后，召开了军委扩大会议和解决工业、农业、交通、科技等方面问题的一系列重要会议，对全党的工作进行整顿，使全国形势有明显好转。为贯彻执行邓小平关于整顿的方针，在阿沛·阿旺晋美等西藏自治区革委会领导同志的努力下，西藏先后召开了区革委五次全体（扩大）会议以及全区公安工作会议、全区商业和手工业工作座谈会、全区邮电系统先进生产（工作）者代表

① 李先念（1909—1992）：湖北红安人，1927年加入中国共产党。新中国成立后，1954年至1980年任国务院副总理。

大会、全区绵羊改良和半细毛羊育种工作座谈会、全区工业学大庆经验交流会和全区出版、教育、体育工作座谈会等，对工业、农牧业、交通、邮电、文教等方面的工作进行了整顿。经过整顿，西藏的社会秩序、工作秩序、生产秩序都明显好转，各族人民精神为之振奋，迎来了西藏自治区成立十周年。阿沛·阿旺晋美作为中央代表团副团长，回到阔别多年的西藏。

1975年9月6日至11日，以中共中央政治局委员、国务院副总理华国锋①为团长的中央代表团乘专机到达拉萨，参加西藏自治区成立十周年的庆祝活动。庆祝活动期间，阿沛·阿旺晋美等陪同华国锋团长深入工厂、农村视察工作。华国锋、阿沛·阿旺晋美等向西藏各族人民转达了毛主席、党中央的热烈祝贺和亲切关怀，使西藏各族人民受到了极大的鼓舞。

庆祝活动结束后，阿沛·阿旺晋美留在西藏视察。他先后视察拉萨市、日喀则、林芝毛纺厂、东嘎煤矿和西藏民族学院林芝分院等地，还参加了林周县虎头山水库竣工庆典。他每到一处，都要细心体察当地群众的生产生活情况，协调解决困难。在拉萨市区参观粮油加工厂、七一农机厂、地毯厂、“七二五”油库、火力发电站、邮电大楼、皮革厂时，阿沛·阿旺晋美深深感到拉萨与他离开西藏时相比发生了很大变化，人民群众的觉悟提高得快，工业建设较其他地方搞得好，广大农牧民和工人们自力更生、艰苦奋斗的精神好。阿沛·阿旺晋美还对几个子女说，现在西藏的交通方便了，解放前，由拉萨到工布江达骑马要走十天，由泽当到拉萨、加查各走五天，现在坐汽车几个小时就到了，这一切都是党给西藏人民带来的。

阿沛·阿旺晋美还视察了大昭寺、色拉寺、哲蚌寺等拉萨三大寺以及布达拉宫。“文化大革命”时期，在“破四旧”、“横扫一切牛鬼蛇神”的影响下，佛像和文物遭到破坏。日理万机、百事缠身的周恩来总理得知以后，从北京给西藏打来电话，要求务必保护好西藏宝贵的民族文化遗产，保护好中华民族的国宝。所以布达拉宫、罗布林卡、小昭寺等具有西藏民族象征的建筑，在波及全国的“文化大革命”动荡中安然无恙。

视察期间，阿沛·阿旺晋美还利用自己的特殊出身和经历，同那些受“文

---

① 华国锋（1921—2008）：山西交城人，1938 年 10 月加入中国共产党。1949 年后任湖南湘潭县委书记、地委专员等职务。“文化大革命”期间担任湖南省委第一书记。1975 年任国务院副总理。

化大革命”冲击的西藏上层爱国人士促膝谈心，给予开导和鼓励，平复其创伤，振作其精神，勉励他们继续为西藏作贡献。他说：“我们不能因为受到批判就丧失信心，党不是仍然信任我们，称我们是爱国人士么。我们不要辜负爱国人士这个称号，要为国家的统一，民族的团结，再做有益的事。”尽管阿沛·阿旺晋美同许多老干部一样，受到“文化大革命”的冲击，但他对党的忠诚是始终如一的。他对爱国人士说，对于这样的群众运动，我们要有个正确的认识，我们一定要心向党，这是最主要的。虽然受了一些委屈和打击，但仍然要坚决相信党，最后会弄清楚的。这点你们比我清楚，我们要放弃旧思想，要相信党，要相信群众。只要有了这三点，就不会因为发生些小问题而动摇。这是我25年的经验。我由于真心相信党，相信群众，才有今天。你们只要相信党，相信群众，就会舒舒服服地度过晚年。

阿沛·阿旺晋美深入到西藏各地考察调研，慰问各族干部群众、驻藏解放军以及民族宗教界人士，为稳定西藏局势做了大量卓有成效的工作。同时通过参观考察，他看到西藏人民群众的生活水平有明显提高，卫生条件改善了，身体都很健康，孩子们都能上学了，各方面发展变化都很大。看到这一切以后，他心里由衷的高兴。他感慨西藏方方面面变化都大，表示回到北京后，一定要向党中央汇报。

积极投身改革开放的伟大事业

1976年10月，“文化大革命”结束。1978年2月26日，第五届全国人大第一次会议召开，阿沛·阿旺晋美当选为全国人大常委会副委员长。12月，党的十一届三中全会召开，重新确立了解放思想、实事求是的思想路线，实现了党和国家工作重点的转移，西藏和全国各地一样，进入了社会主义现代化建设新的历史时期。1979年8月，西藏召开自治区三届人大二次会议，恢复自治区人民政府。这时阿沛·阿旺晋美已69岁，刚接受脑部手术，在北戴河休养。当他听说中央希望他参加改革开放后西藏召开的第一次人民代表大会时，便毫不犹豫地到拉萨参加会议。他在会上发表了此次回到西藏的第一次讲话，号召大家共同努力做好西藏的改革发展工作。他说：“我们应当清醒地看到，西藏是从一个极端反动的封建农奴制社会经过民主改革和社会主义改造，跃入社会主义社会的。旧社会给我们遗留下来的贫穷和落后，虽然经过全区各族人民的共同努力，有了较大改变，但是我们的基础仍然很差，在物质、技术和交通等方面，仍然存在着很大的困难。我们的管理体制和管理水平，也远远不能适应四化建设的要求。我们必须改变这种状况，下定决心，争取时间，有效地进行国民经济调整、改革、整顿、提高的各项工作。我们希望各条战线上的同志，动脑筋，想办法，群策群力，为完成四个现代化建设努力作贡献。”在这次会上，众望所归的阿沛·阿旺晋美当选为西藏自治区第三届人民代表大会常务委员会主任。

会后，阿沛·阿旺晋美用几十天的时间在西藏进行了广泛的考察。对干部作风、人民生活、工农业生产、冬小麦种植、民间手工业等做了深入细致的调研。回到北京，阿沛·阿旺晋美将此次西藏之行，写了一份书面材料报告中央，为中央制定新时期西藏政策提供参考。阿沛·阿旺晋美等自治区领导全面贯彻党的十一届三中全会精神，率领西藏各族人民拨乱反正，全面落实党的干部政策、统战政策和宗教政策，为加强民族区域自治建设，实行改革开放，加速经济发展和社会进步，做了卓有成效的工作，取得明显成绩。

进入改革开放新时期后，党中央本着爱国不分先后的原则，希望流离境外的藏胞回国参加现代化建设，同时要求达赖喇嘛放弃分裂祖国的立场，到西藏走一走，看一看。西藏自治区根据中央指示精神成立了“接待藏族同胞归国参观委员会”，设立接待办公室，对归国藏胞给予了热情接待。阿沛·阿旺晋美为此也做了大量工作。

1979年9月，达赖喇嘛第一次派出五人参观团（图登朗吉、彭措扎西〈达赖喇嘛姐夫〉、洛桑三旦〈达赖喇嘛三兄〉、扎西多杰、洛桑达杰）回国参观。中央非常重视，除安排中央有关领导接见参观团成员外，还安排他们到阿沛·阿旺晋美家做客。晚饭后，洛桑三旦问阿沛·阿旺晋美：“夏格巴写了一本很全面的西藏历史书（指《西藏政治史》），你看过没有，如何评价？”

阿沛·阿旺晋美说：“粗略地看过一眼，不过是一本任意阉割历史为己所用的宣传品，充其量也只能说是一本鼓吹‘西藏独立’的政治小册子，谈不上是一本严肃的历史书。比如，夏格巴写西藏乃东政权，根据的主要史料是《朗氏族谱》。这本书明明讲，强曲坚赞说‘得不到皇帝（明朝）批准政权就不稳固’，所以派人晋见明朝皇帝，取得朝廷的册封，乃东政权才得以确立。夏格巴有意避而不录，瞎说明朝和西藏只有宗教关系而无政治关系。”

阿沛·阿旺晋美看到，听的人将信将疑，呷了一口茶继续说：“西藏自元朝纳入中国中央政府有效管辖后，历经明、清、民国政府，尽管朝代更替，但它们都是中国中央政府，而西藏无论由萨迦、噶举还是格鲁派掌权，都是隶属于中央政权的地方政权，都是在中央的指令下，行使地方权力的。然而夏格巴却说，中央和西藏只有供施（施主和福田）关系，而无政治隶属关系。远的不说，就拿西藏官员和贵族来说，许多都是皇帝封的，皇帝封的汉藏两种官方诰文，我都见过，现在还可能找得到。四个噶伦、二个颇本、六个代本，都是朝廷封的。皇帝封的三品以上官员还有公、札萨、台吉。受皇帝封的官员，服装有定制，戴红缨顶子帽，肩上披蒙古披肩，衣服是内库的黄缎子，上有龙的图案，和一般缎子有明显区别。西藏地方政府任命的官员则不允许穿这种衣料。拉恰、孜恰、四个孜本和有些四品官是地方政府任命的，他们不得穿黄色衣服。试问，仅仅供施关系，皇帝有权册封西藏官员吗？这是个常识问题。”

听了阿沛·阿旺晋美的一番话，洛桑三旦等无对答之词而起身告辞，敷衍说：“这本书，我们内部也有不同看法。”

20世纪80年代，西藏同全国一样进入改革开放新时期。党在继承以毛泽东为核心的党中央第一代领导集体长期形成的治藏思想的同时，积极探索在改革开放新时期西藏经济社会发展的途径，并在不断变化的实践中进一步丰富和发展。

1980年3月14日至15日，中共中央书记处召开了西藏工作座谈会（第一次西藏工作座谈会）。会议根据十一届三中全会精神，坚持解放思想、实事求是的思想路线，一切从西藏实际出发，从指导思想上拨乱反正，明确了西藏面临的任务及需要解决的方针和若干政策问题，确定了今后一个时期西藏的工作任务和工作方针。会议还提出了西藏当前和今后一个时期的中心任务和奋斗目标：以藏族干部和藏族人民为主，加强各族干部和人民的团结，调动一切积极因素，千方百计地发展国民经济，提高各族人民的物质生活水平和文化科学水平，建设边疆，巩固国防，有计划、有步骤地使西藏兴旺发达、繁荣富强起来。同年5月22日，阿沛·阿旺晋美随同胡耀邦①、万里②等率中央工作组到西藏考察工作，并宣布给予西藏一系列优惠政策。

中央第一次西藏工作座谈会后，西藏按照座谈会精神，实行“两个长期不

---

① 胡耀邦（1915—1989）：湖南浏阳人，1933 年加入中国共产党。1980 年 2 月在中共十一届五中全会上当选为中央政治局常委、中央委员会总书记。

② 万里（1916—2015）：山东东平人。1936 年加入中国共产党。新中国成立后，历任西南军政委员会工业部副部长、部长。1980 年 4 月—1988 年 4 月任国务院副总理。

变”①政策，休养生息，发展生产，同时继续落实干部政策、民族宗教政策。在全面贯彻落实中央第一次西藏工作座谈会精神的过程中，西藏开始大批内调汉族干部和职工。由于不切实际地调走大批汉族干部，一大批业务骨干、专业技术人才、医生、教师等被调走了。同时，因走得急，工作不细，思想政治工作和有些措施没有跟上，原定的一些工作无法完成，一定程度上对西藏工作造成了影响。加之，有人对这一时期西藏工作的判断和认识出现失误，造成在实际工作中出现了不可避免的曲折。这期间，阿沛·阿旺晋美再次当选自治区人民政府主席，他深知自己肩上的责任重大。就在阿沛·阿旺晋美准备赴任之前，胡耀邦同志于1981年4月11日在北京约见了他，并对从西藏内调干部问题作了重要指示。

胡耀邦同志说：你去西藏以前，中央其他同志还要和你详细谈，我就谈关于内调干部问题。现在西藏需要的干部，包括技术人员、教师、医生等，凡西藏需要的，无论如何，一个也不能放走。西藏不需要，要内调的，走的时候也要教育好。

阿沛·阿旺晋美抵达拉萨后，向区党委传达了胡耀邦同志的指示，并用大量时间先后到日喀则、萨迦、江孜、亚东等地进行了广泛的调研。每到一处，他都深入农牧区、工厂、机关、学校、医院、居民家庭和边防哨卡，同农牧民、工人、指战员、干部、教师等各方面人士广泛接触，听取当地干部和群众对政府工作的意见、建议和要求，听取各地人民政府的工作汇报。阿沛·阿旺晋美对日喀则地区各级党政部门、干部、群众以及人民解放军在十一届三中全会精神指引下，认真贯彻中央第一次西藏工作座谈会以来的各项重要指示和决议，努力工作，艰苦奋斗，在各项工作中取得的成绩非常肯定。他说，这次到日喀则的一些地方实地考察，看到各地结合自己的实际情况，实行不同形式的生产责任制，受到农牧民群众的热烈拥护，他们从内心里热情赞扬党的政策好。对此，他表示满意。

阿沛·阿旺晋美在调查研究中，深深感到西藏的形势是一年比一年好。他说要改变西藏贫穷落后的面貌，一靠党的方针、政策，二靠广大人民群众，三靠广大基层干部。过去，我们西藏农牧业、工业基础差，要想一下子富起来，也

---

① 两个长期不变：土地归户使用，自主经营，长期不变；牲畜归户，私有私养，自主经营，长期不变。

不容易。从现在的情况看，群众有存款的多了，有余粮的多了，添置录音机、缝纫机等高档消费品的多了。边民思想稳定，深感社会主义好，党的政策好。区党委政府提出的“三年一小变、五年一中变、十年一大变”的口号，是符合西藏实际情况的。全区各族军民要为实现这个口号而奋斗。

当西藏各族人民按照中央第一次西藏工作座谈会精神，积极探索发展西藏社会经济、推进改革开放、加快各项事业发展的时候，叛逃在外的达赖集团一刻也没有停止分裂祖国的活动。第十四世达赖喇嘛派来的参观团，利用在拉萨周边一些大寺庙进行宗教活动的机会，煽动西藏独立活动，散发旨在分裂祖国、挑拨民族关系、破坏西藏安定团结的反动传单。1981年6月8日，西藏自治区党委、自治区人大常委会和自治区人民政府在拉萨地区召开万人大会。阿沛·阿旺晋美在会上发表讲话，号召西藏干部群众起来与达赖集团的分裂破坏活动作斗争。他说，祖国的统一，各民族的团结，是我们的事业取得胜利的基本保证。要建设团结、富裕、文明的新西藏，没有祖国的统一，没有各民族的团结，也是不可能实现的。藏汉人民亲如骨肉，情同手足，永不分离。不管是什么人，谁要破坏祖国的统一，破坏民族的团结，就是违背西藏人民根本利益的，西藏人民是要坚决反对的，我们国家的法律也是决不容许的。

达赖集团分裂祖国、图谋“西藏独立”的骗局被揭穿后，又在西方同所谓持不同政见者发表联合声明，大肆攻击社会主义祖国。针对这一严重情况，阿沛·阿旺晋美1982年6月7日在《光明日报》发表题为《西藏在革命大道上前进》的文章。他在文章中严正声明，国外有人搞“一中一台”，还有人搞“一中一台一藏”。搞“一藏”，就是妄想搞“西藏独立”，把西藏从祖国大家庭中分裂出去。这是绝对不能允许的，也是不能得逞的。在旧中国中央政府那样腐败无能的时候，帝国主义搞“西藏独立”的阴谋活动尚且没有得逞，而面对今天强大的中华人民共和国，搞“西藏独立”那简直是痴心妄想！过去跟着搞“西藏独立”的人当中现在有越来越多的人认识到要搞“西藏独立”是走错了路。这说明搞“一中一台一藏”是不得人心的，是注定要失败的。

1983年2月9日的藏历水猪新年，阿沛·阿旺晋美在北京民族文化宫与藏族同胞1600多人欢度新年。他向大家表示节日祝贺的同时，发表了热情洋溢的讲话。他说，由于贯彻了中央对西藏工作的重要指示，西藏连续获得农牧业丰收。去年，西藏的农牧业生产比丰收的1981年又有了较大的增长，人民生活水平不断提高。今日西藏，形势大好。

为了帮助西藏更好更快地发展经济，中共中央书记处于1984年2月至3月召开了第二次西藏工作座谈会。会议由中共中央总书记胡耀邦主持。会议对1980年以后西藏的工作成绩作了肯定，同时也根据新情况，制定了一系列符合西藏实际的经济政策和改革开放政策，并决定组织9省、市帮助西藏建设43项工程。这次会议对扩大改革开放，加快西藏经济发展起到了促进作用。中共中央第二次西藏工作座谈会后，中央对区党委领导班子进行了调整。这一时期，区党委在如何处理西藏存在的民族、宗教、统战等复杂问题上出现了模糊认识，对党在西藏正确的路线、方针、政策理解不够准确和全面，中央第一、第二次西藏工作座谈会所赋予的一系列优惠政策没能够很好地使用。针对这些问题，阿沛·阿旺晋美做了许多细致而扎实的工作，在各种场合都在宣传中央关于西藏工作座谈会的精神，要求全区各族干部群众认真贯彻落实中央给予西藏的方针、政策。在1985年7月25日自治区四届人大三次会议期间，阿沛·阿旺晋美还专门接见了昌都代表团全体代表并讲话。他说，中央对西藏总的要求就是要使人民尽快富起来。群众怕党的政策变，你们一定要向群众讲清楚，党的政策是不会变的，不必怕！中央对西藏的政策是坚定的、长期的。要变只会向更好的方面变，不会变坏的。你们是人民代表，有权监督各方面是否认真执行了党的方针政策，如有违反，你们有权说出来，你们光“拉索”（藏语，即“是”）是不行的，要尽到你们的职责。

在阿沛·阿旺晋美看来，西藏的改革发展工作能否顺利开展，人的因素十分重要。1985年8月13日、15日，他在区党委、政府联席会上反复就干部作风问题发表讲话。他说，从民族干部的情况看，现在数量不少，特别是下面占的比例大，但质量不高，工作作风、纪律上的问题不少。今后在使用干部上，一是要从工作需要出发，二是要用其所长。他说民族干部如果不能承担工作任务，所谓行使区域自治的权利就会是一句空话。他希望不论汉族干部还是藏族干部，都要严格遵守工作纪律，改进工作作风，提高工作效率。他认为现在的问题是全区藏族干部数量起来了，质量没有跟上，藏族干部需要肯吃苦，下工夫钻研学习各种知识和技能，努力提高自身的素质。只要各族人民团结一致，坚持实事求是、一切从西藏实际出发的思想路线，进一步端正工作作风，坚决贯彻落实中央的方针政策，西藏很快富裕起来是大有希望的，西藏的前景是无限美好的。

为国家和西藏自治区的法制建设呕心沥血

阿沛·阿旺晋美在担任第五、第六、第七届全国人大常委会副委员长以及全国人大民族委员会主任委员期间，积极推动国家的民主法制建设，参与组织《中华人民共和国民族区域自治法》的制定，为中国民族法制建设付出巨大的努力和辛劳。他多次深入民族地区和全国各地考察调研，推进民族区域自治进程，保障民族区域自治法的顺利施行，为推动民族地区发展、维护祖国统一和民族团结倾注了大量心血。

1981年12月11日，阿沛·阿旺晋美在第五届全国人大民族委员会第三次会议的报告中说，民族立法工作一定要体现四项基本原则的精神和坚决贯彻加强民族团结的精神。他说，我国各族人民从长期的历史斗争实践中深切认识到，只有坚持社会主义道路，坚持人民民主专政即无产阶级专政，坚持共产党的领导，坚持马克思列宁主义、毛泽东思想这四项基本原则，才有我们国家的富强，民族的繁荣，人民的幸福。所以，民族立法工作一定要体现此四项基本原则的精神，以维护少数民族人民的根本利益。他要求民族立法工作必须用法律来维护国家的统一，坚决贯彻加强民族团结的精神，用法律规定各民族的平等权利和自治地方的自治权利。民族自治地方自治条例要充分反映民族特点和地区特点，反映各族人民群众的意愿和要求，特别是实行自治的少数民族的意愿和要求。阿沛·阿旺晋美指出，我国各民族地区具有共同性，但情况复杂，更具有特殊性。民族立法工作要坚持党的基本政策，同时要用科学的态度，研究民族特点和地区特点，了解它的历史和现状，掌握它的发展规律。在这个基础上起草民族自治地方的自治条例和单行条例，才能对实际工作起到指导和保证的作用，才能保障党的民族区域自治政策的贯彻执行。

1984年5月，在第六届全国人大二次会议上，阿沛·阿旺晋美向大会作了关于《民族区域自治法（草案）》的说明。民族区域自治法颁布以后，他又多次带队深入西藏等少数民族地区调查研究，提出很多具体意见，在协助自治区制定自治条例的工作上倾注了不少心力。

阿沛·阿旺晋美在担任西藏自治区人大常委会主任（1983—1993年）期间，坚决贯彻宪法和民族区域自治法，推动民主法制建设，确保西藏各族人民充分享受当家做主的民主权利。围绕自治区重大工作开展调查研究，努力推动西藏民主法制建设，先后完成了《西藏自治区人民代表大会议事规则》《西藏自治区各级人民代表大会选举实施细则》《西藏自治区地方性法规制定程序》，以及其他行业性法规等50多项重要地方性法规的制定、修订和实施工作。在阿沛·阿旺晋美的带领下，西藏自治区人大根据西藏自治区的实际制定地方性法规，不断加强对行政、司法机关的监督，依法任免自治区国家机关工作人员，认真发挥地方国家权力机关的职能作用，积极推进社会主义民主与法制建设，促进改革开放、经济发展和社会进步，为建设社会主义新西藏作出了重大贡献。

阿沛·阿旺晋美还一直关心和重视使用民族语言文字以及相关立法工作。1985年8月13日，在拉萨召开的西藏自治区四届人大三次会议期间，他分别听取了西藏各地区人大代表的意见，并在各种场合对西藏工作提出了意见和建议。他说，西藏是民族自治地区，藏族占90%以上，民族地区使用民族语言文字是关系到实行民族平等的大事，使用民族语言文字方面要引起各级党委和政府足够的重视，关键在于领导，在于区党委和人民政府。会议根据班禅额尔德尼·确吉坚赞、阿沛·阿旺晋美两位副委员长的建议，讨论和通过《西藏自治区学习、使用和发展藏语文的若干规定（试行）》。1987年7月19日，自治区人民政府发出《关于颁布〈西藏自治区学习、使用和发展藏语文的若干规定（试行）〉的通知》。

旗帜鲜明地反对分裂

阿沛·阿旺晋美是伟大的爱国主义者，藏族人民的优秀儿子。他以自己的亲身经历，揭露所谓“西藏独立”的反动实质，旗帜鲜明地反对任何分裂祖国的行为。他作为少数民族的高级干部，长期在西藏担任领导职务，得到藏族上层人士和广大翻身农奴由衷的尊敬。他以自身的工作经历和长期的民族工作实践，对贯彻党的民族政策，实现民族团结，坚决反对分裂，坚决维护民族地区社会稳定等方面都发挥了重要作用。

阿沛·阿旺晋美在涉及祖国统一和社会稳定等重大原则问题上，始终旗帜鲜明，立场坚定，关键时刻勇于站出来，摆事实、讲道理。1980年6月4日，他在自治区人民政府召开的直属机关县级以上干部大会上强调，要正确执行党的宗教信仰自由政策，保护信教群众的正当宗教活动。对于披着宗教外衣进行反革命活动和各种犯罪活动的，要及时揭露，依法坚决打击。有关部门要和宗教界人士认真商量，制定出加强宗教管理的规定；逐步解决信教群众宗教活动场所的问题，做出全区各个教派主要寺庙的维修规划。搞好拉萨市外来朝佛人员的接待和管理，有关部门可以参照过去的做法，提出具体办法。要认真处理好个别地方宗教活动不正常，干扰生产、工作和妨害社会治安的问题。

在外国敌对势力的支持和境外达赖集团的煽动下，隐藏在境内的分裂主义分子在1987年9月至1989年3月多次在拉萨制造以“西藏独立”为目的的骚乱事件。阿沛·阿旺晋美旗帜鲜明地反对分裂，坚定地维护祖国的统一。1987年9月28日，在拉萨发生骚乱事件的第二天，阿沛·阿旺晋美就充分肯定了自治区党委的果断措施。第二天，他在北京发表谈话，谴责骚乱分子的罪行。他指出：这伙人的目的是妄图分裂祖国统一，破坏西藏的安定团结，他们的目的是肯定要破产的。不久，阿沛·阿旺晋美又就拉萨骚乱事件，告诫藏族青年：你们应该明白，藏族人民离不开汉族，汉族人民也离不开藏族，这是历史的结论。藏汉民族关系是长期历史形成与发展的必然结果。随后，阿沛·阿旺晋美还在《求是》杂志撰写题为《进一步加强全国各族人民的大团结》的文章，他说从旧中国暗无天日的苦难深渊中解放出来并不断发展的各少数民族，深深感到只有中国共产党才是各族人民利益的真正代表者和维护者，只有社会主义道路才是各民族发展繁荣的唯一道路。为维护祖国统一，反对分裂，阿沛·阿旺晋美还多次接见中外记者，揭露“西藏独立”的由来。指出西藏从元朝正式纳入中国版图、成为中国领土不可分割的一部分，已有700多年的历史。“西藏独立”是毫无根据、毫无道理的。他指出，西藏局势总的是好的，闹事是违背藏族人民根本利益的，每次闹事直接受害者都是藏族人民。西藏人民反对闹事、反对骚乱、反对分裂。1989年1月，第十世班禅额尔德尼大师圆寂，阿沛·阿旺晋美撰写纪念文章，缅怀大师爱国爱教的历史功绩。他坚决支持藏传佛教界按照宗教仪轨和历史定制，遵循金瓶掣签、中央政府审批的原则，认定第十世班禅额尔德尼的转世灵童，对达赖集团破坏班禅额尔德尼转世的行径给予了义正词严的强烈抨击。同年3月5日至7日，分裂主义分子在拉萨连续制造大规模的骚乱，把拉萨搞得乌烟瘴气。面对严峻复杂的国际、国内形势，3月31日，阿沛·阿旺晋美再次在人民大会堂回答记者提问。他旗帜鲜明地指出，拉萨骚乱，既不是民族问题，也不是宗教问题，更不是人权问题，从根本上说，是国内外极少数分裂主义分子在某些敌对势力的支持和策划下，蓄意制造的分裂祖国的犯罪行为，这是任何主权国家都不能容忍的。他说，拉萨戒严后，社会秩序很快恢复正常。参加骚乱的僧众，既触犯了法律，也违背了教义。他向中外记者宣布，中央对达赖喇嘛的五条方针没有变。达赖喇嘛回到祖国、回到西藏的唯一条件，就是要他放弃搞“西藏独立”，承认西藏是中国的一部分。

八旬高龄的阿沛·阿旺晋美还坚持到西藏深入考察调研，慰问驻藏解放军和各族干部群众，鼓励人们反对分裂、维护统一。他在1989年7月31日的自治区五届人大二次会议上发表了长篇讲话，讲话以较大篇幅介绍了西藏的历史和他对历史的分析，借历史事实批驳“西藏独立”论，教育群众自觉起来反对骚乱，维护安定团结的局面。他在讲话中指出，讲这些的目的，就是希望今天，不管是汉族干部、藏族干部，还是其他民族干部，都要学习继承过去的好传统、好作风；人民群众信赖我们，把我们推举到各个领导岗位，就是要我们做全心全意为人民服务的公仆，而不是让我们高高在上当新时代的“贵族老爷”。

在西藏和平解放和纪念《关于和平解放西藏办法的协议》签订40周年的活动中，阿沛·阿旺晋美在北京参加了中外记者招待会。他列举大量事实，说明西藏和平解放40年来，在中国共产党的领导下，发生了翻天覆地的历史性变化，取得了举世瞩目的伟大成就。1991年4月20日，阿沛·阿旺晋美又在《人民日报》发表《西藏历史发展的伟大转折》的长篇文章。文章说，西藏和平解放后，特别是经过平息叛乱和民主改革，党在各个不同时期对西藏制定的各项方针、政策都是正确的，符合西藏社会发展的客观规律，反映了西藏各族人民的根本利益，贯彻执行这些方针、政策，使西藏发生了翻天覆地的变化。昔日贫穷落后的旧西藏已被社会主义的新西藏所代替，昔日连做人的起码权利也没有的农奴和奴隶，充分享受到了各项民主权利，掌握了自己的命运，用自己的聪明才智和辛勤劳动，建设着日趋美好的新生活。没有共产党就没有社会主义新西藏，没有社会主义就没有西藏民族的发展进步和西藏人民的幸福生活。这已是被实践证明了的真理。我们一定要像保护自己的眼睛那样维护共产党的领导，捍卫社会主义制度，坚定不移地反对一切分裂活动。5月22日，阿沛·阿旺晋美在拉萨举行的西藏和平解放40周年庆祝大会上发表讲话。他说，40年来革命和建设的实践使我们深刻地认识到几条实实在在的真理：祖国的统一，民族的团结，是西藏发展繁荣的根本保证；只有在中国共产党的领导下，走社会主义道路，西藏才有光明的前途；正确、全面地认识西藏，一切从西藏的实际出发是西藏工作中必须长期坚持的思想路线和工作方法。

1993年1月，西藏召开自治区第六届人民代表大会第一次会议，这次会后，阿沛·阿旺晋美不再担任西藏自治区人大常委会主任。新任自治区六届人大常委会主任的热地①在会上的讲话中充分肯定了阿沛·阿旺晋美的工作。热地说，自治区五届人大常委会在阿沛·阿旺晋美的主持下，认真贯彻党的基本路线，坚持以经济建设为中心，坚持反对分裂、维护祖国统一，积极履行宪法和法律赋予的职责，在发展社会主义民主，健全社会主义法制和经济建设、稳定局势等方面，做了大量的、卓有成效的工作，为我们今后的工作奠定了良好基础。

七、情系西藏

1993年后，阿沛·阿旺晋美担任第八、第九、第十、第十一届全国政协副主席。他的心始终与西藏紧密相连，仍然关心支持西藏经济社会的发展。每逢西藏的重要纪念节日，他都要发自内心地发表讲话或致电（信）祝贺，以此来表达无比喜悦的心情。在事关西藏发展稳定的重要问题上，他都向中共中央、国务院提出自己的意见和建议，想方设法为促进西藏的发展和稳定尽自己的力量。

见证西藏"一个转折点、两个里程碑"历程

党的十三届四中全会，确立了以江泽民同志为核心的党的第三代中央领导集体。1989年10月，刚刚就任总书记的江泽民同志主持召开了中共中央政治局常委会议，专门研究西藏工作。他在会上听取了西藏自治区党委书记胡锦涛同志的汇报，并作出重要指示。会议最后形成了《中央政治局常委讨论西藏工作会议纪要》。纪要对西藏工作的成绩和问题、干部队伍、依靠对象、民族团结、民族区域自治、宗教工作、经济建设、边防建设，拉萨骚乱的性质和对策等重

① 热地（1938— ）：1938年8月生，西藏比如县人，1961年10月加入中国共产党。历任西藏自治区革委会副主任，自治区党委副书记、自治区党委常务副书记、人大常委会主任，全国人大常委会副委员长。

大问题，进行了科学的分析，提出了西藏工作的指导思想。中央强调西藏工作要紧紧抓住政治局势的稳定和发展经济两件大事。保持社会稳定，巩固和发展安定团结的政治局面。这次会议对于纠正西藏工作一度在认识和指导思想上出现的偏差，确定新时期西藏工作的方针，起到了关键作用，是新时期西藏工作的重要转折点。阿沛·阿旺晋美对于中央确定的新时期西藏工作的方针、政策，表示由衷拥护。

1994年7月，中共中央、国务院召开第三次西藏工作座谈会。这次会议从战略全局的高度研究西藏工作，确定西藏在全国所处的战略地位，深刻提出："决不能让西藏从祖国分裂出去，也决不能让西藏长期处于落后状态。"会议从西藏的实际出发，制定了坚持以经济建设为中心，紧紧抓住发展经济和稳定局势两件大事，确保西藏经济的加快发展，确保社会的全面进步和长治久安，确保人民生活水平的不断提高这一新时期西藏工作的指导方针。会议进一步明确了对达赖集团斗争的方针、政策和策略，制定了加快发展、维护稳定的具体政策措施，作出了全国支援西藏的重大决策，是新时期西藏工作重要的里程碑。阿沛·阿旺晋美参加了座谈会，并为座谈会的召开欢欣鼓舞。会后，他深有感触地说，党的几代领导集体长期以来对西藏人民十分关心，对西藏工作非常重视，对全国各少数民族人民同样十分关怀，使我们深切感受了祖国大家庭的温暖。特别是改革开放以来，党中央、国务院先后召开了三次西藏工作座谈会，为西藏制定了一系列特殊的政策，统一组织和指挥全国各兄弟省、市和各民族人民，帮助西藏建设以基础设施为主的105项工程，大大改变了西藏的面貌，为进一步发展社会主义事业创造了有利条件。我们有责任遵照党中央的指示，做好西藏工作。这样才能让党中央放心，让全国人民放心。这次座谈会显示了各民族平等团结互助的社会主义新型民族关系的巨大优越性，同时充分说明社会主义制度具有无比的优越性。

为了使西藏在西部大开发中能更好地发展，中共中央、国务院在刚刚进入新世纪之际的2001年6月及时召开了第四次西藏工作座谈会。明确了新世纪初西藏工作的指导思想和促进西藏经济社会从加快发展到跨越式发展，促进西藏社会局势从基本稳定到长治久安，进一步加强党的建设的历史任务，制定相关政策措施，加大了对口援藏的力度，为西藏在新世纪的跨越式发展和长治久安提供了有力保证。第四次西藏工作座谈会是新时期西藏工作的又一个重要里程碑。阿沛·阿旺晋美对座谈会的召开深感欣慰。他及时发表文章，非常感慨地说，时至今日，中央先后召开了四次西藏工作座谈会，研究解决西藏在不同的历史时期、发展阶段所面临的问题，确定、调整、完善中央支持西藏发展的各项政策。西藏经历了“一个转折点”、“两个里程碑”，社会面貌发生了翻天覆地的变化。

关心西藏发展，操劳于援藏发展基金会

阿沛·阿旺晋美是著名的社会活动家。他担任了第三届至第七届全国人大常委会副委员长的职务。在每一届人大常委会工作中，认真履行职责，参加、主持各种会议，积极承担各项工作，积极参加宣传人民代表大会制度，坚定不移地拥护和贯彻执行党的统战、民族、宗教政策和事关西藏发展稳定的大政方针，努力推进社会主义经济建设和民主法制建设，为坚持和完善人民代表大会制度作出了重要贡献。同时他还十分注意调动国内外的社会力量来支援西藏的建设事业。他离开西藏工作岗位后，更加尽心竭力地投入到“援助西藏发展基金会”的工作上。这个基金会由第十世班禅额尔德尼·确吉坚赞和阿沛·阿旺晋美联名发起，于1987年成立，主要是联络国际友好人士、友好组织、团体、政府、国外藏胞、港澳同胞、海外华侨团体和个人以及国内各方面人士，为西藏发展提供援助的一个民间慈善组织。阿沛·阿旺晋美在领导这一组织的活动中，始终注意活动的目标和效果。他说，只有坚持民族团结和祖国统一，才符合藏族人民的共同愿望和共同利益，反之，就会破坏藏族人民的根本利益，而遭到藏族人民理所当然的反对。我们通过基金会的活动，激发国外藏胞热爱祖国、热爱家乡的感情，和对祖国、对民族、对子孙后代的责任感，帮助他们消除思想顾虑，了解真相，积极为推动西藏建设事业的发展贡献力量。阿沛·阿旺晋美还经常向关心基金会的各界人士介绍西藏的丰富资源、迷人的自然景观和人文景观以及西藏经济社会发展的情况。他说，我们将不分民族，不论国籍、宗教信仰和政治观点，只要不附加任何政治条件，自愿对藏族人民的各项发展事业提供援助，我们都友好相待、热情欢迎，并以适当方式表达谢意。

阿沛·阿旺晋美1992年任基金会理事长后，通过多种渠道筹集资金，为发展西藏的经济、文化、教育、卫生、科学技术等各项事业办实事。此举得到了中央有关领导同志和各有关方面的支持和赞同。“援助西藏发展基金会”在西藏经济社会发展和农牧民生活改善方面发挥了一定作用。截至2007年，基金会共

筹集到援助资金2亿多元，落实各类援助项目700个，对受援地区的文化教育、医药卫生、社会福利、扶贫救灾等事业发挥了一定的作用。

阿沛·阿旺晋美还积极参与国际友好交流活动，大力宣传国家的方针政策和西藏的发展进步，宣传中华各民族之间水乳交融、谁也离不开谁的历史联系和现实关系，驳斥分裂主义言行，为海内外各界友人所尊重。2004年，海内外一批关心、热爱西藏文化的人士成立中国西藏文化保护与发展协会。在社会各界的推荐下，阿沛·阿旺晋美不顾年迈体弱，亲任会长，为在国际上宣传西藏的真实情况、动员海内外和社会各界力量保护和发展西藏文化继续积极努力。

阿沛·阿旺晋美为推动我国民族工作以及民族区域自治制度的实践和完善倾尽了毕生心血。1995年，在纪念西藏自治区成立30周年之际，阿沛·阿旺晋美在北京举办的纪念会上说，西藏自治区成立30年来的伟大成就充分证明，实行民族区域自治，充分体现了国家坚持实行各民族平等、团结、互助和共同繁荣的原则，把国家的整体利益，各民族的共同利益同民族自治区地方的局部利益和特殊利益有机地、完美地结合在一起，而且以维护国家的统一和各民族的大团结为前提，又保障各民族自治地方的繁荣和发展。

阿沛·阿旺晋美不但以亲身的经历教育人们，还以亲身的经历总结做好西藏工作和正确处理中国民族问题的宝贵经验。2001年5月23日，是《十七条协议》签订50周年纪念日，也是西藏和平解放50周年。阿沛·阿旺晋美作为50年前签订《十七条协议》的原西藏地方政府首席全权代表，抚今追昔，感慨万千。他撰写纪念文章《党的民族政策光辉实践》，在《人民日报》发表，《西藏日报》进行了转载。文章说，我作为当时这一盛事的见证人和直接参与者，回顾和总结当年《十七条协议》签订的全过程以及西藏50年来所走过的历程，认为其中的很多道理和经验对今后正确处理我国的民族问题和做好民族工作仍有十分重要的意义。他归纳了六条：一是祖国统一、民族团结是西藏发展繁荣的根本保证；二是始终坚持中国共产党的领导，坚定不移地走社会主义道路，西藏才有光明的前途；三是实事求是，全面、正确地认识西藏，一切从西藏的实际出发是西藏工作中必须长期坚持的思想路线和工作方法；四是遵照党的建立平等、团结、互助的新型民族关系来处理民族矛盾和民族事务，是实现各民族大团结和维护社会稳定的有力保障；五是建立和完善民族区域自治这一基本政治制度，大力发展经济和其他社会事业，是西藏自治区繁荣昌盛的基石；六是坚持和发展壮大爱国统一战线，是我们革命和建设事业取得胜利的法宝。

世纪老人对西藏明天的憧憬

阿沛·阿旺晋美晚年仍然时时刻刻关心着西藏的发展和稳定。

阿沛·阿旺晋美1993年任全国政协副主席以来，为推进人民政协事业发展殚精竭虑，做了大量工作。他不顾年事已高，围绕党和国家各项方针政策的贯彻实施，深入实际，深入基层，开展调查研究，就国家经济、政治、文化和社会生活中的重大问题提出意见和建议，为中央决策提供参考和依据。阿沛·阿旺晋美坚定不移地贯彻党的民族政策和民族区域自治制度，为加快少数民族和民族地区经济社会发展倾注了大量心血。1995年，他出席全国政协民族和宗教委员会在广东召开的"民族地区经济发展研讨会"并发表讲话。他指出，我们党和政府历来十分重视民族地区的经济和社会发展，为帮助少数民族和民族地区加快发展，国家采取了一系列特殊优惠政策。特别是改革开放以来，民族地区同全国其他地区一样，各方面发生的翻天覆地的变化和成就是举世公认的。国家的统一、民族的团结、生活的改善、社会的进步，是我们一切工作的根本点和立足点，我们要进一步建立和完善新型的社会主义民族关系，使"汉族离不开少数民族，少数民族离不开汉族，各少数民族之间也相互离不开"的思想真正深入人心。我们要进一步贯彻和实施《民族区域自治法》，为民族地区的经济和文化发展创造良好的环境。

1997年，87岁高龄的阿沛·阿旺晋美带领全国政协民族和宗教委员会委员赴沪、浙、闽等地参观考察，在考察总结会上发表讲话。他强调，沿海地区发生的巨大变化充分说明我们党建设中国特色社会主义理论和改革开放的政策是完全正确的。同时，他对民族地区如何加快发展进行了深入思考。他提出，民族地区首先要解放思想，更新观念，加大改革的力度；要充分重视和培养造就少数民族干部队伍和专业技术人才队伍；要认真贯彻和完善《民族区域自治法》；要加快民族地区的发展，很重要的一点，就是要创造一个稳定的社会环境。他同时强调，要进一步认真贯彻党的民族和宗教政策，严格区分两类不同性质的矛盾，正确处理好民族和宗教问题。每一届全国政协会议，他都认真履行职责，积极承担各项工作，积极参加宣传中国共产党领导的多党合作和政治协商制度的活动，坚定不移地拥护和贯彻执行党的统战、民族、宗教政策和各项大政方针，努力为坚持和完善中国共产党领导的多党合作和政治协商制度作出了重要贡献。

在每年的全国政协会议上，阿沛·阿旺晋美都要到西藏代表团参加讨论并讲话。他十分关心西藏的各项事业，在事关西藏发展稳定的重要问题上，经常提出自己的意见和建议，为履行政治协商、民主监督、参政议政的职责尽心竭力。2000年3月7日，90岁高龄的阿沛·阿旺晋美亲切看望出席全国政协九届三次会议的西藏委员，并参加了小组讨论。会上，他认真听取委员们的发言，并详细询问有关西藏经济建设和农牧业生产的情况。他说，西藏自和平解放以来，在中国共产党的领导下发生了翻天覆地的巨大变化，特别是中央第三次西藏工作座谈会从战略全局的高度制定了一系列有利于西藏发展的方针、政策，极大地促进了西藏的繁荣、进步。我相信在新的历史时期，在邓小平理论和“三个代表”重要思想的指引下，在中央的关怀和全国兄弟省市的大力支持下，通过西藏各族人民群众的不懈努力，西藏的各项事业一定能够蓬勃发展。

尽管阿沛·阿旺晋美年事已高，但他还是坚持参加各种会议，到各地考察。在北京，西藏家乡的人来看他，总要捎来一些好消息。每天晚上，他看完中央台的新闻联播，必要接着看西藏新闻，看到电视中西藏新的街道、新的藏式楼房，总要问：“这是什么地方？”总要感慨：“旧社会贵族的房子也没这么好！”青藏铁路建成通车的消息传来，阿沛·阿旺晋美更是高兴，他很想坐上火车回西藏，看看西藏日新月异的变化。

2009年是西藏自治区政协成立50周年。9月1日，阿沛·阿旺晋美向西藏自治区政协发去贺信，衷心希望各级政协组织和政协委员，紧密围绕西藏自治区党委和政府提出的奋斗目标和任务，牢固树立和实践科学发展观，充分发挥人民政协的特点和优势，切实加强履行职能的责任感，切实提高政治协商、民主监督、参政议政的水平，全面加强政协组织的自身建设，为进一步巩固和发展广泛的爱国统一战线，为建设小康西藏、平安西藏、和谐西藏、生态西藏作出新的更大贡献。

阿沛·阿旺晋美是西藏爱国进步人士的杰出代表，是无党派人士和少数民族人士的一面旗帜。他始终怀着强烈的民族责任感，始终站在国家和人民的立场上，与中国共产党肝胆相照、荣辱与共。2001年，阿沛·阿旺晋美就几名“法轮功”痴迷者在天安门广场集体自焚的事件，在《人民政协报》上公开发表文章，用佛教的教理、教义深刻揭露“法轮功”反人类、反社会、反科学的邪教本质，坚决支持我国政府依法取缔“法轮功”组织。

2002年，92岁的阿沛·阿旺晋美应邀列席中国共产党第十六次全国代表大会，深受鼓舞。会后，他在《中国政协》杂志发表了题为《划时代的盛会——学习十六大精神的体会》的文章。他说，作为一个在西藏土生土长的藏族人，在封建农奴制度统治下的旧西藏生活了40年，亲眼看到了旧西藏的贫穷落后和百万农奴的深重苦难；又在新中国生活了52年，和西藏人民一起，经历了西藏社会经过民主改革进入社会主义建设，实现了由封建农奴制度到社会主义制度的跨越式发展的历史性伟大变革。现在西藏的经济持续发展，社会正走向全面进步，人民生活有了显著提高。民族团结、社会稳定、维护祖国统一、反对分裂的斗争日益深入人心。一个民主、文明、初步富裕的社会主义新西藏，屹立在世界屋脊上，向世人展示着共产党民族政策的正确和成功。西藏只有在祖国大家庭中走社会主义道路，西藏人民才有光明幸福的明天，西藏各民族才能共同发展繁荣。他衷心拥护十六大报告中关于积极推进西部大开发的各项政策和重要工作部署。他指出，党和政府为西部少数民族地区的发展制定了非常鼓舞人心的蓝图，也给予了许多优惠政策，各部门以及中、东部地区对西部的发展也给予了很多支持，但重要的还是要靠西部广大干部群众在党的领导下自力更生、艰苦奋斗，一定要进一步解放思想，增强自我发展的能力，在改革开放中走出一条加快发展的新路。他表示：“我坚信，在以胡锦涛同志为总书记的新的中央领导集体的领导下，全国各族人民高举邓小平理论伟大旗帜，全面贯彻‘三个代表’重要思想，团结一致，万众一心，遵循十六大确立的行动纲领。开拓创新，积极奋进，加快推进社会主义现代化，努力开创中国特色社会主义事业新局面，一定能够在中国特色社会主义道路上实现中华民族的伟大复兴。”

针对达赖集团在国际敌对势力的怂恿下，2008年有组织、有预谋、精心策划制造的拉萨“3·14”打砸抢烧严重暴力犯罪事件，一直病重住院的阿沛·阿旺晋美及时约见新华社记者发表谈话，强烈谴责达赖集团的分裂破坏活动，深入揭批达赖集团的反动本质，对澄清事实真相、正确引导舆论、维护社会稳定，发挥了重要作用。他叮嘱家人和身边工作人员要旗帜鲜明地反对分裂，相信党中央。2009年3月24日，近百岁高龄的阿沛·阿旺晋美得知西藏自治区第九届全国人民代表大会第二次会议通过将每年3月28日定为“西藏百万农奴解放纪念日”后，极为高兴。他立即在《人民日报》发表题为《牢记历史，把握未来》的署名文章，以其见证新旧两个西藏的亲身经历，指出搞“西藏独立”是没有出路的，是注定要失败的，只有在中国共产党的领导下走中国特色社会主义道路，西藏人民才能真正当家做主；只有生活在祖国的大家庭当中，西藏才会发展进步，人民才会幸福安康。他在文章中说，纪念“西藏百万农奴解放纪念日”，就是要我们和我们的后代牢记历史，把握未来。在我近百年的生涯中，经历了西藏历史诸多的变迁。参加签订和平解放西藏的《十七条协议》，参加轰轰烈烈的民主改革，参加建立人民民主政权和西藏自治区的成立，是我在西藏所经历的最重要的三件大事。我为自己能够参加这样符合西藏各族人民的利益，经得起历史检验的事件而感到欣慰。他衷心希望那些漂泊在海外，心系故土的藏族同胞，为家乡和父老乡亲做些有益的事情。

阿沛·阿旺晋美始终关注西藏的发展和藏族人民的生活，把自己的命运与国家、民族的命运紧密联系在一起，并在长期的革命、建设、改革事业中与毛泽东、周恩来、邓小平、江泽民、胡锦涛等中央领导同志结下了深厚友谊。

阿沛·阿旺晋美家的客厅别具一格，色调清新，摆设美观，同时也融入了主人朴素无华的性格特点。客厅最引人注目的地方，是一个榉木色的展示柜，里面摆放着阿沛·阿旺晋美与毛泽东、周恩来、刘少奇、朱德、邓小平、江泽民、胡锦涛等几代党和国家领导人的合影照片。有的照片已经发黄变旧了，但那是阿沛·阿旺晋美最美好的回忆和珍贵的收藏。阿沛·阿旺晋美虽多次搬迁在北京的家，但卧室里始终挂着一幅周恩来的像，阿沛·阿旺晋美与周恩来的感情最深。多少年过去了，阿沛·阿旺晋美全家仍念念不忘周恩来。

在西藏的革命和建设事业中，阿沛·阿旺晋美与张经武、张国华、谭冠三、天宝①、第十世班禅额尔德尼大师、帕巴拉·格列朗杰等结下了深厚的革命友情。

阿沛·阿旺晋美与张经武的友情可追溯到同张经武相遇相识。2006年，阿沛·阿旺晋美在纪念张经武100周年诞辰时说，张经武为西藏的革命和建设事业的发展，倾注了全部心血。他是第一个进入拉萨的中国共产党高级领导人，也是第一个把共产党高级干部的良好形象展现在西藏僧俗人民面前，同时把

① 天宝（1917—2009）：藏族，曾用名桑吉悦希。1935 年 6 月参加工农红军，同年加入中国共产党。1969 年任西藏自治区革委会副主任、自治区党委书记，自治区人民政府主席、自治区政协主席、西藏军区第二政委。

第一面五星红旗插在了拉萨城头，向世人宣告，西藏是中国的西藏，西藏人民的西藏。西藏的社会进步，各民族的兴旺发达，人民群众的幸福，都包含着他的重要贡献。他像喜马拉雅铁杉那样，深深植根于高原沃土之中。

阿沛·阿旺晋美与张国华和谭冠三的友情是在西藏历史风雨的考验中形成的。在与张国华将军的交往中，阿沛·阿旺晋美切身感受到，张国华同志始终不渝地充满着对党的无限忠诚，始终洋溢着对党和人民事业的无限热诚，在他身上闪烁着一个共产党员为中华民族的繁荣富强，为祖国的统一，为西藏社会的稳定发展，为西藏各族人民的团结和幸福呕心沥血、奋斗不息的精神。阿沛·阿旺晋美与谭冠三的友情，可以概括为："险易与共、肝胆相照、情若兄弟。"谭冠三曾经对阿沛·阿旺晋美说："我们现在是朋友，但不应该是一般的朋友。我比你年长两岁，你可以把我当兄长，我把你当弟弟。我参加革命比你早，对党的方针政策比你了解得多，我可以做你的老师；你对西藏的特点和实际情况了如指掌，是地道的行家里手，是我的老师。我们互教互学，互为师徒，就能把工作做好。"事实也是如此。在西藏和平解放、执行协议、平叛改革等重大历史进程中，阿沛·阿旺晋美与张国华、谭冠三并肩战斗，结下了生死与共的革命友情。特别是在艰难的岁月里，张国华、谭冠三同志非常关心包括阿沛·阿旺晋美在内的爱国人士，采取切实措施保护了阿沛·阿旺晋美及其家人的安全。每当阿沛·阿旺晋美想起这些，都会不由地心生感激之情。张国华司令员逝世起灵北京时，阿沛·阿旺晋美率家人到机场迎接。谭冠三政委在成都逝世，他从北京专程到成都送行。

阿沛·阿旺晋美与天宝的友情深厚，他与天宝相识在昌都，共同见证了西藏的发展。天宝同志早年接受马列主义教育，是中国共产党培养的第一批藏族党员和红军的第一批藏族战士，受到过毛泽东、周恩来、邓小平等老一辈革命家的直接关心教导，毛主席还亲自为他取名"天宝"。天宝同志的革命生涯，不仅是他个人成长与工作的经历，也映现着西藏的发展变迁，映现着中国共产党民族政策的光辉实践。2006年，《天宝与西藏》一书出版座谈会在北京人民大会堂举行，96岁高龄的阿沛，还坐着轮椅亲自参加了出版座谈会。他说，藏族人民因有天宝这样优秀的儿子而引以为自豪。

阿沛·阿旺晋美与第十世班禅额尔德尼的友情在西藏发展变化的历史中可谓是风雨同舟，经受住了岁月的考验。当班禅额尔德尼大师圆寂的噩耗传来，阿沛·阿旺晋美不胜悲恸，立即中断外地的视察活动赶赴北京参加悼念。

他与大师共事30多年的友好情谊实难忘怀，大师的音容宛然如在，大师一生爱国爱民的风范历历在目。阿沛·阿旺晋美和班禅额尔德尼同为爱国杰出人士，彼此赤诚相待，互帮互助，共同为西藏的革命和建设事业奋斗。他们一起向中央反映了藏语文学习、使用和发展的问题，得到了中央的高度重视。他们相处和睦，交流各自观点，提出建议。班禅额尔德尼逝世后，阿沛·阿旺晋美还经常对人说，第十世班禅额尔德尼大师虽然离开了我们，我们要牢记他的丰功伟绩，学习他坚持维护祖国统一、反对分裂的崇高思想，用百倍的干劲和努力来实现他发展西藏、造福人民的遗愿。

阿沛·阿旺晋美与帕巴拉·格列朗杰在昌都相识。昌都解放后，他和11岁的帕巴拉·格列朗杰共同当选为昌都地区解放委员会副主任，开始相互交往共事。1956年西藏自治区筹备委员会成立后，他和担任筹委会常委、宗教事务委员会副主任的帕巴拉·格列朗杰在工作上的联系更加密切。1959年6月28日，自治区筹备委员会召开第二次全体会议讨论民主改革问题，会上阿沛·阿旺晋美作了《关于当前任务中几个主要政策问题》的报告，帕巴拉·格列朗杰主要就改革宗教封建特权和剥削制度问题讲了话，他们一起迎来了西藏进行民主改革的历史巨变。1965年9月，西藏自治区宣布正式成立，阿沛·阿旺晋美当选为第一任自治区人民委员会（后改为自治区人民政府）主席，帕巴拉·格列朗杰当选为副主席，他们共同为西藏自治区的各项建设事业呕心沥血。改革开放后，阿沛·阿旺晋美和帕巴拉·格列朗杰经常一起深入西藏基层考察、指导工作，了解农牧民群众生产生活的情况，帮助当地政府协调解决各种困难，共同为西藏的改革发展事业出谋划策。阿沛·阿旺晋美和帕巴拉·格列朗杰都担任过数届全国人大常委会副委员长、全国政协副主席，还多次一道受到党和国家领导人的亲切接见，聆听几代领导人的谆谆教诲。阿沛·阿旺晋美非常关心年轻的帕巴拉·格列朗杰，相互间经常交流思想，在长期的革命、建设、改革事业和国务活动中结下了深厚的友谊。帕巴拉·格列朗杰在缅怀阿沛·阿旺晋美的文章中深切地说，阿沛·阿旺晋美是永远值得我们尊敬和学习的楷模。

阿沛·阿旺晋美为西藏的革命和建设事业倾注了全部心血，同时他也十分重视对子女的教育，在严格的教育中也洋溢着浓浓的亲情。

1964年，中央考虑到阿沛·阿旺晋美由于公务每年要到北京几次，又有八个孩子在北京上学，就为他在北京前门附近安了一个家。这时他已经当选为全国人大常委会副委员长。作为国家领导人，他职位虽然高了，但对子女的教育却没有丝毫放松。只要有时间他都亲自检查孩子们的作业，了解他们在学校的情况，还同夫人才旦卓嘎一起，和孩子们开家庭会，开展批评和自我批评。他教育子女的体会是，孩子们小时的基础好，这是可贵的，但不能保证今后一定好。他说："孩子们虽然过得并不富裕，但绝对不允许他们贪图享受。如果是真正为自己的孩子好，那么留给他们的决不应该是借以享受的百万家财，相反，倒应该是自食其力的品德和艰苦奋斗的精神。""文化大革命"的动乱年代，他对子女的教育更严厉，他回忆说："'文革'初，孩子们也受到社会上的影响，说话随便，我们就引导他们，不要受坏风气的传染。所以在当时动乱环境里，他们也没有随波逐流，染上坏毛病。"

阿沛·阿旺晋美在接受记者采访时经常谈到教育子女的感受，他说："党对他一直非常关怀，对他的子女也给了无微不至的照顾，费尽了心血。"他告诉记者，当时讲究出身成分，子女们为此受到过一些压力，可是党及时给予了温暖，使子女们充满了信心。如果说今天我的子女没有优越感，首先应该感谢党对他们的培育，他们没有曾经因为出身不好而自暴自弃，也没有因为是副委员长的子女而翘尾巴。他们从小就明白，自己是百姓中的一员。

阿沛·阿旺晋美共有12个子女，分别成长为地方和军队干部、医务工作者、翻译人员，有8人光荣地加入了中国共产党。每位子女都牢记父母的教导，继承父辈的优良作风，与群众打成一片。在他的教育和影响下，子女们十分低调，穿着朴素，言语谦虚，工作埋头苦干，从不搞特殊化，甚至个别子女所在单位的同事很长时间都不知道他们的父亲是国家领导人。阿沛·阿旺晋美时刻教导人们要注意民族团结，也身体力行地加强民族团结。在他的影响下，12个子女的配偶，大都出自普通人家，还有的与汉族通婚。这个祖孙四代同堂60多口人、其乐融融的大家庭，堪称民族团结家庭的典范。

2009年12月23日，阿沛·阿旺晋美因病在北京逝世，享年100岁，西藏各族干部群众无不为他的离开悲痛万分。2009年12月30日，全国政协办公厅在《人民日报》发表题为《深切缅怀阿沛·阿旺晋美同志》的纪念文章，表达了对他的深切怀念。2010年1月6日，西藏自治区党委、人大、政府、政协在《西藏日报》发表题为《维护祖国统一的楷模、爱国进步人士的典范》的纪念文章。文章指出："阿沛·阿旺晋美是伟大的爱国主义者、著名的社会活动家、藏族人民的优秀儿子、我国民族工作的杰出领导人、中国共产党的亲密朋友。"全国人大常务委员会原副委员长热地、政协全国委员会副主席帕巴拉·格列朗杰等分别在

《人民日报》《光明日报》《西藏日报》发表纪念阿沛·阿旺晋美的文章。人们还在各种刊物、网络上发表文章、撰写留言，深切怀念他，诚挚祝愿阿沛·阿旺晋美老人一路走好。

阿沛·阿旺晋美的一生，是不断探索真理、追求进步的一生，是在中国共产党的领导下，对国家和人民事业忠心耿耿、奋斗不息的一生。他识大体、顾大局，为西藏和平解放与发展进步呕心沥血，为祖国的统一作出了巨大贡献，在海内外享有崇高威望和广泛赞誉，不愧为西藏这片高原热土的世纪功臣，永远值得人民尊敬和怀念。

中共西藏自治区委党史研究室

执笔：车明怀　汪德军　唐雪连　杨付静　董　梅

薛迅

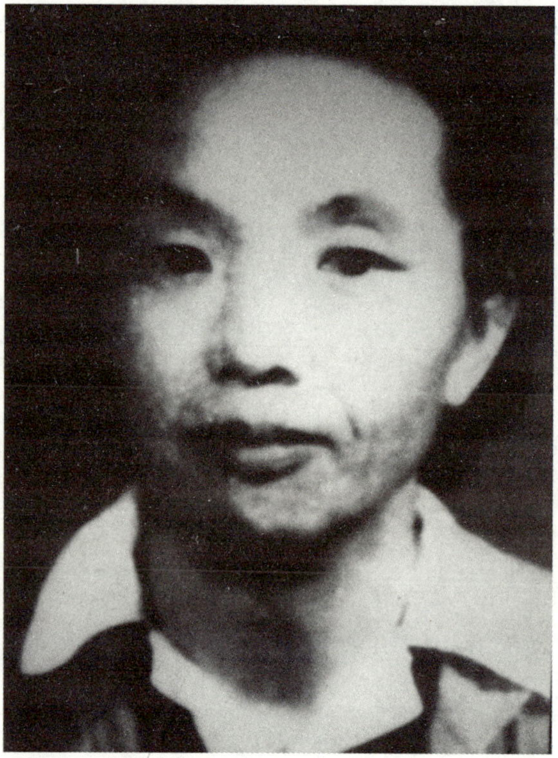

薛迅，女，1910年出生。河南开封人。20世纪30年代初，北平进步学生运动领袖人物之一，后调上海，任中央秘密交通员。在被敌人逮捕后，在监狱中备受酷刑，坚贞不屈。抗日战争时期，在晋冀豫地区任组织部部长、宣传部部长等职，文武兼备。新中国成立

后，任中共河北省委副书记、省人民政府副主席，主管政法、财贸、工农业生产等工作，主持调查处理“刘青山、张子善案件”。曾被毛泽东誉为“女中英杰”。她性格耿直、刚毅，直言不讳，坚持原则，人品才干有口皆碑。1954年、1955年对国家粮食统购促销政策提出建议，由此遭到批判，被撤销所任职务。1959年2月调任北京师范大学党委副书记兼副校长，对反右派、“大跃进”运动后的教师队伍建设和教学工作提出一系列整改措施。庐山会议后，又因为彭德怀等同志辩言再次遭到批判。“文化大革命”中受到迫害。1978年9月病逝。

一

薛迅，原名薛声豫，1910年生于河南开封市一个没落的书香之家。家庭生活虽不宽裕，但全家和谐美满，文化气息浓郁，幸福快乐。小声豫聪慧伶俐，在琴棋书画和诗词歌赋的陶冶下，读书、吟诗、作画是她的爱好。不幸的是，她11岁丧父，15岁亡母，一个温馨的家庭两次遭遇沉重打击。她16岁入高中，仅读了半年就因经济困难被迫辍学，到新乡一家面粉厂子弟小学任教。1927年，她怀揣自己一年工作的积蓄负笈千里到北平，凭着自己自学的扎实功底考上国立北平女子大学化学系就读。次年春，她再度陷入贫困，终于因交不上学杂费而停学，返回开封，又到一所小学任教。

当时，正值国民党新军阀高唱北伐胜利凯歌，似乎革命已告成功之际。但是，薛迅看到穷人没有因为革命得到任何实惠，一切都与过去一样，更没有报刊上鼓吹的令人鼓舞的“新气象”，只是骑在人民头上作威作福的权贵面孔不断变幻而已。她所在小学里的国民党组织几次拉她加入，都被她严词拒绝。她耳闻目睹了学校当局的腐败后，再也无法忍受，便不辞而别。1929年春，她再度赴北平，考入北平大学艺术学院绘画系。同时，她经同乡介绍到一家学馆任教。一面学习，一面教授英语，以教养学，自力更生读大学。

在家里时，她就常常听姐姐、哥哥讲解天演论、进化论，讨论克鲁泡特金、傅立叶等学说。她向往傅立叶描绘的人间和平宁静，人人平等的幸福生活；她同情那些在死亡线上挣扎的工人、农民，鄙视那些鱼肉百姓的达官显贵，憎恨人吃人的社会，渴求变革。但是，这个有五千年悠久历史的泱泱大国，又贫穷又落后，世界上几乎所有帝国主义国家都想到这块富庶的土地搜刮、掠夺。怎样才能拯救被蹂躏的祖国呢？她希望有人来指点迷津。每天，她除了上专业课之外，大部分时间都泡在书摊和书店里，广泛涉猎哲学、社会学等方面的书籍。她知道了共产主义——这个没有剥削、没有压迫、没有贫穷的人类最理想的社会，并开始寻找以实现共产主义为最高理想的共产党。思想活跃了，结交的朋友也多了起来。有人介绍她参加读书会，读书会又介绍她参加北平社会科学家联盟(社联)和左翼作家联盟(左联)。不久，她出任文艺新闻社的记者。她出色的工作和敏锐的思维得到进步学生的拥护，也得到党组织的信任。1930年下半年，她加入中国共产主义青年团，同年转入中国共产党。1931年1月23日，薛迅出席在清华大学召开的中共北平市党员代表大会，听取中共六届四中全会精神的传达。此时，她已担任共青团西城区委书记兼团市委儿童局书记，主编一本儿童刊物。

艺术学院大多数师生政治上较敏感，有强烈的爱国心。面对日本帝国主义的侵略行径，他们群情激愤，成立"反日会"，出墙报、搞讲演、发布告要求抗日……艺术学院的抗日活动搞得热火朝天。北平大学校方及艺术学院院长杨仲子压制要求抗日的学生，企图以解散艺术学院搞垮学生运动。学生为保护中国高等艺术教育，誓与艺术学院同存亡，组织敢死队武力护校。特别是九一八事变后，学生将护校运动与要求抗日救国运动相结合，动员全院师生参加。薛迅参与"驱杨委员会"的领导工作，是反日会的主要负责人之一，主管总务工作①。1931年9月24日，艺术学院反日会发表通电："日军侵占东北，屠杀我国人民，一二再三……在此国亡旦夕，盼我国人奋臂响应，痛戒浮嚣，共抗外侮，是所至祷！"②在北平地下党的领导下，薛迅与同学们召开全院学生大会，全体学生实行罢课。绘画系学生成立漫画标语队，音乐系成立歌咏队，戏剧系成立戏剧队，参加抗日救亡宣传活动。从城市到农村，他们向工人、农民散发

① 反日会下设总务部、文书部、宣传部、组织部和交际部。总务部即总负责，总负责人还有刘家骧、鲍文健。见1931年9月23日《世界日报》。

② 见《世界日报》1931年9月25日。

传单，进行演讲。教授们也以罢教支持学生的行动。杨仲子恼羞成怒，勾结军警进校镇压学生，开除为首的14名进步学生。薛迅亦在被开除的学生之列。闻讯，民国大学、师范大学、工业大学等兄弟院校纷纷派人声援。11月10日，院长杨仲子被迫辞职，14位被开除的学生自动复学。保卫艺术学院的斗争前后历经半年时间，最终取得胜利。

九一八事变后，举国上下对日本帝国主义武装占领东北义愤填膺，也对国民党推行不抵抗政策的卖国行径万分愤慨。各校学生纷纷罢课，上街游行，谴责不抵抗主义，敦促政府早日出兵收复失地。9月24日，北平学生抗日救国联合会成立，负责领导学界的抗日救国运动。

在地下党的领导下，北平学生先后组成5批请愿团、示威团赴南京。12月4日晚，北平大学艺术学院与北平师范大学、辅仁大学、民国学院、铁道学院、大同中学等校学生约千余人聚集前门东车站准备南下。为统一领导北平学生的南下行动，地下党联络各校，成立北平学生南下总指挥部。薛迅任副总指挥，又是请愿团的党团领导成员。12月6日，到东车站的学生已有3000多人。为阻止学生南下，国民党政府将东车站工人全部撤除，并将交通指挥中心转移到西车站。南下总指挥部分出一些学生占据西车站，进行卧轨斗争。致使津浦、京汉两线全部停顿。薛迅和其他领导一面指挥学生卧轨抗议，一面到丰台、长辛店与铁路工人接洽，希望得到工人的支持。愤怒的学生顶着刺骨寒风坚持卧轨3天3夜，迫使北平当局于12月7日下午同意发车。列车挂有19节车厢，载有约20余所学校的三四千学生南下。次日凌晨，火车到达济南站，当地的爱国学生约2000多人随车南下，使队伍迅速壮大。

12月10日，北平南下示威团和请愿团抵达南京。示威团成员住在南京中央大学体育馆。领导小组与上海、杭州、苏州、芜湖、安庆等地学生联系，请他们到南京采取共同行动。

12日晚，上海的交通大学、复旦大学、同济大学，杭州的浙江大学及芜湖、无锡、苏州、安庆等地的大中学生陆续抵达南京，使示威团的人数超过万人。示威团总指挥部对斗争的细节做了充分的准备，他们与各校学生代表讨论、撰写了《抗日示威宣言》《质问书》，并准备了随机质问及驳斥的主要内容和人员。

14日，示威团数千名学生到国民政府示威，沿途高呼“反对不抵抗主义”、“反对依靠国联”、“要求抗日自由”等口号并散发传单。

15日，示威团组织更大规模的示威游行。他们先到了外交部，张贴标语并砸坏外交部的招牌和玻璃窗。队伍又到国民党中央党部。京沪卫戍司令陈铭枢和国民政府委员、曾任监察院院长的蔡元培接见学生。薛迅等质问他们：“我东北十几万军队，为什么一枪不放，任大片国土丢失？”“外交上为什么要依靠‘国联’？”“河北省、北平市党部为什么压制学生抗日？”他们无言以对，学生群情激愤，与军警发生流血冲突。为避免更大伤亡，薛迅等一边指挥同学迅速撤退，一边组织同学将伤员转移。薛迅的表现引起军警注意。双方交手不久，薛迅就被军警打倒在地，与另外12名同学一起被捕。

13名被捕学生被分别关押在中央党部卫生所的十几间房屋里。傍晚，他们被集中在一间屋子里。不一会儿，国民党元老于右任、吴稚晖来调解，说：“你们这是上了共产党的当了。”薛迅等人异口同声地反驳说：“我们不知道什么共产党，此次行动只是基于抗日义愤和爱国热情。”于、吴又说：“青年人爱国热情可嘉，但是不要上别人的当。抗日是好的，但要通盘计议。”薛迅等说：“今天国民党向学生开枪，逮捕学生，只能向全国人民证明，国民党对付学生比对付日本人有办法，说明国民党是压制抗日。”薛迅等强烈要求：立即无条件释放全体被捕学生。于、吴权衡利弊，决定释放被捕学生。正当于、吴带着薛迅等人向外面走时，陈立夫、陈果夫和张道藩带领二三百人赶来阻挠。13名学生又被带了回来。于、吴与二陈、张进屋商谈了好一会儿，才又带着学生向门口走去。快到门口时，二陈、张又追赶过来，强行扣下薛迅，释放了其他12人。在他们看来，扣下薛迅就是擒着了学运的首领。于、吴则认为：扣下薛迅将在学生和政府之间引起更大的冲突。经国民党元老于右任的再三恳求，二陈和张才答应放走薛迅。薛迅返回中央大学时，示威团的同学正准备上街举行火炬游行，计划包围中央党部讨要薛迅。

16日，薛迅及北平学生南下示威团总指挥部同南京、上海、杭州、天津等地的示威团召开联席会议，决定17日举行总示威。

17日，在示威团总指挥部的统一号令下，3万多名各地示威学生浩浩荡荡走上街头，边高呼“打倒国民党”、“打倒国民政府”、“农工兵联合起来”等口号，边散发传单。他们先到国民党中央党部，用砖头、石块捣毁悬挂在大门上的国民党党徽、中央党部的牌子及玻璃窗。后又转向中央日报社，抗议前一天《中央日报》曾刊登诬陷示威学生的假照片，薛迅带领气愤已极的学生砸毁了报社的招牌和部分印刷机器。下午，大批军警赶来，将示威团的队伍团团围住，并对学生大打出手，致使数十人受伤，百余人被捕。当晚，示威团党团组织召开紧急会议，收集血衣陈列在大礼堂外，并部署次日的抗议活动。

18日拂晓，大批武装军警包围了中央大学。薛迅与示威团总指挥部认为：现在国民党还不敢实行大屠杀，很可能是把学生武力押解回北平。他们决定在离开南京以前向当局提出两项条件：国民党当局必须对学生所提出的《质问书》予以回答；必须立即无条件释放全体被捕学生。指挥部推举薛迅向同学们宣布以上决定。在中央大学的广场上，薛迅向示威团的同学们传达了总指挥部的决定。军警把示威团的学生强行押上汽车，送上火车，遣送回原地。因为薛迅出头露面的时候多，军警将她逮捕。同时被捕的还有各地示威团负责人约40余人，他们一起被送往国民党宪兵司令部。

薛迅是被重点审讯对象。国民党中央党部宣传部部长方治亲自出马，他认定薛迅是这次示威活动的领导人和组织者。薛迅说："示威学生是基于爱国热情和抗日义愤，大家都是参加者，也是领导者。像这样的大规模南下示威活动，不是哪一个人可以鼓动起来的。如果说鼓动的话，那就是日本人的入侵和国民政府对抗日运动的镇压。"方治要求她写一份书面材料。薛迅声明道：即便写也是这些内容，除此之外，没有其他可写的。在北平学联、北平大学艺术学院学生的强烈抗议和家属的多方打点营救下，半个月后，薛迅被释放。

薛迅获释后，得知还有40余名学生已被转移到地方法院。她不顾个人安危，自制一张名片称自己是北平学联的代表，找到南京地方法院的首席检察官讲理。薛迅问："抗日是对还是不对？"检察官自然不敢说不对。"既然抗日是对的，为什么要压制要求抗日的学生？"检察官表示，他个人完全同情学生，支持抗日，但他无权释放他们。并表示只要中央日报撤诉，即可放人。摸到这一底细后，薛迅找到中央大学学生会和南京市学联，先后到中央党部、中央日报社等处说理抗议。当时，正值国民党内部派系斗争激烈，蒋介石下野，南京群龙无首。约20天后，40多名学生运动负责人被释放了。至此，北平学生南下示威、请愿活动宣告结束。薛迅返回北平的途中，爆发上海一二八抗战。①

---

① 参见《北京革命史大事记》，《薛迅自传》（1952年），邓琴涛《薛迅与南下示威》，顾卓新、杨克冰、林宣南、肖明、聂真：《女中豪杰——忆薛迅同志》，载1992年3月8日《人民日报》。

薛迅回到北平不久，经组织批准到焦作探亲。祖母、哥哥和姐姐怕薛迅再出去冒险，都不同意她重返北平。为此，薛迅向亲属阐明中国共产党的政治主张，得到亲属的同情和理解。自此，薛迅的中国共产党党员身份在家里公开。两个月后，年迈的祖母病故。哥哥、姐姐放松了对她的管束。其间，英国福公司在焦作的煤矿发生瓦斯爆炸事故。薛迅主动与焦作工学院学生会联系，组织学生罢课三日，支持工人的斗争。

二

1932年5月，薛迅返回北平，开始了职业革命家的生涯。起初，她担任中共北平市人民武装自卫委员会妇女部部长，不久担任中共北平市委妇女部部长。“纪念‘八一’国际反战节”游行示威后，北平市委有人被捕叛变。薛迅因抛头露面较多，组织调她到天津市委任宣传部部长。同年12月，她到上海参加党员短期训练班。次年1月，薛迅至济南，在市委（省委兼市委）做宣传工作，编辑工人小报。4月，共事的几位党员被捕，她仍坚持在自己的岗位上。在营救被捕同志的过程中，她几乎为叛徒出卖。为避免不测，薛迅回到焦作家里暂时隐蔽。

1933年6月，薛迅奉上级通知到上海，任中国共产党中央内部交通员，负责联系江苏省委。10月中旬，因江苏省委交通员叛变，薛迅再次被捕。那天，她走到接头地点时，发现有形迹可疑人在周围走动，情况异常。这时薛迅身上带有一份党的秘密文件和她姐姐家的地址，还有一些党的文件存在的姐姐家里。情急中，她将姐姐家地址吞了下去。但文件的纸张太硬吞不下去，她将双手放在腹前，紧张地撕着文件。当几个特务向她扑来并拖上事前准备好的人力车时，薛迅顺势将手中的碎纸片撒向空中。几个特务匆匆在马路上争拾纸屑，怎奈纸片太小，又被风刮走许多，特务拾回来的部分小纸头什么也看不出来。

在上海公安督察处，敌人对她严刑拷打。他们从叛徒那里知道，薛迅是共产党中央的内部交通员，知道上级机关和下级一些机关、负责人的地址，只要她开口，机关就会被捣毁，共产党负责人就会被抓到。他们见薛迅只是一个年轻女子，就对她大讲人生前途，企图动摇她的决心。薛迅双眼微闭，毫无表示。他们又对她拳打脚踢，薛迅仍无反应。急于邀功的特务们气急败坏，对薛迅使用的刑法不断升级，皮鞭抽打，灌辣椒水。薛迅抱定为了党的事业、同志们的安全，宁可牺牲自己，始终一句话也不说。“你就是铁嘴钢牙，我也要撬开！”敌人将薛迅紧紧地绑在老虎凳上，脚下的砖头一块一块在增加，一直加到7块，这是“老虎凳”的最大极限。剧烈的疼痛传遍全身，她一下子昏死过去。当她醒来时，已是深更半夜。她发现自己躺在一间又脏又湿的牢房里，口中干渴，周身疼痛，特别是双腿像有无数枚钢针扎着，钻心疼痛。她咬紧牙关，不让自己发出呻吟声。她心中只有一个愿望：决不能让一个同志、一个机关再受损失！在公安督察处约三个星期的时间里，敌人几次审讯薛迅，严刑拷问，均无所获。薛迅在酷刑面前，毫不动摇，表现了共产党员坚贞不屈的英雄本色。她的行为连老狱吏也深受感动。

11月中旬，薛迅被转押到南京宪兵司令部拘留所。真是冤家路窄，当年审问南下学生的录事现在成了法官。他一下子就认出了薛迅。但是，因为缺乏照片、指纹等证据，况且此时薛迅已改名李素英，她矢口否认曾在北平读过书，更没有参加过学运，法官无法判她重罪。在拘留所里，薛迅一面机智地与敌人展开周旋，一面尽可能地争取一些曾有自首、变节行为的人翻供，以减轻敌人对地下党组织的破坏。她自己则做好了为党的事业献身的准备，鼓励同志们说：“要坚强，我们革命者的任务就是推动历史的前进。共产主义这个事业对历史起着重要的推动作用。我们为她牺牲是值得的。”

1934年8月，薛迅被判处12年徒刑，关在老虎桥监狱，这里集中了不少女政治犯，有帅孟奇、钱瑛、熊天荆、夏之栩、何宝珍等人，她们都是中国共产党的优秀党员。在狱中，薛迅曾参加两次绝食斗争。要求：早晨要开放牢门，准许放风；要改善狱中伙食；送饭送水时，要开牢门；要允许外面递送报刊书籍进来。她们的绝食也声援了被捕的外籍友人牛兰夫妇。①难友们静静地躺在床上一动不动，每天只喝水，不进食。四五天过去了，十几间牢房静悄悄的，许多难友口吐黄水，薛迅已几次晕厥。牢头提着饭菜在外面来回走动，喊着饭菜的名称，妄图动摇大家的决心。但是，没有一个人理会牢头的诱惑。监狱当局不得不作出让步，除释放牛兰夫妇外，还答应改善监狱生活条件。绝食斗争的胜利，使难友们看到了团结的力量。为抗议狱方对钱瑛的迫害，薛迅与帅孟奇、夏之栩等人商量后，分别通知各牢房的同志她们再次集体绝食，并声明，不达

---

① 牛兰，本名雅各布·马特耶维奇·鲁德尼克，1894 年出生于乌克兰，牛兰是他在中国的化名之一，共产国际联络部在上海的秘密交通站负责人，1931 年以“危害民国，扰乱治安”罪被逮捕，1937 年被释放。

目的决不罢休。为保持体力，薛迅让大家严格遵守纪律，保持安静，尽量减少体力消耗。任敌人怎样诱惑也没有人理睬。敌人怕饿死人，只好答应了她们的要求。绝食斗争再次取得胜利。

监狱既是同敌人斗争的战场，也是学习的课堂。在钱瑛等同志的安排下，薛迅每天利用开牢门的时间，到林宣南、杨克冰、罗静松的牢房，为她们讲授政治经济学，讲解马克思主义理论。她的讲解深入浅出，联系实际，内容丰富，使这些年轻的同志受益匪浅。监狱的生活枯燥乏味，敌人用此种生活来折磨政治犯的身心和消磨她们的意志。在狱中，薛迅始终保持革命的乐观主义精神，为坚定同敌人斗争的信心，薛迅常为大家画画，教大家刺绣。她特别喜欢高洁的松梅竹和展翅翱翔的雄鹰，常画此鼓舞斗志。当牛兰夫妇经过斗争即将获得释放时，她们托人买来白缎子，由薛迅设计，大家为牛兰夫人赶制了一件漂亮的披肩。披肩中间是松梅竹图案，四角是牡丹、芍药、菊花和芙蓉，还有彩蝶在花中飞舞，披肩四边用白丝线结成穗子，非常漂亮。

1936年7月，国民党当局将钱瑛、薛迅等20余政治犯全部转移到南京郊区新建的晓庄首都反省院。这个反省院自称是教人“悔过自新”的地方，常安排政治犯学习“三民主义”、“五权宪法”、“马克思主义批判”等课程。薛迅、钱瑛等带头拒绝听课，部分女政治犯也加入不听课的行列。反省院当局怒不可遏，将薛迅等人关了8个月禁闭。不让看书看报，不许出去放风，每天只能蹲黑屋。但是薛迅的斗争意志不仅没减弱，反而更坚强了。

1937年7月，卢沟桥的隆隆炮声揭开了全面抗战的序幕。随着抗日民族统一战线的形成，国共两党开始第二次合作。在国共合作谈判中，中共提出要国民党释放政治犯。9月下旬，薛迅与在反省院关押的其他政治犯一起无条件获释，结束了她四年的铁窗生活。

三

1937年11月，薛迅到延安中央党校学习。12月，薛迅告别延安奔赴敌后，先后辗转于晋东南的太岳山区和太行山区，参加了创建抗日根据地和迎接解放。

1937年底，薛迅到豫北焦作，任中共直鲁豫边省工作委员会①青年妇女部

① 该机关对外称第十八集团军驻第一战区司令长官部联络处训练部。

部长、宣传部部长。当时，日军大举进攻华北，国民党正规军节节败退，政府官员闻风而逃。为动员全民族全面抗战，党组织急需大批干部。薛迅在党组织的领导下，高举抗战大旗，与当地开明士绅开办“民族革命大学”。其实，这是一个党员培训班，学员是来自新乡、焦作、沁阳等地区委以上的党员干部。薛迅是这所学校的负责人，同时又与中共直鲁豫边省工作委员会组织部部长聂真、宣传部部长王卓如等兼任学校教员。薛迅主讲党的统一战线政策。当时，党的统一战线刚刚建立，原来的死对头现在成了同一条战线上的战友，许多同志思想不通，感情上转不过来。薛迅从抗日是全民族头等大事的大局出发，分析敌我双方的力量，明确地指出：现在只有全民族团结一致，共同对敌，才能打败日本侵略者，实现民族的独立解放。她丰富的理论知识，雄辩的口才，使学员非常信服。

1938年2月，日军纠集3万余人，兵分9路向晋南、豫北等地扑来，并扬言“一个月占领山西全省”，“两三个月解决全中国”，形势十分严峻。为统一领导，中共北方局决定，中共直鲁豫边省工委、中共豫北特委和曲沃特委一部分合并为中共晋豫特委，由晋冀鲁豫省委领导，薛迅任晋豫特委组织部部长。1939年1月，中共晋豫特委改称中共晋豫地委，她仍任组织部部长。薛迅认真恢复、整理和接受各地党组织和党员。恢复了由于日军进攻而中断了的豫北地区的党组织。建立了夏县、翼城、晋城、沁阳4个中心县委。至1938年10月，晋豫特委共领导4个中心县委和阳城、垣曲2个直属县委，计17个县党的工作，党支部355个，党员2692人。①

1938年12月至1939年1月，短短两个月的时间里，特委与4个中心县委开办党的干部训练班17期，参加训练的干部达750余人，占当时党员干部总数的15%②，使晋豫区涌现出许多带领群众抗日、生产的好党员，辛勤耕作支援前线的劳动模范和视死如归的战斗英雄。地委以基层党组织为核心、党员为骨干，贯彻中央的各项政策。薛迅带领党员走村串户，向群众讲明全中国团结抗日的道理，动员青年参加自卫队、游击队，带领群众支援八路军的抗战，并从中培养积极分子，发展党员，壮大党的队伍。

---

① 《巡视晋豫特委各县工作的总结》（1939年1月19日），《太岳革命根据地的党的建设》，山西人民出版社1994年版，第24页。

② 《中共晋豫地委组织报告》（1939年1月），《太岳革命根据地的党的建设》，山西人民出版社1994年版，第49页。

国共两党结成抗日统一战线后，山西阎锡山开始同中国共产党及所领导的八路军合作抗日。随着抗日战争的发展，1939年在晋豫根据地面临强敌的危急时刻，12月，阎锡山指挥其部下，发动了晋西事变和晋沁阳事变，也称十二月事变。他们进攻新军，捕杀抗日干部和牺盟会员，摧毁抗日民主政权。

1940年2月10日，薛迅代表晋豫地委向中共晋冀豫区党委作《关于晋豫工作的汇报》。汇报由三部分组成：(1) 区代会之前的组织状况；(2) 区代会之后对区代会决议的执行情况；(3) 晋沁阳事变的经过及其经验教训。汇报谈道，在晋沁阳事变中我们只是一时的部分失利，而不是全部失败；目前尚存在一些困难，但困难是能够克服的。薛迅还提出三大工作方针、五个策略和八项注意。三大工作方针是：(1) 争取群众；(2) 恢复政权；(3) 扩大武装。五个策略：(1) 加强政治进攻和武装配合；(2) 坚决打击山西投降派与孙楚镇[①]，争取中央军；(3) 时刻保证群众舆论上的优势；(4) 恢复政权时首先恢复与建立区、村政权，孤立县政权；(5) 党的工作方式完全地彻底地转入秘密。八项注意：(1) 政治动员第一，彻底纠正行政命令方式，一切工作经过政治动员；(2) 一切工作经过群众路线，深入到群众中去，彻底纠正过去干部脱离群众的现象，要在群众中起核心作用；(3) 抓紧社会统战，注意对地主豪绅的争取，纠正简单化的斗争；(4) 有中心有基点地进行工作；(5) 彻底打击大顽固分子，争取中下层的顽固分子，不要一味乱打；(6) 十分提高政治警觉性；(7) 建立通讯联络情报工作；(8) 严密党的组织。[②]可以说，这是薛迅及晋豫地区党委的同志，在经过认真反思后，对工作的全面总结和对今后工作的展望。

不久，薛迅将汇报中的部分内容加以整理，以《关于晋沁阳事变的一些经验教训》为题发表在中共北方局出版的机关刊物《党的生活》上。[③]文中分三个标题：(1) 投降派的阴谋残酷手段有胜于敌寇汉奸；(2) 向死难烈士与被难战士们致敬；(3) 晋沁阳事变中的教训。她指出有的党组织对投降派认识不足，缺乏警觉。她提醒同志们要从这一事件中吸取深刻教训：必须尽一切力量扩大党组织和从政治上建立真正的群众武装；不折不扣地执行党的决议，特别是党的统一战线政策；通过群众路线、政治动员使我们党真正成为群众的

① 孙楚时任山西两地三行署主任，1940 年 5 月 21 日，杀害决死队队员、干部 70 余人。

② 《太岳革命根据地纪事》，山西人民出版社 1989 年版，第165、166 页。

③ 《党的生活》，1940 年 2 月，第七期。

核心；严密党的组织，把党形成一个严密的整体；加强党内阶级教育，提高党的战斗力；提高革命警惕性，对地主和资产阶级的革命性和反动性要有足够的认识。此文成为同投降派斗争的指导性文件之一。在同顽固派的斗争中，薛迅和晋豫地区的党组织经受了严峻的考验。

1940年初，为了适应新情况，北方局将晋冀豫区正式分为四个区域，晋冀豫区（领导太北地区）、太南区、太岳区、晋豫区。薛迅被调到太北区党委任干部教育部部长兼太北区党校校长。

薛迅还没有到校，教师、学员就议论纷纷，认为大敌当前怎么能派一个女同志当校长呢？薛迅到任后，使他们吃惊不小。这位不到30岁的女校长头发剪得短短的，束着绑腿，一身戎装，除了那张秀气的脸庞几乎看不出她是一个女同志。她深入到教职员中调查研究，听取他们对工作、学习和生活的意见，并果断地提出解决的办法。她首先改组学校领导班子，建立以党总支为核心的一元化领导和专任教员制，并提出学员是学校的主人翁，明确学校教职员为学员服务就是为人民服务等。当时学校设在一座破庙里，地上铺些干草就是学员的床铺，有时还吃不饱，学员对学校很有意见。负责后勤的同志觉得每天辛辛苦苦还落埋怨，心中很委屈。薛迅到后勤部门了解情况，然后在全校召开大会，首先说明学校目前的客观环境和具体困难，又说："现在是抗战时期，物质供给困难，在相当长的一个时期内将是客观存在的。后勤的同志难为无米之炊，大家应该体谅；后勤的同志也会争取在现有条件下，尽可能地改善大家的生活。"一席话，说得大家心服口服，双方的矛盾化解了。她办事不浮躁，不拖沓，严谨而大胆，深入基层，联系实际；关心群众，爱护青年，待人热情而诚恳。她走到哪里，都得到基层干部和群众的尊敬和信任。

党的建设、党的统一战线政策、群众工作是党校学员必修的三门课程。薛迅除负责全校的日常工作外，还兼任党的建设及统一战线课程的主讲。她讲课时常常只拿一张讲话提纲，然后就能深入浅出、言简意赅地将一些枯燥的理论问题讲清楚。七八月间的一个党日，薛迅为学员作《怎样锻炼党性与走上布尔什维克化》的专题报告。她从什么是党性、怎样才算是真正布尔什维克化的战士、什么是党性锻炼与布尔什维克化的敌人、怎样锻炼党性和走上布尔什维克化，全面地论述了一个共产党员必须站在党的立场，掌握党的原则，在各种问题上都能表现和发挥党的战斗性和革命性，小到待人接物，大到对党的政策的态度等，都是一个党员党性的表现。后来这个讲话被石印成册，成为晋冀豫区各地党建的重要读本。

1941年8月，薛迅被调到太岳区党委任组织部部长。

1941年是抗日战争最艰苦、最困难的时期。日军向华北抗日根据地频繁进行大规模的“扫荡”，先后进行了五次“治安强化运动”，实行“杀光、抢光、烧光”“三光”政策。当时又有严重的自然灾害，根据地遭遇极大困难。太岳地区党组织动员全区军民英勇奋斗，连续粉碎了日军的四次大“扫荡”，打垮了敌人的“蚕食”阴谋。中共晋豫区党委重新开辟了岳南和中条山地区，恢复了晋豫抗日根据地。特别是中共晋豫区党委领导群众战胜多年不遇的旱灾，渡过了难关。群众说：“只要依靠共产党就有办法。”

1941年至1943年，山西连续大旱，许多地方三年颗粒无收，草根、树皮都被吃光了，很多人饿死。当时身为太岳区党委组织部部长兼二区地委书记的薛迅，每天都与基层干部、群众在一起，调查研究各地生产自救的办法，组织群众抗旱大生产，想方设法渡过灾年。天旱蝗虫也多，农民辛辛苦苦担水种上的禾苗常常一夜就被蝗虫吃光。薛迅组织群众用扫帚、树枝抽打或烟熏蝗虫。有人提出大家现在无口粮，应提倡以吃蝗虫治蝗灾。薛迅带头吃蝗虫、灭蝗虫，使一些原来对治蝗没有信心的群众也纷纷投入到这一斗争中。薛迅组织农民种好每一分土地，尽量种植生长期短且耐旱的作物，她还组织群众到外地担糠回来充饥，想办法将麦秆、荞麦秆磨成细末制成代用品。薛迅领导下的区委首先创办了生产供销社，供销社负责动员各家自愿将值钱的衣物、首饰等作价，集中运到敌占区销售，再用这笔钱购买粮食卖给群众，以此缓解粮荒。这一办法起到很好的作用，并被其他地区效仿。地委成立了财经委员会，薛迅兼主任。

在生产自救的同时，薛迅领导群众进行减租减息斗争。她深入村村户户，收集恶霸地主的典型罪恶事例，动员苦大仇深的农民起来召开控诉大会，使农民明白自己之所以穷困，都是地主剥削的结果，有力地打击了地主的威风。贫雇农被发动起来了，纷纷与地主算账，贯彻减租减息政策就有了群众基础。要求地主退三年不合理的地租，有粮的退粮，有钱的退钱，退土地也可以，既维护了贫雇农的利益，也考虑了地主的要求。薛迅领导的减租减息斗争搞的轰轰烈烈又扎扎实实，对解决灾荒、支持抗日起了很大作用。1942年4月，太岳区党政军民各界成立“春耕检查团”。根据邓小平的提议，由太岳纵队、各救会、各专署及沁源、沁县、安泽、绵上、屯留等县代表共150人组成，安子文为总团长，薛迅、顾大川为副团长。春耕检查团是为贯彻中共中央《关于抗日根据地土地政策的决定》和《关于如何执行土地政策决定的指示》的专门机构。薛迅是领导太岳区正确贯彻执行中央土地政策的负责人之一。

1943年7月至12月，薛迅到北方局党校参加整风学习近半年，返回太岳区后仍任组织部部长。1944年元月起，她兼任二区地委书记、军分区政委。时任第二军分区政委的刘忠曾回忆说："只要薛迅同志一见到我，就向我要人，要部队上好样的骨干去当县大队长、武工队长和民兵队长，充实地方武装。我们分区有一支很强的武工队，经常深入敌占区收集敌伪情报，做策反工作。薛迅同志为此出了很大的力。"1944年4月，刘忠出任第二军分区司令员，薛迅兼任军分区政委。薛迅与刘忠配合默契，在开辟豫北根据地的艰苦斗争中，部队战士英勇杀敌，地方武装协同作战，分区人民积极支援部队，取得重大胜利。多次战役中，薛迅与大部队在一起，行军打仗，一天行军几十里。夜里，经过长途跋涉的战士都疲惫地睡着了，身为政委的薛迅还在为同志缝补、烘烤衣服、鞋袜。几十年后，刘忠回忆这段战斗历程时仍动情地说："像薛迅这样果敢、有为的女同志，实在是难得的。她不愧是根据地的女中豪杰。"①

1945年秋，重庆国共两党谈判签署《双十协定》之后，薛迅到沁水县委检查工作。她发现县委有的同志对未来的复杂斗争估计不足，滋长了盲目乐观情绪和对和平的幻想。她耐心地向这些同志解释：斗争并没有结束，不要把事情想得太天真，和平的前景不容乐观。蒋介石在美帝国主义的支持下，还会与我们争夺抗战胜利果实，内战的危机十分严重。沁水县委的领导同志受到启发和教育，头脑很快冷静下来，纠正了盲目乐观的和平幻想。重新部署安排工作，做好了抵抗国民党进攻的准备。

1945年11月，太岳区党委对下属地委进行了调整，二地委与四地委合并，薛迅出任合并后的第四地委书记兼军分区政委。1946年10月，薛迅部署、指挥太岳第四军分区、公安处及部分地方武装，于25、26日两天，打退了反革命组织"红枪会"的暴动，共击毙匪徒200余人，俘虏400余人。并惩处了罪大恶极的九名首恶分子，彻底铲除了危害人民的反革命帮会。②1947年7月至11月底，薛

① 薛振恺、殷德其、刘宁元：《女中英杰——记薛迅同志》，载《北京女杰》，北京出版社1987年版，第147页。

② 《太岳革命根据地纪事》，山西人民出版社1989年版，第694页。

迅到中共中央所在地平山县参加中央土地工作会议。土改时，薛迅早早就向干部打招呼：“干部一律不得拿取地主交出来的衣物、浮财。”有人见薛迅衣被单薄，就将土改没收来的一条毛毯送给她。薛迅断然拒绝并严肃地说：“我不要，我劝你们也不要拿。”由于薛迅的表率作用，地委机关干部个个干干净净，没有一个人在土改中犯经济错误。

1948年3月，薛迅调冀南区出任党委宣传部部长，《冀南日报》由她具体负责。当时，中国人民解放军即将转入全面反攻，根据地进行反奸除霸、土地改革，准备迎接全国的解放。《冀南日报》几乎每天都要刊登社论和重要文章，这些文章总是先打印出小样送薛迅过目，她一一阅读、修改后再让通讯员送报社付印。在薛迅的直接领导下，《冀南日报》办得有声有色，成为冀南区党委宣传群众、组织群众的有力工具。

在抗日战争和解放战争中，薛迅转战太行、太岳、冀南各地。为工作方便，十余年的戎马生涯中，她一头短发，常年一身军装。和她熟悉的人不把她当成女同志，和她不熟悉的人不知道她是女同志。薛迅也总是嘱咐身边的同志说：“不要对人家讲我是女同志，是首长。免得给老乡添麻烦。”一次，薛迅与几个同志到老乡家借宿。当时天色已晚，大家又累又饿。老乡借给一间草料棚子。第二天清早，房东进棚子拿草料喂牲口，才发现薛迅是女的。他很抱歉地说：“昨晚上我就奇怪，怎么你们不住在一起呢？后来我猜想他可能是位首长，没想到这位首长还是个女的。”1946年，薛迅的大女儿出生，有的同志才知道她的女儿身。薛迅常对一些女同志说：“我们女同志一定要努力，不然会被人看不起的。”

薛迅对在自己身边工作的年轻同志，在政治上严格要求，生活上关怀体贴。她带领这些年轻人深入农村，了解农民，教他们向群众学习，放下学生架子，在群众中学习自己不懂的东西。薛迅对他们有鼓励，有批评，有指导，有爱护，青年干部都把薛迅当成自己的良师益友。薛迅看到自己周围的青年人茁壮成长，由衷欣慰。

四

薛迅是解放后中共河北省委第一任组织部部长。新中国成立后，在吸收大批优秀分子加入党组织的同时，党开始加强对干部思想的教育和促进作风的转变。河北省委组织部根据中央的指示，有组织有计划地安排党员干部轮流培训。主要进行前途教育，新民主主义建设中党和政府的方针政策、时事教育，讲怎样做一个好党员，以提高党员干部的理论、政策水平和坚定共产主义理想。经过学习，明确：现阶段革命性质是新民主主义革命；社会主义不是吃大锅饭，而是按劳取酬，社会主义的实现要靠艰苦奋斗；人类社会是劳动创造的，树立唯物主义观点。①数万名干部经过学习，认清了革命的远大前程，思想觉悟、理论水平和工作热情普遍提高。

1951年9月初，河北省委组织部针对农村党员干部思想水平状况和少数知识分子对中国共产党性质的不同认识，在《河北日报》开展《关于党的性质》的讨论，历时两个月。全省各地、市和各级党校都组织党员、干部参与学习、讨论。一时间，全省上下形成了研讨党性的热潮。11月11日，薛迅在《河北日报》以《正确认识党的性质，努力提高阶级觉悟》为题，对这次全省党员的学习、讨论进行了总结。她指出："中国共产党是中国工人阶级的政党，……中国共产党是在中国工人运动的基础上和马克思列宁主义相结合而产生的。中国共产党自产生迄今三十年来，以马克思列宁主义理论与中国革命实践之统一的思想——毛泽东思想为指针，经过了艰苦复杂的斗争，领导着中国工人阶级和全国人民战胜了帝国主义、封建主义和官僚资本主义，才取得了今天这样辉煌伟大的胜利。"她批判了农民党、工农联盟的党等错误观点，告诫同志们："必须深刻地认识：作为一个共产党员，头一个起码的条件，就是承认中国共产党是中国工人阶级的政党；承认中国工人阶级是中国革命的领导阶级。一个共产党员如果不了解或不完全了解党的性质，就不能很好地为党工作，就不能成为一个好的共产党员。"号召"每个共产党员都应努力学习马克思列宁主义和毛泽东思想，为进一步提高自己的阶级觉悟而奋斗。"经过这次全省党内的大讨论，使党员、干部受到一次较系统的无产阶级思想的教育，对中国共产党性质的认识及马克思主义理论水平均有程度不同的提高。

1954年2月，中共河北省委组织部对1951年至1954年的组织工作和整党工作进行了总结。3年中，全省接收新党员74933人，培养提拔干部128587人。在全省开展了有计划的整顿基层党组织的工作：在农村已有16479个支部经过了整顿，占农村党支部总数的37.7%。在整党中，共处分党员23038人，占农村参加整

① 《河北日报》，1950年1月31日。

党党员人数的6.8%。在厂矿，结合生产对党的组织进行了普遍的整顿，而且经过“三反”运动，进一步划清了工人阶级与资产阶级的界限。省、县以上党、政以及经济企业部门的干部，受到了一次最深刻、最生动的整党教育，特别是在“三反”运动中对干部进行鉴定时，普遍地学习了党员标准，交代、批评了自己的问题，划清了思想界限，清洗了坏分子，纯洁了党组织。①

薛迅说：“要搞好国家建设，就必须正确使用干部。领导者的责任是出主意、用干部、检查执行程度……”②她认为，人事工作者的任务就是及时了解和掌握所有干部的情况，主动提供给领导，以便决定取舍。人事工作者本身必须时时刻刻地了解形势的发展，熟悉各种政策，把干部工作与国家建设事业联系起来，既懂得国家需要什么干部，又要知道哪些干部适合做什么工作，这样才能正确地使用干部，人事工作者才能成为领导的有力的助手。

薛迅重视对青年同志的培养。她曾说：“如果没有大批的新生力量涌现，将不能适应现实的需要。”她挑选干部的条件，首先看对人民事业的忠诚程度，其次是敬业精神和业务水平。薛迅对青年干部要求非常严格，压重担，出难题，让青年干部在实践中锻炼成长。青年人犯了错误，她批评起来非常严厉，但是被批评者心悦诚服。这是因为薛迅实事求是，讲原则，批评人是说理的。她又严于律己，以身作则，一言一行总能成为青年人的榜样。因此，不熟悉她的人只知道她厉害，有些怕她；但熟悉她的人知道，她平易近人和蔼可亲。

省委组织部有一个年轻人平时好给领导提意见，有时不太注意影响，不讨领导喜欢。政治运动中，有的领导就借机要将他打成“三反分子”。薛迅知道了，对同志们说：“什么是‘三反’啊？一是反对共产党，二是反对社会主义，三是反对毛主席。他反对谁了？严重一点说，他也就是反对领导了。给领导提提意见有什么不可以的？不能乱戴帽子。”薛迅主持公道，使这位年轻人得以幸免。

薛迅对青年人的教育、批评是具体的、有效的，有时独具匠心，出人意料。一次，薛迅在省直机关召开的党员代表大会上讲话，从理论到实践，足足讲了半天。一位很有资格的大牌记者参加会议，准备撰写报道文章。他见薛迅手里

---

① 《中国共产党河北历史大事记》（1949.7—1978.12），中央文献出版社 1999 年版，第 135、136 页。

② 薛迅在河北省第一次人事工作会议上的讲话（1953 年 3 月 1 日），存河北省档案馆。

拿着文件，以为是讲话稿，也就心不在焉，甚至干起其他事情。散会后，这位记者追上她要讲稿。薛迅给了他一个纸烟盒，上面密密麻麻写满了字，这就是她的讲话提纲。记者发愁了，因为没有好好听薛迅的讲话，更没有记录。他刚回到编辑部，薛迅的电话就到了，要求报社注意摘发她的讲话。事后，薛迅对报社的领导说："我多次发现你们的记者参加会议，光听不记录，记者就得"记"才叫记者。这次党代会上，我就是要治一治你们的记者和记者站。"从此，这位记者以及其他的记者们再也不做"记者不记"了。

薛迅非常重视妇女工作。1951年3月8日正值国际妇女节，薛迅在《河北日报》上撰写了题为《加强妇女运动的领导》的文章，呼吁各级领导要充分重视妇女工作，"把研究讨论妇女工作列入党委的议事日程，有计划有系统的推动妇女工作。此外，各级党的负责同志还应注意不断的在党员干部中，特别是基层组织的党员群众中，进行反封建残余思想的教育，说明广大妇女群众如不能得到彻底解放，劳动人民的解放事业即不会得到彻底胜利；共产党员对妇女解放运动，必须采取积极领导和积极赞助的态度，共产党员不仅自己不应有轻视妇女的观点，而且必须向广大群众不断地进行这种宣传教育，以推动妇女运动的顺利开展"。同时，她指出："在妇女干部方面，更应明确的认识到，妇女问题的解决首先是妇女自己的事情，任何依赖和埋怨的思想都只会对问题解决有害而无益，只有女同志们自己力求进步，工作中争取主动，才是正确的解决问题的方向。"薛迅在省妇联干部扩大会议上的讲话，充分肯定河北省的妇女在抗日战争和解放战争中经受了锻炼和考验，对中国革命做出了卓越的贡献。妇女干部由解放前的7000人增加到13000余人，其中担任领导工作的约占十分之一。实行男女婚姻自由、保护妇女和子女的合法利益的新婚姻制度，是扫除封建旧传统、实现妇女解放的一件大事。1952年12月，河北省贯彻婚姻法委员会成立，薛迅任主任委员。薛迅虽然工作繁忙，只要事关妇女问题，她从不推辞，曾多次就宣传婚姻法、解决一些妇女的婚姻状况、选拔妇女干部等问题讲话、写文章、作指示，仅在《河北日报》上就公开发表过五篇文章、讲话①，为争取妇女解放大声疾呼。

在战争年代为革命抛头颅洒热血的一些同志，进城以后，思想、作风发生很大变化，他们经不起资产阶级糖衣炮弹的进攻，堕落为人民的敌人。薛迅具

① 《河北日报》1951年3月8日、4月11日，1953年2月20日、27日，3月31日。

体领导、调查了发生在河北省的新中国第一大贪污腐败案。

原中共天津市委书记、石家庄市委副书记刘青山，原中共天津市委副书记、书记、天津专区专员张子善是20世纪30年代参加革命的老党员、老干部，他们在敌人面前英勇无畏，称得上是英雄好汉。但是，在进城以后的和平时期，他们经不起资产阶级糖衣炮弹的攻击，居功自傲，腐化堕落。从1950年春到1951年11月，他们利用职务之便，假借经营机关生产为名，大肆贪污国家救济粮、治河专款、干部家属救济粮、地方粮、民工粮、机场建筑费，以及骗取国家银行的贷款；以霉变粮充好粮供给民工，仅宝坻、霸县就造成河工十余人病残甚至死亡。刘、张二犯罪恶深重，民愤极大。由于二人地位较高，参加革命时间较长，社会关系盘根错节，他们又利用赃款购买手表、钢笔、皮衣、雨衣、皮鞋、布料及高级营养品等物，向一些干部行贿，施以小恩小惠，甚至直接送现金拉拢干部，使有的干部或家属被拉下水。天津专署一副专员坚持原则，将刘、张的问题几次反映到省委主要领导人那里。因为是老部下，或领导干部本人和家属曾程度不同接受了刘、张的贿赂，他们看不到刘、张问题的严重性，觉得这是小题大做，甚至对反映问题的同志说："你们是来自不同地区，要注意团结。"言外之意是反映问题的同志在闹不团结。

1951年11月，天津专署这位副专员向时任省委组织部部长、省监察委员会副书记薛迅揭发了刘青山、张子善贪污巨款案等问题。11月下旬，中共河北省委召开第三次代表大会，贯彻落实中共中央和华北局《关于实行精兵简政、增产节约，反对贪污、反对浪费和反对官僚主义的决定》的工作部署。会议期间，代表们对刘、张的问题进行了彻底检举。至此，刘、张严重的犯罪事实引起省委、省政府和华北局的高度重视。12月4日，中共河北省委通过了开除刘青山、张子善党籍的决定，严肃地指出参加革命20多年的刘青山、张子善已完完全全堕落为党、国家和人民的叛徒。随即省政府决定由省政府主席杨秀峰，省委组织部部长兼省监察委员会副书记薛迅，省监察委员会主任董鲁安、副主任李国华，省检察署检察长孙光瑞，省法院院长宋志毅6人组成调查处理委员会，杨秀峰为主任，薛迅为副主任。该委员会一成立，薛迅就立刻带领委员及大批检查人员、新闻记者奔赴天津地委调查、取证，终于使这两个贪污巨款达170多亿元（旧币）的大蛀虫的罪行暴露于光天化日之下。

在杨柳青天津地委的大院里，薛迅几次参加专区机关全体党员大会、县区委干部扩大会议并讲话，向干部讲述贪污、腐败对党对国家对人民的严重危害，在党内统一思想认识。她说："现在帝国主义和蒋匪帮用武装力量夺取中国人民的胜利果实已经是完全不可能的了，但敌人可以采取腐蚀我党的办法，采取放暗箭放糖衣炮弹的办法，从我们内部来寻找他们的同盟者，来破坏我们。刘、张二人就是在敌人的糖弹面前缴械投降，而且他们本人也变成了糖弹，并成为向党射击毒素的蟊贼。我们要记住堡垒是最容易从内部攻破的。我们要深刻认识到反对刘、张二人贪污盗窃罪行的斗争，就是反对腐朽的资产阶级思想侵蚀党的高度原则的斗争，是保持党的组织的无产阶级纯洁和健康的斗争。"她指出："我们的党员必须明确了解：今天的国家是人民的国家，共产党员要热爱人民自己的政府和国家，首先就是模范地遵行国家的政策法令；党的领导作用表现在政治思想的先进和正确的组织行动；党员只有特殊的义务，没有特殊的权利。"她还进一步指出："通过这一运动，应认真树立起党内民主集中制，这是党的建设上的根本制度，是党的纯洁和行动统一的有力保证。"①薛迅要求共产党员在"三反"运动中，应态度鲜明，立场坚定，起先锋模范作用。她的话语，使广大党员干部深受教育。12月30日，新闻媒体正式公布了刘青山、张子善的贪污罪行和已被开除党籍并逮捕的消息。同时，河北省委通知全省各级党组织："所有接受刘青山、张子善贿赂礼物的干部，均应无例外无保留地进行深刻检讨，向党写出申明书，听候党的审查处理。"②对那些收受刘、张二犯贿赂情节严重的干部或严重腐化堕落分子也进行了严肃处理。特别是对收受刘、张二犯金表、高级营养品等物品的省政府一领导给予撤职处分；③给收受现金、金表、高档衣服、布料等的省委主要领导的夫人以撤销一切职务的处分。④

刘青山、张子善二犯经华北局、党中央审批处以死刑。1952年2月10日，河北省在保定召开有2万余人参加的公审大贪污犯刘青山、张子善大会，在唐山、石家庄、邯郸等地共有20多万人收听大会实况。薛迅代表刘青山、张子善案件调查处理委员会对刘、张二犯的罪行进行控诉。她说："刘青山、张子善已不是普通的贪污犯，而是罪大恶极、祸国殃民的大罪犯。……我们决不允许这样的大罪犯继续存在。允许了他们的存在，就是鼓励了资产阶级对人民革命事业

① 《河北日报》1951年12月31日，1952年1月3日、8日。
② 《河北省委给全省各级党组织的通知》，1951年12月30日。
③ 《中国共产党河北历史大事记》(1949.7—1978.12)，中央文献出版社1999年版，第70页。
④ 《河北日报》1952年2月6日、19日。

的进攻，就是鼓励了祸国殃民的犯罪行为。因此，我代表‘刘青山、张子善案件’调查处理委员会，要求河北省人民法院临时法庭判处他们死刑并立即执行。”①中华人民共和国成立后第一大贪污腐败案的告破，群众无不拍手称快。对刘、张的处理，收到广泛的社会效果，挽救、教育了一大批干部。毛泽东就此事曾痛心疾首地说：正因为他们俩的地位高、功劳大、影响广，所以才要下决心处决他们。只有处决他们，才可能挽救20个、200个、2000个犯有各种不同程度错误的干部。

1952年4月，薛迅当选为河北省政府副主席。她的工作范围从过去的组织、人事、干部工作，扩大到经济、工农业生产、贸易，以及政法、公安、文教等诸多方面。

解放前，河北省经济以农业为主，是我国的产棉区，也是产粮区，而且粮食的商品率较高，矿业和手工业为辅。因此，抓好农业生产至关重要。河北省地处华北大平原的北部，背山面海，地势西北高东南低，河流众多；又处温带季风区，春旱夏雨，许多地区经常有洪涝、干旱和虫灾。所以，河北省农业生产变数大，丰产很难保证，任务十分艰巨。解放后，春季的抗旱、夏季的防涝，春、夏防虫害以及推广良种等，是省政府常抓不懈的工作。

根据河北省的具体情况，薛迅认为：“河北省的粮食方针应是大买大卖”，以满足经济作物产区和山区对粮食的需要；棉花生产在合理、稳定棉价，单头收购，保证絮棉的供应和对产棉区自产自用不加限制等措施下，棉花种植会得到发展；在解决价格和品种后，大量收购土特产品，以繁荣经济。②1953年4月10日，薛迅在全省的农业生产工作会议上的讲话中说：“我们国家大规模经济建设从今年开始了。经济建设的中心是工业，其中特别重要的是重工业。……工业越发展，农业越需要；而农业越发展，也就越需要工业的支持和领导。”明确了工业与农业之间的互为依存和互为促进的辩证关系，并指示：“必须把组织和领导农业生产作为我们在农村中长期的首要的中心任务。特别是专署和县，地方工业很少，所以中心任务是组织、领导农民做好农业生产。”在阐述“普遍增产，大面积丰产”时，她说：“所谓‘普遍’是指的每块地，每种作物都要增产。……比原来基础增加了产量，就叫增产。关于‘大面积丰产’，是指

---

① 《河北日报》，1952年2月11日。

② 薛迅工作笔记。

培养的丰产田，不应局限于一亩、八分地的小面积，应积极努力在较大面积上取得丰产。”关于粮棉等作物的播种面积如何分配问题，薛迅批评了“什么得利种什么”的错误口号，“势必助长农业生产的盲目性”；同时也批评了硬性规定种什么、种多少的命令主义，指出“农民是小私有者，往往是各按其利害观点计算盈亏安排生产，因此要求小农经济完全按照国家计划来生产也是不可能的。这就需要加强政治教育，说服农民自愿遵行，绝不能采取强迫命令的做法，否则就要脱离群众”。农、林、牧、渔各业发展也要因地制宜，不可搞命令，同时要注意水土保持。对农业互助合作运动问题，薛迅批评了那些放任自流、消极态度，同时批评在宣传中一些“左”的提法，如“单干就是走资本主义道路”，“单干就是想当富农”。她说：“必须在国家工业化的过程中，把农业集体化当作农村中的主要的建设任务，按照中央指示，领导农民积极而又稳步地开展互助合作运动，……组织起来是发挥劳力、水利、财力，以及领导人民无穷智慧等多方面潜在的力量的根本环节，并且又是改变小农经济的落后状态，逐步走向农业集体化的必经道路，必须大力领导积极而又稳步的前进。但是，且不要忘记前进的出发点是小农经济，工作对象是小私有者。小私有者的切身利益必须保护，并且能使之得到发展，才能引导农民走上互助合作的道路。如果相反地在组织互助合作组、合作社时，采取强迫命令的做法，侵犯了农民的利益，就会使他们离开互助合作组织……”后来，薛迅还在省农业爱国丰产劳模代表大会、省林业工作会议等会议上讲话，全面阐述河北省的农业政策与具体措施。从中可以看出，薛迅了解农民，执行中央的农业政策稳妥。她以争取占人口80%的农民达到推动农业发展的目的。

1952年秋，中央在制定粮食统购统销政策之前，曾就余粮征购、取缔私人粮商、粮食按需分配向省、市委征求意见。在省委会上，薛迅赞同“取缔私人粮商”和“粮食按需分配”，但根据她对农民及解放后农村生产发展等情况的了解，以对国家、对农民高度负责的态度，提出不要马上完全取消粮食市场的主张。她认为国家可以先囤积粮食，借以平抑市场上的粮价；不要全部征购农民手中的余粮，建议征购余粮的70%，给农民留一些粮食自主销售，把余粮全部征走会挫伤农民的积极性；给农民留点余粮自主销售，可以使刚刚走上合作化道路的农民仍能多劳多得，利用余粮换取现金来改善生产和生活，对巩固工农联盟也是有益的。后来，她将这些观点毫不隐瞒地写成书面报告，上交当时华北局书记刘澜涛，给上级领导参考。刘澜涛看到她的意见后当即回信并找她面谈，对她这种不隐瞒观点、及时反映意见、对党高度负责的态度予以充分肯定。

1953年10月下旬，河北省委召开全省粮食统购统销扩大会议。在粮食统购统销试点宁晋县小刘村乡蹲点的同志介绍了乡党总支部书记拥护党的粮食政策，但对粮食价格颇有担忧，希望能将余粮存放到国家粮库，可以随时出售，薛迅立即插话说："这就是'储购'！"[①]这种"储购"的办法，国家能够控制大量粮食，在遇到如战争、大灾荒的非常时期，有足够的粮食可供调配；农民又可以根据对货币的需求或粮食价格的涨落随时出售粮食。国家、农民双方都受益。薛迅是站在国家的立场上，并兼顾广大农民利益的。她在工作笔记本上曾写道："1.是总路线，是粮食与农民的问题，既要拿到粮食，又要得到农民；2.斗争的对象是粮食的投机倒把、囤积居奇者和农民的自发性[②]；3.办法是党的领导和发动群众。"这寥寥数语，表达了她对国家粮食政策、农民利益的深刻理解和高度责任心。可惜，薛迅对粮食统购统销政策提出的这些建议当时因为种种原因没有引起上级领导的注意，却在她以后前进的道路上埋下了隐患。

薛迅虽然对粮食统购的具体做法有些不同意见，但仍不折不扣地贯彻执行中央的这一决定。1954年11月9日《河北日报》报道，"一年来，在广大农民爱国热情的支持下，我省顺利地进行了粮食计划收购工作，在一九五三——一九五四年粮食年度里，完成了国家粮食收购计划的百分之一百一十二点四。比统购前的上一个年度的粮食收购数增加了百分之五十三点二"。由以上数字可以看出，河北省在薛迅的具体负责下，超额完成了统购统销任务，成为全国的先进省份之一。

薛迅在省的统计工作会议、财经工作会议、水利工作会议、人事工作会议、工商联会员代表大会等会上也都就相关问题有重要讲话和精辟论述。如1952年12月，她在河北省工业统计、农业统计会议上的报告中说："统计工作是一切工作的依据，是一切工作的基础建设工作。……要认识实际，必须有调查统计工作，不要认为统计只是简单的计算数字，而这些数字正是客观情况的反映，我们就是要从这些数字中找出客观的联系和存在的问题。经济工

---

① 杜敬：《关于粮食统购统销试点调查汇报》的记录。

② 即小农的资本主义自发性。

作中的统计数字，将会告诉我们经济政策是否正确，国民经济建设的趋势是什么情况，应该采取什么政策。所以说，统计工作绝不是单纯的技术工作，是了解认识客观情况、决定方向的罗盘和武器。”薛迅针对人事工作说：“我们必须了解人事工作就是干部工作。干部是决定一切的资本，要想搞好国家建设，就必须正确的使用干部。……要想达到正确使用干部，必须依靠干部工作机构。因此，人事工作者的任务应是及时了解和掌握所有干部的情况，主动的供给领导，以便决定取舍。这就是说人事工作者实际上起着参谋的作用，甚至是人事工作者的意见形成领导的决策。因为如此，人事部门对干部了解的正确与否是领导上使用干部正确与否的关键。”①对河北省的水利工作的长远计划，薛迅说：“（水利工作）应当把重点放到治本工作方面。……主要有两项，一是工程比较集中、规模较大的水库建设，一是从长期着眼的水土保持工作。……治本工程重点又在于集中的比较大的水库建设。如果修成一个成功的水库，就能多方面的解决水利上的问题——防洪、发电、航运、灌溉等。……在水库未完成前，就放松了防汛和岁修，而致造成水灾，就首先脱离了群众。”②

薛迅一贯重视教育事业，她认识到，在建设新中国的过程中，需要大批各种人才。这些人才的成长离不开教育，“大批中学学生都必须通过教师、通过教师领导的整个教育、教养、教学过程，来树立为人民服务的人生观和取得应有的知识和技能”。因此，办好中学至关重要。办好学校的关键是教师，即要有一支政治、业务过硬的教师队伍。

1952年7月，为了响应毛泽东主席关于对知识分子进行思想改造的号召，河北人民政府第二十六次会议决定，成立河北省中等学校教师暑期学习委员会，薛迅任主任。该委员会利用暑假在石家庄、保定、唐山三地，组织中等学校的6600余名教职员进行集中学习。7月21日，薛迅出席保定分会动员大会，她指出，河北省建省3年以来，中等学校教育有了很大的进步，“全省不少教师已初步树立了为人民服务的思想，在教育工作中发挥了积极性和创造性。……我们国家大规模的经济建设就要开始了。为了进行大规模的经济建设，国家需要大批各种建设人材，这些建设人材必须具备高度的政治觉悟和全心全意为人民

① 薛迅在河北省第一次人事会议上的讲话（1953年3月1日），河北省档案馆藏。
② 薛迅在河北省水利会议上的讲话（1953年），河北省档案馆藏。

服务的优良品德，并且能够掌握起现代科学知识，能够担当起建设祖国的重大任务。这个伟大的、光荣的、艰巨的任务，必须由人民教师担当起来。”

薛迅经常与负责具体工作的同志一起分析教职员中的问题和解决办法。她提出：要注意解决思想问题，干部要带头；检查中要注意进行前途教育；批判中应有表扬；对积极分子的错误思想也应批判；要严格区分重大历史问题和一般思想问题，等等。①通过一个多月的学习、检查，最大限度地团结、教育了广大第一线上的中等学校的教职员，宣传了无产阶级的教育方针，激发了教职员全心全意为我国大规模经济建设服务的信心和干劲，为以后河北省教育的改革、发展奠定了思想基础。

薛迅经常深入基层，体察民情，了解情况，解决问题。1953年夏秋，华北地区连续大雨。河网纵横交错、地势低洼的沧县专区，所经的南运河有五处决口。群众的生命财产遭受巨大威胁。薛迅迅速带人赶往灾情最严重的东光、吴桥、景县、阜县、故城县②视察。她冒雨在堵口工地上进行检查，向奋战在堵口的全体干部和民工表示衷心的感谢和慰问。她特别指示专区的党员、干部必须抓住三个关键性的问题：第一，要迅速彻底地克服少数干部在灾荒面前向困难低头和只顾个人利益而不顾广大群众利益的思想和行为。第二，务必明确：在国家支持下，必须充分发动群众，依靠群众，战胜灾荒。每个同志必须做到真正关心群众的生活疾苦，充分发挥群众渡荒积极性。第三，必须善于合理地使用上级拨发的救济粮，要使得合理，亲自到老乡家嘘寒问暖，将党和政府的温暖带给家家户户。当时，薛迅正患肠炎，她顶风冒雨行进在泥泞的河边、田头，声音洪亮地对干部、民工讲话，丝毫没有影响工作。许多正确的决策，来源于她经常深入基层调查研究，她对河北省的各项工作了如指掌，在决策时真正做到胸有成竹。薛迅经常引用毛泽东关于调查研究、理论联系实际方面的教导，既指导自己也教育周围的同志。她说：“调查研究是一切工作的出发点和基础。没有调查，政策的确定无从依据，这样将无法提出切合实际的政策。……没有调查研究，工作是在空中漂浮的，是没有基础的。”薛迅是这样说的，也是这样做的。在薛迅留下的近30本工作笔记和一堆不成册的活页纸中，除一本笔记是她在中央党校学习马列主义的心得，部分

① 薛迅工作笔记。

② 后边三个县，现属衡水地区。

笔记是记录中央、华北局领导讲话外，其余均为1948年以后她在河北省、石油部、北京师范大学的工作笔记和起草的讲话底稿。其中，以河北省的内容最多、最丰富。笔记本中记录了河北各行业、各地区经济状况、存在问题及解决办法。如春耕春种作物在各区的分布；秋收各作物的总产、单产及与往年的比较；涝、旱、虫灾的分布，灾民人数，救灾粮食数字、寒衣数、修房款及生产救灾措施；机织布、土布、口袋的产量、销售；土特产的价格、收购、销售；粮棉的加工、机械、销售；编席、纳鞋底、砖瓦盆窑等副业的产量、交易；海鱼、淡水鱼的产量；各种经济林木的分布；煤矿的生产及提高产量的措施；交通运输业的改进，……林林总总，凡事关人民的事业、国家的利益，薛迅都牢牢记在心间。

1954年春，毛泽东、周恩来在列车上听取河北省委汇报工作。薛迅代表省委详细地介绍了河北省工业、农业的生产情况、存在的问题及今后的工作重点。汇报情况清楚，观点明确，问题讲得透彻。毛泽东、周恩来听了都很满意。毛泽东对薛迅的精明、干练和率直非常欣赏，同她交谈了三个多小时，详细询问了她的经历。当得知薛迅在20世纪30年代初曾领导北平学生运动时，毛泽东说，井冈山根据地当时正处于国民党军队的第三次"围剿"之中，学生赴南京示威、请愿牵制了国民党的一部分精力，起到了南北呼应的作用。毛泽东亲切地邀请薛迅共进午餐。席间，毛泽东亲自为薛迅斟上一杯红葡萄酒，一边向她敬酒，一边称赞道："你真是女中英杰"。

由于党内民主生活的不正常，1954年五六月，河北省委主要领导借学习中共七届四中全会精神为名，将薛迅工作中的方法问题说成是"自以为是"、"自高自大"、"个人英雄主义"，危害了省委的团结，并将薛迅上纲为"是资产阶级在党内的代言人"，进行无情批判。1955年5月，这种有组织、有计划的批判活动，在政治上、组织上都大大的进了一步。有人以薛迅对"余粮征购"具体做法上有不同意见，在党的粮食统购统销政策已推行三年，河北省粮食工作取得很大成绩以后，还硬给她扣上"反对统购统销"政策的帽子，借题发挥说薛迅"对中央若干重大方针、政策的决定、指示，常常抱有怀疑、不满，甚至反对的态度"，对她横加批判。薛迅对属于工作方法问题的善意批评，持"有则改之，无则加勉"的态度，做了检讨。但是，对在党的方针政策等原则问题上的无端指责，特别是对统购统销政策的认识，薛迅做了严肃的申诉。这就被视作顽固坚持错误立场。5月24日，河北省委常委扩大会议决定给予薛迅党内警告处分，免去其省委副书记、省政府常务副主席等职务。①河北省委于1954年10月、1955年5月两次以薛迅反对粮食统购统销政策等为由，上报中央。8月31日，中共河北省委召开第十三届扩大会议，传达中央对薛迅问题的处理决定：给予薛迅党内警告处分，并在全省党员干部中公布；免去薛迅现任职务，调中央另行分配工作。②毛泽东因此说她“过不了社会主义关”。

巨大的政治打击，使薛迅七天七夜没有合眼。她坚信党中央，坚信人民，相信总有一天自己的问题会大白于天下。1955年秋，薛迅离开河北省，到中央党校学习。

1957年2月，薛迅被调到石油工业部任部长助理。虽被降职使用，但她胸襟坦荡，仍一如既往全身心投入工作。她在工作中学习新的管理方法，坚持原则，实事求是，对反右中“左”的思想有较清楚的认识和抵制。

当时，正是整风反右时期，一些同志在鸣放时通过不同形式向石油部党组织提出批评意见。有的部领导认为他们这是反党行为。薛迅则说：“群众给党提意见，是看得起你。若包藏祸心最好的办法是‘捧杀’，要搞垮共产党就会顺着你说，让你舒舒服服的，人家就达到了目的。”她还认为，那些提意见的同志是“看人挑担不出力”，但反对给这些同志戴“右派”帽子或开除他们党籍，提出应该让他们下到基层去锻炼。这些中青年知识分子被下放到炼油厂、勘探队、农场等基层劳动。后来，这些经过实际工作锻炼的同志，许多成为石油部门的骨干。

1958年，全国掀起“鼓足干劲、力争上游、多快好省地建设社会主义”的“大跃进”运动，石油工业也要大干快上。薛迅多次在部领导、司局长干部会议上讲话，一方面，要求大家破除迷信，敢想敢干；另一方面，多次强调要注意科学性，要多实验，不要贪大求洋。

五

1959年2月，薛迅调到北京师范大学任党委副书记兼副校长。

---

① 《中国共产党河北历史大事记》（1949.7—1978.12），中央文献出版社 1999 年版，第 165 页。

② 1990 年 6 月 13 日，中共河北省纪律检查委员会撤销对薛迅的处分。1990 年 9 月 13 日，中共中央纪律检查委员会撤销对薛迅的处分。

薛迅看到学校经过整风反右运动和1958年教育大革命后，许多有真才实学的教授、学者离开教学、科研岗位，每日忙于写检讨，惶惶不可终日；学生每天忙于搞运动和劳动，学习专业知识成了“副业”；学校教学秩序混乱，严重影响了教学质量。对此，薛迅十分痛心，决心尽快扭转这种局面。

到校不久，薛迅根据中央教育工作会议精神，紧紧抓住教学这个中心环节，以提高教学质量为主要议题。她多次强调“今后我们的政治工作任务就是不断关心提高学习效果，教学效果”，要求提高教学质量，形成浓厚的学术空气与文化技术气氛。①她认为：学校工作以教学为主，明确在党的领导下，在教学相长的原则下，教师在教学中起主导作用。②即学校的中心工作是教学，要办好一所高等学校，首先是必须建立一支业务过硬的教师队伍。

为此，薛迅深入各系，不仅听取党总支干部对教师队伍状况的分析，还经常随堂听课，及时倾听学生对任课老师的反映。虚心倾听他们对学校工作的意见，考虑学校的改制、“大跃进”中编写的各种教材的使用、教师的时间安排，学校的函授、优秀中学教师的水平等与提高教学质量密切相关的问题。③薛迅也了解了各系教师队伍的情况，以及他们最关心和亟待解决的问题。她认为，当时师大的教师队伍同全国高等学校情况一样，主要由两部分人组成：一是解放前留下的老教师，二是青年教师，是“革命胜利前后的大学毕业生”。第一部分人，“他们大部分是有一定学识的和教学经验的，他们一般的都有爱国主义思想，民主革命阶段，他们中部分人参与革命活动，大部分中立，参与国民党反革命活动只是极少数”。解放后，通过历次政治运动，他们“政治上、思想上都有程度不同的进步。但和党的政策、方针要求都有轻重不同的距离”。这些人“有改造的可能，教育事业的发展也需要团结、改造他们”。④

1959年6月5日，薛迅在全校干部会议上作了题为《当前教学工作中的几个问题》的报告，她在充分肯定了学校近期的进步后，尖锐地指出：“师资的数量不足，质量不高。”她以学校中一个大系为例，全系有67名教师，有较丰富专业知识的仅有7人（其中5人还被认为政治观点上有错误），能上本科生课程并基本达到要求的18人，其余42人为刚刚毕业一两年的留校生和提前毕业生，约

---

① 参见北京师范大学党委会发言记录（1959 年 5 月 30 日）。

② 参见北京师范大学干部会议上的报告（1959 年 6 月 5 日）。

③ 薛迅工作笔记。

④ 薛迅工作笔记。

占该系教师总数近三分之二。“他们热情很高, 学习和教学都很努力负责, 但只能担任辅导或讲授小部分课程。……这样薄弱的师资力量, 负担了本系本科生835人、进修生61人和外系210人的教课任务。”她还调查了一些教师的时间安排。有位教师一周仅到教育部开会就占去8个单元; 另一位教师每周约三分之一时间用于非教学活动; 有的年轻教师承担了难以胜任的教学任务, 每讲授一堂课, 需要备课30—100倍的时间; 有的课题太大等, 这些都是造成教师疲惫和教学质量不高的原因。为解决教师各种会议、学习过多的问题, 她认为, “教师参加政治理论和时事政策学习的目的是为了改造思想, 提高觉悟, ……学习内容可以自由选择, 自订计划”, “学习时间每周规定一个单元”。“教授、副教授参加生产劳动要贯彻自愿的原则”, 要“照顾脑力劳动特点”, “教师不用坐班”, “尽可能保证时间完整”。她多次在党委会上提出: 学校要保证必须的教学时间, 适当减少劳动和不必要的会议时间; 目前教师的时间安排不利于备课, 不利于教学, 应设法纠正。薛迅的这些主张, 无疑是重视教师工作特点, 为教师减轻负担大声疾呼。这些观点各系总支书记还没有传达, 一些教师已奔走相告, 人人欢欣鼓舞。

北京师范大学是个名师荟萃之地, 1956年高等学校评定职称时, 有一级教授6人, 二级教授16人, 三级教授43人, 师资力量非常雄厚。但是, 反右期间, 4位一级教授被划为“右派”, 其中1人自杀身亡。16位二级教授中, 有2人被划为“右派分子”, 43位三级教授中有近四分之一被划为“右派”。薛迅通过调查发现, 师大的“右派”中不乏应使用、依靠的力量。因此, 薛迅到校不久, 就向校领导提出“为‘右派分子’摘帽子的问题”。①在党委会上, 她也多次谈到对“右派”教师的工作安排问题, 为那些有真才实学又背负政治包袱的教师重上讲台做准备。

一些老教师因为历次政治运动的影响变得谨小慎微, 对学校的问题和如何办好师大持谨慎态度。薛迅则鼓励说: “百家争鸣, 打破顾虑, 应使老教师敢于说话。”②对在极左思想影响下被批判的一些老教授, 薛迅主张要充分说理, 要心平气和, “批判不能过分”, “方式不能过激”, 要“诚恳待人”; 对学

---

① 中共北京师范大学党委会的批判发言记录。北京师范大学党委发言记录（1959 年 7 月 22 日）。北京师范大学党委发言记录（1959 年 7 月 17 日）。薛迅工作笔记。

② 北京师范大学党委发言记录（1959 年 7 月 22 日）。

校存在的问题，她热情欢迎大家多提意见，“不要思想戒备起来，怕大家讲缺点，怕副作用多”，“要敞开大门，冷静听取意见”。她说：“师范大学一举一动影响很大，由历史、由当前情况看均如此，……去年，革命高潮下出现问题是难免的，但是，今日必须负责挽回不好影响。”①

薛迅认为教师可以“下厂、下乡参加必要的劳动，参观、调查，参加群众工作，接近实际，联系劳动人民”，但主要精力应在教学和科研上，不能本末倒置。她提出，对老教师“给以生活上的适当照顾”；“加强青年教师的培养，加速新知识分子队伍的成长”，“尽可能的给以进修、深造的机会”，“不要过早上课”，“青年教师可以不坐班”。②学生的劳动也应安排在两头（学期的首尾和每天的早晚），负担不应过重。③这些在当时都是较有远见的、切实可行的提高教师队伍素质和提高教学质量的措施。

对于当时学生管理的方法，薛迅认为“要给学生以一定的自由支配的时间”，学生中组织的“学习互助组”，“会影响学习好的学生更快提高”，而帮助学习差的学生应是教师的任务。④薛迅认为，学生的出身不能选择，不能唯成分论，应重在表现；对学生中涌现的好人好事要及时表扬，对犯错误的学生要少处分，多教育；少开除，给出路。她还经常参加系里青年教师团支部、学生团支部的活动，为他们解答各种思想认识问题。为青年人成长指出前进的方向。

1959年12月10日，学校党委会听取了薛迅对全校教学、科研工作的调查汇报。薛迅以历史系为例，归纳了文科教学中存在的问题：以讲授、使用历史资料为主的客观主义历史教学；取消阶级分析的修正主义教学；凭自己兴趣的自由主义教学。而理科教学大致存在五个方面的问题：(1) 教学内容本身的基本理论深透问题；(2) 理论联系实际问题；(3) 在教学中如何贯彻辩证唯物主义；(4) （如何）反映新的科学成就问题；(5) 各种学科之间的有机联系问题。可以说，薛迅经过几个月的深入调查，基本上抓住了当时北师大办学的关键环节——整顿教学秩序和贯彻知识分子政策，并在这两大问题上坚持不懈地努力予以纠正。薛迅的这些思想和做法是对1958年“教育大革命”的深刻、冷静反思，对纠正师大教学秩序混乱起到重要作用。

---

① 北京师范大学党委发言记录（1959 年 7 月 17 日）。

② 薛迅工作笔记。

③ 北京师范大学干部会议讲话（1959 年 7 月 16 日）。

④ 北京师范大学干部会议讲话（1959 年 6 月 5 日）。

在调研学校教学、科研工作的同时，4月初，薛迅为学校一、二年级的学生讲了题为《党的领导》《党的群众路线》的两次党课；5月初，为纪念五四运动，她在校内、到中国人民大学作革命传统报告；6月，与华侨毕业生座谈理想……劳动生产处要寻找劳动基地，她帮助联系找土地；工会要为老教授找暑假休养场所，她帮助联系北戴河疗养院。

1959年12月，薛迅在向全校党员传达庐山会议精神和学校党委常委会讨论“彭、黄、张、周反党集团”①问题时，头脑冷静，不畏书，不畏上，基于她对这些革命同志的了解和信任，坦率地说：“我不完全同意有些同志所说的反党集团性质的严重性，说以彭德怀为首的反党集团一旦得逞就会亡党、亡国、亡头。”她认为，与彭德怀等人的斗争不是路线斗争，是两种思想方法的分歧。这是当时少有的敢于仗义执言，为彭德怀等说公道话的党内高级干部。她因此再次遭到批判，连同她在教育方面的正确思想、主张，以及她对总路线、“大跃进”、人民公社三面红旗的看法，使她受到长达一年多的批判。可以说，薛迅到师大工作时间不长，受批判时间不短。从此，薛迅由主管教学科研工作改为负责后勤工作。薛迅具有一般领导干部少有的博大胸怀。她对被批判坦然处之，毫无怨言，从来不讲个人的委屈，不发一句牢骚；对那些跟风上纲上线批判她的人也从不记恨。她对秘书说：“准备组织上三年、五年，甚至一辈子不理解你，但党总有一天会清楚的。”

薛迅两次被批判，都被认为是思想“右倾”。实际上，这是因为她较早地对当时“左”的错误有较清醒的认识，她性情耿直，对超越中国当时生产力、生产关系的一些做法有认识，并主张纠正。

1960年，国家处于困难时期，北京师范大学的师生员工中许多人因营养不良患上浮肿病。为改善生活，提高营养，薛迅主抓伙食工作。她想方设法从外单位联系大豆、副食，提高食堂饭菜的质量。在校内，号召师生养蘑菇、培植小球藻等，以补充主、副食供应的不足。她到学校生物系借来一台显微镜，亲自观察小球藻的生长情况，分析一些代食品的成分，以确实保证师生的伙食质量。

1961年下半年，在“左”的路线影响下，实际上停止了薛迅的工作，当时她51岁。

---

① 即彭德怀、黄克诚、张闻天、周小舟，1959年庐山会议上，四人被打成“彭、黄、张、周反党集团”。

1966年6月，“文化大革命”一开始，薛迅再次受到批判和迫害，全家被赶到只有十几平方米的一间屋子里，造反派专门成立了“薛迅问题专案组”，四处收集材料妄图将薛迅打成叛徒、“走资派”。专案组成员经过多方调查以后，不仅没有找到薛迅背叛革命的一点事实，反而被她当年在狱中机智勇敢、坚贞不屈地同敌人斗争的事迹所感动。专案组的年轻同志不把她当成审查对象，而把她当成师长、朋友，认为她是真正的革命者，是巾帼英雄。在那个年代，一贯支持薛迅革命的姐姐也受到冲击，家被抄了，孩子们也被隔离审查。薛迅没有忘记姐姐刚成年就担起家庭的重担；在上海，姐姐为她存放党的机密文件，掩护革命同志；在南京，姐姐不顾个人安危，到模范监狱探望并送去难友们需要的物品。“文化大革命”中薛迅自身难保仍将姐姐接到家中，姐妹俩挤在仅有的一间屋里，相依为命。薛迅此时想到的不是自己的安危，而是在担心国家，担心青年一代的成长。薛迅对与她接触的青年非常关心、爱护，千方百计引导、教育他们。她在专案组“交待问题”，常常回忆我党近半个世纪以来前赴后继斗争的史实，有时也规劝青年人，要多学习马列主义，学习党的历史，要有清醒的头脑，不要人云亦云，不要在“打倒一切”、“怀疑一切”的疯狂鼓噪声中迷失方向。与她接触的同志在薛迅那里学到许多在书本中学不到的知识，受益匪浅。

当时，北京大学聂元梓等人贴出《宋硕、陆平、彭珮云在文化革命中究竟干了些什么？》的第一张大字报后，在全国声名远扬。薛迅很为这个年轻干部担忧。她让自己的小女儿专程到北京大学去见聂元梓，对聂说：“我母亲让我转告你，说你还年轻，做事要动脑筋，不要狂傲，该停就应停下来。要急流勇退，不要再跟着干下去了。”虽然，薛迅的忠告没有产生效果，但她尽了一个老共产党员的责任。

北京师范大学校内的造反派头目谭厚兰，也想拉几个有影响、有社会地位的人来装点门面，曾千方百计拉薛迅支持造反派组织，都被她断然拒绝。她说：“共产党员不能参加派别斗争。”

在“四人帮”猖獗的日子里，薛迅每天看书、读报、下围棋、画画、写字、养花，有时还吹洞箫。她以一个革命家的锐利目光静观事态的发展，坚信张春桥、江青等人不过是一群“跳梁小丑，历史的匆匆过客”。她鼓励年轻干部同“四人帮”斗争要有策略，并对看望她的同志说：“我要活着，要看到他们的下场。”打倒“四人帮”后，薛迅十分高兴地说：我比陈老总、彭老总幸运，这样死也无憾。

六

薛迅的人格魅力受到普遍的称赞。

薛迅一生坚持原则，从不人云亦云，从不盲从跟风，凡事认真思考。她性格率直刚毅，勇于批评，不论对方地位、职务多高也如此。1948年，她出席华北解放区的一次工作会议，对一位领导的工作提出批评。薛迅本欲详谈，但该领导身体不适，只好作罢。回到冀南区党委后，她给这位领导写了一封批评信函。薛迅认为该领导工作不够深入，“先入为主，偏听偏信”，有“左右皆曰杀而杀之的偏向”，希望该领导“在对待别的问题和别人的问题时，能采取‘兼听’和‘国人皆曰杀而后查之’的方针，那会对党更有利些”。[①]薛迅对自己的缺点也从不掩饰。她在党组织的会议上曾多次检查自己工作的过失，在她的工作笔记本上也经常可以看到她严格地自我检查的记录。薛迅坚持真理，敢于批评和自我批评的作风，源于她心底无私，对党的事业无限忠诚。

薛迅一生克己奉公，艰苦朴素，对人民无限关怀。1953年，薛迅的哥哥不幸病逝。她的哥哥是位金石学家，浙江大学中文系教授，解放前曾为革命做过不少工作。按政策，薛迅的嫂子和五个未成年的孩子国家是可以负责其生活费的。但是，薛迅想国家还困难，我有能力供养嫂子和侄子们。她将他们六人接到身边一起生活。当时，薛迅一人要供养九口之家，七个孩子有的在校读书，有的在幼儿园，生活是比较困难的。家里每天购买的柴米油盐都有账目，哪怕是几分钱的消费也不漏掉。家具都是从学校借来的旧东西，饭菜从不浪费。薛迅自己更不舍得花钱，衣服破了，补补再穿；大孩子的衣服小了弟妹们接着穿。薛迅简朴度日，终于将两个女儿和哥哥留下的五个孩子抚养成人，使他们都受到良好教育，成为国家有用人才。

1961年底，她因病到杭州疗养。她谢绝了浙江省委的招待，坚持食宿缴费。回校后，有关部门要给报销，也被她拒绝了。2000多元（相当于她近10个月的工资）全部自己负担。薛迅对自己有时近于刻薄，但对他人则表现出极大的爱心。1976年，她到外地就医，看到一位农村护士每天从家里提着闹钟来给患者打针吃药。回京后，她立即买了一块手表寄给这位护士。1977年，一位在战争

---

① 薛迅工作笔记。

年代曾冒死掩护过革命同志的老人来看望她，当得知这位老人生活尚有困难时，薛迅从自己仅有的几千元积蓄中马上拿出1000元送给老人……

薛迅有个亲戚新中国成立前曾为革命事业做过不少工作。新中国成立后，他见有些与他情况差不多的人当干部，心里不服气，就对薛迅唠叨。薛迅对他说："共产党不是股份公司，入多少股就要分多少红。共产党员应该无条件地服从党的需要。"

薛迅口才非常好，讲话时论点明确，论据充分，条理清晰。她的许多讲话稿是自己起草的，就是代表省委或省政府的讲话，她也认真过目、修改，绝不照本宣科。她常常是拿着一张写有提纲的小纸，就能有理论、有实际地将问题讲得清清楚楚。至今，所有曾听过薛迅报告的河北省的干部，无不赞叹她理论水平之高，口才之好。

薛迅的感情生活也与她的政治生涯一样坎坷，具有悲剧色彩。1940年，她在中共太行区党校任校长时，结识了党校的总支书记陈光华。陈光华是朝鲜革命团体在中国的负责人之一，是一位很优秀的青年。在工作中，他们从相识到相知，产生了爱情，结为伴侣。新婚不久，薛迅调离党校，赴太岳区工作。他们虽聚少离多，但心心相印，十分恩爱。1942年5月，组织照顾他们，将陈光华也调到太岳区工作。正当陈光华启程赴太岳区时，途中遭遇敌军"扫荡"，他与左权相继遇难于山西辽县，牺牲得非常悲壮。噩耗传到太岳区后，薛迅单骑赶到辽县陈光华遇害的地点和墓地①，策马疾驰三圈，向心爱的人诀别。

一位长期与薛迅共事的领导从欣赏到爱慕她的人品和才干，有意与她结为秦晋。但薛迅一直因为这位领导的结发妻子是家乡的抗日游击队长，并多年没有这位游击队长生死的准确消息，而拒绝与他结婚。直到抗战胜利，组织上转来女游击队长已牺牲多年的证明，他们才完婚。薛迅平时一心扑到工作上，顾及家庭较少，对丈夫也缺乏一般做妻子的温柔，这最终造成家庭的解体。1948年夏秋之交，他们离婚了。薛迅的条件只有一个：两个女儿都归她抚养。从此，薛迅既是母亲，又当父亲。两个女儿从母姓，并称她为"爹爹"。

薛迅将个人的得失、苦乐深深地埋藏在心底，一向意气风发，乐观向上，忠于职守，勤于工作。在她的心目中最重要的是党的事业和大多数人的幸福、快乐，这就是她的人生观。这也是为什么在几十年之后的今天，凡认识薛迅的

① 陈光华烈士墓地现在邯郸晋冀鲁豫烈士陵园。

人都深情地怀念她的原因。

薛迅对女儿和侄子的教育也颇受他人称道。她对孩子们的思想、品德、学习等要求严格，但并不过多限制他们的活动，让他们在较宽松的环境中学习生活，锻炼成长。

1978年6月，薛迅生病住院。她给时任中央组织部部长的胡耀邦并转邓小平副主席一封信，请求对她23年前的处分问题重新审查。9月27日，中央组织部两位同志到医院看望薛迅。期盼了20多年的愿望就要实现。她心情激动难以自已，反复吟唱《东方红》《大海航行靠舵手》歌曲，于次日凌晨安详告别人世，终年68岁。病重期间，她曾嘱咐女儿说：“我死后一切从简，不要做新衣服；不得留骨灰；更不要进八宝山。”孩子们遵循她的遗嘱，让母亲穿着平时爱穿的衣服上路，骨灰撒在北京西郊望儿山的树丛中。

1979年1月13日，教育部、北京市委在八宝山为薛迅举行了隆重的追悼会。邓小平、邓颖超、蔡畅等送了花圈，与薛迅共事的老战友、老同事、老部下吴德、余秋里、宋任穷、康克清、杨秀峰、帅孟奇、平杰三、夏之栩、蒋南翔等500余人出席了追悼会。

王淑芳　连　宁

王世泰

王世泰，男，1910年出生于陕西省洛川县土基乡黄连河村。1928年加入中国共产党，1930年10月参加刘志丹领导的游击队。土地革命战争时期，任中国工农红军第二十六军第二团团长、第四十二师第三团团长，率部参加开辟陕甘边苏区和多次反“围剿”斗争。1934

年，被选为中华苏维埃共和国中央执行委员。1936年，任陕北省苏维埃政府军事部副部长。抗日战争时期，任陕甘宁边区庆环军分区保安司令部司令员，陕甘宁边区保安司令部副司令员、司令员，陕甘宁晋绥联防军警备三旅政委，关中分区司令员。抗日战争胜利后，任陕甘宁晋绥联防军副司令员、代司令员，陕甘宁野战集团军副司令员，西北野战军第四纵队司令员，第一野战军第四军军长、第二兵团政委。率部参加解放西北的多次重大战役。中华人民共和国成立后，先后担任甘肃省人民政府副主席兼甘肃军区司令员，铁道部副部长，国家建设委员会副主任，国家计划委员会副主任，中共甘肃省委书记处书记、省政协主席、省人大常委会主任等职。中共第八届中央候补委员、第十一届中央委员，第一至第三届国防委员会委员，第三、第四届全国人大常委会委员。1982年、1987年被选为中共中央顾问委员会委员。

一、少年有志寻道路

1910年3月17日，王世泰出生在陕西省洛川县土基乡黄连河村。黄连河村坐落于渭北黄土高原沟壑区的黄连河畔。王家人口兴旺，到王世泰这一辈，就有叔伯兄弟12人，姊妹10人。王家靠勤劳起家，盖起窑洞12间，建成一座小寨子，以防匪防盗。因家庭较殷实，王世泰的父亲王炳南少年时期也有机会学文识理，成为当地的秀才。后娶妻侯氏，育有三子两女，王世泰是王炳南最小的儿子。

王世泰出生于兵荒马乱的年代。黄连河村虽然地处僻壤，但也难免匪患兵祸，厄运同样降临在王家。1915年的一天，串扰豫陕一带的一股土匪闯进黄连河村。只有五岁的王世泰随父亲逃到一家骡马店门前时，土匪追至，要绑架王家父子。王炳南否认五岁的王世泰是自己的儿子，店家也帮着证明这不是王炳南的儿子，在这种情况下，王世泰只能一声不吭。敌人将王炳南抓走了，因无法缴纳高额赎金，绑匪随后将王炳南杀害。父亲的被害，在年幼的王世泰心中播下仇恨的种子，决心长大后，要为父亲报仇。

1921年，已经11岁的王世泰才在哥哥的资助下，到离家20余里外的贝郊村上私塾，之后又到石泉私塾、槐柏镇、白家嘴村上学。1926年，进入洛川县立第一高级小学附属小学读书。1927年年初，家里为王世泰完婚，新娘是据黄连河村五里路的女孺村的卫巧。这年春天，王世泰去延安报考陕西省立第四中学，但未能考上，回洛川后继续苦读。半年后，终于如愿以偿考进延安第四中学。王世泰的两位哥哥为了让他上学，不得不节衣缩食，含辛茹苦地劳作。所以，他拼命地学习，渴望以优异的成绩报答慈母和兄长们的期望。

延安四中此时已有了中国共产党的组织，在党组织的领导下，学生会不时开展各种活动，如“五四”、“五卅”演讲会，以及书写标语、排演进步戏剧等，这时的王世泰被学校如火如荼的学生运动和火热的革命气氛所吸引、所感染。他开始与进步同学接近。同时，学校党组织也注意到这位积极要求进步的青年学生。刘国梁、师正乾等共产党员主动接近他，并介绍一些传播马克思主义思想的读物给他。他如饥似渴地阅读《共产党宣言》和介绍革命导师马克思、恩格斯生平的小册子以及一些进步刊物，思想觉悟迅速提高。他开始投入到火热的学生运动中。经过一段时间严酷斗争的锻炼和考验，学校党组织于1928年3月吸收他加入中国共产党，刘国梁是他的入党介绍人。血气方刚的青年王世泰成为一名光荣的无产阶级先锋战士。

从1927年秋到1930年夏，王世泰在延安四中度过了他人生历程中不平凡的三年时光。成为中共党员的王世泰，迅速成长为领导学潮的学生骨干。此时，正是大革命失败后，中国共产党处于在全国各地开始陆续发动反抗国民党反动派统治的武装起义时期。因为白色恐怖的加剧，延安四中第一任校长田伯英根据上级指示离开学校。可是，新任的四中校长徐绍林却是一位积极反共的坏分子。徐绍林任职后，立即对学生发布禁令，不准集会，不准游行，不准到社会上搞进步思想宣传等。他还与当地军阀高双成勾结，企图利用军队镇压学生运动，破坏延安四中的秘密中共组织。

徐绍林的倒行逆施，激起四中党组织与广大师生的强烈愤慨，学校党支部掌握时机，立即组织反击。汹涌的学潮，使徐绍林惊恐不安。为镇压学生运动，徐绍林勾结国民党特务和军阀，秘密逮捕了学生党员王化成和韩俊杰。学校党组织为打击敌人气焰，发动全校师生公开游行，要求立即释放被捕学生。斗争取得胜利，反动当局不得不释放了王化成、韩俊杰。

在一系列的斗争中，王世泰忠诚坚定、英勇果敢，被同学们选为纠察队队长，参与学校的安全保卫工作。在党内，他还担任了校党支部委员，负责组织工作和保管党内文件、枪支等。

反动当局为镇压学潮，于1930年8月，由驻防延安的高双城师开进学校，查封了延安四中。这时，恰逢我国北方大旱。赤地千里，官府残酷敲诈，地主乘机巧取豪夺，广大劳苦大众挣扎在死亡线上。面对此情此景，热血青年王世泰离开了学校。他把自己保管的党内文件和驳壳枪、左轮手枪、独角龙（各一支）以及一些子弹，埋藏在未暴露党员身份的学校工友姚安基家里。然后，他回到家中，向母亲和兄长们叙说了学校的情况，并告诉自己的亲人，他要去寻找曾经领导清涧起义和渭华起义的陕甘共产党人刘志丹、谢子长，要和他们一起，举起西北反抗国民党反动统治的革命旗帜。

二、投笔从戎踏征程

1930年10月下旬，王世泰与延安四中同学张文元带着中共延安区委的组织介绍信，几经辗转，在保安县永宁山的石峁湾找到了刘志丹，参加了刘志丹领导的游击队。

刘志丹是陕西保安县人，大革命时期的中共党员，为黄埔军校第四期学员。他受党组织所派，在广东参加了北伐战争，后又被派回西北，任国民联军四路军中共代表兼政治处处长。大革命失败后，刘志丹是渭华起义的重要领导人。之后他任中共陕西省委候补常委、中共陕北特委军委书记，开始探索党领导下的革命武装道路。王世泰找到游击队时，刘志丹刚刚成功领导在甘肃合水太白发动的起义。新成立的南梁游击队已发展到近百人，有六七十条枪，编为两个中队。刘志丹看完王世泰带来的延安区委写的介绍信后笑着说："好，投笔从戎，有志气，欢迎，欢迎！我们队伍中就是缺少有文化的人。"接着，刘志丹问："我们这支游击队组建时间不长，力量也还不强，吃得不好，穿的没有，枪支弹药也缺乏，以后的困难多得很，你们能吃下这种苦吗？"王世泰坚决回答："入党时就决心革命到底，死都不怕，有什么苦吃不下的。"刘志丹接着说："革命需要我们去牺牲时，当然要义不容辞。但我们革命的目的是为了推翻吃人的旧社会，解放全国劳苦大众，更多的是需要我们去吃苦、去奋斗，而不是无谓的牺牲。这一点每一个共产党员都必须牢牢记住。"[①]他的这番话，更让王世泰暗下决心要在刘志丹的身边为革命奋斗一辈子。随后，王世泰、张文元被分配到一中队一排当战士。

---

① 《王世泰回忆录》，中央文献出版社2002年版，第12页。

南梁游击队刚成立，党员人数还不多，但刘志丹等党员既是指挥员，又是政治工作者，与普通士兵同吃、同住、同行动，亲如兄弟。他们以身作则，事事带头，使得部队纪律严明，士气旺盛。刘志丹尤其擅长做群众工作，他每到一地，或深入田间地头，或在窑洞的炕头上，与贫苦农民促膝谈心，宣传共产党的政策，游击队与群众关系非常密切。这一切，使王世泰坚信，这支部队有着强大的生命力。

部队初创，驻扎在深山密林中，经费来源主要靠打土豪，但枪支弹药尤为匮乏，直接影响到部队的战斗力。王世泰看到这种情况，就想起了他寄放在姚安基家中的三支枪。他把想去延安取枪的想法报告给刘志丹，刘志丹同意他前往取枪，嘱托他路上小心，并希望他尽快赶回部队。因为部队当时面临国民党部队的"清剿"，随时有转移的可能。王世泰当即表示，一定按时归队。

王世泰迅速赶到姚安基家，方知性能较好的一支枪已被区委负责人拿走了，剩下的两支小枪质量一般。王世泰想，还是应当搞一支好枪回去。打听到四中同学李树禄（中共党员）在高双城部学兵连当文书，王世泰找到李树禄，告知搞枪的想法。几天后，李树禄告诉王世泰：学兵连二排长有支私藏的德国造马步枪，但要60块现洋才肯给。王世泰提出先看货的要求，枪被拿来一看，果然是支好枪。李树禄提出钱的问题怎么办？王世泰手上实际并没有钱，于是给李树禄出主意，说他的枪来路不明。还可以说，枪让人拐跑了。并对李树禄说："革命连牺牲都不怕，连命都不要了，还怕他要钱。你搞到一支枪，就是为革命增添了一份力量，游击队是不会忘记你的。"①

就这样一诈枪到手了，怎么带出城又成了新的难题。王世泰与姚安基等人商量，最后决定以身穿一件灰色巴黎呢长袍作掩护，把枪倒背在袍子下出了城。

归途中，也充满艰险。在安塞县的高家沟门村，王世泰住到四中同学高如华家中，把枪藏到了房后的柴房里。第二天，是农历大年三十。为赶回部队，王世泰谢绝高家人的挽留，踏上征程。为躲避检查，他选择了一条人迹罕至的山间小道。山大沟深，路途凶险。既要防止掉下悬崖，也要防备猛兽袭击。天黑时分，他拖着两只冻结成冰疙瘩的鞋，踉踉跄跄摸索到一户人家的窑洞门口。这家只有一位年轻女人，不敢收留他，他不顾疲累，继续前行。他的同学崔登第是保安县杨坪村人。到这个村子后，他借口来看同学，受到崔登第舅舅的热情

---

① 《王世泰回忆录》，中央文献出版社2002年版，第18页。

接待。大年初一一早，王世泰匆匆上路，到达保安县中川时，与同是党员的崔登第接上头。崔登第告诉王世泰，刘志丹的游击队最近在王庄一带活动，距杨坪有40多里地。王世泰当即叫崔登第派人给刘志丹送信。接到信后，刘志丹立即派中队长魏佑民一行三人骑马赶到杨坪，接王世泰归队。

刘志丹听王世泰汇报了此行的经历，称赞他任务完成得好，并将枪交给王世泰使用。不久，王世泰就带着这支枪，将刘志丹的信和给保安县地下党的活动经费及时送交到指定地点，圆满完成任务。

得知国民党部队前来“清剿”的消息后，刘志丹率游击队沿着瓦子川向子午岭转移。三天后，他们到达合水县沟壑纵横、梢林密布的固城镇。这里活动着以赵连璧、唐青山、贾生财率领的三股绿林武装。这三人对刘志丹仰慕已久，主动提出要加入刘志丹的队伍。早在中共陕北特委召开的榆林红石峡会议上，刘志丹就提出要建立党独立领导的武装，而军队力量的组成应当来自贫苦农民、国民党军队起义部队和可以改造的绿林武装。他的这一思想被称为“红、白、灰”三色建军思想。刘志丹准备将三支绿林武装改造为党领导下的人民武装。他召开党员会议，要求党员充分认识联合的必要性，做好各部工作，启发他们的觉悟。王世泰这些党员骨干积极响应，勇敢挑起重担。在固城镇召开的合编大会上，刘志丹发表讲话说，站在眼前的大部分人都是贫苦出身，都是受地主、官僚逼迫才拉起队伍的。现在联合起来了，人多力量大，柴多火焰高，要团结一心，同舟共济。今后绝对不能再干祸害百姓的事。部队要拉出去，要在打地主豪绅和国民党军队的战斗中，解决给养，扩大武装。部队合编后，刘志丹被推举为总指挥。

会后，合编后人数达300多人的部队沿南塬行进，进驻到距宁县县城30里地的张皮塬一带。但他们不知道，此时，陇东军阀陈珪璋部蒋云台第五旅，也悄悄开进张皮塬。战斗很快打响，游击队处于劣势，为保存兵力，刘志丹命令王世泰所在的中队阻击敌骑兵，主力撤往深山。这一仗，刚收编的部队大部分跑散了，收拢起来不到百人。仗虽没打好，但王世泰视其为一次难忘的实战锻炼。他后来回忆说：“天底下也没有常胜将军，只能从战争中学习打仗、打胜仗、打大仗。这一仗对我们来说，是一次锻炼的机会，从中学到不少军事知识。”①

---

① 《王世泰回忆录》，中央文献出版社 2002 年版，第 31 页。

刘志丹带领游击队转移到陕西省宜君县小石崖的上畛子休整。考虑到部队的生存和未来发展，刘志丹决定用借水养鱼的办法，先打入国民党部队，再图发展。刘志丹去找驻扎在陕西彬县一带的杨虎城骑兵旅旅长苏雨生，一年前，刘志丹曾在其部任过十六团副团长。苏雨生正在招兵买马，遂任命刘志丹为补充团团长。这个团实际只有两个连。游击队干部杨树荣、陈鸿宾分别任团副，马锡五为军需。王世泰任一连一排二班班长。刘志丹派杨树荣去西安向省委作了汇报。省委表示同意刘志丹“借水养鱼”的办法，指示要扩大队伍，为建立正规红军做准备。根据省委指示，补充团党支部成立，杨树荣任支书，刘志丹、王世泰分别担任宣传和组织委员，并开始在部队中培养、吸收新党员。

补充团军饷只能靠自己筹措。一次，在向职田镇大地主刘日新催粮时，刘自杀。事后，国民党陕西省当局让苏雨生追查，造成刘志丹被关押彬县，驻扎职田镇的补充团被缴械，王世泰等人被编入苏雨生部运输队的结果。王世泰为继续斗争，找到当时在苏雨生部搞兵运的党员李炳荣、习仲勋，希望通过关系多搞些枪支，举行起义。习仲勋全面分析形势，认为苏雨生已有警觉，搞枪不易。彬县地处西兰公路要道，部队拉出去的可能性不大，不如保存力量，再寻机会。王世泰同意这番分析。后王世泰得知刘志丹在杜秉丞、南汉宸等人营救下出狱，已到驻宁县早胜的陈珪璋部搞兵运并被任命为第十一旅旅长，王世泰准备集合运输队中党的力量，去找刘志丹。恰遇孙蔚如部攻打苏雨生部，王世泰等人趁乱跑出，回到刘志丹身边。但很快又遇新变故。1931年8月底，陕北军阀井岳秀部高广仁团哗变到达宁县，被陈珪璋任命为第十三旅旅长，防地也划在宁县早胜镇。高广仁趁刘志丹第十一旅不曾防备之机，缴了他们的枪，并将刘志丹押往合水。陈珪璋部蒋云台第五旅赶来将高广仁部击溃，但蒋云台要以防守不力的名义逮捕刘志丹。得信后，刘志丹、马锡五等夜走子午岭，离开险地。情况紧急，刘志丹来不及通知王世泰等人，但让刘宝堂转告，要他们继续在陈珪璋部队中创造条件，寻找机会，发动兵变。1931年9月，王世泰、张秀山等党员被分别编在陈部特务二团一营的一连和三连。他们在部队秘密成立党支部，张秀山任支部书记，王世泰、曹化民分任组织和宣传委员。在派人向省委汇报后，省委发来指示信，要求支部组织士兵开展日常的经济斗争，瓦解国民党部队，扩大政治影响，准备组织武装起义。

党支部接到指示后，研究了部队现状，认为起义时机还不成熟。因为此前教导团教官刘耀西在给士兵讲课时宣传马克思主义暴露了党员身份，惨遭杀害。党支部决定先从与普通士兵交朋友做起，逐步扩大影响，发展党的力量，待条件成熟时，再发动起义。

时值九一八事变发生，全国抗日浪潮逐步高涨，王世泰所在的连队把平时操练时喊的“一、二、三、四”改为“打倒日本！”“打倒倭寇！”并加强抗日救国的宣传。1932年4月，谢子长到王世泰所在部队驻守的平凉，传达省委要求发动兵变的指示。谢子长听完王世泰等人关于兵运情况的汇报后，指示要争取把部队拉到陕甘边境，与游击队联系接应，发动起义。党支部随即决定准备把部队拉到宁县、正宁去参加游击队，但因国民党孙蔚如部与陈珪璋部火拼而导致计划难以进行。张秀山赴驻靖远县的国民党军王子元部搞兵运工作，王世泰等想着要给刘志丹的部队搞点武器，主动到孙蔚如部黄团重机枪连当兵。1932年6月，王世泰在一次战斗中右脚受伤，被送到平凉医院治疗。此时，王世泰因身份已受怀疑，遂从医院逃跑。他走泾川、上庆阳、过西华池，6月下旬，在甘肃宁县盘克塬武乐堡村回到陕甘游击队。

三、参与创建陕甘边苏区

王世泰回来时，中国工农红军陕甘游击队已成立四个月了。刘志丹在兵运工作屡遭挫折的实践中认识到，搞革命武装，依靠在旧军队里的合法地位招兵买马是不行的，还是要走井冈山的道路。1931年9月，刘志丹将活动在合水、庆阳山区的赵连璧、杨培胜、贾生财三支队伍集合起来，在合水倒水湾进行整编，重建南梁游击队，刘志丹任总指挥。

10月下旬，阎红彦、杨重远等率领的以晋西游击队为基础组成的陕北游击支队到达南梁地区，与南梁游击队会合。中共陕西省委派谢子长到部队传达了省委关于整顿部队、建立工农红军、在陕甘边境开展武装斗争的指示。为加强党对这支部队的领导，成立了以谢子长为书记，刘志丹、阎红彦、杨重远、胡连俊、白锡林为委员的中共队委会。1932年1月下旬，部队在正宁月明塬柴桥子，改编为西北反帝同盟军，谢子长任总指挥，刘志丹任副总指挥。2月12日，反帝同盟军改编为中国工农红军陕甘游击队。谢子长任总指挥，高维翰任政委兼中共队委书记。3月，在寺村塬成立陕甘边区革命委员会。高维翰为主席，张静元为副主席。回到陕甘游击队的王世泰，立刻投入到新的战斗中。

7月下旬，中共陕西省委派省委常委兼组织部部长李艮到陕甘游击队担任政委。李艮是带着省委整顿陕甘游击队的指示来的。他连续召开干部会议，提出创建新苏区不切实际的想法，要求游击队打阵地战、平原战。结果，敌人步步逼近寺村塬根据地。大敌当前，李艮仍然强调要在20天内分完五顷塬的土地。结果是群众害怕敌人报复，不敢要土地。王世泰如实向李艮反映说：我们党员去宣传群众，动员分土地时，遭到群众拒绝。有个老农说，分地是好事，可我们不敢要。白军、民团一来，全家性命难保。李艮听了不以为然，还批评王世泰不会做群众工作。

敌军开始向寺村塬根据地发动全面进攻，李艮严令部队强攻死守，游击队虽英勇作战，但三仗皆败。王世泰所在的一中队，突围时被敌军截断退路，只能跳沟撤出战斗，第三天才在马栏找到大部队。

8月底，陕甘游击队开赴耀县照金一带活动。9月初，从陇东、关中和陕北方向步步紧逼的敌军，已将游击队合围在狭小的照金一带。游击队采取诱敌深入之策，将上钩的民团一举歼灭，缴枪300余支，活捉民团团总党谢芳以及蔡子龙等七人。王世泰所在的一中队俘敌和缴获枪支最多。

10月上旬，陕甘游击队到达南梁、东华池一带驻扎。期间，陕甘游击队曾远距离奔袭保安县城，但由于情报有误，攻打失利，伤亡严重。为渡难关，陕甘游击队决定化整为零，刘志丹带领一部到合水、庆阳一带；杨森带领一部到三原武字区一带；谢子长带领伤员在合水平定川治疗养伤；阎红彦、杨重远率骑兵队到耀县照金一带。部队分兵后，王世泰随同刘志丹来到合水东北部的黑木塬、塔尔湾、店子湾一带，在这里打土豪，筹措过冬经费。

根据中共临时中央1932年4月20日作出的《关于陕甘游击队的工作及创建陕甘边新苏区的决议》，创建中国工农红军第二十六军的任务历史地落在陕甘共产党人身上。12月20日，陕西省委常委杜衡在旬邑杨家店子召开陕甘游击队党员会议，宣布了临时中央和省委关于改编陕甘游击队为中国工农红军第二十六军第二团的决定。红二十六军的成立，是陕甘边武装斗争的一件大事。但王明“左”倾教条主义的执行者杜衡此时却无端撤销刘志丹、谢子长等人的领导职务，让谢子长、阎红彦赴上海临时中央受训。12月24日，陕甘游击队开赴宜君县转角镇，民主选举团长，举行部队改编仪式，王世泰当选为红二团团长。王世泰本人则表示不愿当团长，在无法推脱的情况下，他提出把刘志丹、谢子长留下的条件，众怒难犯的杜衡，只好将刘志丹留下。有刘志丹的支持，王世泰心里踏实了。

红二团成立后，省委下达给红二团的任务有两条：积极创建以照金为中心的陕甘边革命根据地；发展壮大红二团和地方游击队武装，扩大苏区，把照金与渭北苏区连成一片，并相机向西路地区发展。

照金，位于耀县境内，与淳化、旬邑、宜君、同官四县交界，地形比较复杂，无地农民多达60%，有强烈的革命要求。从军事角度讲，照金进可攻，退可守，是较为理想的游击区。但也有不利条件，即离敌人统治中心近，受敌人威胁大。

红二团要创建以照金为中心的陕甘边革命根据地，首先要拔除敌人据点。王世泰对周围敌情进行认真、详尽地分析，认为先打焦坪较弱之敌为宜。12月26日夜，红二团急行军80余里，拂晓到达焦坪，一举将敌全歼。战后，红二团经衣食村到达香山寺。香山寺是建于唐中期的颇具规模的佛教寺院，时有和尚千人，尼姑数十，贮有大批粮食和物资。时值灾年，四方逃难饥民近万人，流落此地，嗷嗷待哺，见红军路过，同声呼救。为了救灾民于水火，经团党委研究，决定进占香山寺，开仓放粮。红军的义举，感动了灾民，他们无不视红军为“救命恩人”。但杜衡认为香山寺位置险要，距照金只有30余里，如被敌军占领，将威胁到根据地，提出了火烧香山寺的建议并实施。千年古刹一时被毁。王世泰晚年每忆及此，深感惋惜，表示自己也有责任。

在红二团逐步拔除敌军据点的同时，照金地区的党组织领导广大农民成立贫农会，建立赤卫军，发动群众打土豪，分财产，开辟了九保、香山两个区。1933年1月红二团扩建了步兵第二连，相继创建了香山、芋园、照金、旬邑、宜君五支红军游击队。还成立了团属随营学校。红二团接连打胜仗，根据地的创建工作也进展顺利，但杜衡又命令红二团打庙湾。刘志丹等认为，庙湾是夏玉山的老巢，堡坚寨固，强攻难以取胜。但杜衡坚持强攻，结果，骑兵连连长曹胜荣牺牲，指导员张秀山身负重伤，战斗失利。参谋长郑毅引咎辞职后，在一次战斗中牺牲。在王世泰等人坚决要求下，刘志丹被任命为参谋长。

红二团在照金地区的活动，引起国民党西安绥靖公署的不安，调动骑兵团、警卫团、特务团并辅之以民团，向红二团发动“围剿”。2月4日，敌骑兵团、特务团各一营协同夏玉山民团包围了红二团驻地上、下芋园。红二团迎击敌人，战斗胶着时，渭北游击队及时赶来接应，红二团得以突出敌人合围。

经短暂休整，王世泰按照刘志丹部署，率领红二团挥师东进，攻占金锁关，与渭北游击队协同作战，在心字区全歼敌军一个骑兵排。接着奇袭泾阳吊儿嘴、淳化南堡村、彬县龙马、高村等地民团，开辟新的游击区。经过红二团和游击队三个月的浴血奋战，东达胡家巷、高山槐，西抵七界石、黄花山，北迄断头川、王家沟，南至老牛坡、桃曲塬，横跨耀县、淳化、旬邑、宜君四县边境，面积达2000多平方公里，以照金为中心的革命根据地基本形成。

1933年3月8日，中共陕甘边区特委在照金兔儿梁正式成立。特委书记金理科，委员有习仲勋、李妙斋、师克寿等人。习仲勋同时兼任特委军委书记和边区共青团特委书记。3月中旬，陕甘边区游击队总指挥部在照金成立。李妙斋任总指挥，习仲勋任政委。在各区、乡、村建立了农民赤卫军、少年先锋队等组织。在薛家寨据险筑堡，整修岩洞，先后设立了红军医院、被服厂、修械所、仓库。4月5日，陕甘边区工农兵代表大会在照金召开，选举产生了陕甘边区革命委员会。贫农周冬至当选为主席，习仲勋为副主席。革命委员会下设土地、粮食、肃反等部门。照金、芋园、香山、七界石、老爷岭、桃曲塬、马栏川等一批区、乡、村的革命委员会相继成立，标志着陕甘边革命根据地政权体系的形成。

4月下旬，西安绥靖公署再次调集警卫团、特务团、骑兵团和八十六师五一一团四个正规团，外加旬邑、淳化、耀县、三原、同官、宜君六个县的民团共万余人，分四路"围剿"照金革命根据地。

为打破敌人的"围剿"，陕甘边区特委、革委会、游击队总指挥部和红二十六军举行联席会议，决定特委、革委会和游击队总指挥部领导苏区群众和武装，在根据地坚持斗争，红二十六军转入外线，深入敌后打击敌人。

会后，红二十六军转战旬邑、宁县、宜君等地，一路捷报频传，给"围剿"根据地的敌军造成很大压力。加上敌方总指挥王泰吉系中共党员，致使敌人"围剿"草草收场。

四、南下遇险意志坚

就在苏区军民反"围剿"斗争取得初步胜利，红二团在照金根据地内外线积极作战的关键时刻，6月17日，杜衡在照金北梁召开边区党政军领导人联席会议，要求红二团南下渭华，开辟新的根据地。参加这次会议的刘志丹、金理科等人不同意杜衡主张，希望红二团继续以桥山中段为依托作战，巩固和发展根据地。但杜衡无视刘志丹等人的正确意见，还给他们扣上"一贯右倾"的政治帽子。会议最终形成了南下的错误决定。

王世泰因带领部队执行警戒，未能参加这次会议。他表示跟刘志丹走。6月21日清晨，红二团由耀县照金北梁村出发，挥师南下。在淳化县桃曲塬消灭了企图偷袭红二团的淳化县民团百余人。22日，在三原县与黄子祥、张秀山领导的渭北游击队会合。红二团党委和渭北游击队召开联席会议时，渭北游击队领导人也认为不宜南下。但杜衡一意孤行，并借口向上级汇报离开部队，由汪锋代理红二团政委。当夜，红二团向高陵进发。陕西省委得知红二团南下消息后，召开紧急会议，决定由三原中心县委立即通知高陵县支部，阻止部队南下。但晚了一步，部队已过渭河。

6月24日，渡过渭河的红二团在灞桥附近，消灭了一连过路敌军。黄昏时分，南下部队来到位于洪庆梁半山腰的上、下鲁峪村。这里距西安、临潼近，随时有遭受敌合围攻击的危险。部队连夜召开团党委扩大会议，确定下一步行动计划。25日拂晓，陕西警备一旅唐嗣桐部和临潼保安团前来攻击红二团，为脱离危险区，刘志丹、王世泰命令部队火速前进。王世泰指挥骑兵连殿后，部队向羊毛山撤退。这一天，红二团连续翻越两座大山，行军百余里，日经五战。汪锋利用他的关系，与蓝田县穆家塬民团达成了互不侵犯的协议，部队夜宿穆家塬。

26日，红二团东进箭峪口，打退了埋伏在那里的民团。中午，又打退另一股民团的阻击。侦察得知，敌警备一旅，渭南守军韩石本警备师距箭峪口都只有20里左右。华阴、华县、潼关方向的冯钦哉师也在调动中。这一带民团实力强，红二团处境异常凶险。

27日，刘志丹、王世泰、汪锋被迫率领部队进入箭峪沟。这条沟长达60余里，卵石遍地，人和骡马行进很慢。中午，追击敌军赶上来与后卫部队接火，战斗十分激烈。为掩护主力前进，王世泰指挥步兵第一连实施阻击。阻击任务完成后，与主力失去联系，三天后，才在青岗坪相会。

7月5日，红二团到达坝龙庙附近。刘志丹派人给坝龙庙团总李凌云送去一封信，希望他帮助红军购买粮食和物资。李凌云素闻刘志丹英名，果然给予帮助。

7月15日，红二团来到有十几户人家的张家坪。16日，团党委在张家坪召开扩大会议，讨论行动方向，初步确定向南突围去柞水县，设法与红二十九军靠拢。可他们并不知道，早在4月初，因马儿岩事变发生，红二十九军及地方党的领导人陈浅伦、李艮、孟芳洲、杜润芝、程子文等壮烈牺牲，红二十九军已不存在。会议正在进行，敌警备一旅与地方民团趁大雾摸进张家坪，红二团仓促应变。王世泰带领吴岱峰和高锦纯的二连及其他连队的部分战士共100余人，迅速抢占村子西北的山坡，掩护部队分散突围。

汪锋利用自己熟悉当地环境的优势，将部分战士带出张家坪，但途中多次遭民团袭击，汪锋负伤，幸存人员分散出山。刘志丹带领一部分人向西突围，17日才摆脱敌人，转战于终南山的密林之中，并找寻失散人员。在没吃没喝、时时有可能和敌人相遇的危险境地，刘志丹决定让战士们分散出山，他说："留得青山在，不怕没柴烧。每个战士都是一颗革命的种子，我们要想法分散出去，回照金重整旗鼓，再搞革命。"①到最后，刘志丹身边只有在山中相遇的少年先锋队副队长蒲永胜一人。

王世泰指挥战士们且战且退，撤至洛南县的两岔河，考虑到部队不成建制，他对余部进行了整编，保留二连番号，仍由吴岱峰任连长，高锦纯任指导员。部队夜夜露宿在山林中，饥寒交迫，处境非常困难。恰在此时，两岔河的民团派人来企图收编他们。王世泰机智周旋，佯装同意收编，但提出先供应粮食物资的条件，对方果然送来粮食、大饼等物资。但看红军按兵不动，就不送东西了。危困之中，意志不坚定的一位排长暗中联络几个人投靠了两岔河民团。

面对危局，王世泰等人商议后，决定分散出山回照金。他在宣布决定时说："如果继续这样不着天、不着地的藏在山中，将会全部冻死饿死在这里。与其坐以待毙，不如分散回照金，再树大旗。"并讲了如何穿过封锁线的具体办法。大多数人走后，王世泰等18位骨干没有走，决意寻找刘志丹、汪锋。功夫不负苦心人，他们终于在石头峪后山，找到病饿交加、身体虚弱的刘志丹。经筹划，再次缩小目标，分散出山。

刘志丹、王世泰几人走到坝龙庙后，找到渭华起义时曾任大队长的薛增平，薛增平为他们提供了食宿。考虑到薛家附近情况较复杂，他们又开始前行。走到蓝田与华县交界的箭峪后沟山坡上，向一位60多岁的独居老人打听情况，得知最近有人进山找人。通过这个老人，与地方党组织前来寻找刘志丹等人的同志见面。在来人引领下，他们连夜下山，天亮前到了黄辘口，被安排到一位党员家中，先为刘志丹治病。在此停留期间，王世泰等人帮助当地党组织除

---

① 《王世泰传》编委会：《王世泰传》，甘肃人民出版社 2014 年版，第 62 页。

掉了地方恶霸宋宗武。随后，刘志丹一行到达华县和渭南县交界处的赤水镇，见到中共渭南县委书记赵文魁，县委派人护送杨文谟去西安，专程向省委汇报红二团失败情况和刘志丹准备回照金的设想。实际上，由于杜衡等人被捕叛变，此时省委已被破坏。

北上必须渡过渭河，可敌人到处张贴悬赏捉拿刘志丹、王世泰等人的布告，把守盘查渡口。渭南县委挑选水性好的地方党员，夜间护送刘志丹、黄子文、曹士荣泅渡过河。王世泰则与黄子文的爱人李胜云假扮成夫妻，以祭祀的名义，挎着内装香裱、纸钱、供馍等祭品的竹篮，将枪藏于竹篮底部，在敌人眼皮底下，混过渡口。过后，李胜云说："你们这些人，为了革命什么都不顾了。"①

等王世泰到达指定地点白家庄时，刘志丹他们已先行到达。根据中共渭南县委指示，河北区党支部书记张我公将他们安排在几个地下党员家中隐蔽。这时，从潼关方向开来的两艘满载面粉大米等物资的军用船只搁浅，地下党组织提出让王世泰等协助抢粮，分粮给群众。王世泰等予以帮助，开枪打跑守船的团丁，党组织发动当地农民300余人，将两船粮食搬运一空。

为继续北上，王世泰等人在一富商家中筹集到280块大洋。其中200块交给当地党组织，80块留作他们北上经费。当地同志购置了货郎担，刘志丹将货箱改成夹层，下层藏枪，上层装小百货，几个人扮成走乡串户的小贩，开始北上。从渭南到照金，如果走近路，可从蒲城、富平、宁县直达，但这一路哨卡多，封锁严。为避风险，他们选择从陕北绕回的路线，途经蒲城、白水、洛川、富县、甘泉、保安、合水、正宁、耀县9县，这一带曾是陕甘红军的游击区，相对安全。归心似箭的他们，第一天就走了80多里，到达蒲城兴市镇；第二天，又走了七八十里路；第三天投宿白水尧禾镇；第四天，踏上去洛川的路。两天后的夜里，到了王世泰的老家黄连河村。全家人见到刘志丹、王世泰，都非常高兴。为了安全，王世泰的兄长们决定将他们转移到离这里有七八里路程的杨家河村。但洛川民团团总雷在阳很快就知道王世泰回来了，来见王世泰，王世泰告诉他，要认清形势，不要与红军为敌。雷在阳表示他不会干对不起红军的事。后来，雷在阳当了国民党军队的旅长，积极参加抗日，率部开往前线时，在神木被汉奸暗杀。

---

① 《王世泰传》编委会：《王世泰传》，甘肃人民出版社 2014 年版，第 74 页。

王世泰和亲人告别后，与刘志丹一起出发了。在甘泉，刘志丹鼓励李树录等当地党员要坚定革命信念，战胜白色恐怖，利用外在身份，积极发展组织，为党多做工作。离开甘泉，西行到达保安县刘老庄北面的苍沟时，哥老会"大爷"马海旺盛情款待刘志丹，派人护送他们到达保安县曹家沟住宿。当地一位党员第一次见刘志丹，异常兴奋，无意中走漏风声，被敌人密探听到，险些惹祸。夜深时分，王世泰猛然警觉，忙唤醒大家立即转移。事后得知，他们刚离开不久，旦八寨子的一排正规军和民团的七八十人就把他们住过的石崖窑包围了。

刘志丹一行到合水县包家寨后，住到高世清家。之后沿子午岭东进，经午亭子、马栏川、老爷岭，于10月4日回到照金薛家寨，这一天恰好是农历中秋节。"志丹回来了"的消息一传开，照金根据地的党政军负责人习仲勋、张秀山、高岗、王泰吉、黄子祥、杨森和红军指战员们纷纷聚集到他们身旁。

经清点，这次红二团南下失败后回来的有杨琪、吴岱峰、高锦纯、刘约三、惠泽仁、朱子休、王兆相、康健民、黄罗斌、于占彪、牛纲、王有福、谭生彬、韩志成、王安民、赵清杰、魏武、芮四、赵铁娃、师八牛等20多名幸存者。

五、坚持反"围剿"斗争

红二团南下后，照金根据地面临的形势不容乐观。此时，虽然有渭北游击第一大队和耀县游击队改编而成的红二十六军第四团以及王泰吉领导耀县起义后成立的西北民众抗日义勇军在照金活动，但缺乏统一的领导。为此，在习仲勋等主持下，陕甘边区特委于8月14日在照金陈家坡村召开党政军联席会议，决定成立陕甘边区红军临时总指挥部，统一指挥边区内的红军和游击队，选举王泰吉任总指挥、高岗任政委；制定了不打大仗打小仗，集小胜为大胜，集中主力，打击敌人，巩固和扩大照金根据地的作战方针。10月回到苏区的刘志丹、王世泰分别被任命为临时总指挥部副总指挥兼参谋长、红四团第二连连长。

此时，照金苏区正面临敌人重兵"围剿"的严峻考验。为打破敌人"围剿"，陕甘边区特委和临时总指挥部决定红四团、义勇军、耀县游击三支队、陕北游击一支队转入外线作战；习仲勋、张秀山等率领当地游击队和群众坚持根据地斗争。

主力红军转入外线作战后，刘志丹、王世泰建议先将歼敌目标定在合水县城。10月12日，部队由照金出发，行程300多里，于10月15日到达合水县黑木塬。18日晚，兵临合水城下，王世泰为攻城总指挥。随着王世泰一声令下，突击队架梯登城，迅速摸到葫芦把碉堡前，俘获驻碉敌军，并发出偷袭成功的信号。经过一个多小时鏖战，攻下合水城，合水县县长被抓。救出关押在县城监狱的80多名党员、干部和群众，其中就有王世泰的战友杨培胜。

10月28日，红军到达庆阳毛家沟门时，敌赵文治部也尾随而至。刘志丹与王泰吉决定，就地歼敌。王世泰率二连从山坡右侧猛冲下来，耀县三支队、义勇军从左侧和正面冲锋，打得敌人晕头转向，全面崩溃，赵文治上马而逃，战斗获胜。

然而，就在红军主力攻打合水城时，根据地中心区域薛家寨失守了。薛家寨虽然地形险要，易守难攻。但敌军在游击队叛徒陈克敏带领下，乘黑夜偷袭薛家寨。10月16日，照金苏区陷落。11月初，从照金突围出来的各路人马陆续与主力红军会合。这时候，根据地到底应建在哪里这个重要问题提上议事日程。

11月3日，陕甘边区特委和红军临时指挥部在甘肃合水县包家寨召开联席会议，讨论根据地和红军建设等重大问题。会议形成三项重要决议：一是撤销陕甘边红军临时总指挥部，建立红二十六军四十二师，任命王泰吉为四十二师师长、高岗为政委、刘志丹为副师长兼参谋长、杨森为师党委书记；二是建立以安定、南梁、照金为中心的三路游击区；三是开辟和建立以南梁为中心的陕甘边根据地。包家寨会议，是以刘志丹为代表的陕甘共产党人，总结历史经验，实事求是地解决陕甘革命关键问题的会议，在陕甘边革命斗争史上具有重大历史意义。

11月8日，红二十六军四十二师在合水县莲花寺成立。师部设司令部、政治处、供给处、直属警卫连；辖第三团、骑兵团，全师总计500余人、战马300余匹。红四十二师政治处主任黄子文，供给处主任刘约三，红三团团长王世泰、政委李映南，骑兵团团长黄子祥、政委杨森。

根据包家寨会议确定的建立三路游击区和南梁根据地的要求，红四十二师先挥师南下，帮助建立第三路游击区。11月中旬，红四十二师在宜君县杨家店子与敌八十六师五一一团一个连打了遭遇战，王世泰指挥红三团分路发起攻击，敌120多人整编连被全歼。随后，红四十二师回师南梁。师部率红三团向东消灭咸榆公路沿线的地方武装。骑兵团向西打击庆阳的敌民团，拓展第二路游击区。至1933年12月，先后在二将川、东华池、葫芦河川等地建立农民联合会，组建南梁、小河沟、荔园堡、豹子川、东华池五个赤卫大队，队员扩大到1000余人。

1934年1月，红四十二师南下护送王泰吉出边区。此前，王泰吉提出要到白区搞兵运工作，以便条件成熟时，将部队拉出来参加红军。师党委经慎重研究，同意了他的要求。红四十二师经宁县、正宁，直抵淳化，将王泰吉送达马家山。王泰吉后在从事兵运工作中，不幸被捕，英勇牺牲。

春节前夕，在王世泰指挥下，红四十二师智取距耀县县城50余里的生义堡。北返南梁途中，收编的黄龙山土匪武装杨谋子部在合水蒿咀铺发生密谋叛逃事件，刘志丹、王世泰果断将杨谋子处决，其余人员教育后发路费回家。

在红四十二师支持下，第二路游击队增加了安塞、庆北、定边、华池、环县等县游击队和保卫队，游击区域不断扩大，形成了主力红军、地方游击队、群众武装三位一体的革命武装力量。1934年2月，以南梁为中心的红色区域扩大到保安、安塞、甘泉、富县、庆阳、合水、宁县、正宁、旬邑、淳化、耀县、同官（今铜川）、宜郡、中部（今黄陵）14个县部分地区。1934年2月25日，在南梁小河沟四台村选举成立了陕甘边区革命委员会，习仲勋当选为主席，白天章、贾生秀当选为副主席。至此，以南梁为中心的陕甘边革命根据地正式形成。

1934年初，第三路游击队已拥有宁县、正宁、平子、赤水、淳耀、富甘、中宜、底庙等游击队和九支队、回民游击支队，人数增加到500余人。

面对陕甘边革命根据地的发展，陕甘国民党当局再次部署"围剿"。1934年3月，驻守庆阳一线的敌仇良民团、王子义团和民团谭世麟部开始向南梁根据地进攻。陕西耀县的敌干部团、特务团、旬邑的何高侯团以及洛川冯钦哉旅的一个团和延安张瑞楼团出动阻截。敌正规部队已达九个团，加上各地的民团武装，敌我力量对比悬殊。刘志丹制定了反"围剿"方针：以第二路游击队为主，领导根据地群众坚持斗争；第三路游击队牵制南线之敌；红四十二师跳到外线作战，寻机歼敌。

3月，红四十二师由南梁出发，经宁县、正宁南下，突然出现在照金北部。敌军急忙堵截，红四十二师却挥师东进咸榆公路，先后袭击姚曲、大石板、五里镇民团，歼敌百余。继而掉头北进，在店头消灭民团一部，俘获人枪各20余；又挥师西进，经富县张村驿、黑水寺和合水太白镇，回到南梁地区的东华池；

接着北上佯攻保安，掉头西进歼灭驻守蔺家砭、崖窑的张廷芝部新兵营和骑兵连；继续西进占元城，在李良子全歼谭世麟之子谭振武的骑兵连。得知王子义团将增援元城，红四十二师南下至合水城下，敌援军火速赶往合水，但红四十二师则直奔西华池，敌援军追至西华池。在刘志丹指挥下，王世泰率红三团与骑兵团紧密配合作战，经过两个小时激战，取得西华池战斗大捷，俘敌500多人，缴枪600余支，迫击炮两门，重机枪两挺，毙敌近百名。这一仗，对于粉碎敌军对南梁苏区大规模"围剿"起了决定性作用。

当红四十二师在外线转战时，敌仇良民团和庆阳民团共千余人，3月中旬进入南梁根据地，来不及转移的地方干部和群众数十人遇害，敌人还在保安挖了刘志丹家的祖坟，杀害刘志丹亲属数人。

5月初，红四十二师挺进耀县。红三团在王世泰指挥下，强攻拿下黄堡寨子，继而在三里塬全歼敌军两个连。从缴获的敌军文件中得知，敌军将对红四十二师实施新的"围剿"，据此，红四十二师跳出合围，北返南梁。途中，与冯钦哉部一个营打遭遇战，王世泰指挥红三团掩护大部队撤退后安全返回。

5月底，陕甘边区特委和红四十二师党委在荔园堡召开联席会议，决定成立陕甘边区军事委员会，刘志丹任主席，兼任陕甘边区特委军委书记。军委的成立，为领导红军粉碎敌人对南梁根据地的"围剿"提供了组织保证。6月，在陕甘红军打击下，敌人不得不退出南梁根据地。

六、巩固扩大根据地

1934年7月，在南梁阎家洼子召开了陕甘边区特委、红四十二师党委和陕北根据地党政领导人联席会议。会议作出红四十二师协助陕北游击队粉碎敌人对陕北根据地第一次"围剿"的决议，决定由谢子长任红四十二师政委，率红三团和陕北游击队第一、二、五支队，由南梁根据地北上陕北，投入反"围剿"斗争。

根据敌井岳秀第八十六师和一些地方民团在"围剿"陕北根据地部署中兵力较为分散的特点，王世泰和谢子长研究后，决定采取集中兵力，逐个消灭以连为单位的敌军的作战方针。8月17日，红三团和第一、二、五支队首先取得金吴塌村战斗胜利，全歼敌人一个连，缴获枪支100多支。接着，在清涧南区的张家圪台消灭敌两个排，拔掉敌据点。8月26日，攻打清涧河口镇，战斗中谢子长负伤。翌日守敌逃回清涧县城，河口镇宣告解放。陕甘红军不断歼灭敌人有生力量，敌人不得不改攻为守，陕北根据地第一次反“围剿”斗争取得胜利。

胜利完成陕北根据地作战任务的红三团于9月上旬回到陕甘边苏区的庆北地区，与王宝珊、张秀山率领的庆北游击队会合。10月，黄龙山“山大王”郭宝珊率部100多人在庆阳新堡宣布起义，加入到陕甘红军部队中，编为红四十二师所辖的西北抗日义勇军。根据师党委要求，红三团担负起帮助改造西北抗日义勇军的任务。为完成好任务，王世泰从红三团抽调一批干部到义勇军，又在义勇军中补充了边区子弟兵，积极开展阶级教育和革命理想教育，使这支部队政治素质和军事素质都有提高。红三团在庆北一直驻扎到春节后。期间，王世泰指挥部队先后拔掉元城子、五蛟等敌据点，消灭谭世麟所部民团200余人，根据地一直延伸到环县八珠塬地区。此段时间，陕甘边的南区、东区游击战争也有很大发展，根据地区域迅速扩大。1934年11月，陕甘边区苏维埃政府和陕甘边区革命军事委员会在南梁荔园堡宣告成立，习仲勋和刘志丹分别被选举为苏维埃政府主席和军委主席。在此前后，红四十二师已增加到五个团的建制。陕甘边革命斗争迅速发展，陕北根据地的斗争也迅速突破。1935年1月，陕北省苏维埃政府和红二十七军八十四师在安定县白庙岔宣告成立，苏维埃政府主席马明方，红八十四师师长杨琪，政委张达志。

为遏制陕甘地区飞速发展的革命形势，蒋介石集团调集陕甘宁晋四省军阀，动用七个师30多个团的兵力，于1935年初再次对陕甘边根据地和陕北根据地发动第二次大规模“围剿”。兵力部署为：宁夏马鸿宾第三十五师共三个旅七个团，从北部逼进；敌六十一师杨步飞部六个团，揳入南梁与照金之间；陕军冯钦哉第四十二师四个团，在咸榆公路一线进攻陕甘边东区；陕北井岳秀第八十六师七个团，由北攻陕北苏区；原驻河南洛阳的高桂滋第八十四师四个团进攻陕北苏区腹地；驻山西的孙楚和李生达部共五个旅，陈兵黄河东岸，威胁苏区。

为粉碎敌人“围剿”，进一步巩固和发展陕甘边和陕北根据地，进而达到组织和区域的统一。2月，中共陕甘边区特委和陕北特委在安定县周家崄召开联席会议，会议决定成立中国共产党西北工作委员会和西北革命军事委员会。工人出身的惠子俊当选为工委书记，刘志丹当选为军委主席（一说谢子长）。会议决定，由刘志丹统一指挥红二十七军和红二十六军，立即投入反“围剿”作战。

在详细、全面分析敌情基础上，2月18日，刘志丹发布《动员令》。《动员令》分析，敌军兵力虽多，但战线长达千里，各派军阀之间矛盾重重，不易协调。高桂滋部初入苏区，人生地疏，反“围剿”的首要任务应集中兵力对付高桂滋部。《动员令》部署：红四十二师三团和西北抗日义勇军北上陕北，与红八十四师组成主力兵团，在运动战中消灭敌军；红四十二师一团牵制敌六十一师，在三原、淳化、耀县、宜君一线开展游击战争；红四十二师二团阻击敌三十五师，北上环县、定边、靖边，开辟新区；红四十二师骑兵团游击于宜川、韩城、合阳一线，牵制黄河两岸敌军；后方游击队、赤卫军坚持南梁根据地斗争。《动员令》号召根据地军民树立必胜信心，发扬不怕牺牲精神，切实保障反“围剿”斗争的全面胜利。

高桂滋第八十四师进入陕北后，与敌第八十六师防线衔接，在安定、绥德、清涧、延长、延川、保安、靖边、横山八个县构成封锁区。乘敌八十四师立足未稳，红二十七军八十四师相继在安定南岔、清涧高杰村和贺家湾分别歼敌三个连，三战三捷，鼓舞了根据地军民反“围剿”斗争的信心和勇气。此时，红四十二师骑兵团成功奇袭长武县城后，准备东进延安。红三团与义勇军打算北上与骑兵团配合作战，但接到情报，说敌三十五师一个营在庆阳柳村塬驻扎。师长杨森和政委张秀山决定先打柳村塬。

4月3日凌晨，柳村塬战斗打响。敌人利用柳村塬沟壑纵横的特点，修筑了许多工事。红三团和抗日义勇军担任主攻，战斗持续到中午时，左侧助攻的骑兵团因团长赵国卿负重伤，突然后撤，导致主攻队伍被冲散，敌军乘势攻击，王世泰被敌人子弹击中左腿，顿时鲜血直流，不能行走。警卫员郭立本救护着王世泰往山下撤退，危急关头，掉头来寻找团长的少年先锋连解救了他们。

王世泰事后对这次战斗失败的原因作了分析，认为主要是敌情不明，协同不力。柳村塬的敌军实际上是一个旅，且早有防备。作战中，红三团和骑兵团协同不力，致使敌军钻了空子，这是必须汲取的沉痛教训。

柳村塬战斗后，红四十二师返回南梁休整。因两位团长都负了伤，红三团团长由吴岱峰代理，骑兵团团长由康健民接任。西北军委同时决定，红一团、红二团、骑兵团由杨森指挥，配合游击队坚持南梁地区反“围剿”斗争。红三团、义勇军由张秀山等率领开赴陕北，协同红二十七军作战。

王世泰被留在南梁地区养伤。先是在荔园堡的列宁小学养伤，教员张景文为他洗伤口、换药、洗衣、做饭。他从心底里感谢张景文对他的照料，亲切地称呼她为“好大姐”。敌军加紧对南梁地区“围剿”时，王世泰被转移到豹子川杨培胜家中，后转移到洛河川刘家老庄南山养伤。骑兵团团长赵国卿在南梁附近森林里隐蔽养伤时，不幸被敌军搜出遇害。

在王世泰养伤期间，红二十六军和红二十七军在刘志丹统一指挥下，打出一连串大仗、好仗。杨森率领骑兵团两次出击，从西向东横穿10余县，在延安、宜川、甘泉等地捷报频传，于3月上旬返回南梁。马文瑞等干部随之在新区组建了中共陕甘边东区工作委员会和宜川县工作委员会。5月1日，红二十六军三团、义勇军与红二十七军在安定白庙岔举行会师庆祝大会，组成红军主力兵团。3日，西北工委和军委决定刘志丹任前敌总指挥，高岗任政委。7日，红军主力兵团首战安定吴家寨告捷；10日，解放安定县城和延川县永坪镇；5月30日，攻克延川县城；6月1日，解放延川县城；20日，解放安塞县城；28日，攻克靖边县城，歼敌500余人，缴获枪支500余支，追击炮六门；保安县城守敌闻风逃窜，30日，保安县城解放。在刘志丹出神入化的军事指挥下，经过半年多时间的艰苦奋战，根据地第二次反“围剿”斗争大获全胜，解放了6座县城，毙俘敌3000余人，陕甘边和陕北根据地连成一片，形成陕甘革命根据地。

1935年6月底，刘志丹派人来接王世泰归队复职。当时，王世泰的枪伤尚未痊愈，刘志丹专门为他配备了一匹坐骑。王世泰复职后，吴岱峰调西北军委筹办军政干部学校。

七、痛悼战友刘志丹

陕甘革命根据地如火如荼的斗争，使得蒋介石如坐针毡。而此时，中央红军和红四方面军正在北上途中。为扑灭西北革命火焰，使中央红军北上没有落脚地，蒋介石亲任“西北剿匪总司令”，调兵10余万，于1935年7月向陕甘革命根据地发动第三次“围剿”。此时，陕甘红军只有万余人，敌我力量对比悬殊。刘志丹确定破敌之策，就是抓住有利时机，各个击破敌人。7月上旬，刘志丹率领红四十二师第二、第三团和红八十四师在绥德小理河川三皇峁歼敌一个营100人；17日，在高家塌歼敌抢粮队伍300余人；8月初，红三团在佳县和吴堡交界处消灭井岳秀部一个连。8月10日，红四十二师准备攻打晋军二〇六旅第四一二团一个连的驻地慕家塬。王世泰指挥红三团担任主攻任务。战斗开始后，王世泰率领100多名突击队员正面强攻，敌人疯狂射击，王世泰左腿又被敌人“滚雷”炸伤，他带伤指挥，终将守敌全歼。并连续作战，打退敌援兵。此役共歼敌600多人。王世泰负伤后，黄罗斌兼任红三团团长。8月21日，刘志丹指挥的定仙墕战斗大获全胜，首开陕甘红军歼敌一个整团、一个旅直属队又一个营的先例，并创下步枪打下飞机的纪录。敌人经这次打击后，撤回到黄河东岸。

9月17日，一路征战的红二十五军到达永坪镇，成为最早结束长征，到达陕甘革命根据地的第一支长征队伍。红二十五军受到陕甘边区特委、政府和群众的热烈欢迎，刘志丹亲自起草并发出《为欢迎红二十五军北上给各级党部的紧急通知》。红二十五、红二十六、红二十七军在永坪会合后，组成红十五军团，由徐海东任军团长，刘志丹任副军团长。红十五军团为打破敌人“围剿”，于10月初进行劳山战役，歼灭国民党军一一〇师，击毙1000余人，俘获3700余人。该战役是粉碎国民党军对陕甘苏区第三次“围剿”的重要战役之一，是红十五军团献给即将结束长征的中共中央和中央红军的见面礼。

就在第三次反“围剿”斗争正在紧张进行时，陕甘革命根据地出现了令人痛心的错误肃反事件。错误肃反导致刘志丹、习仲勋、高岗、张秀山、杨森、马文瑞、黄罗斌等一大批陕甘根据地党政军干部被抓，200多人惨遭杀害。陕甘革命根据地面临危机。此时王世泰因伤住院，侥幸没有被抓。王世泰负伤后，始终随军转战，导致伤口急剧恶化，又得伤寒病，被送到永坪红军医院治疗。由于治疗不及时，他的腿部肌肉急剧萎缩，伤寒高烧不退，不得不经受常人难以忍受的痛苦。而让他最难忍受的是，刘志丹等人被抓，令他吃不下，睡不着，精神十分痛苦。

危机时刻，毛泽东率领的中央红军于10月19日到达陕甘革命根据地吴起镇，受到根据地军民的热烈欢迎。毛泽东得知根据地正在肃反和刘志丹被关押的情况后，立即下令：“刀下留人”，“停止捕人”，并指派王首道等迅速奔赴瓦窑堡处理事端。随后，成立了以董必武为书记的五人领导小组负责审查这次错误的肃反。经审查，刘志丹等大批被诬陷而遭逮捕的同志获释。刘志丹被任命为西北革命军事委员会后方办事处副主任（主任由周恩来兼）、党中央所在地瓦窑堡警备司令、红军北路军总指挥兼红二十八军军长。

刘志丹百忙之中，仍挂念着受伤住院的王世泰，1936年1月的一天，刘志丹匆匆赶到永坪医院来看望，王世泰对刘志丹说：“多亏了中央红军上来了，给我注射了他们仅存的一支奎宁针药（治疟疾的特效药），治好了我的伤寒病；

解放过来的国民党军卫生员给我洗了伤口换药，肯定能养好伤的。”①刘志丹对他说：“现在好了，毛主席来了，错误的领导已经结束了。咱们要听党中央、毛主席的话，好好为党工作，让党在实际斗争中鉴定每个党员。世泰，我们准备打过黄河去。你要安心治疗休养，争取早日恢复健康，回到部队。”②

王世泰为早日重返前线，积极进行康复锻炼。渐渐地，他能拄着双拐下地行走了。1936年初春，他拄着双拐到瓦窑堡中央军委报到，被安排在瓦窑堡继续养伤。4月，噩耗传来，刘志丹在前线作战中不幸牺牲，王世泰痛彻肺腑，为失去这样一位良师益友而痛哭失声。

一天晚上，周恩来派人将王世泰接到自己的住处，神情肃穆地说：“刘志丹同志不幸牺牲，使我们失去了一位优秀的共产主义战士，是个重大损失。我们大家都很悲痛，但是你的伤还没好，不能过度悲伤，要振作精神，学习他的优秀品质和高尚情操，这就是对刘志丹最好的悼念。”③

周恩来告诉王世泰，党中央准备为刘志丹开追悼会，请他谈谈志丹生平事迹。王世泰满怀深厚感情，向周恩来述说刘志丹一生的革命业绩，从投身学生运动，参加北伐战争，组织渭华暴动，建立陕甘游击队和陕甘红军，开创寺村塬、照金、南梁根据地，一直说到刘志丹率领陕甘红军多次反“围剿”，打击国民党反动派的斗争事迹；述说刘志丹在陕甘苏区党内外享有的崇高威望和人民对这位群众领袖的深深爱戴。听完王世泰的话，周恩来说：“是啊，刘志丹同志的确是我们党的好儿子，是人民的英雄。他的英雄业绩，永远值得我们怀念。”④

周恩来准备用马送王世泰回住处时，顺便说起军委骑兵团马匹损失大，准备从内蒙古草原选马作补充的事。王世泰说，战马是从幼畜开始训练的，草原上的马自由放牧，长大后难以训练成战马，建议从边区各县选送战马来补充。周恩来采纳了王世泰的建议。后来，周恩来还安排军委管理科帮王世泰找回了自己的战马。有了马，王世泰就不怕腿伤，行动更加自如了。更让王世泰不能忘怀的是，周恩来一直惦记着他伤残的腿，曾主动提出要送他到上海或苏联去

① 《王世泰传》编委会：《王世泰传》，甘肃人民出版社 2014 年版，第 136 页。
② 《王世泰传》编委会：《王世泰传》，甘肃人民出版社 2014 年版，第 136 页。
③ 《王世泰传》编委会：《王世泰传》，甘肃人民出版社 2014 年版，第 139 页。
④ 《王世泰传》编委会：《王世泰传》，甘肃人民出版社 2014 年版，第 139 页。

治疗，但从安全角度考虑和交通不便等因素的影响，最终没成行。但这种深切关怀令他终生难忘。

1936年4月24日，中共中央、中央机关和根据地军民数千人在瓦窑堡隆重地为刘志丹举行追悼大会。中央军委副主席周恩来致辞，缅怀了刘志丹短暂而辉煌的一生，号召苏区广大青年踊跃参加红军，投身于土地革命的伟大战争之中，以实际行动缅怀刘志丹，保卫自己的红色政权。会后，周恩来等党政军领导人亲自扶灵，将刘志丹遗体安葬在瓦窑堡南门外不远的山坡上。6月，中共中央作出决定，将刘志丹的家乡保安县改名为志丹县。王世泰拄着双拐，参加了追悼会，含泪默默地为刘志丹送行。

1936年6月，中共中央机关撤出瓦窑堡，进驻保安县。陕北省委、省苏维埃政府转移到安塞县，跟随转移的王世泰被任命为安塞县军事部部长，他一边继续养伤，一边不遗余力地抓好安塞的县游击队整顿和训练工作，进一步提高了游击队员的思想觉悟和军事素质。秋冬之际，王世泰调任陕北省苏维埃政府军事部副部长，部长是钟赤兵。这时，王世泰的二哥王世瑞赶着毛驴，驮着王世泰的妻子卫巧到安塞，让他们夫妻相见。王世泰考虑到自己行动不离双拐，结婚十年，相见无多，遂劝卫巧开始新的生活。后征求家人同意，两人解除婚姻关系。

1936年12月12日，西安事变发生。15日，钟赤兵和王世泰带警卫班从安塞赶到延安城北十余华里的杨家湾，迎接周恩来。周恩来告诉他们，中共中央已经研究并提出了和平解决西安事变的主张，以促成抗日民族统一战线的实现。但目前，国民党军汤恩伯部占领绥德、清涧县城，其先头部队已进至蟠龙镇。周恩来指示王世泰，赶赴蟠龙地区组织游击队等地方武装，配合主力阻击汤恩伯部。18日，汤恩伯部被红军阻击在蟠龙以东地区，延安宣告解放。1937年1月，中共中央机关迁往延安，延安从此成为领导中国革命的中心。

1937年2月，陕北省委决定让王世泰到抗日军政大学学习。王世泰被分配到第二大队，任党小组长。在抗大学习近半年时间，7月毕业。期间，他听过毛泽东、张闻天、凯丰等人的课。给他印象最深的是毛泽东的课，为了让听课人明白怎样从实践中产生又服务于实践这个过程，毛泽东用了一个生动的比喻。毛泽东说，那些从国统区来的人，头一天看了延安的地形、街道、房屋，接触了许多人，晚上参加宴会和群众大会，听了各种议论，然后回宿舍看各种文件、报刊，他们脑海里就对延安有了初步印象。把各方面印象加起来分析后，就能作出“共产党的抗日民族统一战线政策是彻底的、诚恳的和真实的”判断。就会进一步得出结论：“抗日民族统一战线是能够成功的。”接下来就会自觉地拥护、支持和执行共产党的抗日民族统一战线政策。毛泽东的课，让王世泰茅塞顿开，受益匪浅。

王世泰在抗大学习期间，陕甘宁边区于1937年4月召开了第一次党代会，决定把陕北省委和陕甘宁省委合并为边区党委。会上，代表们对提名参与肃反的个别人当边区党委委员候选人意见很大。有些同志表示：“杀了头也不能选推行极‘左’路线造成肃反错误的人。”王世泰对此事深有感触，他曾回忆说：“我们在处理任何历史事件或遗留问题时，必须慎重，必须彻底，否则会造成不必要的误解，对革命事业也会带来不利。关于陕北肃反问题，中央在1942年召开的高干会议上给予了彻底平反和妥善解决，极大地调动起被迫害同志的积极性，他们大都在以后的岁月里，为中国的革命事业做出了积极的贡献。”①

八、保卫陕甘宁边区

1937年8月15日，陕北省军事部改编为陕甘宁边区保安司令部。边区保安司令部成立后，辖关中、庆环、三边、神府4个分区保安司令部和10个基干大队及23个县保安大队，统一管辖边区地方部队、保安部队和自卫军部队。9月6日，陕甘宁边区政府正式成立，边区保安司令部归边区政府领导，同时受八路军后方留守处指挥。10月，王世泰被任命为庆环分区保安司令部司令员。他首先抓的是建立起庆环分区的保安体系，并打击土匪势力，保障人民群众安全。年底，经组织介绍，王世泰与李玉峰结婚。李玉峰是米脂县早期参加革命的妇女干部，为人热情，工作泼辣干练。

1938年秋，王世泰调任边区保安司令部副司令员。在他的组织下，边保机构初具规模，边区党委组织部从各地和抗大毕业的学员中选调一批工作人员到边保工作，接着建立了警卫连和随营学校。按照中央军委规定，王世泰优中选优，配齐各分区主要领导：关中分区司令员张仲良，政委习仲勋；庆环分区司令员吴岱峰，政委马文瑞；三边分区司令员朱子休，政委刘英勇；神府分区

---

① 《王世泰回忆录》，中央文献出版社 2002 年版，第 228 页。

司令员杨文谟，政委张秀山。将各分区的保安大队充实加强后改编为独立营，共建立了九个独立步兵营和一个骑兵营，后10个营合编为5个独立团，即陕甘宁边区保安司令部独立第一、第二、第三、第四团和骑兵团。全边区的保安队伍按照村设班、排，乡设连，区设营，县设团，建立了一套完整严密的组织指挥体系。1942年底，全边区的保安队伍发展到5299人。边保司令部还颁发了《陕甘宁边区自卫军组织条例》，规定："抗日自卫军系边区内半军事性质的抗日武装组织，同时是抗日后备军；凡边区的劳动公民，自愿执行自卫军的任务与遵守抗日自卫军的组织纪律，年龄在18至45岁以下身体强健者，均有加入抗日自卫军光荣的权利。"①在边区各级政府积极配合下，到1939年，陕甘宁边区的自卫军发展到22万人。

边区保安部队与八路军留守部队紧密配合，协同作战，为肃清匪患，制止磨擦，保卫河防和建设边区发挥了重要作用。据不完全统计，从1938年春到1939年底，日军向陕甘宁边区河防进攻达23次，其中规模较大的有七次。日军每次侵犯边区河防的兵力至少2000余人，多则万余人。在中央军委的统一领导下，边区保安部队和自卫军积极参战，共进行大小战斗70余次，毙伤日军800多人，保卫了陕甘宁边区的东大门。边区保安部队与八路军留守部队并肩作战，消灭土匪武装21股，毙伤匪徒1130余人，缴获各类枪械1800余支，子弹20余万发，迫击炮四门，轻机枪20挺。1939年至1942年间，国民党顽固派先后两次发起反共高潮，在边区周围制造磨擦，进攻陕甘宁边区达223次，侵占边区县城五座，打死打伤边区军民800多人，组织暗杀28起。对此，边区保安部队和留守部队给予坚决反击，共消灭顽军2000余人，缴获各类枪械3400余支。

在处理一次反磨擦事件时，毛泽东处理问题的敏锐决断和高超领导艺术，使王世泰深受教育。1939年5月，国民党安定县县长田杰生蓄意制造了瓦窑堡反共磨擦事件。打死我方连长以下八人和五名群众，扣押了安定县县长薛兰斌。王世泰奉命带领两个营赶赴瓦窑堡处理此事。各方形成意见后，由王世泰向毛泽东汇报。毛泽东先问了王世泰谁是这件事的总负责人，又告诉王世泰，这是个政治问题。政治问题是大有文章可做的。毛泽东说："他们抓了我们的人，杀了我们的人，他们理亏。我们抓住这件事，向全国公布，让人们了解他们破坏协议的真相，这就叫有文章可做。"并让王世泰通知高岗、罗瑞卿、萧劲

---

① 《王世泰传》编委会：《王世泰传》，甘肃人民出版社 2014 年版，第 154 页。

光一起来谈话。毛泽东对他们讲了全国抗日形势，讲了当前开展对敌斗争的策略和方式，当谈到瓦窑堡事件时，毛泽东说：“你们都派人去，互相不通气，又不讲政治策略，这不乱套了嘛？”毛泽东让萧劲光总负责，让留守兵团参谋长曹里怀去具体处理，并通知新华社派人写文章，向全国披露事件真相。这次当面聆听毛泽东教诲，给王世泰留下极其深刻的印象。

1942年5月13日，中央军委作出了《关于成立陕甘宁晋绥联防司令部的决定》，宣布取消陕甘宁边区保安司令部，改为警备第三旅，旅长贺晋年，政委王世泰。警三旅和八路军留守兵团所辖各部归陕甘宁晋绥联防军司令部指挥。12月，警三旅驻守三边，王世泰同时兼任三边分区地委书记。在王世泰领导下，三边分区军民齐心协力，团结战斗，粉碎了顽固派的封锁，整风、生产、训练和民族统战工作都取得了较好成绩。

在大生产运动中，王世泰亲自抓典型，树榜样，发现和培养了张治国、郝树财、侯李昌、贺芳春等一批带头人物。其中张治国被评为边区特等劳动英雄，荣获毛主席、朱德等六位领导亲笔题词的奖状；郝树财因创边区个人开荒最高纪录，被评为边区甲等劳动英雄。由于王世泰在大生产运动中出色的表率作用，在1943年召开的西北局高干会上，被评选为领导经济建设成绩卓著、克己奉公、密切联系群众的干部模范。成为受到毛泽东表扬奖励的22名领导干部之一，毛泽东为其题词：“忠实、努力、不夸、不骄。”①

驻守三边，王世泰注意做好抗日民族统一战线工作。三边北面与蒙古族的伊克昭盟接壤，当时，西北局建立了中共伊盟工委，由三边地委就近兼管。为了培养民族干部，西北局在三边建立了一所民族学校，任命王世泰兼任民族学校校长。王世泰还主动与邓宝珊驻防在长城外的新11旅友好相处，互不侵犯。后新11旅起义，编入陕甘宁晋绥联防军序列，毛泽东称赞其为国民党军队起义的“火车头”。

1944年12月，王世泰调任关中分区司令员兼警备一旅旅长。1945年4月23日到6月11日，王世泰作为正式代表到延安参加了中国共产党第七次全国代表大会。这次大会共开了50天。王世泰被分配在宁陕甘边区代表团，他和代表们深入热切地讨论了毛泽东《论联合政府》的政治报告、朱德《论解放区战场》的军事报告、刘少奇《修改党章的报告》，从党的七大上，他汲取了更多的精神

---

① 《王世泰传》编委会：《王世泰传》，甘肃人民出版社2002年版，第168页。

力量。

1945年7月，就在王世泰忙于关中大事时，他的妻子李玉峰不幸亡故，给他留下了四个幼小的孩子。顾不上处理家事，王世泰就因战事紧急，奔赴前线。

7月21日，国民党部队集结了11个师的兵力分三路进犯关中分区，分别进攻爷台山，土桥镇，上、下墙地区。王世泰命令警备一团、分区保安纵队、关中分区警卫队进入战斗位置，协同新四旅第七七一团阻敌。双方激战至27日，王世泰经请示联防军司令部同意后，暂时撤出阵地。关中分区所属爷台山及其以西宽50公里、纵深10公里地区内，有41个村庄被国民党军队占领。

陕甘宁晋绥联防军司令部随即成立了爷台山反击战临时指挥部，由张宗逊任司令员，习仲勋任政委，王世泰、王近山、黄新廷任副司令员，谭政任副政委，甘泗淇任政治部主任，统一领导关中分区各留守、警备部队进行反击。

8月7日，临时指挥部由马栏迁至距爷台山10公里的凤凰山兔鹿村，调集联防军新编第四旅，教导第一、第二旅，三五八旅会同警备一旅参加战斗。8月8日午夜发起总攻，10日结束战斗，全歼进入爷台山的国民党部队，收复爷台山阵地。

1945年8月11日，中央军委决定：将晋绥军区从陕甘宁晋绥联防军建制中划出，直属中央军委领导。驻陕甘宁边区的部队，仍沿用陕甘宁晋绥联防军的番号，王世泰代司令员，习仲勋代政委。

1946年6月26日，国民党军调集30万人对中原解放区发起大规模进攻，中原部队奉中央命令突围。其中，王震率领的第三五九旅和干部旅于8月初进入陕南的镇安、宁陕一带。此时，胡宗南调集九个旅的兵力，企图聚歼王震部。8月5日，毛泽东征询王世泰意见，出击部队在什么地方可以吸引胡宗南。王世泰回答说："最好从陇东打出去，一是西峰，二是镇原。镇原打下来震动不大，而西峰若能打下来，震动一定很大，能占领平凉控制西兰公路。"毛泽东问："你准备带多少部队去？"王世泰说："我准备带四个团。"毛泽东让他带五个团去，并告诉他，伤其十指，不如断其一指，要打歼灭战。①

按照毛泽东指示，王世泰制定攻打西峰镇的作战计划，但随之接到中央军委命令停止攻打西峰的电报。原来，8月9日王震来电，因敌军靠拢来，要求返回边区，中共中央和中央军委于8月15日同意三五九旅北返边区。

① 《王世泰回忆录》，中央文献出版社2002年版，第275—276页。

为接应三五九旅，联防军司令部会同西北局作出部署：以新编第四旅为左翼兵团，从长武、彬县之间出击；以警备三旅第七团及第五团一部为右翼兵团，由平凉、泾川之间出击。以警备第一旅组成若干游击队，分散活动于淳化、旬邑地区，钳制迷惑敌军。同时，组成中共西府工委和西府游击支队，进入麟游山区，牵制敌军兵力。成立中共陇南特委和陇南游击大队，深入陇南，以徽县为中心开展游击战，牵制敌军兵力。建立平东、平西和华平三个武工队，分别活动于固原、华亭、泾川、崇信一带，迷惑和吸引敌军。上述各游击队的主要干部和战士共600余人，都是从警备第一旅和警备第三旅抽调的骨干力量组成的。

从8月23日开始至8月27日，在习仲勋、王世泰等指挥下，接应王震部队从南线全面出击，占领了从关中到陇东的一系列军事据点。8月29日，王震率领第三五九旅第七一八、第七一九团浴血突出敌重围与警备三旅会师镇原屯子镇。9月8日，第三五九旅第七一七团在副旅长徐国贤率领下进入陕甘宁边区与该旅主力会合。9月17日，第三五九旅在延安受到了边区军民的热烈欢迎和毛泽东的高度赞扬。

王世泰在担任联防军代司令员的一年半时间内，按照中共中央、中央军委和中央西北局的指示精神，以3万之师，对付20万敌军的包围封锁，历经250余次战斗，取得了歼敌1.2万余人的战斗成果，切实保障了中共中央和边区的安全。

从1947年2月开始，国民党军集中兵力对山东解放区和陕甘宁边区实行重点进攻。对陕甘宁边区发动重点进攻的是以胡宗南为总指挥的34个旅，共23万人。为打退敌人进攻，陕甘宁野战集团军于2月成立，张宗逊为司令员，习仲勋为政委，王世泰为副司令员。辖6个旅。2月中旬，胡宗南以7个旅的兵力占领关中分区。3月2日，又以5个旅进攻陇东分区，企图吸引陕甘宁野战集团军主力西进，乘机攻占延安。在张宗逊、习仲勋部署下，陕甘宁野战集团军3月5日在西华池歼敌一个旅共1500余人，毙其少将旅长何奇。

3月11日，中央决定陕甘宁野战集团军改称西北野战兵团，彭德怀为司令员兼政委，张宗逊任副司令员，习仲勋任副政委。西野的任务是保卫延安，保卫党中央。同时，让王世泰带领警备一旅三团、警备三旅五团南进关中，收复关中分区，开展游击战争。23日，王世泰部收复赤水县；27日，解放新正县大部；22日，午亭子战斗获胜；4月7日，小塬子战斗歼敌一个营。关中各敌人据点闻风而逃，关中分区收复，有力地支援了西北野战兵团在青化砭、羊马河作战。

4月下旬，王世泰率南线部队攻取龙坊镇和焦坪镇两个据点，并破坏咸榆公路。5月5日，王世泰部取得奇袭耀县战斗胜利，受到彭德怀电贺嘉奖。南线作战中，王世泰率部共歼敌5000余人，解放了三座县城，开辟了新区。

5月13日，毛泽东批准了彭德怀、习仲勋提出的六月作战方针："除留警七团于现地外，全军出陇东，先打新一旅，再打一百旅或其他部队。"①为配合西北野战兵团发起陇东战役，王世泰率部解放了旬邑县城及其以西的大片地区，北上频频出击陇东。7月上旬，陇东战役胜利结束。

1947年7月下旬，西北野战兵团改为西北野战军。9月，中央军委决定王世泰部编为西北野战军第四纵队，辖两个旅。王世泰为司令员兼政委。9月23日，彭德怀令第二、第四纵队挺进黄龙地区，接到任务后，王世泰率领第四纵队渡过泾河，集结于礼泉以北地区。10月3日，西野前委决定成立黄龙行动委员会，王震为书记，王世泰为副书记，第二、第四纵队于洛川石头镇会合。黄龙行动先后解放黄龙、韩城、宜川三县，占领两个黄河渡口，打通了与晋西解放区的联系。10月23日，经中央批准，二纵、四纵开始休整。11月16日，按照彭德怀指示，王世泰率部北上横山，歼敌800余人。随后，完成了占领宁条梁、解放安边、吸引敌十八师回援三项任务。11月起，四纵等部队转入冬训。

1948年1月29日，西北野战军司令部召开旅以上干部会议，讨论制定发起春季攻势、转入外线作战的计划。会上，彭德怀制定了攻打宜川、调动敌军援兵、围城打援的方案。2月24日，攻城部队将宜川城包围并发起攻击，敌守城部队整编第二十四旅旅长张汉初连电胡宗南和刘戡，紧急求援。刘戡率部2.4余万人，驰援宜川。西北野战军迅速进入伏击区，29日发起攻击。第四纵队警备一、三旅分别从瓦子街以北发起猛攻；第三纵队和第六纵队阻击部队由东向西，第一纵队沿瓦子街以西公路攻击敌侧背；第二纵队到达瓦子街以南高地。3月1日，彭德怀下达总攻令，4路大军合击敌军。刘戡突围无望，自杀身亡。3日，宜川守敌被全部歼灭。宜川瓦子街大捷，全歼胡宗南集团五个整编旅共2.94万人。这是西北野战军转入外线作战后取得的第一个重大胜利。毛泽东接着发表了《评西北大捷兼论解放军的新式整军运动》，向全军推广西野用"诉

---

① 《王世泰传》编委会编：《王世泰传》，甘肃人民出版社2002年版，第199页。

苦”“三查”方法进行整军的经验。陕甘宁边区召开了万人祝捷大会。

4月13日，彭德怀部署西野实施西府战役计划。至5月12日，战役结束。27天里，行程近千公里，解放了12座县城，歼敌正规军和地方民团共计2.19万人，摧毁了胡宗南设在宝鸡的补给基地，收复了延安，解放了洛川，扩大巩固了陕甘宁解放区，扩大了党和解放军在国统区和国际上的影响，牵制了胡宗南的兵力，有力地支援了中原解放战场。

九、参加解放大西北

1948年5月至7月，胡宗南部先后向关中、黄龙解放区进犯，为粉碎敌人进攻，将胡宗南部钳制在西北战场，西北野战军与胡宗南部展开拉锯战，7月至8月，西野取得澄合战役胜利，歼敌三十六师等部9000余人，收复合阳、澄城、韩城，巩固并扩大了渭北解放区。9月，中央军委增补王世泰等为西野前委委员。10月，西野举行荔北战役，歼敌2.5万余人；11月战役中，再歼敌2.5万余人，结束了为时近半年的拉锯战，巩固扩大了新解放区。

1949年2月1日，西野改编为中国人民解放军第一野战军，彭德怀任司令员兼政委。下辖七个军和一个直属骑兵师。王世泰部为第四军。2月至3月，一野发起的春季攻势取得胜利，歼敌6900人，其中第四军歼敌4000余人。

1949年4月21日，毛泽东、朱德发布了向全国进军的命令。而此时，胡宗南部一方面欲将主力撤向西南，一方面与青海马步芳、宁夏马鸿逵部联合，以陕中、陇东为防御重点，企图保西北、固西南。为打破胡宗南计划，5月，一野司令部决定发起陕中战役。战役第一步，歼灭三原地区敌军；第二步，夺取咸阳、西安、宝鸡。5月17日，第一野战军司令部在富平谢村召集师以上干部会议，决定追歼胡宗南部主力，解放西安。会上，确定四军的任务是向乾县及其以西追击前进，并打击二马可能增援之敌。

王世泰率领四军立即由铜川、耀县地区出发，追击敌第五十七军。追击过程中，发现敌有逃往凤翔、宝鸡的可能。王世泰立即发电给前线总指挥部，提请堵截。前总部署第一军第二师前往，切断敌军退路。王世泰部则追敌不放。5月21日至22日，第四军和第一军第二师协同作战，俘敌8000余人，其余被歼。23日，第四军又歼灭逃敌一个营。第一军、第二军也进抵凤翔、虢镇一线。第六军于5月20日和平解放西安。

6月4日，中央军委批准以第一、第二、第七军编为第一兵团；第三、第四、第六军编为第二兵团。第二兵团由许光达任司令员，王世泰任政委。6月，中共中央对西北局和第一野战军前委作出调整。彭德怀、贺龙、习仲勋分任西北局第一、第二、第三书记，王世泰等为委员。第一野战军前委由彭德怀为书记，王世泰等为委员。

1949年7月，根据毛泽东提出的“钳马打胡”作战方针，第一野战军前委决定发动扶眉战役。彭德怀对许光达和王世泰说：“最关键的是二兵团。你们要隐蔽前进，路上如遇小股敌人不要纠缠，突然插入敌后，直逼渭河。在占领青化镇、益店镇后即向罗局镇、眉县车站进攻，抢占蔡家坡，切断陇海路，阻止敌人向宝鸡撤退。”①

许光达、王世泰率第二兵团于10日晚沿渭河北岸急行军，迂回到胡宗南第十八兵团侧后。担任穿插作战任务的第四军奔袭并占领罗局镇、益店镇和眉县车站。二兵团主力于11日进至益店、青化镇，由北向南迂回到敌第三十八、第六十五军和第一一九军侧后。随之，第三军和第六军由青化镇东西向南攻击，第三军第九师攻克扶风。敌六十五军、三十八军沿陇海路向宝鸡急退，12日迫近罗局镇。能否坚守罗局镇便成了战役胜利的关键。阻击战异常激烈，第四军第十师、第十一师打退了敌集团式的轮番冲锋10多次，阵前堆满了敌军尸体。12日下午3时，第二兵团主力与第十八兵团将敌第六十五、第三十八、第一一九军完全包围于渭河北岸的午井、罗局镇和高王寺地区，经过五小时激战，除少部分敌人泅渡南逃外，大部被歼灭。南逃的8000余敌军亦被第二军全部俘获。14日，第二兵团第四军第十二师占领宝鸡，第二军占领宝鸡以南益门镇。

扶眉战役歼敌1个兵团部、4个军、8个整编师另3个整团，共4.4万余人。我军伤亡4600余人。彭德怀称赞“四军这次打得好，立了功”，并发电报通令嘉奖。

扶眉战役胜利后，马步芳、马鸿逵部向陇东、平凉撤退。第一野战军开始了千里追击、解放甘肃的进程。7月26日，中共中央批准成立中共甘肃省委，张德生任书记，孙作宾任副书记；7月28日，批准成立甘肃行署，王世泰任主任，霍维德、吴鸿宾任副主任；同时批准成立甘肃军区，王世泰任司令员，张德生任政委，徐国珍、任谦任副主任。8月25日至26日，在决战兰州的攻坚战中，参战的

---

① 《王世泰回忆录》，中央文献出版社 2002 年 4 月版，第 228 页。

第二兵团、第十九兵团各军不仅克服了千里追击、长途行军作战的各种困难，而且在夺取兰州以南被称为“兰州锁钥”的沈家岭主阵地，以及狗娃山等制高点的战斗中，英勇顽强，不怕牺牲，控制了黄河铁桥，截断敌人唯一西逃的退路，解放西北重镇兰州。野战军司令部授予“四军健儿再建奇功”的巨大荣誉。至12月，甘肃全境解放。

兰州战役期间，王世泰被选为解放军代表出席全国政治协商会议，与各界代表共商国是，并荣幸地参加了开国大典，还参加了西北地方代表团赴东北参观、考察，看了小丰满水电站、抚顺煤矿、鞍山钢铁厂、长春通讯大楼等企业和设施，对城市建设和工业生产有了直观的认识。王世泰身上的硝烟味还没有散去，就开始了投身祖国建设的新里程。

十、投身于祖国建设

1949年11月中旬，王世泰回到甘肃，就任甘肃行政公署主任和甘肃军区司令员。甘肃行政公署依据中央人民政府和陕甘宁边区政府的统一部署，在西北局和省委的领导下，着重开展了五个方面的工作。

一是接管建政。到1949年11月底，全省10个市区、66个县、320个区建立人民政权。并以民选、推选、指定代理等方式，对60%的乡村政权进行了初步改造。二是对旧政权进行全面接管。全面没收接管官僚资本企业，组织恢复生产，确保战争需要和市场供应。对民族工商业、文化、教育、卫生机构实行保护政策。三是打击国民党反动残余破坏活动，确保社会秩序稳定。1949年11月，马步芳余部策动武装叛乱，8000余人围攻宁定县（今广河县）县城，打死打伤千余军民。在甘肃省委和行署的领导下，王世泰立即组织甘肃军区和临夏军分区迅速进行平叛，彻底打击国民党残余势力。四是努力恢复工农业生产，平抑物价，切实安排困难群众的生活。五是发动群众，积极筹粮筹款，确保解放军进军新疆和支援解放大西南的需要。

经中央人民政府批准，甘肃省人民政府于1950年1月8日成立，邓宝珊任主席，王世泰、张德生、马鸿宾任副主席。同时成立了以王世泰为书记的中共甘肃省人民政府党组。甘肃行政公署同日撤销。1月10日，在省政府召开的第一次委员会上，王世泰作《甘肃省行政委员公署工作报告》。在1月中旬到2月初召开的西北军政委员会第一次全体会议上，王世泰被选为西北军政委员会委员。同时，王世泰继续担任第二兵团政委、甘肃军区司令员。

1950年1月25日，王世泰与时在中共西北党校工作的魏乃结婚。从此，这对革命伴侣执手偕行，度过了58个春秋的冷暖人生。

刚刚解放的甘肃，百废待兴。在西北局“慎重稳进”方针指导下，甘肃对全省土改工作作了部署：在条件成熟的老区全面进行土改；在党的地下组织建立较早的分区和县进行部分土改；在一些较为偏僻落后的分区和县，只进行土改试点；少数民族地区暂不实行土改。

土改运动开展不久，甘肃就发生了平凉、海固、皋兰等地的反革命暴乱。5月20日，中央致电西北局和甘肃省委：“既要注意匪特阴谋活动，同时着重注意民族问题。”①按照这一指示精神，省政府决定除庆阳老区外，其他地区主要是汉族地区第一步先实行减租减息，在条件成熟后再开始大规模土改。1951年至1952年，全省65个县、3224个乡的893万汉族人口完成了土改。对回族地区的清真寺、拱北和头人的土地，省政府制定了如下政策：“一般不予征收，其中拥有土地很多，且本民族群众多数人迫切要求分配者，经过与教方的充分协商，可以酌量拿出一部分来分配。”②至于蒙古族和藏族地区的土改，直到后来牧区民主改革时方开展。分类推进土改，起到了稳定甘肃大局的重要作用。

镇压反革命是巩固新生政权的必要措施。针对1950年甘肃反革命案件、抢劫案件、纵火案件等频发的状况，王世泰积极领导甘肃的镇反工作，对各地发生的反革命暴乱进行了坚决的镇压。同时，为消除旧社会留下的烟毒、赌博、妓女等痼疾，甘肃颁布《严禁种植和贩卖大烟的通令》《关于禁烟禁毒布告》等条令，铲除烟苗14.5万余亩，抓获制贩毒分子4080人，区、乡两级普遍建立强制性戒毒所。不到三年，在全省基本上消灭了毒品，及嫖娼、卖淫、赌博等丑恶现象。

恢复生产是关乎民生大计的重要工作，甘肃省委、省政府领导全省人民努力抓生产，使得甘肃经济在短期内迅速回升。从1952年甘肃国民经济统计数据看，私营工商业比1949年翻了一番；社会总产值增长65%；人均国民收入增长40%；地方财政收入增长1.3倍，粮食总产量增长20%；工业产量增长22%。交

---

① 《王世泰回忆录》，中央文献出版社 2002 年版，第 393 页。

② 《王世泰传》编委会编：《王世泰传》，甘肃人民出版社 2002 年版，第 256 页。

通和文教卫生事业，增长速度高达4.5倍以上。

王世泰认为，要搞好甘肃的工作，有两件事不容忽视，一是粮食问题，二是民族问题。甘肃自然条件差，抓住了粮食就抓住了稳定。甘肃民族众多，处理好民族问题至关重要。要教育全体干部懂得了解各民族的政治、经济、文化、宗教信仰、风俗习惯、社会心理和历史等，切实听取他们的呼声和要求，尊重他们的风俗与习惯，帮助他们解决各种实际问题，真正做到荣辱与共，肝胆相照。基于这样的认识，王世泰也成为党的民族工作的积极实践者。1950年，甘肃相继成立天祝藏族自治区、东乡族自治区、卓尼藏族自治区、肃北蒙古族自治区，成为全国最早建立的民族自治政权，为我国民族区域自治制度的实行开了先河，积累了实践经验。

铁路是国家的交通命脉。中华人民共和国成立后，西北铁路建设也提上日程。1950年4月，经政务院批准，由西北局组建西北铁路干线工程局（简称西干局），决定任命阎揆要为局长，白如冰为政委，但阎、白两人因故未到职。西北局任命王世泰为西干局局长兼政委（党委书记），开始西北地区的铁路建设。

王世泰到职后，就开始了近一个月的调查研究。经调研，他提出必须立即废除旧有施工体制，取缔包商制度，实行政治民主、技术民主、经济民主的民主化管理方针。这一决策得到广大筑路职工的欢迎和支持，不法包商被遣散。在管理制度改革的基础上，王世泰考虑到铁路建设是个技术性比较强的多工种工程建设项目，离不开一定数量工程技术人员和专业施工队伍，就向铁道部提出请求调配一批技术骨干，铁道部一次就派出了800多人的专业建设队伍，并带来大批机械设备。同时，为培养更多的铁路干部，在天水创办铁路干部培训所，王世泰担任校长。天兰铁路最初主要由部队修建，抗美援朝开始后，部队调往前线。这时，为解决施工力量不足问题，王世泰决定采取在沿线地区组织民工的办法，并采取属地管理方式。这一方式方法的使用使修路速度加快，陕甘两省先后抽调民工达到1.4万余人。1952年8月23日，全长356公里的天兰铁路全线贯通，比原计划提前了10个月。10月1日，盛大的天兰铁路通车庆祝大会在兰州举行，数万人集会庆祝这个甘肃历史上值得纪念的日子。会上，宣读了毛泽东亲笔题词："庆祝天兰路通车，继续努力修筑兰新路"。对这样一件大事，王世泰总结说："天兰路的建成，概括起来有三句话，那就是：没有党的领导不可能获得胜利，没有广大人民的支持不可能顺利进行，没有全局职工的努力不可能提前通车。”①

1952年8月28日，中央任命王世泰为中华人民共和国铁道部副部长，交给他为天兰路正式运营做准备和建设兰新线的任务。按照王世泰的建议，铁道部将西干局一分为三，成立铁道部西北设计分局，铁道部第一、第三工程局。为集中精力做好工作，王世泰举家搬进北京。

兰新线东起兰州西站，跨过黄河，穿越乌鞘岭经河西走廊进入新疆境内，再由哈密、吐鲁番，跨越天山至乌鲁木齐，全长1900多公里。仅甘肃境内的线路长度达1150多公里。

兰新线既要通过千里“风区”，又要穿山越岭，其中乌鞘岭工程是全线最艰苦、最浩大的工程，也是新中国成立之初全国铁路建设中一项较大工程。施工正值风雪交加的冬季，冻土开挖是遇到的第一个难题。一镐挖下去，出现一条白印，再挖还是下不去。为此，王世泰发动工人和工程技术人员献计献策，发挥集体智慧，先后创造出许多破解冻土的好办法及工程取暖的措施。

在王世泰任铁道部副部长的两年中，除了兰新线，他还领导建设了集二线（自内蒙古乌兰察布集宁至中蒙边境的二连浩特）、宝成线（自陕西宝鸡至四川成都）、包兰线（内蒙古包头至甘肃兰州）、甘武线（宁夏中卫甘塘至甘肃武威）、包白线（内蒙古包头至白云鄂博矿区）等，并参与了支援朝鲜铁路修复的工作。

1954年11月，王世泰出任国家基本建设委员会副主任。当时，国家基本建设委员会的职责主要有两项：一是审批国家“一五”计划的工业建设项目报告，搞初步设计；二是审批全国城市的重要建设项目。王世泰曾带领建委和相关部委的专家，先后到东北和西北地区检查“一五”项目的执行情况。兰州炼油厂、兰州化学工业公司的选址，兰州水厂规模、西固热电厂扩建项目的追加和兰州市城市道路规划等重大问题，都是王世泰组织石油、化工、环保、交通、地震等部门的专家和甘肃省、兰州市领导深入现场审定的。武汉长江大桥的竣工验收工作，也是周恩来指派王世泰主持进行的。

1955年10月，王世泰和建工部部长刘秀峰率团赴苏联学习考察。考察期间，王世泰由于突发脑血管痉挛，在莫斯科检查治疗了两个多月，到1956年1月才痊愈回国。

---

① 《王世泰回忆录》，中央文献出版社 2002 年版，第 417 页。

1956年9月，在党的八大上，王世泰当选为第八届中央委员会候补委员。1958年2月，全国人民代表大会决定撤销国家基本建设委员会。王世泰被任命为国家计委副主任，分管机关的日常工作。6月1日，中央作出《加强协作区工作的决定》，把全国划分为东北、华北、华东、华中、华南、西南和西北七个经济协作区，同时撤销原来的六个中共中央局，要求按照各区域的资源条件，分别建立经济中心和工业体系。国家计委的几位副主任分别调往各协作区任职。王世泰任西北协作区副主任，主任由陕西省委书记张德生兼任。

西北协作区机构建立健全后，从1959年7月起，王世泰组织人员，到陕西、甘肃、宁夏、新疆四省（区）进行实地考察。在新疆，王世泰办成两件大事。一是就新疆八一钢铁厂的发展规模与自治区政府进行协商，提出了分两步将八一厂的钢产量从10万吨提高到15万吨，以满足新疆建设的需要。二是根据南疆适宜种棉花且产量高、质量好的特点，提出在喀什建一个棉纺厂。王世泰将这两个项目呈报国家计委后，获准立项建设，为新疆的发展打下一定基础。后来，王世泰组织有关人员，将西北调查获得的各种资料，编制成《西北经济资源概况》，上报国家计委。

1960年9月，中共中央决定恢复原来的六个中央局，同时撤销各经济协作区。

十一、再回甘肃担重任

1960年11月5日，中共中央决定王世泰任甘肃省委书记处书记。王世泰回甘肃，正赶上全国经济困难时期，甘肃人民生活严重困难，有些地方人口出现非正常死亡现象。为解决好急迫问题，中央不仅派出由钱瑛等人组成的工作组来甘肃开展工作，还要求西北局尽快召开会议，调整班子，纠正错误。12月3日至5日，中共中央西北局在兰州召开会议，帮助甘肃省委改正严重错误，调整省委领导班子，稳定群众情绪。王世泰参加了这次会议。会上，省委第一书记张仲良就粮食问题、人民公社问题、“反右倾”问题、民族统战工作问题和党内民主生活问题上的错误作了检讨。会议作出《坚决贯彻中央生产自救方针，全面安排群众生活的决定》和“实行人口疏散政策，鼓励群众移工就食，到条件比较好的地方去谋生，以减轻粮食负担”的决定。这次会上，省委分工王世泰主管工业与交通。不久，他举家迁到兰州。

西北局兰州会议后，中共中央、西北局和甘肃省委组成八个工作组赴甘肃各地区帮助群众安排生活。

1961年1月25日，中央决定汪锋任中共甘肃省委第一书记，高健君任第二书记，张仲良任第三书记。调整后的省委书记处书记分别是陈曾固、张鹏图、王秉祥、何承华、王世泰。新班子工作分工，王世泰分管民族统战和铁路工作。3月21日，省委又决定成立由高健君挂帅，王世泰、李培福、孙润华等人组成的“反右倾”整风案件复查委员会。同时决定复查甄别的日常工作由王世泰负责。

甄别复查是一项复杂、严肃的工作。为掌握详细情况，王世泰翻阅了大量档案资料，接待一大批上访者，出台一些指导工作的文件，为全省积累的冤假错案进行甄别平反。先后为所谓“孙、陈、梁反党集团”、以霍维德为首的“右倾机会主义反党集团”、强自修“阶级异己分子、右倾机会主义反党集团首领”以及其他在1958年整风运动和1959年“反右倾”运动中受到错误批判的党员、干部、工人、农民、学生进行甄别平反，还为5378名右派分子摘掉了“右派分子”帽子。经过甄别平反，先后起用各级领导干部2147人，其中地级以上干部22人，县处级干部128人。

1964年秋，中央决定调王世泰到全国人大当专职常委。王世泰正在移交工作，准备赴京报到时，突然接到全国人大副委员长兼秘书长刘宁一的电话，告诉他北京正在备战，部署疏散工作，暂时不要来京。鉴于这种情况，王世泰未能进京。随后，省委决定让他参加全省社教工作团。

从1964年秋至1966年春，王世泰先后到张掖县上秦大队、武都县汉王镇和成县城关镇蹲点参加社教工作，尽可能地为当地群众办了一些生产和生活自救的实事。在上秦大队，为增加集体和社员收入，他帮助砖厂恢复了生产；在汉王镇，他帮助协调到一笔小型水利投资，改善当地水资源环境，扩大水田的种植面积，使汉王镇粮食产量翻一番，并建议恢复了汉王镇农贸交易集市。这在“割资本主义尾巴”的政治气候下，是一件大胆的举动。他看到成县城关镇为宣传社教运动到处粉刷墙壁涂写标语时，曾提出批评，认为浪费太多。后来，王世泰不得不做检查。

十二、在“文化大革命”中

1966年，“文化大革命”爆发并很快蔓延到甘肃。王世泰此时正在甘肃成县搞第三期社教。7月，王世泰接到通知，到西安参加了西北局会议，主要内容是如何适应形势，派工作组进驻各省大专院校，维持教学秩序。

王世泰回到兰州后，动乱形势已难控制，学生揪斗老师，工人批斗领导，乱象纷呈。特别是兰州大学学生与铁路职工直接发生冲突，举行大规模游行、静坐，甚至包围省委。这期间，省委多次派王世泰到铁路局做工作，但均没有效果。

1967年1月，上海掀起了“一月夺权”风暴，很快波及全国，兰州地区经过激烈争夺，“红联”于2月5号完成了夺权。按照“三结合”领导班子由军方、造反派、老干部组成的要求，“红联”把王世泰和甘肃的两位副省长冯直、王国瑞当作结合对象，说是让他们分工抓生产，王世泰等人虽极力抓生产，但在造反大势下，他们的努力收效甚微。

后来，造反派组织夺权，多次派人搜查王世泰家，将照片、资料和书籍全部抄去。虽然最后归还一些书籍，但照片和资料全部丢失。8月5日，中央定性“红三司”为造反派，“红联”为群众组织，“革联”为保守组织。并宣布了以冼恒汉为首的甘肃省革命委员会领导班子。王世泰则被划为“汪锋一小撮”，又被定为所谓的“彭（德怀）、高（岗）、习（仲勋）反党集团”骨干，接受军管和批斗，精神和肉体都受到严重摧残。

由于长期被批斗关押，王世泰身体受损，不能动弹，被送到陆军三爱堂医院医治。他们给王世泰起的化名是王四（因为关押他的房子的编号为4号），并规定他不准出病房门，不准和人交谈，饭由护士送。世上没有不透风的墙，不几天医院里很多人都知道病号“王四”实际上是王世泰。这时，造反派认为王世泰已是一只“死老虎”，看管有些放松。再加上一些群众、干部对他的历史比较了解，自觉给予关心和保护，王世泰在“文化大革命”浩劫中得以幸存。

1971年林彪事件后，中央开始着手解放老干部，在这种大的政治背景下，1972年3月23日，中共甘肃省委召开常委会议，听取了省革委会政治部党委关于王世泰、李友九、马继孔等人的审查报告。会议决定将原定王世泰是“彭、高、习反党集团的重要骨干”改为“重要成员”并“免予处分”。

1974年，在周恩来关心下，王世泰被补选为第四届全国人大代表。就在王世泰去北京参加会议之前，1月9日，中共中央决定任命王世泰为甘肃省革命委员会副主任。

1975年1月13日，他参加了四届人大一次会议，聆听了周恩来总理的工作报告，这次会议重申了发展国民经济的两步设想和在本世纪内实现四个现代化的宏伟目标。就在这次会上，王世泰当选为全国人大常委会委员。

王世泰虽然进了甘肃省革委会领导班子，但有职无权。对这点，王世泰曾回忆：“我当时的工作仅是象征性的职务安排，名义上协助主管财贸工作，实际上没有参与什么具体工作。当然，有一些必要的大型政务活动和集会，也通知我去参加。这一时期，甘肃的形势不太稳定，农业收成不景气，工业生产效益不高，人们思想比较混乱，干部情绪比较低落。”①

被关数年，王世泰很想知道基层老百姓的情况。1976年春耕时节，他带了省财办一位处长和秘书高鹏程，轻车简从，先后到定西、岷县、宕昌、武都、文县、两当、天水等地、县调研。他拖着伤残的腿，上山爬坡，深入田间地头、山间林区、农贸集市，走访农户，组织基层干部座谈。在一个多月的行程中，王世泰了解到群众生活以及受灾、生产等多种情况。回到兰州后，他立即主持给省委写了一份调研报告，如实反映了农村存在的问题，诸如农业基础设施落后、林业保护手段脆弱、毁林现象得不到有效制止、虚报浮夸风气还存在、群众缺粮少钱生活困难、基层工作难度大等，并提出相应的改进意见。不久，省委将这个报告批转到全省，针对贫困地区群众生活困难，适当追加了粮食和资金划拨的指标。当时的一位省委副书记夸王世泰敢直言报告，王世泰回答说：“要工作，就得讲实话，就得实事求是。”②

十三、老骥伏枥精神在

1976年10月“四人帮”被粉碎，“文化大革命”宣告结束。1977年6月，中央对甘肃省委和兰州军区领导班子进行改组，宋平任甘肃省委第一书记，萧华任兰州军区第一政委。8月12日至18日，中国共产党第十一次全国代表大会在北京召开。会上，不是十一大代表的王世泰当选为中共中央委员，参加了十一届一中全会，被中央任命为中共甘肃省委委员和常务委员。

1977年12月22日至30日，政协甘肃省第四届委员会第一次全体会议在兰州举行，王世泰当选为主席。在甘肃省第五届人民代表大会第一次会议上，宋平当选为省革委会主任，冯纪新、王世泰等当选为副主任。

---

① 《王世泰传》编委会：《王世泰传》，甘肃人民出版社 2002 年版，第 281 页。

② 《王世泰回忆录》，中央文献出版社 2002 年版，第 467 页。

1977年冬，中央组织部通知王世泰到中央党校省级干部培训班学习。1978年春学习行将结束时，为庆祝北京至贝尔格莱德飞机通航，国家组成中国人民友好访问团出访南斯拉夫，由王世泰担任团长，成员共25人，来自中央和地方的18个单位。当时，正值国门初开，党中央和国务院先后组织了160多个代表团，共有3000余名各级干部到过国外考察访问，目的在于通过广开眼界，进一步解放思想，为国家的改革开放在思想上和组织上创造条件。

王世泰率团访问南斯拉夫，正是为了实现上述战略目标所采取的措施之一。到达贝尔格莱德后，代表团受到十分友好的接待。南斯拉夫交通部部长全程陪同参观。当南斯拉夫朋友知道王世泰是比铁托还早的老游击队员、老红军时，对他特别尊敬。王世泰一行先后参观访问了贝尔格莱德市的农工贸联合企业和一个农民家庭，参观了克罗地亚铁托故居和陈列馆，领略了铁托领导南斯拉夫人民前赴后继战胜法西斯、建立共和国的丰功伟绩。

1978年12月18日至22日，中共十一届三中全会在北京召开，王世泰参加了这次会议。十一届三中全会后，国家的法制和民主建设提上了重要议程。1979年6月8日至7月1日，王世泰出席了全国人大五届二次会议，会议讨论通过了《关于修正〈中华人民共和国宪法〉若干规定的决定》《地方各级人民代表大会和地方各级人民政府组织法》《全国人民代表大会和地方各级人民代表大会选举法》等七部重要法律。

1979年11月30日至12月6日，甘肃省第五届人民代表大会第二次会议在兰州举行。大会选举出甘肃省五届人大常委会，王世泰当选为主任。大会决定将甘肃省革命委员会改为甘肃省人民政府，选举冯纪新为省长。在人大的职责定位上，王世泰强调了法律的重要性。他提出要坚持党的领导，摆正自己的位置，充分发扬民主，严格依法办事，把人大常委会的工作纳入依法办事的轨道。

针对有的省人大常委会主任、副主任中没有全国人大常委会委员，以致全国人大常委会例会精神得不到及时、准确贯彻的实际，王世泰向彭真提出了省、市人大常委会主任或副主任列席全国人大常委会例会的建议，彭真听后说："这个建议有建设性。"不久后，全国人大常委会正式决定各省、市、自治区人大常委会主任或副主任列席全国人大常委会例会。并且说明："这是甘肃王世泰同志提出来的建议。"①

---

① 《王世泰回忆录》，中央文献出版社 2002 年版，第 491 页。

1982年全国人大常委会决定下发第三部《中华人民共和国宪法》(草案),交由各省市自治区组织全民讨论。5月22日,甘肃省委批准成立全省讨论修改《宪法》(草案)领导小组,王世泰任组长。为广征民意,王世泰组织7个组,分赴13个地、州、市和50多个县进行宣讲。全省共征求意见和建议12900多条,经分类归纳为92条,上报全国人大宪法修改委员会。

1982年9月1日至11日,中国共产党第十二次全国代表大会在北京召开,王世泰当选为中共中央顾问委员会委员。中顾委是一个过渡性机构,目的是为各级、各单位负责干部的年轻化和废除领导干部终身制创造条件。王世泰主动提出不再担任甘肃省人大常委会主任和全国人大代表,1983年召开的甘肃省第六届人民代表大会一次会议批准了王世泰的请辞。从党的十二大到十六大,王世泰均被选为代表,十七大是特邀代表。在1987年10月召开的党的十三大上,王世泰继续当选为中顾委委员。

自1983年5月退居二线后,王世泰除了参加中顾委的会议和列席中央全会外,将主要精力和时间用在了调查研究和撰写回忆录上。

王世泰先后在甘肃天水、陇南地区九个市、县实地考察后,就严重旱灾、人口外流和大骨节地方病问题,向中顾委和甘肃省委写了专题报告。这些报告受到中顾委和甘肃省委的重视,有的被转发,有的被送到有关部门,制定解决措施。

20世纪80年代末,甘肃毒品案件的增多引起王世泰注意,他与李登瀛在兰州市做调查,提出了关于严厉打击,综合治理贩卖、吸食毒品犯罪活动的建议。中顾委转发该报告后,全国人大立法机构在刑法修改中明确提出:制造、运输、贩卖毒品,不论其海洛因含量多少,凡超过50克的,可以处以死刑、无期徒刑。这对禁毒工作颇有促进作用。

党的十一届三中全会后,撰史修志被提上党、政、军有关部门的工作日程。王世泰应陕甘两省革命老区的要求,开始写反映陕甘红军和根据地创建历史的回忆录,1992年内部出版了《回忆我的红军生涯》一书。并准备写一本较全面反映他参加革命、建设历程的回忆录。

为尽可能准确地再现历史,减少记忆的错漏,自1983年开始,王世泰对曾经战斗、工作过的地方进行访问调查。沿着昔日战斗的足迹,先后在西安、商洛、渭南、宝鸡、咸阳、铜川、延安、庆阳、平凉九个地、市的47个县做了实地考察,战地重访取得了不少可贵的史料。考察期间,王世泰还先后看望了一批老战友、老房东，对已经故去的战友和房东的亲属和子女也一一进行了慰问。《王世泰回忆录》于2002年面世，受到各界广泛好评。同时，在王世泰支持下，有关部队编写出《中国人民解放军步兵第十一师军战史》《五十五年战斗历程——从步兵十师到炮兵十师》和《中国工农红军第二十六军战史》，对传承和发扬人民军队的优良传统与革命精神，起到了积极作用。

1992年，中共中央顾问委员会完成历史使命，王世泰离职休养。进入21世纪，年过九旬的王世泰定居在海南三亚市，但他仍然情系党的事业，一如既往地关注着国家的发展。2001年，他参加甘肃省委组织的西部大开发考察活动，就祁连山雪线升高、河西走廊水源逐年剧减问题提请关注。

2002年，王世泰以最年长代表身份，出席中国共产党第十六次全国代表大会。

2005年春，王世泰接受延安广播电视台《我是延安人》摄制组的采访。他说："当我站在天安门城楼上参加新中国成立典礼时，心情很复杂。我想到了刘志丹、谢子长等一起战斗的战友们，就难过得厉害，不由得掉眼泪。他们为了这一天而奋斗，但他们却没有看到这一天，如果他们今天也在这里，那该多好啊！"①

2005年9月下旬，王世泰因肠梗阻住进海南省人民医院，最后查明病因是结肠癌，接受了手术治疗。2008年3月14日10时57分，王世泰因病医治无效逝世。

李荣珍　吕冬梅　李树增

① 《王世泰传》编委会：《王世泰传》，甘肃人民出版社 2002 年版，第 298 页。

顾大椿

顾大椿，男，1915年出生，江苏南京人。1935年10月参加革命工作，1936年4月加入中国共产党。南开大学、北京大学肄业。曾任中共天津学联党团代书记，北京大学党支部宣传委员。中共鄂中省委委员，随枣地委、天汉地委书记，鄂豫边区党委秘书长。新中国成

立后，历任湖北省荆州地委副书记、书记，中南工会副主任，中华全国总工会生产部部长、办公厅主任、书记处书记、副主席，河北省国防工办主任，中共湖北省委书记、省纪委第一书记兼武汉市代理第一书记，中华全国总工会副主席、书记处书记、党组副书记；中共中央整党指导委员会委员，中国职工思想政治工作研究会会长，1994年8月离职休养。后被批准为部长级待遇。中共十二大代表，第五届全国人大代表，第六届全国人大常委；第三届、第四届全国政协委员，第七届全国政协常委。他投身中国革命、建设和改革70余年中，曾经独立地主持一个地区、一个部门工作。特别是他作为把马列主义关于工运论述密切结合于中国工运事业的具有独创性的重要代表，40多年来，为我国工运事业的发展做出了重要贡献。

一、苦难少年生活

顾大椿，原名李春舫，曾用名顾瑞芳，江苏南京人，1915年2月出生于上海。父亲李德庵，原籍南京，早年留学日本，加入了革命党，辛亥年参加过推翻帝制的武昌起义，后在军队里当军需到上海办事，结识了顾金妹，结了婚。顾大椿从小随母亲顾金妹和外公、外婆与舅父同住，靠舅父顾子祥工资维持生活。父亲一直在外奔波，离开军队后曾在厦门一家报馆做编辑，后又谋得新工作，到上海接家眷，不料到家就一病不起，不到一周就病故了。这一年是1919年，顾大椿只有四岁。

母亲顾金妹识字不多，结婚后育有1男1女，依赖自己的哥哥过日子。丈夫死后她守寡6年。后落入亲戚圈套，含辱改嫁，带走了女儿，把儿子留给哥哥。2年后，母亲服毒自杀，时年36岁。当时，顾大椿将满12岁。这是他人生经历中刻骨铭心的大事，父亲的革命者身份，母亲的绝望寻死，都让少年顾大椿十分向往社会变革。

顾大椿的舅父顾子祥，念过几年洋文，最初在上海一家洋行当小职员，逐渐提升。1920年顾大椿5岁时，有人介绍顾子祥到设在天津的开滦煤矿公司做英文文书，月薪200元左右。成为高级职员后，全家从上海搬到天津，顾子祥抽上了鸦片。1926年合同到期，他回到上海，失业了两三年，在招商局找到了英文文书的职业，月薪100元多一点。工作一年多他又被解雇，在1932年时又到一家小洋行做英文文书，月薪近200元，一年多又失业了。以后，他就再没有找到职业，坐吃山空，家庭经济状况逐渐没落，典当、借钱，靠人接济，也做过看楼的门房。顾大椿就是在这样的家庭环境下成长起来的。顾子祥的两个儿子后来都参加了革命，大儿子被国民党杀害在南京雨花台。顾大椿5岁开始在天津住家附近的一个弄堂小学上学。念的已不是四书五经，而是"人、手、足、刀、尺"。1923年，顾大椿随病重的外婆回到上海，在梅溪小学念三年级。外婆死后，母亲决定他改姓顾，他回到天津，在天津浙江小学念四年级。报名时他把名字由李春坊改为顾瑞芳。五年级上了一学期，舅父失业回上海，他又回上海在弄堂小学念了半年。1926年下半年顾大椿在"洋学堂"圣约翰大学的附属小学上了六年级第一个学期，后因学费、宿费太贵不念了。1927年顾大椿在弄堂小学念五年级（因那个学校没有六年级），到1927年底，有个亲戚向他舅父提出建议，说应该让他念一个像样的学校，顾大椿这才考入了省立上海中学。

从1928年春起到1930年冬，顾大椿在上海中学念完了初中。1931年上半年因高中没有春季班，他又在上海中学初中补习半年，在该年下半年升入上海中学的高中。初中期间，顾大椿为母亲报仇心切，为锻炼自己的胆量做了很多尝试，曾追随革命人士在电影院里制造爆响，散发红色传单，由于联络人找不到了，只参加了一两次活动。不过，那时他也深受"万般皆下品，唯有读书高"的思想影响，虽然进入中学后，经常因舅父失业而可能失学，一心想的还是争取上学，有亲戚提出要他去当学徒，他不愿意。

但是，由于国家形势和家庭遭遇的变化，顾大椿的思想也在变化。初中二年级时，有位国文老师经常选讲鲁迅文章，并批评胡适之、张资平的政治倾向，促使顾大椿逐步阅读进步的文艺书籍。1931年九一八事变爆发，顾大椿参加了抗日救亡的学生运动，开始看左派书刊，从书本上懂得了一些革命的道理。

1932年，顾大椿读高中二年级，因为民族危亡、社会黑暗、家境衰落，思想十分苦闷，想走高尔基的道路，去上"社会大学"。于是，他在1933年和同学赵茂生、洪仲善一起去了洪仲善的家乡——浙江海门，除了在小学代课，写几篇不满社会现状的文章之外，仍未找到有意义的出路。这时，舅父找到了职业，要他回上海念书，于是他又回到上海中学念高二，一直念到1935年高三毕业。

二、立志投身革命

1935年，顾大椿高中毕业时，他的舅父又已失业了一年，这时没找到其他出路的顾大椿决定试考有奖学金的南开大学。结果如愿以偿，他可以免交学杂费（90多元一学期）。这样，顾大椿在1935年9月中旬踏进了南开大学校门，在经济系一年级读书。哪知读了一个多月的书，华北形势就紧张起来，“华北之大，放不下一张平静的书桌”。他亲身感受到了亡国的威胁，认清蒋介石、国民党不抵抗的面目；与此同时，又看到了中共中央《八一宣言》的秘密传单，了解了中共关于建立抗日民族统一战线的政治主张。这时，顾大椿和几个思想比较接近的同学沙兆豫、贾明庸、刘毓璠、程宏毅等人，组织了“铁流”文艺社。1935年一二·九运动爆发，顾大椿积极参加了南开大学学生罢课斗争。以后，他随同学沙兆豫（中共地下党员）出席天津学联活动，并和校外的一些进步青年有了接触。从这时候起，顾大椿走上了党指引的革命道路。

1936年3月间，同年级学生李明义（后更名李哲人，共产党员）做顾大椿的工作，问他愿不愿意去山西参加红军，顾大椿说愿意。实际上，李明义是拿找红军为由试探顾大椿的意向。后来，李明义表明自己的共产党员身份，要顾大椿春假期间到北平去，约定在北京大学三院有人会在晚上找他谈话。4月1日，顾大椿到了北平，有北京大学一个同志来找他，介绍他参加党的外围组织社联，并告诉他回天津后有人会来找他。顾大椿回校后，一直期待组织来人，两周后沙兆豫（后更名吴寄寒）告诉顾大椿他是共产党员，由他来介绍顾大椿入党，要顾大椿写入党申请书。过了几天，沙兆豫告诉顾大椿，上级领导已经批准他入党了，当时说明无候补期，入党即为正式党员，约定一天下午在天津一个电影院门口和一个党员同志接头。顾大椿按约定时间、地点、暗号去了，果然有人来接头，自称小李，他和顾大椿边走边谈，向顾大椿谈了党的最高纲领、最低纲领、民主集中制、党的秘密工作原则、被捕后如何和敌人在法庭上斗争等内容。最后，在英租界一个花园里，在小李的领头下，顾大椿秘密地宣了誓。誓词是：“服从党的决定，遵守党的纪律，保守党的秘密，接受党的批评，永不叛党。”

顾大椿入党以后，党组织指示他仍参加学联工作，由小李单线联系。联络几次后，改由一位老李同志来领导，他要顾大椿参加学联党团，党团书记是朱光。学联党团发动了5月28日天津学生反对日本增兵华北的示威游行。顾大椿参加后感到特别振奋。“五二八”以后，老李要顾大椿代理党团书记，指示在6月20日左右发动第二次示威游行，并要顾大椿做地下总指挥。但这次游行发动前被反动军警破坏，军警包围了南开中学。顾大椿调动了别校的学生声援，又被军警冲散，几十人被捕。南开大学学生倪志坚也被捕，两三天后才被释放回来。结果，他们这次示威计划没有实现。和顾大椿一起指挥这次示威游行的有南开中学学生吴照武（后更名吴宪）。对于顾大椿来说，这是他第一次独立负责群众斗争的组织工作，虽然没有成功，但他在斗争中经受了锻炼。

不久，学校放假，顾大椿要求暑期回上海一趟，得到地下党组织的批准。回家后，学校通知，由于顾大椿没有参加学期考试被除名。因为他那一段和一批学运骨干组织示威游行，搞了集体罢考。被除名后，经党组织指示，顾大椿报考了北京大学经济系一年级，被录取。在9月中旬去北平，路过天津时，他又和沙兆豫见了面，要求把他的组织关系转到北京大学。

顾大椿进入北京大学后，10月间，北大支委派许德富来接他的关系。便在许德富的党小组里过组织生活。平时参加一些“民先”（中华民族解放先锋队）活动。1936年12月，顾大椿被选为北大支部宣传委员，做党的秘密工作。当时，党支部书记是曹盼云，组织委员是阎顾行。按支委分工，顾大椿领导几个党小组，他每周去参加一次党小组会议。支委每周开两次会议，一次过组织生活，一次讨论形势和工作。

在北大期间，顾大椿没有公开工作。但凡是当时“民先”发动的群众活动，他都参加，如“双十二”示威游行、纪念“五四”，同国民党掌握的新学联作斗争，去香山进行宣传联合行动、校内的救亡歌咏活动等，但不出头露面。

1937年6月，学校快放暑假时，党支部决定顾大椿暑假留校，担任支部书记。当时曹盼云到校外参加党的活动，阎顾行毕业离校。但决定后没几天顾大椿就病倒了，党组织决定他先休息，没有安排工作。

1937年7月底，北平沦陷。曹盼云通知顾大椿所在党组织停止活动，准备撤退。第一次通知顾大椿从西直门走，第二次通知他西直门不能走了，等天津通车后，设法自行离开北平去保定、济南、太原集结，并告诉顾大椿每个地方党的关系和接头的暗号，要求他在未离开北平前，设法离校隐蔽。顾大椿到梁华昌（后更名白文治）家里隐蔽了几天，在天津通车后第三天的8月12日，离开北平到达天津。在天津搭船去烟台转龙口到济南，找到了蒋南翔，接上了组织关系。后来，蒋南翔告诉顾大椿党组织考虑南方国民党统治区学生运动需要人，要他去南京。于是他搭车于8月下旬到达南京。同车的有北大同学、共产党员张力生，两人一起住在南京的一个学校里。以后，他又换了一个学校，同住的有在天津搞学生运动的学生。

顾大椿根据济南党组织转交的组织关系，在南京找到了联系人李华。他曾要求去延安进抗日军政大学，李华未答应，最后决定顾大椿到国民政府军事委员会青年战地服务战训班（以下简称战训班）担任第一任地下党支部书记。

战训班是在抗日民族统一战线的形势下，中共中央代表博古为了将当时留在南京的大批爱国青年，以合法的渠道输送到抗战前线，宣传党的抗日民族统一战线政策、推动全面抗战而提出的。它是经当时南京平津同学会派代表与国民党当局交涉而成立的。战训班虽然是国民党政府军事委员会第六部办的，但实际上，班里有组织关系的地下共产党员20余人、“民先”队员200多人，成为一支骨干力量。和顾大椿同去的有刘增奎，担任组织委员。这个地下党支部先由南京市委书记李华单线领导，后由马子卿领导。顾大椿的任务就是在战训班发现进步青年、发展党员，准备通过战训班分配到战区去，然后打入到国民党军队里工作。

1937年9月底，战训班正式宣布开学。地址在南京建邺路原国民党中央政治学校旧址。在战训班学习两三个星期，顾大椿就被战训班当局宣布抽出去参加伤兵慰问队工作。当时一起抽调的约有百余人。顾大椿经过马子卿同意离开战训班，随伤兵慰问队到武汉，马子卿交给了顾大椿武汉党组织的接头关系。

顾大椿到达武汉后，很快找到了杨学诚，接上了关系，杨要顾大椿先随慰问队去长沙，回来后再决定他的工作。他们伤兵慰问队由国民党一个军官带领两三个助手、四个宪兵护卫、八九个学生组成。他们学生的工作就是填写慰问袋，数钱、装钱，跟着军官到医院去挨个发慰问袋。在顾大椿参加的慰问队里，绝大多数是中学生，没有别的党员。顾大椿在这里面做了一些工作，看进步书报，唱救亡歌曲。他们在武汉活动了约一个星期就到长沙去慰问。在长沙约一个星期，又去常德活动了三四天，然后折回长沙，回到武汉，集结待命。因这时南京已告危急，带队的国民党军官人心惶惶，无心监管学生。顾大椿就趁机组织学生开小差，最后只剩下四五个人，在一次慰问队转移的时候，顾大椿也开了小差。因那时杨学诚已告诉顾大椿组织上决定他做新的工作，要他离开慰问队。他开小差后，住到杨学诚主持的省委机关（在武昌），等待正式分配工作。杨学诚告诉顾大椿湖北省委决定他到党和石瑛合作举办的战训班里去做党的工作。最后通知顾大椿上汉阳码头搭船去皂市，在码头上按暗号和湖北省委宣传部部长陶铸接上了组织关系。这样，他就和战训班第一期学员一起，在1937年11月底到达了湖北省应城汤池，进入汤池战训班学习。

在开往皂市的小火轮上，望着滚滚而去的长江水，走上抗日道路的顾大椿心潮澎湃，此前他一直叫“顾瑞芳”，但此时他为自己起了个壮实的名字：“顾大椿”，此后再未更改。

三、京山抗日

1937年10月左右，中共由董必武出面和湖北省国民党元老——石瑛、李范一两位先生商定，在李范一先生的家乡应城汤池开办战训班。应城汤池战训班是以湖北建设厅的名义开办的农村合作人员战训班，实际上是为鄂中开展抗日游击战争培养干部的快训班，由中共湖北省工委副书记兼宣传部部长陶铸直接领导。湖北省（工）委通过武汉地下党动员了一批进步青年去战训班学习。战训班虽然也讲一些农村合作社的课程，但主要是宣讲党的抗日救国十大纲领、游击战争和群众工作，并在汤池附近进行游击战争的演习。

战训班共办了3期，每期1个月。第一期有40多名学员。以后每期100余人。学员多数是城市知识青年，爱国热情很高，有少数党员。战训班结束后，办了汤池临时学校，主要吸收当地的知识青年。经过训练，发展了一大批共产党员。上述班、校训练时间虽短，但为鄂中沦陷后开展游击战争准备了骨干力量。

顾大椿参加了第一期战训班。当时，学员中只有四个党员。陶铸召集他们开了第一次小组会，明确说明这次战训班的目的就是为了准备游击战争。到汤池战训班以后，顾大椿第一次下到农村，并且积极准备参加当地由共产党发动的抗日游击战争。这一切对他来说都是个新的锻炼和考验。

顾大椿在汤池战训班期间为中共鄂中特别支部委员，支部书记为李华，后为曾志。主要工作是了解学员情况，发展党员。战训班组织学员下去调查时，指定顾大椿带一支宣传队，于1938年1月去京山，以宣传为名义，了解当地社会情况。一个月后又回到汤池战训班，和第二期学员共100余人一起分配，顾大椿被分配到京山，公开身份是县农村合作社主任指导员，在党内是中共京山县委书记。和他一起到京山工作的有石维新、夏菲、谢威、李蔺田、陈玉虹等10人。

到京山去的工作任务是积极准备发动抗日游击战争。工作方式是通过统一战线工作，设法争取国民党的乡保武装，在其中秘密发展共产党员，在城镇进行抗日救亡宣传，发动青年。在农村利用农村合作社名义组织农民，办战训班，发展党员。

京山在土地革命时期曾是红军的游击区，但红军撤退后，原有的党组织遭到破坏，京山县国民党县党部书记和属于军统的别动队队长对这批农村合作社的人十分警惕和敌视。由于他们跟各界打了招呼，并密切监视顾大椿等人的一举一动，使京山县城各方面人士都不敢大胆接近他们。

顾大椿等人充分利用了现存的有利条件，克服困难，逐渐打开了局面。根据中共鄂中特支和陶铸的指示，把工作积极伸向农村、伸向山区。他一方面继续做好县城的工作，一方面积极加强乡镇工作。在县城，他们主要以县文化馆为阵地开展活动。县城里的青年学生逐渐串联起来参加了这些活动。其中，不少人经过锻炼，成为共产党员。与此同时，他们积极开展了统战活动，一些士绅如查亚迪、查唱初、曾昶陔，由开始不大相信他们转变到同情他们，为他们开展活动提供一些便利条件。在农村和山区，他们主要布置了三个点：石板河、孙桥、东桥。顾大椿和同志们分别去做工作，在石板河和孙桥两乡收到了成效，建立了党组织，掌控了联保队，两乡的联保主任后来都入了党。当地还有原来隐蔽的共产党员和红军战士，他们在其中发挥了重要作用。石板河和孙桥两乡的联保队在京山沦陷时都拉上了山，成为抗日游击武装。

1938年8月29日，京山人民遭受了一场空前浩劫。日军出动56架飞机，轮番轰炸了这座古老的小县城。国民党一筹莫展，没有采取什么善后措施。顾大椿第二天即跑回汤池，向陶铸和李范一汇报，请求支援。汤池很快派人来帮助抢救，掩埋死者，救护伤员。这时，省委派了杨学城到汤池担任中共鄂中特委书记。他知道京山被炸后，亲自带一些人来到京山，代表汤池战训班进行慰问。在这场灾难面前，当地人看清了谁是为群众办事的，对合作社这批人十分信任。

1938年10月下旬，武汉沦陷，国民党军向西溃逃，应城、京山相继沦陷。在中共鄂中特委指示下，应城地区发动的各路武装都汇聚于丁家冲一带。鄂中游击战争在中国共产党的领导下展开了。至此，京山的“合作社指导员”基本上完成了使命。

顾大椿完成任务的过程中深感党的领导正确，人民群众给予了大力支持。他说自己当时工作经验极少，对农村又不了解，“如果不是党的抗日民族统一战线的政治主张和发动抗日游击战争的方针深入人心，我们将一事无成”①。

顾大椿作为特委宣传委员，先在京山工作，后特委书记杨学诚决定顾大椿到特委机关和他一起工作。主要任务是发展和掌握党在应城、京山发动起来的游击武装，及京山、池应两县原国民党县政府的武装。顾大椿在特委机关具体负责办党训班。

1938年底，上级领导决定中共鄂中特委改组为鄂中省委，由钱瑛担任省委书记，杨学诚为组织部部长，夏忠武为宣传部部长，顾大椿被吸收为省委委员。1939年1月，省委决定派顾大椿到枣阳县工作，公开名义是国共合作政治指导部委派的县政治指导员，党内名义是省委特派员，任务是准备游击战争。

顾大椿到枣阳和县委书记马识途接上了头，马识途把枣阳情况做了介绍，但接上头后，马就被调到鄂西工作去了。实际上，顾大椿担负枣阳县委书记工作。顾大椿去后，清理几个叛徒出党。他把注意力主要放在安插一些党员以公开身份（指导员的名义）到区乡政府中去，开展上层统战工作，搞枪杆子。

1939年三四月，鄂中省委决定成立随枣地委，领导枣南、随南、襄东三个县委，顾大椿任地委书记。主要工作是具体筹划游击战争准备工作、通过农村支部秘密动员新兵参加党掌握的用四川军二十二集团军特工队名义的一支武装，开办党训班，训练农村党员。

5月初，日军大举进犯襄樊、老河口，枣阳沦为敌后。这时，枣南党组织所掌握的几百支枪都分头活动起来，打游击。地委委员分工掌握一个方面，顾大椿掌握平林店区属的武装。但日军不到半个月就撤退了，随枣地委领导的地区又重新变为国民党统治区。地委根据省委指示，这一段工作着重抓整顿党的组织，把党支部中可靠的党员另行组织秘密支部，把已暴露的“红”的干部撤到鄂中游击根据地去，党的工作完全转入地下。

1939年底，鄂中省委改组为鄂豫边区党委，区党委决定把顾大椿调到天汉地委任地委书记。至此，顾大椿就从地下工作转到了公开领导游击根据地的工作。

---

① 顾大椿：《京山抗日游击战争的发动》。

从1940年1月起到1942年10月止，顾大椿在天汉地委工作近三年。中心任务就是发展武装，建立自己的政权。1940年，他的主要工作是：动员一些地方武装编到主力团，扩充主力；建立和发展地方武装，把汉川原国民党县政府的武装完全掌握在手里，各区、乡建立游击队；民主选举县、区、乡抗日民主政府；开辟天门西部的游击区；争取和打击伪军；整顿党的组织、审查县团级以上干部，将叛徒清除出党。

1941年，天汉地区工作发展顺利，天西、天东、襄南、汉阳西部都建立了地方武装，建立了乡政权。按照中共中央指示在根据地内开展减租减息工作。

1941年4月21日，在陶铸和陈少敏的关怀下，顾大椿与战友夏菲喜结良缘。

1942年，天汉地区斗争逐渐尖锐，日军加紧了清剿“蚕食”，国民党顽军也频繁制造磨擦，敌人搞了几次大“扫荡”，汉阳西部游击区丧失了，汉川襄河以南成为游击区，根据地缩小，汉川县委组织部部长被俘叛变，襄河沿线的党组织遭到很大破坏。顾大椿总结教训，积极应对。地委决定：一方面，重新组织短小精干的武装伸入襄南去活动，派地委干部会同汉阳县委书记以小武装形式潜入汉阳县原来的活动地区；另一方面，狠抓发动农民的斗争。结果在天东打响了春耕斗争的第一炮，向不法地主展开了斗争，发展了民兵，建立了有战斗力的党支部。在秋季又纠正了过去和平减租的错误，减租减息出现了新气象。顾大椿看到了群众运动的力量，感到斗争信心增强了，办法也多了一些。1942年10月，边区党委决定天汉地委和襄西地委合并，顾大椿被调到区党委另行分配工作。

四、机关工作

1942年11月下旬，顾大椿到鄂豫边区党委机关工作，担任秘书长。1945年夏，组织上决定顾大椿调任城市工作部副部长，10月任中原局城工科科长。从1943年起一直到1946年6月中原突围，顾大椿主要在区党委机关工作。

顾大椿担任区党委秘书长时期，具体做了以下几件工作：

第一，区党委的秘书工作。区党委开会时做记录；编“中央路线”刊物，将从电台收到的中央文件（密码收的），在文字上改写一下，以便破坏密码，使敌人拿去不致猜出密码；根据区党委意见起草一些文件，比如：生产自救战胜灾荒的指示、加强边缘区对敌斗争的指示、加强中心工作的指示；整理区党委负责人的报告。第二，区党委机关行政工作，负责领导管理科、文书科、交通科、警卫连。第三，敌占区城市、交通线的秘密工作。顾大椿在陈少敏的领导下，负责联络一些派到武汉做秘密工作的同志，直到日本投降。①

除了以上日常工作外，顾大椿在1944年春节前后，参加了区党委领导的“组织人民大多数”的边区中心工作，在中心地区进行试点。顾大椿先后和刘子厚、陈少敏下乡调查。陈少敏到安莱乡试点，任大队长，顾大椿任副大队长，顾大椿直接蹲一个保。主要通过春耕运动发动农民、组织农民，搞了互助、代耕、发现积极分子进行串联。

1945年夏，区党委根据中共中央加强城市工作的指示，决定陈少敏任城工部部长，顾大椿任副部长，专职搞城市工作。1945年8月，日本投降，形势大变。陈少敏、顾大椿将他们的工作根据整个形势的变化作新的调整。主要精神是撤退原来的人员，准备布置新的力量打入进去，长期埋伏，隐蔽精干，积蓄力量，相机开展工作。陈少敏指示顾大椿把武工队和铁路工委撤回，把已暴露的“红”的骨干撤出铁路，重新派秘密党员打入信阳车站去做地下工作。

1945年10月，中原局成立，顾大椿主要跟随领导机关行动。在枣阳战斗失利后，中原局决定主力一路北上，把一些干部和家属带走；一路在大别山坚持游击战争。当时，领导上决定顾大椿留下来坚持斗争，跟着领导机关转到宣化店。

在宣化店时期，顾大椿的主要的工作是派遣一些干部和知识青年到武汉去做地下工作。方针还是“隐蔽精干、长期埋伏、积蓄力量、以待时机”。派到武汉去的一般不建立横的关系，由中原局城工科单线联系，规定联络暗号，准备将来派人出去联系。到武汉后，第一步先求立足，找职业掩护，如站不住脚，允许他们自行到华北或苏北解放区去。根据这样的方针、原则，顾大椿分别同派外人员个别谈话，共派了十几人到武汉。

五、中原突围

1946年6月下旬，国民党反动派以围攻中原解放区为起点，悍然发动了全面内战。中原局根据毛泽东6月23日“同意立即突围，愈快愈好，不要有任何顾

---

① 中共武汉市委党史研究室著：《中国共产党武汉历史》第一卷（1919—1949），湖北人民出版社1999年版，第508页。

虑，生存第一，胜利第一”[①]的电报指示精神，组织中原突围。

在中原突围及随后创建根据地、开展游击战争的过程中，全体指战员以无产阶级大无畏的英雄气概，历尽艰难险阻，克服了重重令人难以想象的困难，战胜了国民党30万军队的“围追堵截”和“清剿”，取得了一个又一个胜利。李先念和郑位三、陈少敏、任质斌等率领中原局、中原军区领导机关和二纵组成的北路突围部队，一鼓作气冲破了敌人的五道防线，血战玉皇顶和前坡岭，胜利进入陕南，根据中共中央的指示，与随后到达的河南军区部队及一纵一部，在陕南地下党及游击队的支援下，开创了以商洛地区为中心的豫鄂陕革命根据地，继续执行中共中央赋予的牵制敌人的战略重任。[②]

已任中共中央中原局城工科科长的顾大椿作为中原突围亲历者，开始是随新四军五师首脑机关行动的。突围到陕南龙山地区时，郑位三和陈少敏患病，继续随军行动十分困难。7月24日，中原局研究决定：由陕南游击队掩护郑位三、陈少敏、戴季英以及郑位三的夫人蒲云和他们的孩子隐蔽休息，准备待机化装赴延安。部队宿营桂竹园，第五师师长李先念把顾大椿找去说：已经商定，你跟他们离队单独活动；以便万一去陕北的路过不去，就绕道上海到苏北去，而你是上海人，跟他们同行便于对他们照应和领路。顾大椿表示完全服从组织决定。这样，他就离开大部队，和郑位三等人隐蔽在有游击队关系的人那里。其间，也随游击队员外出联络。7月底，李先念派陕南游击队张青山、余谦带一队人来接郑位三和陈少敏。他们一行人经天桥沟，出干沟向北走，日宿夜行。在游击队的掩护下，钻树林、攀险岩，翻山越岭，好不容易到达封地沟与李先念会合。[③]到了雒南、山阳地区，决定顾大椿随郑位三、陈少敏一起找游击队，化装到延安去。顾大椿与郑位三、陈少敏、戴季英等通过关中地下党和统战关系，于1946年12月到达延安。

顾大椿在延安中原局留守处任副秘书长。1947年1月24日，中原局召开会议，回顾和总结工作，进一步研究创建巩固豫鄂陕根据地今后的工作意见。郑位三、李先念、陈少敏、任质斌、戴季英等参加了会议。刘少奇到会听取汇报并

---

① 《李先念文选》，人民出版社 1989 年版，第 451 页。

② 《顾大椿同志在湖北省纪念中原突围胜利 50 周年大会上的讲话》（1996 年 6 月 26 日）。

③ 顾大椿、夏菲：《位老，我们永远怀念您！》（位老，指郑位三），载《地方革命史研究》2002 年第 3 期，第 32—33 页。

作了重要讲话，鼓励中原部队继续战斗。顾大椿列席了这次会议并作记录。

六、随军南下

1947年初，中共中央、中央军委、毛泽东决定进行战略反攻，指示新四军第五师的干部准备南下。1947年3月初，第五师在延安的大部分干部编成干部队，顾大椿任支部书记，张海波任队长，在郑位三带领之下，离开延安，经过晋东南到达晋城。

在晋城，第五师领导决定召开干部会议总结检查过去的工作。会议刚开始，领导就决定一批干部随第二野战军南下，顾大椿是第一批。先集中到河北省武安县冶陶北阳邑镇学习。7月初，从武安县冶陶出发，他们被编到天池部队（华北南下干部队），顾大椿随第五师干部一起走。到达黄河边阳谷县又集结待命，于8月初过黄河南下，跟随大军踏上千里跃进的征途，在8月底到达大别山。9月初，组织上决定顾大椿任罗（田）麻（城）工委副书记（杨殿奎为书记），工委中心在麻城东木子店，后又成立了麻东县委、麻西县委，开始了打土豪、分田地的运动。

1947年11月，中原局决定顾大椿为二地委副书记兼分区副政委，李友久为书记。随即中原局决定，把顾大椿调到江汉区党委去分配工作，要顾大椿立即随着护送他来的队伍赶到三分区去，找江汉纵队。顾大椿赶到三分区时，江汉纵队因敌情关系已提前越过铁路西去了。

在宣化店附近，顾大椿找到了三地委书记乔明甫，告诉他没有赶上江汉纵队，请他转发个电报给中原局请示怎么办。顾大椿向乔明甫要求，暂时把他介绍到乡里去参加土改斗争。乔明甫立即同意。顾大椿和警卫员随后到宣化店区委工作。到宣化店后，顾大椿跟随一个工作队参加当地土改。

1948年三四月间，顾大椿在宣化店区遇到区党委干部，被告之调他到中原局工作。1948年5月底，顾大椿出发过淮河，越平汉铁路，6月中旬到豫西宝丰县中原局驻地，担任中原局政策研究室农村工作组组长。

1948年下半年，顾大椿除了在机关做日常工作外，根据领导指示，带了一个工作，到豫西伊阳县工作了三个月。他感到很受教育，很有收获，回来后写了两个报告给中原局，刊登在中原局刊物《中原通讯》上。此后，中原局进郑州，到开封，后改称中南局。1949年上半年，顾大椿主要在机关做一些日常工作。

七、主政荆州

1949年六七月，顾大椿随中南局进驻武汉。这时，组织上决定调顾大椿到中共湖北省荆州地委工作。8月30日，中共湖北省委组织部正式通知，中共荆州地委由文敏生、顾大椿等12人组成，文敏生为书记，顾大椿为副书记。1950年初文敏生调走，顾大椿接任地委书记和荆州军分区政委，一直工作到1952年6月。在荆州这段时间的工作基本上是按照剿匪反霸、减租减息、土地改革的步骤进行的。1949年下半年到1950年是剿匪反霸和减租减息，1950年冬是第一批土改试点，到1951年冬和1952年春开展第二、第三批土改，并结合土改，搞了镇反。

荆州地委组建后，根据湖北省委提出的以农村为重点，开展清匪反霸、恢复发展生产、搞好支前供应的任务，于1949年7月18日，发出《关于新区力量配备、匪区工作方针的确定及老区组织的整顿意见》，要求各县在彻底消灭境内国民党残余军事力量的同时，加强发展和壮大地方武装，迅速安定社会秩序，全力保证支前供应。按照地委统一部署，全区各级党组织率领广大党员、干部和地方武装，在荆州境内歼灭股匪4464人，缴获各种枪支4000多支；为支援大军南下，解放全中国，给在荆州地区休整的20万解放军提供了120万斤口粮；为扩军调补主力6000余人，等等。

在坚决完成清匪反霸、支前任务的同时，顾大椿十分重视对党员、干部的培养教育工作。根据中共中央指示，1950年，在地、县、区、乡领导机关开展了整风运动。参加整风的干部共5600余人。到年底，地、县两级为整风运动训练干部2544人。整风运动以整顿思想、清理组织、纯洁队伍为重点，以解决干部队伍中的“官僚主义、命令主义及政策上、思想上的错误，达到顺利完成减租减息、土地改革运动和加强财政经济领导及提高城市管理工作的能力”为目的。另一方面，地委作出了《关于培养、训练干部的决定》。地委在发展党员的工作上采取了积极的、慎重的、公开的、经常的发展方针，并注重在工人、农民和知识分子中发展积极分子加入中国共产党，以增强党的战斗力。1950年底，全区党员发展到2332人，比1949年增加1242人，党支部增加到162个，比1949年增加52个。至1950年底，地委开办干部战训班7期，培训人员2283人，其中脱产青年知识分子771人，青年团干部93人，司法干部50人，复员转业干部230人。

各县还先后分两批训练乡村干部和农民积极分子5326人，培养提拔脱产干部1595人。为了有计划地培养党的干部，不断提高党员干部的政治、文化素质，1952年6月，成立了中共荆州地委党校。

1950年3月，在顾大椿的主持下，地委根据省人民政府颁发的《减租减息实施细则》，制定了《关于集中力量突击完成减租的几点意见》。尔后，又发出《关于减租运动的指示》。至4月底，减租减息运动基本结束，随后转入复查。通过减租减息，减轻了农民的负担，改善了农民的生活，促进了农业生产的恢复和发展。

1950年6月，中央人民政府公布施行《中华人民共和国土地改革法》。9月中旬，地委召开扩大会议贯彻土地改革法，研究安排土地改革工作。会后，地、县委派出土改工作队深入农村，组织和发动群众开展土地改革运动，全区土改工作由点到面分批进行。11月下旬，地、县委办土改试点乡9个。12月，专区土改委员会主编的《土改通讯》创刊。当年冬，在37个区、近50%的人口中进行土改，次年4月，土改工作在全区展开，至1952年夏基本结束。从1951年下半年起至1953年，开展了土改复查工作。在土地改革运动中，将没收的地主和部分富农的土地580万亩、耕牛4万头、五大农具15万件以及大批房屋分给了农民，使108万余户贫苦农民“耕者有其田”，农民的生活得到了初步改善。1950年10月10日，中共中央发出《关于镇压反革命活动的指示》。从1950年12月起，在全区范围内大张旗鼓地开展了镇压反革命运动。1950年底，地委、专署召开镇反工作会议，布置了镇压反革命的工作。1951年1月，地委又发出《关于继续贯彻镇压反革命的指示》。至此，镇压反革命运动在全区迅速展开。1952年冬，以取缔反动会道门活动为主要内容开展了第二次镇压反革命运动。整个镇压反革命运动于1953年上半年胜利结束。通过镇压反革命运动，社会秩序得到了稳定，广大党员和干部在运动中得到了锻炼和提高。

1950年，荆州地委、行政专署带领全区人民以实际行动投入轰轰烈烈的抗美援朝运动。1951年五一国际劳动节，全区有154万人参加了反美大示威，有1321939人在和平宣言上签名，有2500多名青年报名参加中国人民志愿军。共捐款136亿多元（旧币），同时还捐献了大批物资。

从1951年12月起，在党和国家机关内部开始了反贪污、反浪费、反官僚主义的“三反”运动。在城镇开始了反行贿、反偷税漏税、反盗窃国家财产、反偷工减料、反盗窃国家经济情报的“五反”运动。以顾大椿为书记的荆州地委根据中共中央、湖北省委的部署，作了专门研究，召开了县长会议，布置“三反”、“五反”工作。“三反”、“五反”运动很快在全区展开，于1952年结束。“三反”运动的胜利，有力地抵制了资产阶级对革命队伍的腐蚀，清除了内部的一些腐败分子，教育和挽救了一批干部，纯洁了党的肌体，树立了廉洁朴素的社会风尚，加强了执政党和国家机关的建设。“五反”运动的胜利，打击了资产阶级的违法活动，巩固了人民民主专政和社会主义经济的领导地位，为对资本主义工商业的社会主义改造创造了良好的条件。

1951年12月，中共中央《关于农业生产互助合作的决议（草案）》下发后，地区部分县在土地改革完成后，开始组织互助组，非土改区也实行换工“打伙”。1952年，互助运动已成为群众性的运动，体现了自愿互利的原则，荆州地委、行政专署要求各县大量提倡和发展季节性互助组，每区办好二三个常年性互助组。江陵、松滋两县试办两个农业生产合作社。①

顾大椿在荆州工作期间注重调查研究和数据统计，有详细的记录和工作安排。当时是新中国成立初期，情况复杂，工作量大，他和战友们团结一道，夜以继日，为荆州的稳定和社会主义建设打下了坚实的基础。

八、从事工会工作

1949年11月至1950年4月，顾大椿兼任湖北省职工总会筹备委员会主任。1952年8月，中南局决定将顾大椿调入中南总工会（后改为中南工作委员会）任副主任兼秘书长。1953年5月，在中国工会第七次代表大会上，顾大椿被选为中华全国总工会第七届执委会委员。

1954年8月，中共中央组织部确定调顾大椿到中华全国总工会工作。顾大椿随即参加访苏工会代表团。全国总工会先后开展了增产节约劳动竞赛和先进生产者运动。顾大椿主要抓的工作是：研究劳动竞赛经验、起草劳动模范奖励条例、开展先进生产者运动，及总结推广先进个人和先进单位的经验，以调动广大职工的积极性，激励工人群众完成和超额完成第一个五年计划。

1956年9月，顾大椿到全总办公厅工作，随后担任办公厅主任。

① 中共荆州地委组织部、中共荆州地委党史办公室、荆州地区行署档案局（馆）编：《中国共产党湖北省荆州地区组织史资料（1924.2—1987.11）》，第236—237页。

1957年12月，在中国工会第八次全国代表大会上，顾大椿被选为全总第八届执委会委员，任全国总工会书记处书记。顾大椿在办公厅和书记处工作期间，深受老一代工会领导人言传身教的影响，学到了很多东西。同时，他也以极大的热情投诸工会工作，理解工会工作。这期间，顾大椿的主要工作是起草一些会议文件，参加会议准备工作，处理办公厅日常工作，对办公厅编辑的两个刊物《中国工运》和《工运简讯》负责。1959年4月开始，他着手编写了《十年职工运动》，尽管初稿写出来搁置没用，也为日后工运史的整理打下了一些基础。同期，他还主持起草了工会基层工作方法。除了1960年3月到1961年4月他患肝炎病休这一段外，顾大椿各个时期都参加了基层调研，比如：对公私合营企业的调研和对工矿企业职工代表大会实行群众监督制度的研究，“大跃进”期间到成都量具刃具厂蹲点。1961年5月至1962年8月，他先后到天津下厂调查，到上海、南京、戚墅堰下厂调查，前者为起草基层工会条例做准备，后者是参加关于“先进班组运动”的研究和文件起草。1964年夏，他在上海下厂调研，同年10月，到石家庄动力机械厂参加“四清”蹲点，在这个厂的蹲点直到1966年2月结束，这期间也回机关参加会议，主持一些会议文件的起草，并兼顾自己分管的工作。

顾大椿积极参与了全国总工会为完成国家经济建设计划组织开展的增产节约运动、社会主义劳动竞赛以及技术革新和技术革命活动。在工作中，他强调要注意关心职工生活，加强职工文化技术教育和思想政治工作，积极开展“五好”竞赛和职工技术协作活动。此外，他还积极组织参加了“工业学大庆”的运动。

从1963年起，顾大椿主管职工业余教育工作，他对1963年全面展开的社会主义教育运动由衷的响应，对思想教育工作十分重视。1964年，他在《红旗》杂志第1期发表文章——《加强对工人群众的社会主义教育》。他说，对工人群众进行社会主义教育，是保证社会主义革命和社会主义建设事业胜利的一个根本问题。加强对工人群众的社会主义教育，就是要用马克思列宁主义的革命精神教育工人，使工人群众具有坚定的阶级立场和政治方向、革命的集体主义思想和艰苦奋斗的作风。顾大椿认为，多年的经验证明，为了有效地对工人群众进行社会主义教育，需要正确处理以下几方面的关系：第一，必须正确处理思想政治工作与经济工作的关系。第二，社会主义教育必须和革命实践相结合。第三，在社会主义教育中，要把理论教育和活的思想教育结合起来。第四，在社会主义教育中，要把自上而下的启发教育和群众的自我教育结合起来，并且以群众的自我教育为主。

顾大椿在主抓《工人日报》、工人出版社、全总文工团的工作期间尽职尽责。他对全国总工会机关报《工人日报》工作作过一些切实可行的指示。1964年1月22日，顾大椿在《工人日报》全体编辑部人员大会上作报告。他要求报社要赶上形势，要学习解放军、学习石油部、学习大庆，学习他们的革命精神和科学实验的态度，学习他们的思想政治工作和群众路线的工作方法。要克服“三自”(骄傲自满，固步自封，夜郎自大)，加强全总党组对报纸的领导。2月，顾大椿在审批《以满腔热情耐心帮助阶级兄弟》社论大样时，对报纸如何抓思想政治工作报道提了些重要意见。他指出，有关如何做好思想政治工作，还可以请记者多做一些采访。例如，思想工作如何通过各项业务来做？如何把思想工作做到业务中去，做到生产中去，做到生活中去，做到业余文艺活动中去，做到体育活动中去……可以做许多生动而又丰富的报道。他强调，必须把业务和政治结合起来。只管业务不管政治即会迷失方向；同时，也只有把政治挂帅挂到业务中去，不去抽象地空洞地谈政治挂帅，政治挂帅才能显出它的威力。①顾大椿在一些批示中要求报社写思想性的短评，力求做到画龙点睛，恰到好处。文章虽短，余味无穷。6月7日，顾大椿在上海召开通讯员座谈会，召集了上海六个《工人日报》的积极通讯员，座谈了对《工人日报》的要求、意见。他认为这样的会议，以后要常开。②

顾大椿关心青年工人的业余创作生活，1965年12月4日，在全国青年业余文学创作积极分子大会上，他建议，职工业余文学创作积极分子要永远像雷锋、王杰那样努力学习毛泽东思想。不仅学会运用毛主席的立场、观点、方法去认识和改造客观世界，而且要通过改造客观世界，不断改造自己。时刻记住，我们这支笔是党给的，我们要为党而写，为革命而写，为工农兵而写，为社会主义而写。要永远保持劳动人民的本色，坚持劳动，热爱劳动。要永远生活在群众之中，和群众一起战斗，积极投入党的中心工作。他指出，工会是工人群众的共产主义学校。我们工会工作者一定要做好党的助手，把业余文学创作活动当作思想政治工作的一个重要组成部分，当作“共产主义学校”的一门重要课程。

---

① 《工人日报》:《编辑与记者》，1964 年 2 月 8 日第 86 期。

② 《工人日报》:《编辑与记者》，1964 年 7 月 13 日第 106 期。

在文艺宣传方面，顾大椿主张突出工农兵的形象，这种思想在他的文章和各种场合讲话中都有体现。有一次，他看全总文工团彩排，见一个演员扮演农民自卫军拿刀的姿势不准确，一时兴起，还跳上台做了一个示范动作，形象逼真。

顾大椿对工作兢兢业业，不论是报社的重要文章，还是出版社的新书、文工团的新剧目，他都要顾及，认真审定，心中有数，报纸的重要消息和社评大都是夜里十一二点送大样，他从不耽误，随送随审，有的稿件紧急，改过之后，报社派人当夜取走。

1966年3月3日，在中华全国总工会八届六次执委会扩大会议上，顾大椿被增选为副主席、党组成员。

“文化大革命”开始后，顾大椿一直工作到停职检查，他受到了错误批判。1967年1月至1974年12月，顾大椿和全总机关干部一起，被下放到河南省罗山全总“五七干校”劳动。

九、负责军工建设

1975年2月，邓小平复出领导全面整顿工作。顾大椿恢复工作以后，调任河北省国防工业办公室主任、党委书记。

河北省的军工企业是20世纪60年代中期开始，根据中共中央、毛泽东关于加强战备，准备打仗，保卫国家安全，进行大、小“三线”建设的重大战略决策而建立起来的。河北地处首都周围和“三北”（东北、华北、西北）地区的重要战略地位，对搞好战备有着极其重要的意义。加强战备很重要的是物质基础的加强，国防工业直接担负为军队和民兵提供武器装备的任务。

顾大椿到任时，正值四届全国人大闭幕，邓小平根据毛泽东提出的要安定团结、把国民经济搞上去的指示和四届全国人大的精神，强调四个现代化建设是大局，提出并大刀阔斧地进行全面整顿。国防工业的整顿是邓小平特别关注的方面，他在相关会议上提出，要通过整顿消除派性，把各级领导班子建设好，建立起必要的规章制度，军工产品一定要坚持质量第一；要重视科技人员的作用，发挥他们的积极性，把军工科研工作搞上去；要求关心军工企业职工的生活，以踏踏实实的工作，改善职工的生活条件。

参加全国工业会议和国防工业重点企业会议以后，顾大椿主持河北省国防工办先后召开的省国防工业会议和基层党委书记会议，及时传达落实邓小平在全国工业会议和国防工业重点企业会议上关于开展整顿、迅速推进军工建设的讲话精神。顾大椿在讲话中深刻阐明搞好军事工业建设对增强国防力量的重要意义，指出，加强国防要有雄厚的物质基础，要建立强大的国民经济，加速社会生产力的发展。军工生产直接关系到加强战备，巩固国防，保卫国家安全。因此，坚决把国防工业搞上去，具有极其重要的经济意义和政治意义，这是事关大局的问题。他要求把邓小平的讲话精神迅速传达到广大职工中，落实到干部群众的行动上。要通过开展全面整顿，采取有力措施，解决军工企、事业单位存在的问题，扭转河北省军工生产被动落后局面，摘掉落后帽子，迅速把国防工业生产建设搞上去。

顾大椿针对河北军工企业的实际情况指出：不安定、不团结、闹派性是军工企业中的主要问题。保定地区当时是全国有名的派性武斗重灾区，造反派组织动用武器打派仗，军工企业也卷入其中。顽固坚持派性的人破坏团结，分裂职工队伍，破坏生产。顾大椿提出，派性问题要限期解决，不能再拖，关键是解决好领导干部和头头的派性问题。他说：党委的每一个成员都要把自己看成是党委的一员，而不能看成是一方，有派性的人不能进党委。对那些派性严重的人，搞宗派活动的人要猛击一掌，使他们醒悟。对坚持派性的领导干部和派性组织的头头采取思想教育工作与组织处理相结合的措施。对经教育和帮助仍然不改者，做组织处理，以保证安定团结和生产的正常进行。

为解决实际问题，顾大椿率国防工办的同志深入企业，而首先解决的就是领导班子的团结问题，进而消除群众的对立情绪。他无论在领导班子会议上，职工大会上，还是进行个别谈话，都晓之以理，批评教育，耐心帮助，化解矛盾。同时，调整领导班子，解散派性组织，有力地扼制住派性争斗，使军工企业开始走上良性发展的轨道。

搞好企业管理是企业整顿的一项重要内容。顾大椿说：整顿企业管理可以出速度、出质量，可以多快好省。他提出：要以提高质量、提高劳动生产效率、节约原材料、改善劳动条件、加强安全和环境保护为目标，通过企业管理的整顿，解决“肿、散、乱”、“两高、四低”（成本高、消耗高；质量低、劳动生产率低、工时利用率低、设备完好率低）的问题。克服重产量、轻质量、重吨位、轻品种、重主机、轻配件的片面思想和忽视经济核算的错误做法。

顾大椿提出：整顿和加强企业管理要抓好两个方面，一是对不合理的规章制度有计划有领导地加以解决，从实际情况出发，抓紧建立健全必要的规章制度，着重建立起岗位责任制，其中包括技术责任制，及操作规程、质量检验、安全生产、设备管理与维修等各项制度。二是规章制度一经建立，必须严格执行，不允许有章不循的现象存在。

军工产品质量是军工生产的重中之重。顾大椿非常重视，把产品质量放在抓生产的突出位置上。他强调：我们搞军工的一定要坚持质量第一的方针，牢固树立百分之百保证质量的思想，对产品质量保证到底，不合格产品一件都不能出厂。要求依靠群众把好质量关，把自检互检、专检和首件检验的制度切实建立起来。要整顿技术基础工作，加强技术培训，不断提高技术水平。为此，军工办通过组织开展质量大检查，总结经验，找出差距，制定措施，促进提高产品质量。

与此同时，顾大椿还组织对物资工作、计划工作、财政工作和劳动工资等方面进行整顿，使这些方面有了改观。在顾大椿和广大干部职工的共同努力下，一些“老大难”单位的问题逐步得到一定的解决，领导班子和职工的团结有所增强，停产半停产的单位开始恢复生产，并初步建立起生产和各方面工作秩序，全省军工生产指标由下降转而出现上升的局面。

在此基础上，顾大椿提出：要发扬自力更生、艰苦奋斗的精神，大搞技术革新和技术改造，提高生产能力，千方百计地全面完成国家计划规定的各项指标，不仅要完成产值、产量计划，还要完成质量、利润等各项指标，大干快上，保证完成和超额完成国家计划，迅速把国防工业生产建设搞上去。

顾大椿和国防工办在抓整顿、促生产的同时，注重解决职工的生活问题。军工企业大多建在山沟里，生产生活条件差，加之当时各种生活资料匮乏，职工生活非常艰苦。顾大椿强调，做好后勤保障工作，搞好职工生活，对稳定职工情绪，扎根大、小“三线”建设，有重要意义。他要求党组织和行政部门要把职工生活作为一件大事认真抓好，各单位要自力更生，创造条件，因地制宜，制定一养（猪、鸡、兔）、二种（开荒种地）、三栽（栽果木、油料树）的规划；要切实办好食堂、托儿所、医院（卫生所）；同时，还要搞好职工的文体生活，把职工的文娱、体育队伍建立起来。省国防工办对工作进行指导检查，狠抓落实，并通过树典型、召开现场会等，推动职工生活工作的开展。经上下共同努力，职工生活状况有了一定的改善，调动了职工群众努力生产的积极性。

1976年10月粉碎“四人帮”后，顾大椿和省国防工办在加强领导班子建设和职工队伍建设的基础上，提出了军工生产发展的新任务，为以后把工作重心彻底转移到经济建设上来准备了条件。

顾大椿在河北军工战线两年多的时间内，以卓有成效的工作，受到大家的信赖，为巩固大、小“三线”建设成果，发展军工生产贡献了一份力量。他对这段与军工干部职工共同工作的时光怀有深厚的感情，以致离开以后还一直关心那里建设的发展情况。1990年4月1日，顾大椿为河北国防工业题词：“祝愿河北省国防工业全体职工继续发扬崇高的爱国主义精神，为保卫社会主义祖国作出更大的贡献。”

十、汗洒江城

1977年4月，顾大椿调任中共湖北省省委书记兼纪委第一书记、省革委会副主任，分管全省工业。同年11月兼中共武汉市委代理第一书记。武汉市在湖北省处于重要地位，是全国第5大工业城市，这使他联想起20多年前担任湖北省荆州地委书记和刚刚结束的河北省国防工办主任的工作经历，深感搞好武汉的工作责任重大。

当时，武汉的生产和社会秩序的混乱局面还没有转变。顾大椿到任后，在工作中始终把端正思想路线放在首位，进而开展各方面的拨乱反正。他把主要精力放到了抓武汉市的工作上。

在开展揭批“四人帮”的斗争中，顾大椿从实际出发，坚持掌握政策方向，严格区分两类不同性质的矛盾，使揭、批、查工作稳步前进。动员全市人民深入批判和消除帮派体系，同时对受迫害的干部、群众平反昭雪，全面落实党的干部政策；根据中共中央的指示精神，整顿领导班子，提拔部分年轻干部担任领导职务。

在1978年四五月间开始的事关党和国家前途与命运的真理标准问题的讨论中，顾大椿和武汉市委主要领导集中三天时间学习讨论真理标准问题，提高认识，统一思想。同年8月14日，中共武汉市委发出《关于八、九、十3个月在全市开展理论与实践关系问题讨论的通知》。《通知》要求，组织广大干部和群众学习马克思、列宁、毛泽东有关理论与实践关系问题的论述，以及叶剑英、邓小平在全军政治工作会议上的讲话、联系实际揭批林彪、“四人帮”的反党罪行，采取各种方式开展理论与实践关系问题的讨论和学习活动。《通知》发出后，市委又召开全市领导干部会议进行宣传和部署，关于真理标准问题的讨论在全市迅速展开，为武汉进入新时期新阶段的发展，奠定了思想理论基础，推动了各条战线的拨乱反正。

1978年1月28日，顾大椿到任不久，就出席了武汉市科学技术工作会议并讲话。他在讲话中强调要尊重知识、尊重人才、尊重知识分子的劳动，提出全党动员，书记动手，大办科学。他在讲话中还指出：不能让“溜派”、“风派”、“震派”人物留在领导班子内；要发现人才，培养人才，高速度发展国民经济；加强党对科技工作的领导，掀起向科学技术进军的新高潮。这次大会以后，武汉市科技战线出现了欣欣向荣、健康发展的好形势。

在进行各方面整顿的同时，顾大椿和市委一班人重点围绕全市经济建设，力争把生产搞上去，不提空洞的口号，而是实实在在地抓质量、抓管理，还按行业专业化协作进行试点，打破生产部门之间封闭僵化的格局。对邓小平到湖北视察时提出的有关按劳分配的讲话精神，他及时在市委会议上进行传达和提出落实措施。4月12日，武汉市委召开全市工业企业奋战第二季度动员大会，提出抓紧搞好奖励制度的试点工作，实行精神鼓励与物质鼓励相结合的原则，以精神鼓励为主。中断多年的物质奖励制度逐步恢复，调动了广大职工的生产积极性。1978年这一年，顾大椿深入基层到工厂蹲点，调查研究，抓典型，指导一般。在他的带领下，市委先后两次抽调干部数千人，组成500多个工作队，到工业企业基层单位协助开展工作，落实中共中央4月20日提出的指导工业交通战线拨乱反正的重要文件——《关于加快工业发展若干问题的决定（草案）》（简称“工业三十条”）。治理调整后，武汉市的国民经济迅速恢复。1978年工业总产值比1977年增长24.3%，市属工业总产值超额完成了调整后的年计划，比1977年增长16.1%。市郊区农业战胜了特大旱灾，夺得了丰收，粮、棉、猪上了《纲要》，创造了历史最好水平。其他各条战线都有显著的提高。财政收入提前20天完成了国家下达的年度计划。

顾大椿十分关心群众的生活，在大力发展经济建设的同时，组织力量重点解决与群众生活密切相关的一系列问题。

由于历史上遗留的问题，特别是“文化大革命”造成的破坏，武汉市自来水基本建设明显滞后，供水能力严重不足，出现了新中国成立以来供水形势最严峻的局面。用水量每年以10.1%的速度递增，而自来水生产能力每年平均递增仅6.4%，供水缺口很大。有的工厂因缺水停工，餐馆一度停业，有的地方昼夜无水，很多地方居民用水上不了5楼，严重影响了经济建设和群众生活，群众意见非常大。新中国成立初期就兼任过武汉市长的李先念明确指示，要求武汉市尽快解决“长江边上缺自来水吃”的问题。

“火炉城”闹水荒，顾大椿看在眼里，急在心头，他向群众立下军令状：如果解决不了供水问题，你们就来找市委。为了把迅速解决自来水问题真正落实，1977年12月24日，他指示成立了“武汉自来水会战指挥部”，研究确定了会战的主攻方向和初始目标。指挥部下设办公室，负责会战的具体运作。一场由150多个企业、事业单位参加的自来水会战全面展开。在会战进行中，顾大椿多次亲临工程现场指导检查工作，及时解决出现的问题，加快了工程建设的步伐。经过半年左右的奋战，白沙洲水厂、琴断口水厂新建工程竣工投产；平湖门水厂、宗关水厂完成改造工程；安装7条直径400—800毫米输水干管，使沿线厂矿及居民受益。1978年夏季，全市增加供水能力20万立方米／日的目标如期实现，武汉市供水状况较1976年明显好转，自来水会战初见成效。

针对群众吃菜难、乘车难、住房难等问题，顾大椿等狠抓落实，逐步使这些问题得到基本的解决。1977年扩大了蔬菜种植面积，1978年蔬菜产量有了较大提高，基本保证了市场供应；肉、鱼、蛋等副食品供应和早点供应都有改善；商业网点有了增加；全市先后开展维护公共交通站点秩序、组织代客车、错开上下班时间、水陆联运等项工作和措施；进行全面地综合治理，扭转了“文化大革命”以来造成的公共交通秩序混乱的状况；将全市的住宅由过去分散审批、零星建设纳入集中统建的轨道，解决了一批无房户、严重拥挤户和高级知识分子的住房困难。

武汉市供电紧张，到了夏天更严重。居民们酷暑难耐，还要饱受停电之苦，对此，意见很大。顾大椿不分昼夜，深入基层，协调用电，坚决主张宁可把生产停下来，也要保证老百姓的生活用电，每周的用电计划他都要亲自审批，尽量做到合理分配。与此同时，抓紧供电工程的建设，生产用电和市民用电得到了改善。有群众说：“顾书记来了，我们晚上有电了，真得谢谢他。”顾大椿听后很欣慰，语重心长地对大女儿说：“‘四人帮’横行多年没有好好搞生产，如今是‘百废待兴’，我们欠老百姓的实在太多了。”同时，他要家人转告同事：武汉的电力供应目前还是困难重重，希望大家多体谅，我们要在党的周围团结起来，共渡难关。相信有党中央的正确领导，今后的生活一定会更加好的。

顾大椿的工作作风扎实，他常利用难得的休息时间去一些单位查访，检查工作落实情况，有时仅带秘书一人，有时拉着孩子和他一起去查看，他深有感触地对女儿女婿说:“干部和群众是非常通情达理的,不论什么事,只要我们深入下去和他们共同商量,总是能够办好的。”

1978年12月底召开的党的十一届三中全会,作出了把全党工作的中心转移到社会主义现代化建设上来的战略决策。1979年1月2日,顾大椿主持中共武汉市委常委(扩大)会议,听取中共湖北省委第一书记陈丕显关于三中全会和此前召开的中央工作会议精神的传达报告,着重讨论把武汉市工作中心转移到社会主义现代化建设上来的问题。顾大椿在会议总结讲话中强调:全党工作中心的转移,是历史性的转折,是伟大的战略转移,我们必须充分认识其意义的重大、深远。……市委要以主要精力加强对全市生产建设和技术革命的领导。要求从加快实现四个现代化这个大局出发考虑问题,部署工作,制定措施,狠抓落实。

1979年2月,顾大椿调回省委工作。他在武汉市工作时间虽然不长,只有一年多,但他本着服务一地、造福一方的思想,以武汉的发展为己任,努力工作,把辛勤的汗水洒在了这块热土之上。

十一、探索工会工作理论

顾大椿是一位资深的工会工作者,从事新中国工会工作40余年,这是他革命生涯中工作时间最长的一段经历。顾大椿无论是讲话还是写文章,都坚持把马列主义基本理论与具体实际结合起来,从马克思主义工会理论与中国工会工作实际的结合上,讲清道理,分析原因,提出对策。

从中共十一届三中全会以后,党和国家进入了拨乱反正、改革开放新的历史时期。顾大椿在参与领导工会工作过程中,结合中国工会工作实际情况,积极探索。

1979年8月至1985年1月,顾大椿任全国总工会副主席、书记处书记、党组副书记。1979年到1983年,他协助中华全国总工会主席倪志福,主持全总日常工作。在此期间,他带领全总领导班子坚决贯彻党的十一届三中全会确定的路线、方针、政策和党的工运方针,遵循邓小平在全国工会第九次代表大会上的致辞和叶剑英代表中共中央、国务院在国庆30周年大会上的讲话精神,积极消除工运领域中“左”的错误思想影响,更新不适应新时期工会发展要求的传统观念,按照党的要求,对工会工作指导思想进行拨乱反正,使整个工会工作逐步形成围绕国家经济建设这个中心，代表和维护职工的经济利益和民主权利，以推行企业民主管理工作为重点，不断加强工会组织建设和职工队伍建设，在实践中取得了积极成果，得到中共中央的充分肯定和支持。

顾大椿和全国总工会领导班子一道，为贯彻新时期党的工运方针，深入研究和探索新时期工会工作的新情况和新问题，进行了大量卓有成效的工作，做出了积极贡献，提出了很多切实且行之有效的真知卓见。

1979年9月，顾大椿在国家经委、全国总工会企业管理研究班讲话，重点讲了《企业的民主管理问题》。他在讲话中强调了企业民主管理的必要性和迫切性。他指出，第一，社会主义企业的民主管理，是由我国的社会主义公有制的经济关系决定的，是由我们国家的社会主义性质和工人阶级的领导地位决定的。第二，实现四个现代化，要求政治民主化。在企业实行民主管理，增强职工的主人翁责任感，充分调动职工献身四化的积极性和创造性，更具有迫切意义。第三，加强企业的民主管理，建立和健全民主管理制度，是改革经济管理体制，整顿企业管理，提高生产、技术和管理水平的有力措施和重要内容。他认为，党委领导下的职工代表大会制度，是从我国多年企业民主管理的实践中发展而来的好制度、好形式、好经验。他强调，民主选举企业基层领导是干部制度上的重大改革。搞好企业民主管理，关键在于加强党的领导，依靠各方的共同努力。

1980年2月，顾大椿在北京市总工会工作会议上讲话，题目是《发挥工会在四化建设中的作用》。他在讲话中首先根据邓小平在全国工会第九次代表大会的祝词和叶剑英在国庆30周年大会上的讲话，论述了为什么要发挥工会在四个现代化建设中的作用。接着从四个方面论述了发挥工会的作用问题：一是坚决维护工人阶级的国家主人翁的权利。二是切实关心职工群众生活。三是支持和发挥工人阶级在各方面的社会主义积极作用。四是要加强职工的思想政治工作，不断提高职工的社会主义觉悟。他还指出，能否发挥作用，关键还在于工会本身能否深入联系群众。还要依靠广大积极分子来做工会工作。最后，顾大椿强调，工会工作要做好，关键是依靠党的领导。工会要主动做好党的得力助手，真正起到党联系群众的纽带作用。

同年6月，顾大椿在全总干校第十四期普通班、劳动保险班结业典礼上，以《把工会办成群众信得过的组织》为题发表讲话。他强调，工会要做工人群众的代表者，切切实实为工人办事。第一，应该看到群众有什么问题是普遍关心、迫切需要解决而又能解决的问题，我们就要从这些问题做起。第二，就是维护职工民主权利，认真推行职工代表大会制度。第三，工会要大胆地为工人说话，同违法乱纪以及侵害工人利益的官僚主义作斗争。顾大椿在讲话中强调，要端正思想路线，改进工作方法。

这一年8月，顾大椿在省、市、自治区工会主席会议上讲话，题目是《工会必须维护职工的民主权利和物质利益》。他在讲话中阐明了维护职工民主权利和物质利益与为四个现代化立功，或者说与党的政治路线的关系。提出维护职工民主权利和物质利益，正是为了更好地、更有力地贯彻党的政治路线，为四化建设服务，更有力地调动职工群众的生产积极性，去投入四化建设。工会为工人说话，既要敢字当头，又要注意工作方法；既要坚持原则又要讲究方法。工会要恢复群众工作的好传统，改进作风。

顾大椿在全国财贸工会工作会议上所作题为《适应改革形势，跟上改革步伐》的讲话是在1980年11月。他在讲话中提出，工会在改革中要抓五件事：第一，就是要重点解决好肃清极左路线的流毒，使得工会真正成为工人群众的重要代表者。第二，要普遍推行和健全职工代表大会制度。第三，要维护职工群众的物质利益和精神利益。第四，要把群众的积极性及时地引导到为四化建设的立功活动中去。第五，要注意处理好人民内部矛盾。

1981年初，顾大椿在全国工会基层工作座谈会上讲话。强调要加强基层建设做好群众工作，在经济调整中做出新贡献。在谈到加强与群众的联系问题时，他认为以下经验值得认真推广：一是工会工作者要努力成为群众的知心人、贴心人。二是工会要在维护中央调整方针顺利执行的大前提下，坚决维护职工的民主权利和物质利益。三是加强职工群众的思想政治工作。四是工会的组织工作要跟上去。上级工会要加强对基层工会的领导。深入基层，分批分期地、扎扎实实地把工会基层建设好。上级工会要面向基层，服务基层，更好地深入基层。

关于如何推行完善企业职工代表大会制度问题，顾大椿在北京市企业民主管理工作会议上讲话指出，在企业里实行民主管理，这是中央早已确定的一项重要政策。进一步推广和完善职工代表大会制度，首先要解决的是提高认识的问题。职工代表大会可以解决企业中的许多困难，密切领导和群众的关系。职工代表大会之所以能起到这么大的作用，这是由于职工代表大会有一种内在的潜力，职工群众不仅能从理论上认识到自己是国家的主人，而且也从实际中体会到是企业的主人、国家的主人，从而把积极性、主人翁的责任感激发出来。职工代表大会可以起到领导、工程技术人员、工人三结合的作用，集中各方面群众的智慧。通过职代会讨论国家计划、指标、厂里的生产、生活，把国家、企业、职工个人三者利益很好地结合起来。他强调，职工代表大会是个权力机构。党委领导下的职工代表大会制度是企业中的根本制度之一，是企业职工实行民主管理的基本形式，是职工参加管理、监督干部的权力机关。

8月，顾大椿在中国铁路总工会八届三次执委（扩大）会议上以《工会工作指导思想和当前工作重点》为题，从三个方面阐述道：第一，要继续拨乱反正，继往开来，用毛泽东思想指导我们的工作。第二，当前最紧迫最根本的任务，就是要把经济建设搞上去，把生产搞上去。第三，加强思想政治工作，把职工队伍建设成觉悟高、技术精、纪律严、作风好的产业大军。

1981年9月，顾大椿在全总机关工作人员大会上作了题为《工会工作拨乱反正继往开来的重要决策》的讲话。他主要讲了以下问题：拨乱反正，继往开来；要和中央在政治上保持一致；怎样把经济建设搞上去，把生产搞上去；以四化建设为中心和以职工代表大会为重点的关系问题。在这篇讲话的最后，顾大椿强调，我们群众团体要学会群众路线的工作方法，这是一个非常重要的问题。做群众工作的人不深入到群众中去，这是致命的弱点。

1982年5月，顾大椿在中华全国总工会干部学校职工教育研讨班上讲话，题目是《关于我国的职工教育问题》。顾大椿在讲话中根据中共中央、国务院《关于加强职工教育工作的决定》，对开创职工教育新局面提出了具体要求：要不断提高认识，加强职工教育工作；实事求是，从实际出发，按照职工教育的特点和规律来办好职工教育；广开学路，充分调动各方面的力量，充分调动职工群众的积极性来办好职工教育；在党的统一领导下，各有关部门分工负责，通力协作，共同把职工教育办好。

1982年9月，顾大椿在中组部、国家经委、全国总工会联合举办的企业管理研究班上讲话，题目是《我国企业民主管理的发展》。他在讲话中详细回顾了我国企业领导体制和民主管理的发展进程之后说，职工代表大会搞得好，可以起到多方面的作用。社会主义企业现行的领导制度的确定，是在我国社会主义建设的实践中提出来的，而且在实践中还要不断发展和完善。这是一个重大的改革。

同年9月，中国共产党第十二次全国代表大会在北京召开。大会提出了新时期工人运动和工会工作的方针任务。10月，顾大椿在部分省、市、自治区工会主席座谈会上讲话，提出工会工作如何开创新局面的重大课题。

顾大椿曾任中国职工思想政治工作研究会会长。1983年1月，他在全国职工思想政治工作会议上作了题为《职工思想政治工作的根本目的和任务》的讲话，他指出，职工思想政治工作的根本目的和任务应当是，用马列主义、毛泽东思想的基本理论，教育职工逐步树立马克思主义的世界观，掌握正确的思想方法和工作方法，提高认识和改造世界的能力，发挥领导阶级的主导作用。这是形势的发展对职工思想政治工作提出的要求，也是历史赋予它的光荣任务。他强调，要运用工会各种阵地，组织各种积极力量，引导职工提高阶级觉悟。工会工作者要做职工群众的知心人、贴心人、带头人。

1983年3月，顾大椿在全国女工工作经验交流会和全国铁路总工会八届四次执委会议上讲话。他还在全总九届八次常委（扩大）会议上讲话。他强调，工会的性质和任务应当是在党的领导下，代表工人阶级利益、为工人阶级办事的群众性组织。他阐明了工会工作方针和经济建设的辩证统一关系，强调要正确对待为工人办事中可能出现的矛盾，要继续肃清“左”的影响。

1984年3月21日，顾大椿在全国总工会党组整风会议上发言。他强调必须坚持一个代表（会员和职工利益的代表）、两个维护（在维护全国人民总体利益的同时，更好地表达和维护职工的具体利益）的正确方针。

1984年10月，党的十二届三中全会通过了《中共中央关于经济体制改革的决定》。顾大椿根据决定的精神，针对当时社会上流行的“一个能人救活一个工厂”、“主人翁，主人空”、“淡化工人阶级”等观点，在多次讲话中强调，不能忘记依靠工人阶级，维护职工在企业中的主人翁地位是深化企业改革的关键，必须切实保证劳动者在企业中的主人翁地位。

顾大椿除了在各种会议上讲话，阐明自己的观点外，经常深入基层，调查研究，密切联系职工群众，关心职工群众的疾苦。他每年都有几个月的时间到外地做调查，每到一地，除了向党政领导和工会干部了解情况外，总是深入到职工群众中去。他到了工厂，总要直接找工人座谈，亲自去车间、宿舍和食堂看看工人的工作和生活情况。他对每一项调查研究都一丝不苟，认真负责，并亲自做记录，撰写调查报告。

1989年3月，顾大椿和康永和、陈宇两位政协常委向全国政协第七届代表大会提交联合书面发言。文中说，根据我们最近对12个企业的调查研究，得出的结论是：如果厂长、经理能够维护企业中职工的主人翁地位，一切工作都能尊重和依靠全体职工，那么企业内部的活力就能够不断涌现，许多困难都能够克服，就会呈现出一派团结拼搏、兴旺发达的气象，企业改革就能步步深化，经济效益就能不断提高。否则，就可能导致民气不顺，人心不齐，矛盾日多，困难重重，效益越来越低，甚至月月亏损，濒临破产，不能自拔。

1990年2月，全国总工会工运研究会向全国退下来的部分老工会工作者发了一封信：《向老一辈工会工作者提一个倡议——欢迎您给青年工会工作者写信谈谈心》。顾大椿写了《增强掌握工人运动规律的自觉性》。他总结了某企业家依靠群众，使两个亏损企业扭亏为盈的经验。①

1993年5月，顾大椿撰写了《领导者的责任——学习李双良精神给我们的启示》，收入在改革出版社出版的《时代的巨人李双良》一书中。顾大椿在赞扬李双良等全国著名劳动模范一心为公、艰苦创业、无私奉献精神的同时，特别强调领导者的支持的重要性。他说：一个优秀的社会主义国有企业的领导者的责任，就要诚心诚意地帮助职工不断提高政治、技术、文化素质，造就一支有阶级觉悟、掌握生产技术或技能、有高度主人翁精神的职工队伍。

1994年8月1日，顾大椿离职休养以后，仍非常关心党和国家的改革开放和建设事业的发展。他怀着深厚的感情，以对党的工运事业高度负责的精神，克服年老体弱等种种困难，查阅大量工运历史资料，对中国工会运动正反两方面的经验和教训，从理论和实践上进行认真的总结和探讨，提出了许多好的建议。

1999年秋，即使在他因病住院手术前夕，还一再表示希望花些时间对新中国成立后工会运动中若干重要理论与实践问题，做一些回顾与思考。

2001年6月，顾大椿书面向时任中共中央政治局常委、全国总工会主席尉健行提出对工会工作的看法。他认为，新中国成立以来的工会运动历史经验充分表明，工会一定要把维护职工合法权益作为自己的基本职责，不能把维护职工的整体利益、长远利益同维护职工的具体利益对立起来，在这一点上工会工作是走过弯路、有深刻教训的。他还说，脱离职工群众是工会最大的危险。这充分体现了他热爱工会工作，关心工运事业发展，老骥伏枥、奋斗不

---

① 中华全国总工会工运研究会编著：《献给工会工作者的心》，中国工人出版社1992年版，第425页。

息的精神。①

顾大椿在加强机关干部队伍建设和提高领导班子集体决策能力等方面也发挥了重要的作用，为中国工运事业的发展作出了杰出贡献。

十二、光荣本色

顾大椿投身革命70余年，为中国革命、建设和改革事业，为中国工运事业的发展，贡献了毕生的精力。他有强烈的革命事业心和责任感，无论在什么岗位上，都全身心地投入到工作之中。他念念不忘童年的无助和痛苦，坚定地跟共产党走。“文化大革命”中，他恢复工作以后，从补发给他1万多元的工资中，拿出8000元交了党费。

顾大椿常说：我们要保持过去革命战争时期的那么一股劲，那么一股革命热情，把革命工作做到底，他是这样说的，也是这样要求自己的。

在石家庄工作期间，他已年逾花甲，只身一人住在机关普通宿舍，到大食堂排队吃饭，由于大部分时间下基层抓工作，回来时常错过机关食堂开饭时间，只得靠煮挂面、冲炒面充饥。

顾大椿在武汉工作期间一心扑在工作上，每天早上出去，很晚才能回来，星期天基本不休息。他常常熬夜工作，基本上凌晨两点以前没有睡过觉，肚子饿了，喝点开水，吃几块饼干。家人一觉醒来，看到他还在看文件、写材料、翻阅报纸……他认为，面对四个现代化建设，面对错综复杂的状况，只有不断加强学习，提高自己，才能跟上形势的发展，减少工作失误。

顾大椿总是自己动手起草文件，写材料，准备讲话稿，有时为了赶时间，通宵达旦地写，跟随他的秘书说，自己只是个拎包秘书。

顾大椿为人谦和，平易近人，没有“官架子”。平时总有人找到家里，尤其是星期天，只要他在家，总是尽可能地接待他们。他还一再向亲属交代，人家是有事才来找我的，不能把他们拒之门外，就是没有事，老同志互相谈谈心，也可以让我更多更真实地了解到一些情况，这对我的工作是很有帮助的。他嘱咐孩子，凡是来家的客人，一定要热情接待。客人来后，他和家人总是端上茶，递上烟，还常留客人在家吃饭。

---

① 张俊九：《顾大椿工会工作文集》序，工人出版社内部印刷。

有一次，江苏常熟一个生产大队的书记到武汉出差来到顾大椿家。顾大椿听说他们生产队办了个工厂很感兴趣，请他们介绍办厂的情况，边问边记录。得知他们办的是家弹簧厂，还生产沙发销往全国各地后，很是高兴，他指着家里的沙发说："这种东西现在看起来很高级，我们这一级干部家里有，普通老百姓家里还没有。今后他们也应该有。你们做了件大好事。"他再三嘱咐说："挣了钱，你们也不能往自己口袋里装，除了留足生产资金外，一定要为社员谋福利，让他们可以采取分红的办法增加收入，改善生活。"临走，那位书记深有感触地对顾大椿的大女儿、女婿说："听了你爸爸的一席话，我们很是受益。"顾大椿被调回全国总工会后，每次到常熟考察时，首先要看乡镇企业，了解农民脱贫致富情况。回京后，他给女儿写信说："这次总算看了个清楚，确实是富起来了，特别是找到了脱贫致富的道路，说明路子对头了。"

顾大椿始终不忘过去和战友一起奋斗的岁月，他不止一次地告诉子女：今天的革命胜利确实来之不易，我们是幸存者，永远也不要忘记那些为革命牺牲的烈士们。他经常提到烈士许明清（原名陈玉虹）的英勇事迹，烈士家乡的一所小学成立了许明清中队，顾大椿常年跟这个中队保持通信，非常认真地给每个来信的孩子回信。

顾大椿是个共产主义者，共产主义信念在他心中一直没有动摇。当东欧剧变、苏联解体时，社会上有些人认为社会主义不行了。顾大椿给子女每人买了一本《社会主义救中国》学习，坚定子女的社会主义信念。

顾大椿与结发妻子夏菲相濡以沫几十年，走过了金婚。顾大椿生命的最后一段是在昏迷和清醒的交替中度过的。他因为气管切开已经不能说话，为此家人备了水笔和一个小白板，用于了解他的需求。由于手的活动受限制，平躺在床上写字也很费劲，就这样，与死神擦肩而过的他还在苏醒后写下了"一定要努力为党工作"这句话，这是顾大椿在表达他自己的心声，符合他一贯的追求，也是他对子女和对广大工会工作者和青年同志们的要求。2007年1月23日，顾大椿因病在北京逝世，享年92岁。

马子富　谢安邦

刘寅

刘寅，男，1910年4月10日出生于江西省南昌市。1930年12月参加中国工农红军，1936年6月加入中国共产党。历任中央军委第三局秘书长、副局长，中央军委通信部常务副部长，国家第二机械工业部副部长、第三机械工业部副部长兼第十工业总局（无线电工业总

局）局长、第四机械工业部常务副部长、党组副书记，全国政协第六届常委。他是中央苏区和红军无线电通信事业、无线电技术侦察事业、党的广播事业的创始人之一，是新中国电子工业的奠基人和主要领导人之一。他尊重知识，爱护人才，培养了一大批通信干部、电子工业管理干部和电子科学技术各学科带头人。

一、青少年时期

刘寅，原名刘达端，1910年4月10日出生于江西省南昌市扁担巷15号，祖籍为江西省安义县东阳乡凌田村。

刘寅家境贫寒，其父刘上洪30多岁才有长子刘寅。刘上洪没上过学，深知没有文化受穷。1921年，他送儿子去扁担巷附近一家私塾馆拜师求学，后转入基督教会办的圣马太小学校学习。

刘寅上四年级时，因家境困难辍学回家，到磨子巷王荣记鞋店当了学徒，后鞋店因生意不好而关门。正在走投无路时，校长邓述坤给刘寅捎信，让他免费升入高小一年级继续学习。

1924年8月2日，刘寅的父亲不幸病逝，母亲邓氏成了家里的支柱，靠给人家干杂活换取微薄收入养活家人。

1926年，15岁的刘寅进入圣马太小学初中部学习。1927年，南昌中学免费招生，他又到南昌中学插入初中二年级读书，受到了革命思想的熏陶。

1928年，大革命失败后南昌中学被迫解散。这时，国民党江西党务学校招收党务学习班，为求生存，刘寅报考上了该学习班。之后，他被分配到安义县党务指导委员会当文书。到安义不久，由于他不肯同流合污，被排挤出来，不得不回家。

1930年7月，经同学于腾昆介绍，刘寅认识了国民党军交通兵团第五分队的罗世镕（即吴如生）。后经罗世镕介绍，于同年9月到五分队借读，学习无线电报务。交通兵团五分队隶属于国民革命军第十八师。在这里，刘寅认识了吴人鉴（即王诤）等多位无线电技术人员。

1930年10月，上级命令电台要调往前线。刘寅是个见习人员，没有军籍，对于走与不走有些犹豫，他担心走后母亲无人照顾。没想到，他的母亲非常支持他。他出发之前，母亲还向他舅舅借钱，专门准备了一顿饭，为他和王诤等几位同事送行。从此，刘寅开始从事无线电工作。

二、井冈山岁月

从1930年10月起，蒋介石开始了对中央苏区大规模的“围剿”。11月5日，蒋介石指使武汉行营主任何应钦统领国民党十万余人，并任命江西省主席兼第九路军总指挥鲁涤平担任“围剿”军总司令，第十八师师长张辉瓒为先锋，采取“分进合击，长驱直入”的战术向中央苏区发动了第一次反革命“围剿”。红一方面军当时仅有第一、第三两个军团，共约四万人。敌我双方力量对比悬殊。

12月29日，张辉瓒率师部及两个旅进至龙冈。当日，中国工农红军第一方面军总司令朱德、总政委毛泽东在签发《红一方面军攻击进占龙冈之敌张辉瓒师的命令》中，明确提出“各部注意搜集西药，无线电亦不能破坏”的要求。

为了争取反“围剿”胜利，以毛泽东为书记的总前委采取“诱敌深入”的作战方针，于12月30日在龙冈地区一举歼灭张辉瓒第十八师师部和2个旅，俘敌9000余人，活捉张辉瓒，缴获各种武器9000余件，取得了第一次反“围剿”的胜利。红军活捉张辉瓒的同时，缴获国民党军无线电台1部。在该电台实习的刘寅及台长李三毛、报务员吴人鉴等十人同时被俘。除李三毛外，其余人员都自愿参加红军。参加红军后，吴人鉴改名为王诤，并为刘达端改名为刘寅。

在清理战利品的过程中，红军战士不知电台为何物，将电台的发报机砸坏，只剩下收报机，这就是红军无线电通信事业和技术侦察情报事业“半部电台起家”说法的由来。

1930年12月30日，刘寅正式参加中国工农红军，时年20岁。4天后，即1931年1月4日，红一方面军总司令朱德、总政委毛泽东在江西省宁都县小布村红一方面军总部亲切地接见了王诤和刘寅。毛泽东勉励他们今后要用无线电技术为工农大众服务，为建立红军的无线电通信努力工作。毛泽东还说：“别看现在我们什么也没有，可整个世界是我们的。等到全国胜利了，全国的电台都让你们来管。”①朱德希望他们先把工作搞起来，并特别强调，革命事业是会从无到有、从小到大发展起来的。这些充满信任和鼓励的话语，使刘寅倍感亲切，也深受感动，他下决心在共产党领导的红军队伍里为解放劳苦大众贡献自己的力量。从此，幸运的刘寅便一直在毛泽东、周恩来、朱德、叶剑英等老一辈无产阶级革命家身边工作，当面聆听他们的教诲，得到他们的关怀和呵护。

就在朱德、毛泽东接见刘寅等人的这一天，妄图逃跑的谭道源师（国民党第五十师）遭红军突袭，被俘3000余人，红军缴获15瓦电台1部、电话总机3台、电话单机20余部、被覆线15公里。按照总部要求，红军战士们将这些缴获的通信装备完好无损地送交到红一方面军总部。

为适应红军作战方式由游击战向运动战的转变，朱德、毛泽东决定迅速建立无线电通信和侦察工作。由于当时只有一部半电台，无法组织无线电通信联络。刚刚参加红军、急切盼望早日工作的刘寅和王诤，经和红一方面军总部参谋处处长郭化若商量后，于1931年1月6日在红军总部驻地小布村正式架台工作，开始抄收国民党中央社的新闻电讯稿和侦听国民党的无线电台信号。这标志着红军第一部无线电侦察台的诞生和红军无线电技术侦察工作的开始。后来，这一天被确立为中国人民解放军技术侦察情报工作创建日。那时，国民党军队的电台之间常用明码互通情况，王诤和刘寅等人对国民党军的通联规律、报文格式以及部分报务人员的手法特点都比较熟悉，通过电台获取了许多有价值的情报。

在红军和革命根据地被国民党军分割包围、地处穷山恶水之间、同外界不通音信、书报杂志奇缺和国内国际消息闭塞的环境下，利用缴获的无线电台抄收国民党中央社的新闻电讯稿，成了红军了解外界信息的唯一途径。毛泽东、朱德将王诤、刘寅等人送来的当天新闻稿视为至宝，对无线电通信和无线电侦察愈加重视，对他们二人也产生了良好印象。

1931年1月，随着中央红军的发展和保障作战指挥的需要，朱德、毛泽东决定组建无线电队，并任命王诤为队长、冯文彬为政委、刘寅兼任教员，共编有100余人。

---

① 《通讯战士》杂志，1942 年秋出版。

红一方面军无线电队成立之后，立即着手开展了三方面的工作：一是开办训练班，从红军干部战士中选拔培养无线电通信的报务员和机务员；二是从缴获的武器中搜集和保护无线电通信器材、有关元器件和技术资料；三是收留和集中被红军解放过来的懂得无线电通信技术的专业人员。

1月28日，红一方面军发布《调学生学无线电的命令》，充分肯定了无线电队成立半个月来取得的成绩，阐明了准备扩充无线电队、加强无线电通信与侦察工作的意义。《命令》还规定了选调无线电训练班学员的条件。

当时，苏区处于四面包围封锁中，部队经常行军作战，居无定所，培养对象的文化程度普遍较低。在这样的条件下，培养无线电技术人员困难重重。王诤、刘寅等人亲自负责技术课程的教学，还自己动手，用木块、铁片制作电键，用旧铜线制作电码训练器。

1931年2月，第一期无线电训练班在江西宁都小布村开学。朱德亲临训练班并讲话，希望学员们好好工作，好好学习。训练班的学习内容分为报务和机务，报务学员有胡立教、曹丹辉等12人，机务学员有李长春等5人。他们都是从各军选调的具有一定文化程度的青年，年龄最小的只有十四五岁，其中还有3名女青年。刘寅等人利用一切可以利用的时间、地点，向学员们手把手地传授报务和机务知识。训练班学习期限为4个月，培养出红军第一批报务员、机务员17人。

1931年4月1日，国民党军开始对中央苏区发动第二次"围剿"。他们采取"稳扎稳打，步步为营，紧缩包围"的战术，以20万兵力分4路向根据地进犯。对此，红军决定采取"积极防御，拣弱的打、各个击破，在运动中消灭敌人"的作战方针。

然而红军战士在敌人夹缝里隐蔽了20余天，尚未找到战机。正当朱德、毛泽东焦急万分之时，王诤、刘寅于5月12日18时，利用那部收报机侦收到了第二十八师公秉藩部电台发给该师驻吉安留守处的一份重要情报，内容是："我们现住富田，明晨出发。"留守处问："到哪里去？"师部电台回答："向东固（即红一方面军总部所在地）去。"①

朱德、毛泽东得到这一重要情报后，立即连夜调动部队，设置了伏击圈。5月16日晨，敌人果然来了。经一夜激战，红军以极小的代价消灭了第二十八师

---

① 《王诤传》，电子工业出版社 1998 年版，第 32 页。

全部和第四十七师的一个旅。

在第二次反“围剿”整个作战过程中，朱德、毛泽东将王诤、刘寅等人侦收到的国民党各部队行动方向等情况，作为指挥作战的重要依据。在此期间，红军横扫700里，五战五胜，以3万人对敌20万人，歼敌3万余人，缴获电台2部、枪支2万余支，取得了重大胜利。

至此，红一方面军已拥有三部半电台，有了内部通报的条件。6月2日下午，王诤和伍云甫到前方（福建建宁），刘寅和曾三留在后方（江西兴国），分别配属15瓦电台和100瓦电台，彼此互发了电报。这是红军第一次使用无线电通报。从此，红军的无线电通信正式建立起来，进入新的通信发展时期。刘寅被任命为红一方面军总部无线电队报务主任。

1931年6月21日，蒋介石自任“围剿”军总司令，委任何应钦为前敌总司令，调集23个师3个旅，共约30万兵力，对中央苏区发动第三次“围剿”。

与此同时，红一方面军总前委决定成立无线电大队，下属无线电分队已经发展到4个，既能对国民党军电台进行无线电侦察，又能在红军总部与第一、第三军团之间进行无线电联络，红军的作战指挥能力大大提高。

6月30日，刘寅所在的红一方面军总部电台侦获蒋介石发给何应钦的急电，得悉国民党军拟趁红军主力出击赣东、闽西之机，向赣南根据地大举进犯。综合各种情报，总前委书记毛泽东立即写信通知各路红军及有关方面，决定继续采取诱敌深入的战略方针，急电命令第一、第三军团主力，从闽西地区出发，绕道千里，回师赣南兴国地区。在国民党军发起进攻时，红军避其主力，打其虚弱，乘胜追击，其结果是六战五捷（一战打成对峙），击溃敌人7个师，歼敌17个团，毙伤俘敌3万余人，缴枪2万余支，彻底粉碎了国民党军的第三次“围剿”。

在第三次反“围剿”中，又缴获了六部电台，红军的无线电通信联络网和无线电侦察网得到很快发展。在当时中央革命根据地被敌人封锁、交通不便的条件下，无线电通信和无线电侦察对于红军及时掌握敌人的动态，指挥作战，赢得主动权，起到了重要作用。

1933年1月，蒋介石集中兵力对中央苏区发起第四次“围剿”，企图以其在中央苏区西部、北部和东部之部队的协同作战，歼灭红军主力于建宁、黎川、泰宁地区。红一方面军继续沿用毛泽东的作战方针，决定组成左右两路纵队，分别迎击由浒湾东进和南进之敌。经过两次大军团的运动战，歼敌三万余人。

中央红军首次采用的这种大军团的高度机动作战，对通信联络的迅速、准确、保密、不间断，提出了更高要求。刘寅参加了这次无线电通信联络工作，出色地完成了保障作战指挥任务。此后，刘寅还参加了反帝拥苏大同盟和互济会的工作，并任消费合作社委员。

1927年，党的八七会议前后，全国各地不断爆发武装起义，革命根据地和红军不断扩大，工农政权相继建立。此时，依靠地下交通进行联系的办法已不适应形势发展的需要，中共中央迫切需要建立地下无线电台，以密切同各地党组织和各革命根据地的联络，加强对整个革命运动的领导和指挥。于是，时任中共中央军事部部长的周恩来选派李强等人学习无线电通信技术，筹措器材，并在上海建立起党的第一个地下无线电台。1931年4月，中共中央派伍云甫、曾三、涂作潮三人到中央苏区，以建立和加强党中央与苏区红军的无线电通信联络。

沟通苏区与上海党中央的无线电通信联络，一直是王诤、刘寅急待完成的任务，原先用15瓦电台联络，连续守听呼叫了几个月都没有结果。自1931年5月16日缴获了100瓦电台以后，条件有所改善，王诤和伍云甫、刘寅和曾三分两组继续用100瓦电台日夜守听，按照伍云甫、曾三、涂作潮从上海带来的呼号、频率进行呼叫。由于距离较远，加之受到气候影响，联络一直未通。9月26日晚上，刘寅透过许多杂乱的信号和沙沙的噪声，终于听到了上海中央台传来的呼叫声，刘寅马上把对方的呼号抄写下来，同规定的呼号一一对照，丝毫不差。他一次次呼应，但对方始终不予理睬。这时，刘寅叫醒曾三。经曾三证实，此台确是中共中央在上海的电台，曾三立即上机给对方发了一份密码电报，很快就收到对方发来的一份简短电报，这是中央苏区同上海党中央的第一次互通电报。从此，中共中央和中央苏区之间架起了一座空中电波桥梁。这次互通电报，为年底召开的中共苏区代表大会和中华苏维埃第一次全国代表大会奠定了无线电通信联络基础。事后，曾三告诉刘寅："对方上机的是我的妻子，她不熟悉你的指法，所以迟迟未回应。"从这天起，刘寅使用过的这部机器成为中共苏区中央局的专用电台。

1931年11月7日，中华苏维埃第一次全国代表大会在江西省瑞金县叶坪村召开。大会宣布中华苏维埃共和国临时中央政府成立，毛泽东当选主席，项英、张国焘当选副主席。成立不久的中央红军总部无线电总队队长王诤被推选为大会代表，刘寅为列席代表。

在此次大会筹备和举行过程中，刘寅与其他同志一起，昼夜抄收国民党中央通讯社的新闻电讯稿，尽可能地抄收外国通讯社的英文电讯稿，翻译、编辑、油印成《参考消息》，分发给与会代表参阅，得到与会代表们的一致好评。《参考消息》这个刊名一直延续至今。刘寅也由此成为《参考消息》的创办者之一。

与此同时，刘寅等人还利用那部100瓦电台定时兼发文字新闻广播，随时播发会议盛况、会议文件，以及根据地反“围剿”作战的胜利消息。中国共产党的第一个文字新闻广播电台就此宣告诞生，并定名为中华苏维埃中央政府广播电台，呼号为CSR，即Chinese Soviet Radio的缩写。从此正式成立了红色中华通讯社，专门负责抄收和播发新闻，一举打破了国民党的新闻封锁。

在此期间，中央苏区中央局从刘寅等抄收的新闻电讯稿中获悉发生了九一八事变，日本帝国主义占领东北三省。中国共产党于1933年1月发表宣言，主张在停止进攻革命根据地与红军、给予人民以自由权利和武装人民等三个条件下，停战议和，共同抗日。这个宣言深得民心，扩大了中国共产党的影响，掀起了全国人民抗日民主运动的高潮。这个宣言通过王诤、刘寅创建的文字新闻广播电台传向全国、全世界。

1931年11月25日，中华苏维埃共和国中央革命军事委员会（简称中革军委）成立，下设总参谋部、总政治部和总经理部。无线电大队隶属于总参谋部。同年12月14日，“围剿”中央红军的国民党第二十六路军1.7万余人，在参谋长赵博生等人的率领下，在江西省宁都县起义并加入红军。随军起义的有一个无线电管理处，包括工程师和报务员等，同时带来8部电台和大批通信器材。自此，中央红军的通信人员成倍增加，电台由6部增加到14部。除无线电大队直属电台以外，共设立9个分队、1个侦察台、1个联络中共中央的专用台。鉴于无线电通信实力大大增强，无线电大队升格为无线电总队，王诤被任命为总队长，刘寅为报务主任。

1931年12月15日，周恩来由上海到达瑞金，就任中共苏区中央局书记、中革军委副主席。他还直接领导无线电通信建设，亲自过问无线电总队的工作。自此，刘寅在周恩来的领导下开展工作。

1932年1月，中革军委为加强对国民党军事行动的侦察工作，决定在红军总部无线电总队下设立无线电侦察台，刘寅任侦察台主任。这年夏天，刘寅任无线电总队第一分队负责人。半年后，刘寅任中华苏维埃中央政府报务主任兼中革军委无线电学校教员。这一年，中央苏区经济十分困难，而中革军委还是给无线电技术人员发放了技术津贴。王诤、刘寅等人过意不去，几次向领导提出要和大家同甘共苦，二人还联名给红军总部领导写了个报告，请求不拿津贴。红军总部领导认为他们的精神值得表扬，研究决定把王诤的津贴由50元大洋减到30元，刘寅由30元减到20元。王诤、刘寅拿到津贴后，还是与大家共享，用于改善生活。

1934年1月，根据中共中央的决定，中革军委机关进行了整顿并扩编，成立了第一、第二、第三、第四局，其中第二局主管技术侦察；第四局主管通信工作。1934年10月，第四局改称第三局。从此，军委二局便担当起全军无线电技术侦察的历史使命；军委三局则肩负起统管党、政、军通信联络事业的领导机关的重任。

三、长征路上

1933年9月，国民党军对中央革命根据地发动第五次"围剿"。中央红军在博古、李德的错误指挥下，历时一年的第五次反"围剿"作战接连失利。中央根据地日益缩小，原来纵横千里的苏区只剩下兴国、于都、瑞金、宁化等县。1934年8月，根据中共中央的决定，中央红军被迫进行战略转移。军委三局据此进行了一系列准备工作。10月10日，中央红军从江西省瑞金和福建省长汀、宁化等地出发，开始了举世闻名的二万五千里长征。

与此同时，中共中央决定组成留守兵团，留在中央苏区坚持游击战争，项英任司令员兼政委。长征出发时，项英决定让刘寅留在留守兵团，负责部队的无线电通信工作。长征途中，叶剑英发现刘寅不在，即报告朱德，经朱德过问，急电刘寅迅即出发，跟上队伍。后刘寅就任无线电第六分队分队长。红军于10月21日突破第一道封锁线，全部渡过江西南部的信丰河（桃江）。

在几十万国民党军的围追堵截下，红军部队转移十分频繁，宿无定所。军委每天的侦察通报敌情，指挥部队行军作战，同坚持在中央苏区的留守兵团的联络，与红二、红六军团和红四方面军的战略协同都只能依靠无线电通信这个唯一的手段来实施。由于指挥机构和部队常常处于急速行进状态，所以只有在行军大休息和宿营时才能架设电台，开机工作，以至出现此台开机工作，彼台仍在行军途中，无法沟通联络的情况，对要求实施保持不间断的无线电通信带来严重困难。10月25日，红一军团林彪、聂荣臻给军委朱德、周恩来发电，批评军委电台延误收发报时间。为了解决这一事关突围成败的难题，三局苦思冥想，终于找到解决问题的办法，刘寅的第六分队和岳夏（罗若遐）的第一分队交替前进，即一个队驻止开通电台工作，另一个队行军。每天24小时内，两个分队中始终有一个分队处于工作状态，各军团电台无论何时呼叫，总部电台都可随时应答，从而始终保持中央军委对各部队的不间断无线电指挥。

1934年11月底，中央红军主力进抵湖南全州以南、兴安以北的湘江东侧时，遭遇国民党军第四道封锁线，受到南北夹击、前后堵截，中央红军背水而战。11月30日，无线电第六、第一分队随军委纵队先后在红五军团第三十四师浴血奋战的掩护下，于界首渡过湘江。而师长陈树湘以下全师官兵在英勇抗击国民党军的惨烈战斗中壮烈牺牲。中央红军在湘江两岸苦战一周，由长征出发时的8.6万人锐减到3万多人。在这严重时刻，军委三局于12月19日通过第六、第一分队电台向各军团发出中共中央政治局《关于放弃北上同二、六军团会师，改在川黔边界建立新根据地的决定》的电报。要求红二、红六军团不再向湘、赣地区出击，而要紧紧钳制国民党军主力何键、徐源泉之8个师、2个旅，计10万余人的活动。否则，如果让国民党军倾巢投向中央红军渡江地区，整个中央红军将遭受灭顶之灾。在这关键时刻，无线电通信发挥了特殊作用。

1935年1月7日，中央红军占领遵义。中共中央决定在此召开中央政治局扩大会议（遵义会议）。为了隐蔽行动意图，掩护会议进行，军委三局制定了会议期间的通信联络办法，并于1月7日23时以朱德总司令名义下达。办法既规定了第一、第三、第五、第九军团司令部的驻地，又要求部队多用有线电、少用无线电联络，要求各师电台应即停止工作，但各军团电台须与军委保持经常联络。

1月15日至17日召开的中共中央政治局扩大会议解决了党内最迫切的组织问题和军事问题，结束了王明"左"倾教条主义在中央的统治，确立了毛泽东在中共中央和红军的领导地位。为了尽快把会议精神发往全军，刘寅等人冒着敌机俯冲轰炸的危险，始终坚守岗位，夜以继日地工作，终于及时把一份份中央急电发到全军和各苏区。

1月19日，中共中央及中央红军离开遵义，移师北上，一渡赤水，进入川南；2月18日，又挥戈东进，二渡赤水，重占遵义；3月16日，红军再次挥师北上，三渡赤水，再次入川；3月21日，突然折向东北，四渡赤水，向南疾进，并于3月

31日，抢渡乌江，佯攻贵阳，威逼昆明。这就是我国近代战争史上著名的四渡赤水战役。

在四渡赤水战役中，军委二局的技侦工作作出独特贡献；三局以无线电通信为主要手段，最大限度地发挥了人的潜能，有力保障了总部作战意图的实施和对各军团的作战指挥。据不完全统计，第一、第六无线电分队在1月29日至3月21日的时间里，收发的军委与各军团间的电报就达280余份，仅总司令朱德签发的电文就有200份以上。①

1935年6月12日，中央红军与红四方面军在四川省懋功胜利会师。8月11日，红军分左、右两路军北上，刘寅和伍云甫随朱德总司令、刘伯承参谋长到了左路军，王诤随毛泽东主席留在右路军。同年10月，刘寅调任红军通信学校教员。刘寅组织学员们坚持训练收发报技术，教学英文，成为长征路上的流动学校，及时为部队补充了急需的通信骨干。教员和学员同甘苦共患难，结下了深厚的战斗情谊。

1936年6月，红四方面军到达四川西北部地区。根据刘寅在长征途中的良好表现，支部党员大会讨论了刘寅入党问题，伍云甫为刘寅的入党介绍人。一个月后，上级党委批准了支部大会的决定，并根据刘寅的一贯表现，决定免去刘寅的预备期。紧接着刘寅当选为红军通信学校支部宣传委员。这时，由于张国焘分裂党和红军，刘寅随红四方面军部队又一次进入茫茫无际的草地。7月，红四方面军与红二、红六军团在四川甘孜会师，刘寅随部队北上。

1936年10月8日，红一、红四方面军在甘肃会宁胜利会师；10月22日，红一、红二方面军在甘肃静宁以北的将台堡胜利会师，从而实现了中国工农红军三大主力的胜利会师。10月下旬，刘寅随红军西路军西渡黄河，培训通信人员，保障通信联络。1937年3月中旬，西路军失败，刘寅随被打散的部队进入祁连山，历经艰辛，于4月20日到达新疆与甘肃交界的星星峡。在中央代表陈云、滕代远的接应下，于5月4日，随部队进入迪化（今乌鲁木齐）。刘寅在新兵营干部队继续抄收新闻，主办无线电训练班。在西路军艰苦的历程中，刘寅始终坚持矢志不渝的革命信仰，保持着革命乐观主义精神，经常与学员谈心交流，鼓舞他们增强信念和勇气，还组织学员开展歌咏活动，教唱《渔光曲》《夜半歌声》等歌曲。

---

① 《王诤传》，电子工业出版社 1998 年版，第 54 页。

1938年4月，根据军委总部的决定，刘寅率无线电训练班第一期学员、教职员21人离开迪化，躲过国民党军的多次盘查，历时4个月，经兰州、西安抵达延安，回到军委三局。8月，刘寅就任军委三局无线电第53分队分队长。

四、延安时代

红军进驻延安后，中国革命进入了新的高潮，延安成为中共中央、中央军委指挥八路军、新四军和团结全国人民开展抗日运动的中心。

1937年7月7日，日本侵略军发动卢沟桥事变，全面抗战爆发。8月，中国工农红军改编为国民革命军第八路军，南方8省13个地区的红军和游击队改编为国民革命军新编第四军。

根据中共中央、中央军委的指示，军委三局主持对八路军和新四军的通信兵进行重新编配，包括调配得力的领导干部、人员和器材，随八路军第一一五师、第一二〇师、第一二九师和新四军奔赴华北、华东、华中敌后抗日战场，开展独立自主的游击战争。同时，还先后选派上百名在报务、机务技术上都很精通的干部到国民党统治区和日本侵略军占领的各大城市党的秘密电台去工作，以各种身份巧妙地完成了通信联络任务。军委三局也作了相应调整，局长为王诤，副局长为朱道松。三局下设3个科：通信联络科、通信技术材料科和管理科。1939年1月，刘寅调任通信联络科科长。

在三局制定了建立以延安为中心的通信中心基地的决策后，刘寅具体筹划了6个无线电网、1个新闻广播网、2个中共中央联络网（其中1个联络八路军驻各地办事处，1个联络地方党组织的秘密电台和共产国际电台）、3个军委联络网。至1940年，军委三局直属电台增加到10部，联络对象达80个。按照工作性质和联络对象，刘寅又筹划改组成立了中共中央联络网、中央军委联络网、传报联络网、新华社联络网、军委战报联络网、保安部队联络网、留守兵团联络网、边区商业情报网8个无线电通信网，并明确了各网的具体联络对象和任务。

1938年6月，中共中央、中央军委作为对付蒋介石封锁边区的重要措施之一，责成军委三局筹建延安通信材料厂，争取自制通信器材，适应抗战的需要。刘寅对该厂的筹建特别关注，为该厂调集技术骨干和技术工人，通过各种渠道搜集技术资料和设备。经过艰苦勤奋的探索和试验，该厂先后装配出数百部小型电台、电话单机和总机，元器件自给率达到70%。当王诤、刘寅带着自制的收发报机前往杨家岭向毛泽东、朱德汇报并演示后，毛泽东挥笔题词："发展创造力，任何困难可以克服，通信材料的自制就是证明。"①这个厂不仅自制了通信设备，而且成为培养电信工业技术干部和管理干部的熔炉。先后在这个厂任职的有段子俊、王曙、孙俊人、钱文极、申仲义、边拱、林中、丁古、王天民、高兆庆、申光、郭季田、金鑫等。这些同志后来都成了新中国电信工业的领导骨干。

1939年秋，军委三局决定创办一个刊物，用以传播知识、交流经验，刘寅负责组织实施这项工作。刘寅调来具有高中学历的"韩氏兄弟"韩古农、韩诗农参与筹备工作。经讨论，刊物定名为《通信战士》。1940年1月1日，《通信战士》杂志诞生。《通信战士》创刊一周年时，毛泽东欣然为该刊题词："你们是科学的千里眼顺风耳。"②朱德、王稼祥、叶剑英也题了词。刘寅在《通信战士》上发表了不少文章。经过70多年的发展，现《通信战士》杂志已成为一个指导全军通信和信息化建设、交流工作经验、展示通信兵风采、深受广大通信官兵喜爱的一份杂志。

1939年起，国民党军对陕甘宁边区实行全面封锁，连日常生活用品也不许运进边区，妄想困死边区军民。边区军民响应毛泽东"自己动手，丰衣足食"的号召，于1940年2月起开展了大生产运动。运动中，刘寅处处带头，在保障中共中央、中央军委通信指挥畅通的同时，一手抓生产建设，一手抓政治思想教育，要求大家既要搞好生产，保证每个人有饭吃、有衣穿，又要注意勤俭节约。三局在生产自救、勤俭节约方面的成绩显著，为中央机关所公认。

1940年4月，刘寅与李应祥结婚。此后，他们共同走过了44年风雨历程，并生育5子3女。李应祥，湖南浏阳人，1918年生。1937年春，到武汉参加抗日救国活动。1938年初，奔赴延安，随即转入抗日军政大学学习，不久加入中国共产党。结业后转入军委三局通讯学校第十三期学习报务。毕业后被分配到三局担任报务员。1954年，转业到第二机械工业部工作。2011年4月2日病逝于北京。

1941年6月，军委三局各科改称处，刘寅任通信联络处处长。1942年10月，军委三局机关缩编，刘寅任秘书长。

---

① 《通信兵·回忆史料》(1)，解放军出版社1995年版，第378页。

② 《通信战士》，1941年10月10日。

生活艰苦，通信保障任务又十分繁重，思想教育工作显得尤为紧迫。军委三局配备专职政工领导干部的时间很短，长期以来，政治思想工作都是刘寅负责。刘寅做政治思想工作紧密联系实际，针对性强。

1942年6月，中共中央开展延安整风运动，实行“惩前毖后，治病救人”的方针，清算王明“左”倾机会主义路线，树立党的理论联系实际、密切联系群众、批评与自我批评的作风。但是在整风后期的审干运动中，康生背离整风精神，作了题为《抢救失足者》的煽动性报告，掀起了一场“抢救运动”，伤害了不少人。一些从大后方和沦陷区投奔延安的青年干部及知识分子，被打成“派进来的特务”、“红旗党分子”，遭受围攻、禁闭，有的还被拘留审查。三局同样也有一批干部挨整。1944年秋，军委三局机关又进行了调整，刘寅继任军委三局秘书长和党总支副书记，同时负责整风甄别办公室工作，因正确执行中央政策，受到总部和同志们的好评。而当时，还是有一些人在“抢救运动”中背上了沉重的思想包袱。

1945年的大年初三，王诤和刘寅等带领军委三局机关及其所属各单位四五百人到枣园给毛主席及其他中央领导拜年。毛泽东非常高兴，专门针对有的通信人员在“抢救运动”中受到委屈的事情作了讲话。毛泽东说，我军的通信事业是逐步发展起来的，红军的电台也是从无到有，如果没有了三局，没有了无线电，也就无法进行作战指挥。毛泽东勉励大家安心和热爱技术工作，正确对待“抢救运动”中所受的委屈，要放下包袱，轻装上阵。①毛泽东的报告化解了大家心中的积怨，在刘寅主持的讨论会上，大家纷纷表示，坚决响应毛泽东主席的号召，甩掉思想包袱，积极地投身到夺取全国胜利的伟大斗争中去。

1945年4月23日，中国共产党第七次全国代表大会在延安杨家岭大礼堂隆重开幕，刘寅当选七大候补代表。会议结束后，刘寅向军委三局及各所属单位传达七大会议精神，并结合三局实际作了讲解。

8月15日，日本帝国主义宣布无条件投降。陕甘宁边区以及各抗日根据地的军民载歌载舞，欢庆胜利。军委三局根据革命形势变化及中共中央的战略方针和部署，在延安召开了通信工作会议，各大军区通信部门负责人齐集一堂，共商我军通信工作大计。会后，军委三局决定派出大批骨干支援前方。刘

---

① 《王诤传》，电子工业出版社 1998 年版，第 86 页。

寅负责实施这项工作。当时，有许多同志都争先恐后报名去前方，如何做到去的高兴，留下的安心，刘寅做了一系列艰苦细致的思想工作。最后，从三局机关和延安通信材料厂选拔了一批支援前方的干部。派到东北的有段子俊、周建南、赖坚等；派到晋察冀的有林中、傅英豪、王天明、姚太林、李庄等；派到晋绥的有申仲义、高兆庆、唐英洛等；派到晋冀鲁豫的有钱文极、丁古、林行之等。这些同志到各大军区后，有的负责通信工作的组织领导，有的办工厂、建学校，为争取解放战争的胜利做出了重要贡献。

9月，刘寅就任中央军委三局副局长。此时，三局的首要任务是保障中共中央、中央军委对进军东北各部队的指挥、调动，后又遵照中共中央书记处11月2日关于《整理通信机要工作的指示》，规划建立健全各大战略区的通信联络局（处），做好应付全面内战的准备，保障部队的战略展开和作战指挥。此举深得中共中央、中央军委和各大区军政领导的赞许。

1946年10月，国内形势急转直下，内战升级已无法避免，军委三局派往北平军调部中共代表团的电台遂陆续撤回延安军委三局驻地。

11月，中共中央召开中央战备会议，周恩来副主席对战备工作作出全面部署，对通信工作提出高标准高要求。他特别提出延安广播电台在战争条件下要保证不中断广播。12月，王诤、王子纲、刘寅领导三局逐项落实中央战备会议的决定：在陕北瓦窑堡吴家坪地区建立能接替中央军委战略指挥的通信设施，兼作军委三局的后方基地；在好坪沟地区用美制500瓦发射机改装成预备广播电台；对晋绥军区兴县和晋冀鲁豫军区涉县2个通信中心，制定了设备拓展规模和具体筹集办法，并派出干部具体负责组织。在上述意图下，由晋察冀分局局长林伟和机务工程主任王士光主持，将2台原由美制导航台改制成的邯郸广播电台再行改装，使其适应对接延安广播电台的频率；晋察冀军区和华东军区也改装了广播机，作为接替延安广播电台的备用机。

1947年3月14日，延安新华广播电台第一次由瓦窑堡好坪沟广播电台接替。3月21日，延安新华广播电台改名为陕北新华广播电台；4月1日，再次改由设在晋冀鲁豫军区涉县的沙河村广播电台接替。始终保持陕北广播电台不中断，这对凝聚陕北及全国各个革命根据地军民士气起到了很大作用。

鉴于陕甘宁边区将成为国民党军重点进攻的地区，军委三局及时转入战时体制。1946年12月，军委三局向中央军委呈报了关于党、政、军通信联络问题的具体实施意见，即实行党、政、军统一组织通信，统一调配电台，统一使用边区已建的长途电话线路，征集利用地方有线电话设备，统一制定、发布战时联络信号，统一规定作战部队代号和电台呼号等。

1947年3月13日，国民党军胡宗南部15个旅14万余人，分两路向延安推进。敌10倍兵力于解放军。不久，国民党军增至34个旅、25万余人。同月，军委三局接到西安地下党电台密报胡宗南部进犯延安作战计划的详细方案。中共中央、中央军委据此制定了详细具体的应对计划和措施。

3月19日，中共中央、中央军委以及人民解放军总部撤出延安。为了反击国民党军的进犯，中共中央决定临时分成三部分行动：由毛泽东、周恩来、任弼时率中共中央机关及人民解放军总部继续留在陕北，指挥全国各战场作战，拖住西北国民党军主力；由刘少奇、朱德、董必武组成中央工作委员会，刘少奇为书记，转移到河北省平山县，进行中央委托的工作；由叶剑英、杨尚昆等组成中央后方委员会，叶剑英为书记，转移到山西省临县，统筹后方工作。

根据中共中央指示，军委三局相应分成三个部分：由军委通信总台副台长黎东汉（后崔伦）带4部15瓦电台，随中共中央机关转战陕北，保障中共中央对各战场的作战指挥通信；组建中央工委通信科，在中央工委驻地组建通信中心，保障中央工委对中共中央、中央后委以及对各下属各大单位的通信联络；王诤、王子纲、刘寅率三局总部、军委通信总台随中央后委转移到山西省临县三角镇，开设集中发信台、收信台，负责同各大战略区、各中共中央分局战略台、中共党台联络，并负责收发新闻和为中共中央电台转报。这样一来，中共中央、中央军委三个战略无线电通信联络网即形成前轻后重的梯次配置，即：随中共中央行动的4部机动小电台，负责联络各战略区野战军，共计12家；中央后委固定通信总台，负责联络各大战略区，共计20家；工委固定通信中心，负责联络各有关战略区、各中共中央分局等，共计20家。

毛泽东对这一时期的通信联络工作十分满意①。1947年7月31日，周恩来将此作战指挥模式形象地概括为“中央委员加电台等于党中央”②，任弼时对周恩来的说法还作了详细讲解。任弼时说：“你们看，一大队是电台，二大队是电台，四大队还是电台，我们四个中央委员（指毛泽东、周恩来、任弼时、陆定一）加上你们电台，不就是党中央吗？”③无线电通信工作的贡献和作用

① 《王诤传》，电子工业出版社 1998 年版，第 135 页。
② 《通信兵·回忆史料》（1），解放军出版社 1995 年版，第 452 页。
③ 《通信兵·回忆史料》（1），解放军出版社 1995 年版，第 452 页。

由此可见一斑。

军委三局的转移工作由刘寅负责组织实施。尽管转移任务十分繁重，但由于组织周密，领导有力，在国民党军占领延安之前，安全撤离，没有遭受任何损失，不仅保持了电台的顺畅联络，而且顺利完成了物资器材的转移等工作。

在军委三局撤离延安时，刘寅还接受了一项特殊任务：杨尚昆副书记把中央后委的一箱黄金面交刘寅携带，三局的“小家底”黄金也归刘寅保管。为了保证黄金的安全，刘寅将三局的“小家底”黄金交给随毛泽东、周恩来行动的崔伦，让他将黄金带到河北平山县。而刘寅带着那只箱子转辗陕晋，后又带到平山县。直到军委三局进入北平，刘寅才将那箱黄金面交总后勤部财务部部长汤平，见证人是总后勤部部长杨立三。崔伦携带的黄金也带进北平上交。

五、在大决战的日子里

1947年7月，中国人民解放军开始由战略防御转入战略进攻。王诤、王子纲、刘寅对全军通信装备作了重新配置：军配置各种电台18部，兵团配置电台7部，野战军总部和大军区配置电台17部；团配置电话单机10部，师配置电话单机14部，军配置电话单机20部，兵团配置电话单机24部，炮兵团配置电话单机50部等。以此为标准，还为南下的刘伯承、邓小平大军，陈毅、粟裕大军，陈赓、谢富治兵团等配足了通信装备。

1948年1月，中共中央决定，留在陕北的中共中央机关会同中央后委向河北省平山县转移，与中央工委会合。6月底，军委三局随中央后委机关全部转移到平山县。到1948年8月，人民解放军的通信建设与抗日战争时期相比，有了很大发展，仅关内各战略区通信干部即达6260余人，共有发报台807座、收报台472座、有线电总机2000部、电话单机13975部、长途电话线路28200公里。

为了适应解放战争转入战略决战和全面进攻的新形势，1948年9月16日至10月15日，军委三局在平山县王家沟召开关内部队通信工作会议，华北、华东、西北、中原军区及各野战军（不含东北野战军）通信部门负责人钟夫翔、曹丹辉、黄荣、龙振彪、荆振昌、张有年等参加会议，在这次会议上，刘寅就专项业务讲了话。10月13日，周恩来到会作重要指示，要求通信干部认清形势，安心工作，提高技术，扩大业务，迎接胜利。在此期间，朱德、周恩来先后视察了三局工作。1948年9月至1949年1月，中共中央组织指挥的辽沈、平津、淮海三大战役，军委三局上下人员超负荷运转达到了新的高峰，仅毛泽东亲自看过的总台收进的各野战军的电报即达千余份，总台发出由他亲自起草的电报就有400余份。周恩来根据所掌握的敌我力量消长情况，适时提出分析判断，同毛泽东共同决策，亲自起草的有关作战指示、批示和贺电等文稿近40份。毛泽东、周恩来等中央领导同志通过无线电通信，洞察全局，运筹帷幄，指挥各野战军决胜于千里之外。

1949年1月，北平和平解放，军事管制委员会组成，叶剑英任主任。军委三局局长王诤、副局长王子纲率领局机关部分干部进驻良乡，组成北平军事管制委员会电信接管部，并制订了电信接管方案、实施计划及其相应的方针、政策。这一期间，刘寅主持中央军委三局工作。

1949年3月5日至13日，中共中央七届二中全会在平山县西柏坡召开，刘寅列席会议，聆听大会报告，并主持会议期间的通信保障工作。会后，刘寅向三局全体人员传达了会议精神和毛泽东的报告，特别强调了毛泽东向全党提出的告诫："务必使同志们继续地保持谦虚谨慎、不骄不躁的作风，务必使同志们继续地保持艰苦奋斗的作风。"会议间隙，中共中央听取了刘寅关于通信工作的汇报。

3月25日，毛泽东、周恩来等中央领导人进入北平。就在当天，陕北新华广播电台由平山县迁入北平，改名北平新华广播电台，并于当晚开始广播。5月初，军委三局机关在刘寅的带领下迁入北平。5月30日，军委电信总局成立，王诤兼任局长，李强（主管接收广播系统）、刘寅和王子纲（主管接收北平电信系统）、钟夫翔（主管接收天津电信系统）任副局长。

1949年9月21日，中国人民政治协商会议第一次全体会议在中南海怀仁堂胜利开幕，刘寅列席会议。

六、新中国成立初期

1949年10月1日，中华人民共和国中央人民政府宣告成立，在政务院设立邮电部，朱学范任部长，王诤任副部长兼党组书记，刘寅任党组成员，协助朱学范、王诤抓全面工作，并兼中国邮政工会主席和中国电信工会主席。1950年5月，中央军委三局升格为中央军委通信部，王诤任部长，刘寅任第一副部长、临时党委书记。同时，重工业部设立电信工业局，主管全国电信工业生产和建设，由军委通信部代管，王诤兼任局长，刘寅兼管党务工作。

由于王诤身兼多个要职，公务繁忙，军委通信部的日常工作，由刘寅负责主持。刘寅首先调整和加强了通信部机关组织体制建设，使其发挥全军通信枢纽作用。接着，按照建立独立国防通信网的规划，立即实施了军用固定通信网的建设工作。同时，按中央军委决定，完成了总部直属通信团和六大军区通信团的组建工作，不仅保障了新中国成立初期历次作战的指挥，而且对通信兵现代化、正规化建设具有深远意义。

1950年10月，中央决定派志愿军入朝作战。军委通信部受命迅速部署入朝作战部队通信保障工作。王诤赶赴沈阳，传达中央军委赋予东北军区通信处的任务，并具体部署志愿军入朝作战的保障工作。刘寅在北京具体筹划入朝作战部队的通信设备和器材供应工作，包括与电信工业局领导商量，一边组织工厂生产，一边供应入朝作战部队装备问题。随后，刘寅与王诤商定派崔伦带电台分队随志愿军司令员彭德怀入朝，保障志愿军司令部的通信联络任务。他们还一起研究布置，电信工业局天津电工北厂试制生产军用被覆线，南京无线电厂试制生产2瓦机，供应志愿军部队，使无线电信装备由配发到团，发展到配发到连，大大提高了作战指挥保障能力。

邮电部成立后，刘寅协助朱学范、王诤建立邮电合一、垂直领导的管理体制，全面接管旧电信企业并进行改造，恢复与抢建全国干线通信网，以及建设以北京为中心通达各省市区的有线通信网等。当时，邮电部系统的十万多名职工大部分来自原国民党统治区，另一部分来自解放区的军队与地方，如何使这两部分人共同献身于新中国的邮电事业，是党组织、行政和工会的共同任务。刘寅分工负责这项工作。他坚决执行党的干部政策、统战政策和知识分子政策，使全体员工紧密团结起来，投身到新中国邮电事业的建设中。

刘寅考虑到独立的国防通信网和民用邮电通信网建立起来了，需要有通信设备武装充实；抗美援朝前线也急需通信设备补充。过去是靠“以战养战”来装备自己，现在情况变化了，要靠自力更生组织生产。因此，他特别重视接管国民党遗留下来的通信企业班底。在他建议下，军委电信总局设立了工业处，由延安通信材料厂和各根据地通信材料厂的领导骨干分赴天津、南京、上海、重庆等地接管电信工厂。在此基础上，成立了电信工业局，主管通信设备厂的生产和建设。刘寅还特别重视对电信工业技术人才和管理人才的培训。他预见到，电信工业在未来会有大的发展，必将成为一个独立的工业门类。为及早进行人才培训和储备，刘寅和王诤商定，从军队抽调一批具有较高文化水平的人才到工业部门进行培训。他们将意见提交通信部党委讨论同意后，由刘寅执笔向中央军委提交了报告，请求从军大和军事干校毕业学员中，抽调50名具有高中文化程度以上的毕业生送到工业部门进行模具设计、制造的业务培训；同时，从现有的军事通信学校中转移一批学员到工业部门进行计划、统计、会计的专业培训。这两项决策获批准后，由刘寅负责具体实施。1951年6月，在天津电工二厂举办了培训模具设计与制造人才的"军人培训班"，将中央军委从第二野战军军政大学和政训大队等单位选调的50名军人集中培训，采用抗大式"理论与实践密切结合"的培训办法，工厂选派既有较高的理论水平又有丰富实践经验的高级工程师讲授理论课，高级技师在车间指导实际操作。同时，在电信工业局举办经济干部培训班，将通信部张家口通信学校、华东军区第三通信学校150多名学员转到该班培训，并且从上海、江浙地区招收一批学员，也采用抗大式培训方法，由工厂选派几位具有较高理论水平和实际经验的会计师、经济管理师到中国人民大学进修后到该班授课。并且，利用寒暑假期组织这些学员到工厂实习。

1951年冬，全国开展"三反"、"五反"运动，刘寅主管军委通信部机关和电信工业局的运动。初始阶段，"三反"、"五反"运动均按中共中央的精神顺利进行，后因军委通信部内部领导之间发生分歧，上级决定，由军委人民武装部部长带领"打虎队"进驻通信部和电信工业局以及天津工厂。在"山高林密必有虎"的指导思想下，一夜之间通信部机关抓了十几只"老虎"，在不到60人的电信工业局机关竟也抓了20多只"老虎"，加上天津4个工厂抓出的"老虎"，总共打出了上百只"老虎"。其中，许多是查无实据。更为奇怪的是，在通信部党委领导下，派到天津工厂帮助工作的"打虎队队长"唐宗贤和"打虎队成员"李蒙蔚因经手花钱数额多也被定为"老虎"，被揪回机关批斗，给运动造成了很大的负面影响。

在上级决定撤走"打虎队"以后，刘寅对案件进行一一甄别。刘寅坚持实事求是的原则，客观看待每一个被审查对象。他要求工作人员将每个被审查对象的审查起因、审查经过、查证结果、处理意见都一一整理成书面材料，再经他逐一过目审定，然后再提交党委讨论通过，最后与本人见面。对多数查无实据的，宣布平反，并及时安排了工作；对少数几个经查证核实确有贪污行为的，进行了严肃处理。

七、第一个五年计划时期

1953年，我国进入第一个五年计划建设时期，中共中央决定对工业进行归类改组，在重工业部下由军委通信部代管的电信工业局面临重新归属的问题。当时重工业部已经划分为三个部：一是民用机械工业部，即第一机械工业部；二是国防工业部，即第二机械工业部；三是冶金工业部。

刘寅与王诤一起分析后认为，电信工业局面临三个前途：一是归属到邮电部，但可能面临被饿死的命运，因为邮电部是“以邮养邮、以电养电”，没有投资；二是归属到一机部，但面临被吃掉的危险，因为一机部的领导认为电信工业没有发展前途，把他们此前接管的一部分电信工厂改掉了，阿城电表厂就是由一个无线电工厂改建的；三是归属到二机部，电信工业才有可能被列入重点建设的行业，但电信工业是军民两用的工业，二机部不知是否愿意接收。

就在这时，主持政务院财经委日常工作的薄一波副主任打电话到通信部询问此事；而财经委重工业处则书面通知“拟将电信工业局现辖之电池、电机、电线、电灯泡5个企业单位划出归第一机械工业部电器工业局接管”。刘寅感到情况紧急，立即发电报向正陪周恩来总理出国访问的王诤请示，王诤回电，同意电信工业局归属二机部领导。刘寅马上写了致聂荣臻代总长并转呈周总理的报告，获得批准后，派人到二机部找赵尔陆部长洽谈。赵尔陆提出了两点要求：第一，请军委通信部派一位懂行的人当局长，最好是由王诤任二机部副部长兼电信工业局局长；第二，目前没有一分钱投资，连一平方米房子也没有，请军委通信部带投资过来。

王诤回国之后告诉刘寅，他自己愿意到二机部去任职，建议通信部的工作由刘寅接替。刘寅考虑到中共中央刚免去王诤在邮电部的职务，让王诤集中精力抓全军的通信工作，现在去二机部任职不妥，刘寅当即向王诤表示，还是他去二机部工作，但提出两个条件：一是准备长期干下去；二是脱军装。

1953年4月，政务院财经委决定，电信工业局由原属重工业部领导改属第二机械工业部建制，名称改为中央人民政府第二机械工业部第十局，并任命刘寅为局长，王士光、王曙为副局长。

1953年5月，军委总干部批准刘寅调二机部十局工作并脱军装。同年7月1日，刘寅身着便装到二机部十局上班。当时局机关有很多从通信兵转业到十局工作的同志，见到一向军容整齐的老首长和自己一样穿着“蓝马褂”上班，很惊讶，也很受鼓舞。

刘寅调任十局局长后，发现机关里对“三反”运动还存有怨气，就从整顿机关工作抓起：一是扩编机关，由原来的3个处5个科扩编为12个处室。从通信部调来李振刚担任行政处处长、邓国军担任保密处处长、洪杰担任干部处处长，调天津电工北厂副厂长齐子清担任办公室主任。二是落实干部政策，经过甄别没有问题的干部，有的官复原职，有的得到提拔重用，有的根据自己的意愿分配到新的工作岗位。这之后，机关就活跃了起来。

刘寅调任十局局长时，抗美援朝战争正在进行，为前线提供军用通信装备是首要任务。于是，刘寅深入工厂，狠抓军用通信设备的生产。当时生产提供前线的军用通信装备主要有702型步谈机、71型2瓦报话机、81型15瓦报话机、91型150瓦发信机、7512型收信机和有线电话机及军用被覆线等。刘寅特别重视产品质量。他提出，数量的增加必须有稳定的质量工作为基础，没有质量的数量没有任何意义。

中国人民志愿军前线部队对使用国内生产提供的这些通信装备感到非常满意。特别是71型2瓦报话机，体积小，重量轻，人可以背着走，随时随地都可以进行通信联络，被志愿军官兵誉为“功勋机”。在一次战斗中，有一位志愿军报务员被敌炮击中，连人带机被掀到山沟里。后续部队发现耳机里还有电台呼叫声，就拾起来继续使用，保证了战斗的胜利进行。彭德怀曾说：“朝鲜打仗，一是打后勤，一是打通信。”“朝鲜战争的胜利，通信立了一大功。”①

同样可以引为自豪的是，在20世纪50年代末，我国经济处于困难时期，全国各部门、各军兵种“勒紧裤带”偿还苏联债务时，只有通信兵是“无债一身轻”。1959年冬，刘寅和王诤参加周恩来总理主持的清理苏联债务会议，陆海空各个军兵种都自报了在抗美援朝中进口的苏联装备数量和债务情况，唯独通信部没有上报。后来，周恩来得知在整个抗美援朝战争中，通信部没有从苏联进口一公尺被覆线和一部电台，完全靠自力更生解决，不欠苏联一分钱。周总理非常高兴，称赞他们有骨气。

朝鲜战争进入和平谈判以后，我方通信和电讯又面临新的考验，即谈判情况能否及时如实公布于世。刚开始，由于我方新华社的通信和电讯设备的配

① 《通信兵·回忆史料》(3)，解放军出版社1997年版，第32页。

备比较薄弱，谈判的真实消息不能及时发出，世界舆论多引用外国通讯社的消息，周恩来希望迅速改变这个状况。刘寅与王诤、吴冷西商量后，从新华社选派了既熟悉军委通信部又熟悉新华社的李光绳去开城组织通信工作。李光绳到开城后，就提出要补充上百名报务人员和机务人员，增加91型发信机、7512型收信机、81型15瓦报话机、702型步谈机等近百部电台以及相关的有线通信器材。刘寅全力支持，半个月后，人员和设备分别到达开城，这之后，情况迅速好转。一般情况下，当日消息在晚上21时前就能发出，外国媒体从此开始较多地引用新华社的电讯。停战协定签字后，中朝双方代表团通信人员进行互访，当朝鲜人民军通信人员看到我方使用的通信装备全部是自制的，纷纷竖起大拇指称赞。

朝鲜战争停战后，二机部系统许多工厂面临停工停产的局面，纷纷提出要求国家拨给“闲工费”。在一次赵尔陆主持的部务会议上，生产武器装备的各工业局都自报了三五年内要求国家拨给“闲工费”的数额，唯独十局没有报数字。对此，刘寅的解释是：困难是有，但电信工业是军民结合的工业，军品订货少了，可以多生产些民品，他相信电信工业走军民结合的路子会越走越宽。赵尔陆当即表扬：有了这种精神，什么困难都可以克服！

刘寅回到局里的第二天，就召开局务会议布置军民结合发展生产的任务。经过各厂广大职工的努力奋战，军用和民用产品都获得了很大发展，并逐渐形成了各自的特色和名优产品。南京无线电厂（714厂）的大中小型电台和“熊猫”牌收音机，天津无线电厂（712厂）的小型电台和“北京”牌收音机，北京广播器材厂（761厂）和天津广播器材厂（764厂）的中短波广播发射机，南京有线电厂（734厂）的磁石式电话交换机和电话单机，上海有线电厂（736厂）的共电式电话交换机和电话单机，天津电缆厂（609厂）的被覆线和电线、电缆，南京灯泡厂（741厂）的“电工”牌日光灯和各种特种灯泡，上海灯泡厂的“奇异”牌电灯泡，汉口电池厂（752厂）的“日月”牌电池，上海军工无线电厂（710厂）的高空气象探测仪，重庆无线电厂（716厂）的手摇发电机等等，都成为市场的抢手货。

与此同时，为整机厂生产核心器件和配套零部件的工厂以及部分整机厂的生产零部件的车间、分厂也不甘示弱，他们首先以收音机为对象，实现全部国内生产配套。南京电子管厂（772厂）在不到一年的时间内完成了为收音机配套的5种电子管的研制工作。然而，实现国内生产配套和创名牌并非一帆风顺。714厂最先生产的红星501型收音机用的是国外进口的电子管和关键配套件, 质量比较好, 一度受到市场的欢迎。红星502型收音机是用的772厂生产的电子管和国内生产的零部件, 投放市场后, 在东北地区出现了"哑音"现象。《人民日报》刊登了标题为"哑巴收音机"的读者来信。刘寅对此十分重视, 于1954年6月、7月两次亲自带领工作组到南京772厂、714厂查找原因。经过努力, 红星牌503型收音机有了较大改进, 但群众心理的"哑巴收音机"的印象难消。714厂又设计了一种从外观和音质都有很大改进和提高的新型收音机, 在刘寅第三次到南京出差时, 714厂厂长槐亚东将改进后的收音机送到了刘寅住处。工厂建议叫"熊猫"牌, 刘寅表示赞成。714厂遵照刘寅的嘱咐, 在保证质量的前提下, 做到了大批量生产并供应市场, 赢得了信誉, 一代名牌产品就此产生。

第一个五年计划建设时期, 在苏联援建的156个重点建设项目中, 电子工业项目有9个。十局面临筹建新厂的艰巨任务。刘寅与王诤商定, 从军委通信部调来唐宗贤担任局基本建设处处长, 郭平欣担任局新厂生产准备处处长。刘寅根据援建项目的进度, 先后组建了9个新厂筹备组。

首先建立的是北京电子管厂 (774厂) 筹备组, 由周国铨任组长, 吕理复任副组长, 后按中央要求, 在中组部候选名单中选调周凤鸣任厂长, 周国铨改任第一副厂长兼总工程师。第二个是华北无线电器材厂 (718厂), 负责人为秦亦山、罗沛霖, 后也按中央要求, 选调李瑞任厂长, 罗沛霖改任第一副厂长兼总工程师。第三个是宏明无线电器材厂 (715厂), 按中央要求, 选调夏明文任厂长, 陈克恭任第一副厂长兼总工程师。刘寅还确定了对口援建的9个老厂与新厂筹备组的关系, 并从老厂选调了一部分技术业务干部到新厂筹备组工作, 但仍感干部力量的不足。恰在此时, 刘寅收到两份报告: 一份报告来自天津无线电厂 (712厂), 称该厂承担军委通信部和电信工业局下达的培训模具设计与制造技术的50名"军人培训班", 经过两年多的培训, 可以结业分配工作。另一份报告来自十局干部训练班, 称该班培训的计划与统计、工业会计专业三个班的军队转业学员共150人已经结业, 可分配工作。刘寅感到很欣慰。看到两年前他在军委通信部任职期间播下的种子, 现在终于开花结果, 有了收获。

刘寅指示, 将学习模具设计与制造技术的50名军队转业干部重点分配到新厂, 第一批新建9个厂每厂2至3人, 预留20名集中到重庆无线电厂 (716厂), 为建设西南大后方的第二批新厂作储备 (以后这20名干部分别分到了贵州083基地和四川广元081基地)，这是我国电子工业自己培训的第一批模具设计师、工艺师、工模具车间主任、工艺科科长等重要人才。

刘寅又指示将学习计划与统计、工业会计的这批学员重点分配到新建厂，适当分些到老厂。因为，当时新老厂都在贯彻执行新的管理制度，这些人才正好派上用场。这是我国电子工业自己培训的第一批计划与财会管理人才，他们后来大都担任总会计师、财务处处长、计划处处长等职。

此后，电信工业局又陆续接收了新中国成立后自己培养的第一批大学毕业生和留苏回国毕业生，刘寅如获至宝，指示干部部门作出妥善安排，让他们长期相对稳定地在各自的专业岗位上，同时要求他们安心工作。这批大学毕业生留在机关的有张复良、夏文祥、王成伟、王旭、来国柱、王乃增、李厚滨、魏学兴、李书训等人，他们以后都成了高级技术骨干和高级管理人才，在各自岗位上发挥了积极作用。

新厂的建设工作进展比较顺利，预期可以按原定计划开工投产。正当此时，传来消息，军队将全面学习苏联，实现装备的制式化、苏式化，并且装备计划部门准备从苏联购买20个步兵师的全部苏式通信装备。而刘寅认为，实行装备制式化是对的，但是否应全盘苏式化值得考虑。我们目前实行的军以上配91型150瓦发信机，12灯收信机、汽油发电机，并装成通信车；师和团配81型15瓦报话机、手摇发电机；营配71型全干电池式的2瓦报话机；营以下使用2号步谈机，也是中国式制式化。这些装备经过抗美援朝战争的考验，而且后来又有了改进提高。因此，陆军用的通信装备还是应照自己的设计规格生产，装备部队，不应购买苏式全套装备。刘寅将此想法告诉了王诤，王诤表示完全赞同，并指示通信部赴国外谈判代表团按此方案办。

与此同时，工业部门派赴苏联谈判引进技术的工作也获得成功。苏方同意给我国陆军P系列电台和KPOT一级收信机、有线通信TAE—43系列、舰船用OKK、bKK共电式与声力式交换机，B—626型军用共电交换机，以及航空电台，超短波调频电台等全套技术资料。刘寅指示主管技术部门将这些产品分别安排在712厂、714厂、734厂（南京有线电厂）、736厂（上海有线电厂）等几个老厂进行仿制生产。

另外，苏方同意派遣首席顾问莫热维诺夫、生产管理顾问特沃罗果夫、工艺顾问西纽柯夫三名专家来华帮助工作。刘寅表示热烈欢迎，亲自安排苏联专家的工作和生活，并听取他们的建议和意见，还组织他们下厂考察和指导工厂的生产技术工作。这三位苏联专家在华工作了三年，做出了很大贡献。

由于有了新产品的全套技术资料和专家的现场指导，新产品的仿制工作取得迅速进展，陆续定型投产；加之新的生产管理制度的推广，特别是质量管理体系的建立和许多新工艺的实施推广，原有的老产品性能得到改善，质量有了提高，受到使用部门的好评。自此，十局组织大量生产仿制定型的新产品和改进提高并定型的老产品源源不断供应部队，避免了20个步兵师全套苏式通信装备的引进。1956年，以全部国产化装备实现了全军通信兵第一次换装。

在以全国产化设备供应通信兵的同时，刘寅对总参谋部第三部所需要的设备尤为重视。他曾亲自登门拜访时任总参三部领导的彭富九、钱江，征询对十局所供应装备的意见和要求。总参三部主动将该部所属的唯一生产保密设备的天津实验工厂，成建制地交给十局统一管理。刘寅接管后，按统一编制改为754厂，并且直接管理该厂的改扩建工作，使该厂的工作得到较快发展。

1954年11月8日，刘寅被任命为第二机械工业部副部长，主管财务、教育、供应、监察及机关党委工作，并分工联系第十局。12月30日，蒋崇璟接任二机部第十局局长。

刘寅在工作中坚持一贯的谦虚谨慎、踏实细致的作风，对财务方面的开支，以及机关党委、监察以及涉及干部处理方面的问题，都是慎之又慎。反右运动期间，他严格掌握"右派"与"中右"的界线，所以留下的后遗症较少，受到好评。对于国防工业生产建设中一些重大问题，他也是在弄清情况后才作表态和决策。

尽管工作繁忙，刘寅仍十分关心十局的发展，一直坚持参加局里的局务会议。在这一时期，刘寅最关心的是新厂的生产准备工作，特别是原材料立足国内供应问题。北京774厂是计划第一个开工投产的重点建设项目，原材料立足国内供应非常关键，曾经受到周恩来的特别关注和支持。刘寅指示该厂组织专门班子，确定一名副厂长专抓这项工作。林巍副厂长负责此项工作后，几乎跑遍全国，建立了广泛的协作供应关系。当时，有一项化工材料是电子管的关键用料，因为要求高、用得急、数量又少，化工部不肯列入计划试制生产。该厂厂长周风鸣带着副厂长林巍专程到局里要见部局领导，当时正在开局务会议，刘寅利用会间休息时间接见了两位厂长。第二天，又专门听取他们的详细汇报，之后，刘寅和蒋崇璟带他们约见了化工部有关领导，解决了这一关键材料的试制生产问题。

还有一次，718厂瓷件分厂所用的原料一号白泥供应发生问题。刘寅亲自带领有关人员到江苏常州白泥矿上深入了解情况，并与省、市领导商定，将这种白泥矿报请国务院批准列为战略物资，采取限量开采，限量专供无线电瓷件厂，从而解决了这一难题。

刘寅作为国务院任命的验收委员会主任，特别重视第一个开工生产的774厂的竣工验收。1956年10月15日，774厂举行盛大开工典礼，国务院副总理李富春、聂荣臻出席开工典礼，苏联派无线电工业部副部长扎哈罗夫为首的代表团参加开工典礼。接着，刘寅陪同苏联代表团赴成都、南京、上海、杭州等地参观考察中国电子工业。在参观考察中，刘寅与苏联代表团多次座谈，苏方非常坦率地介绍了苏联无线电工业发展的经验教训，提出了发展建议。刘寅感到获益匪浅。

刘寅还代表国家验收委员会先后验收了718厂（华北无线电器材厂）、738厂（北京有线电厂）、782厂（宝鸡长岭机器厂）、786厂（西安炮瞄雷达厂）和715厂（成都宏明无线电器材厂）等。718厂是民主德国设计援建的第一个无线电元件厂，规模较大，是联合厂形式，下设五个专业产品分厂。1957年10月5日，该厂举行了隆重的开工典礼，国务院副总理薄一波到会祝贺并致词，民主德国政府副总理厄斯纳出席典礼并讲话。

1955年9月至1956年8月，刘寅脱产到中央党校研究班学习。他在党校如饥似渴地精读马列原著。他与中央党校哲学教研室主任艾思奇、副主任孙定国结成了好友，艾、孙两位同志长期从事理论研究和教学，理论造诣较深；而刘寅长期从事实际工作，实践经验丰富。他们在一起取长补短，彼此收获都很大。在中央党校学习期间，刘寅写出了《学习哲学后的思考》的论文，理论联系实际，着重检查了在指导电子工业建设中，忽视老厂改造的片面性错误，之后更加自觉地抓老厂改造，促新厂建设。由于正确处理了改造老厂和建设新厂的辩证关系，最后实施的结果是，第一个五年计划9个新厂如期建成，18个老厂得到相应的改造和扩建，形成了新厂老厂共同发展的良好局面。

在建设新厂、改扩建老厂的同时，刘寅还抓了电子工业科研机构和学校的建立与发展。"一五"期间，相继开始建设的科研机构有第十（通信）、第十一（元器件）、第十二（电真空）、第十四（雷达）研究所和与匈牙利合作的亚热带研究所（第十六所）；开工建设的院校有：成都电讯工程学院、北京无线电工业学校、南京无线电工业学校、成都无线电机械学校、西安无线电工业学校、绵阳无线电工业学校、广州无线电工业学校，以及291、292、293、294、295、296、297技工学校。

刘寅认为，随着国家经济建设的发展，必须建立正规的管理干部培训学校。于是，停办了十局干训班，将其主要教学力量抽去筹办杭州电子工业管理学校（以后发展为杭州电子工业学院）、石家庄管理干部学校等，逐步形成了培养技术专业干部与培训工业管理干部相应发展的电子工业教育体系。

与此同时，刘寅提出加强工程设计机构的建设，他抽调了一批技术力量组建成一个设计处，抽调吕理复专门从事这项工作。随着新建工厂进入高潮，科研机构和院校的筹建也接踵而至，设计处的组织机构已不适应发展的需要，遂扩编为院的建制，正式成立第一个电子工业的专业设计机构——第十设计院，吕理复任总工程师。

在电信工业军民产品都得到一点发展，新厂建设和老厂改造以及科研机构和学校建设都获得较快发展的情况下，刘寅把注意力集中到扩展新领域方面。

1956年，中共中央向全国发出“向科学进军”的号召，周恩来亲自主持制定我国《十二年科学技术发展规划》，并选定原子能、喷气技术、计算机、半导体、电子学和自动化六项作为发展重点。这六项中的三项（电子学、半导体、计算机）属于电子工业。二机部十局承担制定这几个项目的规划和措施方案，刘寅主持这项工作。刘寅与有关同志研究后，提出了工业部门发展计算机的原则：借助外援而不依赖外援，坚持独立自主；引进技术，不单纯购买机器，有步骤地发展我国计算机事业。

刘寅代表工业部门与中国科学院、总参谋部第三部进行协商，鉴于当时我国计算机研制力量既薄弱又比较分散，确定了“先集中、后分散”的原则，决定从第十局抽调出一些工程师、管理干部和一部分技术熟练工人，从国防部门也抽调一些技术人员，共同筹建中国科学院计算技术研究所，之后再从中分出力量组建工业部门和国防部门的计算机研究所。筹建委员会主任为华罗庚教授。十局派王正参与筹备工作，并任计算机技术研究所副所长。

1957年1月，刘寅代表第二机械工业部、吴有训代表中国科学院、李克农代表总参谋部共同签订了发展中国计算技术的协议书，开始试制第一代电子计算机。这在当时，代表了国家最高层次的发展电子计算机的行动纲领。根据苏联提供的技术资料，着手仿制M—3小型电子管计算机（当时定名103机）和

БЭСМ—Ⅱ大型电子管计算机（当时定名104机）。试制工作一开始，就实行科研与生产相结合，由新建的科学院计算机技术研究所与十局738厂共同完成。刘寅亲自找738厂总工程师高兆庆布置了全力支持103机、104机试制的任务。从1958年第一季度开始，738厂进行103机零件加工。6月1日全部装焊完毕，运到中科院计算技术研究所总装和调试，8月1日进行了公开表演运算。时任中科院副院长的张劲夫宣布：我国有了“电子计算机”。104机调试工作于1959年夏季结束，在中华人民共和国成立十周年大庆前夕，成功地通过试运算。《人民日报》发表消息，宣告中国第一台大型通用电子计算机试制成功。尽管当时的103机、104机无故障工作时间较短，但在国家重大项目和重点工程中还是发挥了重大作用。103机在第一颗原子弹研制过程中担负了部分数据处理任务；104机完成了整个原子弹模型设计工作。

1957年5月，刘寅率中国无线电工业考察团访问苏联。接着，参加聂荣臻率领的中国政府代表团出访苏联，签署一系列军事技术合作协议。刘寅认为这次出访的最大收获是，懂得了发展无线电工业必须基础优先（电子管和零部件）、整机配套，还要有一支强大的为基础产品和整机生产专用设备的力量作支撑，才能使无线电工业协调发展。他把无线电专用设备制造称为电子工业“基础的基础”，下决心要建立起一支相当强大的专用设备制造队伍。

刘寅深知，电子工业本身的机械制造力量很薄弱，要想设计和制造整台的专用机械设备，必须依靠机械工业的支援。他首先征得有关部门同意，将原属四川省工业厅的成都机械厂（后改为708厂）和原属二机部的西北第一机器厂（后改709厂）划归十局领导，为电子工业制造和提供专用设备。其次，经过与有关省市协商，选定一批具有一定机械制造能力的地方工厂作为电子工业专用设备厂。第三，派十局副局长梁松芳到苏联专门考察无线电专用设备制造技术，从苏联选购了500多套专用设备图纸，供各专用设备厂选用。第四，将第十设计院下属的非标准设备科，明确为十局专门从事无线电专用设备设计和国外进口设备的测绘，进口图纸的复制整理以及代局制定专用设备标准的机构。第五，在局机关设置专用设备处，负责专用设备专业厂的产品计划、生产技术、发展规划等工作。由此，电子工业系统又增添了一支新的专用设备制造队伍。

八、第二个五年计划时期

1958年2月11日，第一届全国人民代表大会第五次会议决定，第一机械工业部、第二机械工业部、电机制造工业部合并成立新的第一机械工业部，赵尔陆任部长，刘寅任副部长兼第十总局局长，蒋崇璟任第十总局副局长（主持日常工作）。一机部党组决定，十局成立分党组，刘寅任书记，蒋崇璟任副书记。

当时，电子工业战线在"总路线、大跃进、人民公社"三面红旗的影响下，出现了"大干快上"的局面，群众增产节约的积极性很高，遇到的问题是产品品种少，增产只能是少数产品的重复。于是，刘寅提出增产节约要把品种、质量放在第一位。但是，增加品种谈何容易，因为研究所尚处于初建阶段，一时还拿不出新产品移交工厂生产；新开工的工厂都是按苏联设计的产品在生产，老厂也有相当多的仿苏产品。另外，中国的电信工业在新中国成立前完全是依靠从美国进口零件进行装配生产，新中国成立后虽然在抗美援朝阶段是自力更生，但随后受"全盘苏式化"的影响，思想上产生了依赖性，许多人不敢谈自行设计，怕担风险。更有甚者，把收音机增加花色品种说成是"矫揉造作"，提倡收音机也要仿苏联的"祖国"牌和"莫斯科人"牌。针对这种状况，刘寅提出增加新品种特别是开展自行设计，必须从打破思想僵化开始。

首先是召开了电真空协调会。因为，整机产品品种的增加必须要有其核心器件——电子管品种的增加为前提。因此，他召集电子管生产厂、使用厂和研究所三方面同志参加，研究制定电子管新产品发展计划；其次是召开全国广播接收机评比大会，推动生产品种更多、质量更好的收音机和加速试制电视接收机，以满足广大群众的需要；第三，召开无线电工业科学研究、产品设计会议，由各厂、所及地方单位的工程技术人员代表参加，研究制定发展新产品的技术政策，动员广大工程技术人员解放思想，设计试制更多新产品；第四，召开厂、所、校领导干部会议，提出"努力扩大品种，加速新产品试制，掌握新技术"的任务。在这一系列会议上，刘寅都亲自作报告，其中心思想是：千方百计，多路并进，发展新品品种。具体内容可概括为如下五个方面。

一是强调发展新品种的重要性。工业发展不只是产量、产值的增加，更重要的是品种的增加，没有后者，前者就要受到限制，要把品种放在第一位。二是提出仿制、改进、自行设计，多路并进的方针，发展新产品。这一方针的提出，对整个无线电工业战线的自行设计工作起了极大的推动作用。三是倡导工厂要做到正在生产的、准备投产的、设计试制的“三部曲”要同时奏响，每年都要有一定比例的新产品投产，实现生产的良性循环。四是要求形成发展新产品的三股力量，每个厂都要抽调几个人组成设计组或设计室，有条件的工厂可以成立产品设计研究所；专业研究所建成后，每年都要有相当的力量为工厂设计试制新产品；学校结合教学，也要研究试制新产品。五是提倡科研与生产相结合。工业部门的科学研究工作，主要任务不是科学技术理论上的探索，而是研究生产使用部门所需的装备、元件和材料；研究所应与工厂相结合，加速新产品试制，缩短新产品试制周期。

在科研人员、企业设计人员和广大职工的共同努力下，无线电工业战线在发展品种、提高技术方面，获得了飞跃发展。1958年、1959年两年成功试制新产品152种，其中仿制产品占54.6%，改进的占3.3%，自行设计的占42.1%。

刘寅不但提出了发展新品种的方针，而且用抓典型来推动自行设计的开展。中央广播事业局鉴于当时许多归国观光侨胞反映的“平时听不到华语广播”的意见，决定建立两台功率1000千瓦广播发射机，专门从事对外广播。这是当时的世界先进水平，在国际上，只有美国和苏联两个国家能设计制造。中央广播事业局局长梅益表示，国内能设计制造尽量在国内解决，如果国内不行再买苏联的。而苏联方面则认为中国不行。当时，761厂（北京广播器材厂）总工程师隋经义和技术人员都表示有决心自行设计制造。但是局技术部门和主管技术工作的局领导都不支持。无奈之下，广播局只能做好购买苏联设备的准备。刘寅得知后，立即找761厂有关同志座谈，并向774厂有关技术人员询问，对制造这种发射机的八种大功率电子管有无把握，得到的答复是完全有把握自行研制。看到懂行的领导都不敢拍板，自称是“外行中的内行、内行中的外行”的刘寅就直接拍板，决定自行设计制造。经过广大技术人员和工人几个月的日夜奋战，自行设计制造的1000千瓦广播发射机终获成功，此事在全国引起很大震动。

1959年9月，刘寅与梅益同赴昆明参加1000千瓦广播发射台的试播。该发射台向世界发出了最强音。国庆十周年庆典实况也通过1000千瓦广播发射台播出，在世界各地尤其是东南亚的华侨中引起了强烈反响。

旧中国没有雷达工业。新中国成立后，刘寅从接管一个只有37个技术人员的小雷达研究所开始，精心打造我国雷达工业基础。首先在这个小研究所的基础上，几经改造、扩建，建成了我国第一个雷达厂（720厂）和第一个正规雷达研究所（第14研究所）。接着，在第一个五年计划中先后建成了782厂、784厂、785厂、786厂4个雷达厂，使我国开始设计和生产地面警戒引导雷达、机载雷达、炮瞄雷达、高炮指挥仪、机载应答器和侦察、干扰设备等。

20世纪50年代末，几个主要资本主义国家大力发展导弹技术，研制远程和洲际导弹，对社会主义国家进行威胁。为此，许多专家学者提出要防御导弹袭击，首先要解决远距离发现目标问题，建议必须研制超远程警戒雷达（定名为110雷达）。在当时的条件下，要完成这项艰巨的任务是十分困难的。专家们的建议反映到中国电子学会，领导对建议非常重视，决定成立110工程领导小组，刘寅任组长。刘寅一方面利用十局所属厂所的技术力量，另一方面以中国电子学会的名义，调动中国科学院和有关大专院校、研究所的技术力量，组织大会战。经过多方面大力协同，110雷达终于研制成功，完成了我国第一个最复杂的电子技术工程，开创了我国设计研制大型雷达的先例。

在1958年至1960年期间，由于贯彻中央工业与地方工业并举、大型企业与中小型企业并举的方针，许多省市的地方无线电工业迅速发展起来。如何正确指导地方无线电工业的发展，如何使地方企业与中央直属企业协调配合，成为十局面临的重要课题。刘寅通过到多个地方参观、考察、座谈和亲自实践，逐步形成了一套发展地方无线电工业的方针政策：一是“相机促进”。发展地方无线电工业，要充分发挥中央与地方两方面的积极性。在地方积极性起来以后，中央企业要相机配合，予以支持，促其健康发展。二是“一视同仁，有所不同”。对地方无线电工业的规划计划、物资分配、产品选型定型、技术规范、技术标准等方面要一视同仁；但地方无线电企业隶属关系不同，要尊重地方领导，办事不能一竿子插到底。三是“选苗浇水”。地方无线电企业蓬勃发展，要选好苗子，重点扶持，适当投资，使其茁壮成长。四是“归口管理”。地方工业门类众多，有的企业为了争取多投资，“一女多嫁”。对于这样的企业，要重点考察，确实是无线电企业，才能归口管理，立户关照，给予支持。五是“层层上楼、步步接班”。发展地方无线电工业，直属厂要大力帮助，采取细胞分裂的办法，把有些产品移交地方企业生产，成熟一个交一个，老厂层层上楼，地方厂步步接班，相互协调发展。

由于省市与部局的共同努力，协调配合，地方电子工业出现了两次大发展：第一次是1958年到1960年，地方无线电企业发展到470个，共有职工16万多人，工业总产值达3.16亿元，占整个电子工业总产值的42%。第二次是在70年代初，地方电子工业厂点猛增到5200多个，其中70%是100人以下的小厂，经过调整整顿，最后保留了2600多个，并形成了一批骨干厂，与中央企业相辅相成，成为中国电子工业的重要组成部分。

1960年9月13日，全国人大二届常委会第29次扩大会议决定，原第一机械工业部拆分为第一机械工业部、第三机械工业部，刘寅改任第三机械工业部副部长。原一机部第十局划归第三机械工业部领导，刘寅兼任局长，齐一丁任第十局第一副局长。1961年5月5日，第三机械工业部决定，第十局改为第十工业管理总局（无线电工业管理总局），刘寅兼任总局局长、党组书记，通信兵部副主任李景瑞兼任总局副局长。

1960年底，国防工业三级干部会议召开，刘寅任会议副秘书长。这次会议是"元帅升帐，大将点火，海陆空军齐动员"，揭露了国防工业存在的严重质量问题，随后在国防工业系统开展了质量整风运动。这次运动对无线电工业冲击不算太大。但刘寅认为不能掉以轻心，更不能沾沾自喜。他提出，各个工厂要进一步查找质量问题，不放过每一个装备、每一个零部件，甚至每一道工序。通过这次质量整风运动，无线电产品的质量又有了进一步的提高。

1961年7月，在无线电产品质量有了明显的改进和提高的情况下，刘寅继续关注新品种增加和多品种生产问题。他深入南京714厂蹲点调查，解剖麻雀，写出调查报告《从714厂看无线电通信装备制造厂多品种生产的可能性及其限度》。调查报告指出，一个工厂每年能承担多少个产品的试制和生产任务，决定于很多因素，像714厂这种规模的工厂每年同时试制4至6个新产品，每年可以投入生产的品种有2至3个，每年生产10至12个品种是可能的，超过这个限度，就难以实现。

九、组建无线电工业部

在中共中央"调整、巩固、充实、提高"方针指引下，无线电工业出现了新的发展局面，也面临新的任务。为了适应国际国内形势发展和国防建设、国民经济建设对无线电工业的要求，1962年12月5日，中央书记处第344次会议决定，在无线电工业管理总局的基础上成立无线电工业部（对外称第四机械工业部），由中央书记处书记罗瑞卿写报告送中央政治局常委传阅同意后，由罗瑞卿负责转达和组织实施。罗召集国防工业办公室副主任赵尔陆、三机部党组书记、部长孙志远和三机部副部长兼无线电工业总局局长刘寅开会，传达了中央书记处的决定。三机部党组讨论后，一致同意由刘寅负责组建四机部。最初在酝酿四机部领导班子时，罗瑞卿找刘寅谈话，提议由刘寅任部长，由他"组阁"，提出副部长人选。①刘寅考虑到新成立的四机部是国家领导和主管全国无线电工业的最高权力机关，任务很重，他建议由王诤出任部长，他当助手，并保证全力协助王诤工作。罗将刘的建议报告中央书记处，最后中央采纳了刘寅的意见。

1963年4月15日，中共中央决定成立中国共产党第四机械工业部党组，王诤任书记，刘寅任副书记，李如洪、王士光、王曙为党组成员。

5月25日，全国人民代表大会常务委员会第97次会议通过成立第四机械工业部的议案。经国务院总理周恩来提名，国家主席刘少奇任命王诤为第四机械工业部部长。6月，国务院任命刘寅为第四机械工业部常务副部长，李如洪、王士光、王曙为副部长。

四机部成立后，刘寅除协助王诤抓全面工作外，还兼管计划、干部、地方无线电工业和涉外工作。为及早制定无线电工业的发展战略、方针，刘寅和王诤分别带队，花了几个月时间逐个走访海、陆、空三军和国民经济各部门调查研究、征求意见，并在此基础上进行了多次讨论。刘寅根据自己多年在无线电工业部门工作的体会和认识提出，无线电电子技术日新月异发展的多变性，决定了它服务领域的多方面和多部门，而我们采取的方针应是多路并进发展新产品，并组织实施多品种生产，以满足国防建设和国民经济各部门多方面的需要。他这几个"多"的观点，引发了党组成员的深入讨论。经过讨论，最后写出了《第四机械工业部党组关于现代无线电电子工业的作用和我国无线电电子工业发展建设问题的报告》，并于1963年10月上报中共中央、国务院、中央军委。这个报告系统地论证了现代电子技术与国防现代化、农业现代化、工业现代化和科学技术现代化的关系，第一次明确提出了无线电工业要为四个现代化服务的战略方针。同时，这个报告还明确提出了今后无线电电子工业生产发

---

① 根据时任刘寅秘书、四机部办公厅副主任彭树廉回忆整理。

展要坚持“在军民结合，以军为主的原则下，采取军民兼顾，以军带民，以民养军”①的具体方针。

在无线电工业为四个现代化服务的方针确定之后不久，四机部开始考虑拟定无线电工业的长远发展规划。此项工作由刘寅负责。刘寅带领有关部门的同志广泛调研，经过多次讨论和研究，用了半年时间，编制了《电子工业发展七年规划（草案）》。这是四机部成立后的一项具有长远意义的全局性工作，对我国无线电工业的发展有着重要的指导意义，为发展地方电子工业指明了方向。

“电子工业发展七年规划”提出后，1963年10月，部党组决定制定东北、京津和上海三个地区无线电工业发展规划，刘寅负责东北地区的规划工作。他首先带领工作组到辽宁工作20多天，同当时主管工业的省委书记杨春甫、省无线电公司总经理齐廷汉一起，先后到沈阳、大连、营口、鞍山、抚顺、辽阳、丹东、锦州等地调查研究，提出了辽宁省电子工业发展规划。刘寅带领相关人员转到吉林省长春、吉林、白城、四平、公主岭、辽源等地区调研，吉林省委书记赵林、省重工业厅厅长洪学智陪同调研，并提出了吉林省电子工业发展的规划。最后到黑龙江省，省委书记任仲夷陪同刘寅一起调研，对重点企业的发展进行了规划。

1964年9月，刘寅带领工作组，又先后到安徽、江西两省调研，帮助两个省开展电子工业发展规划的编制工作。在江西省，刘寅与省长邵式平研究第一批电子工业企业布点规划，先后考察了景德镇、南昌、吉安三个市。经过调研，刘寅感到江西电子工业企业技术力量比较薄弱，决定将南京734厂电话机车间迁到吉安建立834厂（电话机厂），714厂部分车间迁往景德镇建立通信机厂、可变电容器厂、磁性材料厂；741厂（华东电子管厂）部分车间迁往景德镇建立超高频电子管厂，并抽调力量在南昌市建立无线电中等专业技术学校。在安徽省，刘寅对大别山区岳西、六安、阜阳等地进行考察后，将南京720厂部分车间迁来，建立雷达厂、电机厂和元器件配套生产企业，形成雷达生产基地。

四机部党组还确定了实行半导体化、小型化、系列化、标准化、积木化、专业化、自动化等一系列技术政策。刘寅感到平铺直叙地推行这“七化”效果不理想。他认为必须突出重点，而且一定要牵住牛鼻子。他所说的重点就是半导

① 《王诤传》，电子工业出版社 1998 年版，第 351 页。

体化和小型化，牛鼻子就是半导体化。

刘寅提出，推广使用半导体器件，首先要在收音机生产上广泛使用，但这还不够，还必须取得装备使用部门的支持，特别是军队方面的支持，要在通信装备上广泛使用。于是，刘寅和王诤分头去做有关部门的工作。王诤去做军队使用部门的工作，刘寅则去做电子工业内部和其他工业部门的工作。王诤找有关同志研究拟订了陆军用几种通信整机的半导体化、小型化、系列化方案，取得了中国人民解放军通信兵部的支持，由通信兵部向国务院和中央军委写报告，获得批准，决定我军团以下通信装备的六个品种全部换装成半导体化电台。刘寅则在部机关召开科以上干部大会，代表部党组作报告，重点讲述半导体化、小型化问题。他还走访了冶金工业部，取得他们对半导体原材料的支持。

刘寅和王诤还分别到20多个研究所和工厂组织技术攻关，及时解决研制过程中的问题。仅用1年多的时间，6种团以下半导体电台就陆续定型投产。此举不仅使我军团以下野战通信装备实现了第二次国产化装备的全部换装，实现了半导体化、小型化、轻型化、省电化，大大提高了我军机动作战的通信保障能力，更重要的是大大促进了我国半导体技术的发展。在此基础上，小型化的半导体计算机以及小型化的太阳能电池都研制生产出来，红外激光技术也应用到了各个领域，从而使我国电子技术跨上了一个新台阶。据统计，到1965年底，半导体器件的产量已超过电子管的产量，半导体收音机的产量也超过了电子管收音机的产量。这标志着半导体工业化生产已经形成，电子产品已开始由第一代向第二代过渡。

在1964年部召开的企业领导干部会议上，部党组提出建成独立完整的无线电工业体系的战略目标，但对什么是独立完整的无线电工业体系产生了意见分歧。一种意见认为，我国独立完整的工业体系尚未建成，离开整个工业体系来谈建设各行各业的体系，时间未免过早。另一种意见认为，经过十几年的建设，我国已形成了基本独立完整的无线电工业体系。刘寅表示，经过十几年的建设，我国电子工业已有了一定的基础，要建成基本独立完整的工业体系，首先要找准薄弱环节。他清点了电子工业的家底：经过“一五”、“二五”和三年调整时期，已建成部属企事业单位86个，包括工厂58个，研究机构10个，中专和技校10所，高等院校1所，设计院和其他事业单位7个。此外，还改建和扩建了一批老厂。建成了以生产雷达、敌我识别器、微波电子管和电子束管、电子元器件等为主的西南基地；以生产炮瞄雷达和防空雷达、无线电专用设备为主的西北基地；以生产无线电通信机、指挥仪、大功率发射管、收讯放大管、半导体器件、电子元器件等为主的华北基地；以生产警戒雷达、侦察干扰设备、有线通信、半导体器件、特种电子管、磁控管为主的华东基地；以生产无线电通信等特种设备和电池为主的中南基地。形成了初具规模、比较齐套、分布比较合理的电子工业基地群。但是，刘寅认为这还不是独立完整的体系，我们还有不少缺点和薄弱环节。他指出，无线电测量仪器是个薄弱环节，“一五”期间没有来得及安排仪器厂建设，“二五”期间只安排了766厂、768厂两个项目，以至在仪器方面还是“八国联军”，高级仪器仍仰赖从国外进口。刘寅认为必须迅速改变这种状况，解决的办法是：在“三五”及以后的建设中，以“新建、改建、扩建并举”为方针，加强专业仪器厂的建设；同时，动员多路并进发展仪器生产，专业厂要发挥骨干作用，多生产仪器；整机厂特别是老厂自己要生产仪器；高等院校、科研单位也要研制生产仪器；选择一批条件较好的地方厂转为仪器生产的专业厂。为此，刘寅主持筹备并召开仪器专业会议，进行安排部署。在以后的发展建设中，有关部门积极落实刘寅的指示，仪器的生产、供应情况有了迅速好转，研制生产了300多种仪器，基本满足了各方面的需要。

对于建成基本独立完整的无线电工业体系的标志问题，经过刘寅的缜密思考，并与计划、基建、科技等部门领导同志磋商，确定为“形成军品与民品，投资类与消费类，整机与基础产品，基础产品内有源元件与无源元件，成品制造与专用设备和测量仪器，生产与科研、教育综合发展，中央工业与地方工业并举，结构清晰，比例协调，布局合理”的无线电工业体系。

1966年5月，正当四机部党组率领无线电工业战线的广大干部和职工向着这一目标奋力进军时，“文化大革命”开始了，这一事业被迫中断。

十、在“文化大革命”及其后的拨乱反正中

在“文化大革命”中，刘寅成为四机部第一个被打成“走资派”，“靠边站”的领导干部。造反派说他执行“修正主义路线”、“走资本主义道路”。他提出的“多路并进发展新产品的方针”被批成“折中主义”；他提出的“选苗浇水”有重点地扶持地方无线电企业的做法被批成“培养资本主苗子”；他提出的“层层上楼、步步接班”搞好新老产品衔接工作被批成“爬行主义路线”、“典

型的保守主义”，等等。

1967年5月12日，四机部机关被宣布实行军事管制，军管会随即宣布对刘寅等人进行隔离审查。从此，刘寅开始了“牛棚”生活。

1969年4月18日，刘寅结束近两年的“牛棚”生活。7月24日，他正式被宣布“解放”，随即被下放到河南“五七干校”劳动锻炼。1970年1月，刘寅恢复组织生活。4月，调回北京。5月7日，他被派往北京电子管厂，名为“蹲点”学习，实为继续改造。

1971年，刘寅被安排在部机关技术组上班。1972年1月，刘寅参加了陈毅同志追悼会，近距离见到了多年不见的毛泽东、周恩来等多位中央领导人。在为陈毅追悼会发的电讯报道中，刘寅的名字见诸报端。

1972年2月，刘寅被恢复了四机部副部长职务。他随即开始了拨乱反正工作。他首先抓了产品质量整顿会议，组织收音机评比，先行办理了收回“文化大革命”中被强令划走的4个研究所的工作。7月，中共中央决定召开学习整风会，会议开了40天，主要是解决四机部领导班子问题，会议由华国锋主持。会议期间，刘寅被安排在部机关“看家”，但他总是把工作安排好后，抽出半天时间去参加会议。同年9月3日，中共中央、国务院重新任命王诤担任四机部部长、党组书记。自此，王诤和刘寅这两个老搭档又重新走到了一起。

当时，四机部的工作重点是恢复整顿，努力消除“文化大革命”对无线电工业的干扰破坏造成的影响，为无线电工业的发展与建设创造有利的环境与条件。在这项工作中，刘寅负责收回被“瓜分”的电子企业的工作。在林彪反党集团横行之时，黄永胜、吴法宪、叶群、李作鹏、邱会作把持国防工业，将四机部的33个重点骨干企业强行分别划归第三、第五、第六机械工业部管理，造成了无线电工业被“瓜分”的严重局面。刘寅为收回这些企业多方奔走，做了大量的工作，最后由国务院、中央军委决定，除了水声设备厂3个企业留在六机部外，其余30个企业重新划归四机部管理，维护了无线电工业的统一和完整。

我国计算机工业受到“文化大革命”的影响，20多个生产厂缺少统筹安排，品种繁多，机型混杂，互不兼容，推广应用受到很大影响。刘寅经过调研，于1973年1月主持召开了“电子计算机首次专业会议”，提出了一整套发展方针和技术政策。主要是：(1) 大中小型结合，以中小型为主，着力普及和应用；(2) 发展系列产品，实现一机多用，多机通用，各型联用；(3) 加强外部设备发展，妥善解决主机和辅机的关系；(4) 加强软件发展，加强服务工作，推动计算机的推广应用；(5) 积极采用集成电路，加速产品的更新换代；(6) 相应发展模拟机。在此基础上，会议确定了联合研制大中小三个系列机的任务，推动计算机工业走上了系列化批量化生产的道路。刘寅还主持召开了计算机外部设备专业会议，推动了外部设备的发展和应用。①

1973年11月，国家计委确定由刘寅主持由国家计委、四机部、邮电部、广播事业局联合召开的广播电视规划会议。刘寅和与会代表一起，制定了发展规划，特别是对开展彩色电视会战作出了部署。

1975年，刘寅主要负责第十（雷达和遥控遥测设备研究院）、第十四（集成电路和电子元器件研究院）、第十九（通信设备研究院）三个研究院的划转工作。这三个研究院建成后，曾一度划归国防科委领导，造成科研与生产分离脱节的局面。后经国务院、中央军委批准，将三个研究院划归四机部领导。刘寅代表四机部与国防科委召开交接会议，通过细致的思想工作，比较顺利地完成交接，理顺了科研与生产的关系。

从1975年开始，刘寅以中国电子学会理事长的身份，开展对日本的电子学术交流和中日电子贸易的探索工作。日本贸促会派出电子工业友好访问团来中国访问，刘寅予以热情接待。随后，双方达成了一系列互访协议。1976年，刘寅按照协议，精心组织了由他任团长、20多个司局长和高级工程师参加的中国电子学会访日代表团。在代表团临行时，曾一度受到“四人帮”的干扰，险些夭折，后经多方努力，终于在11月16日至12月14日成功访问了日本的东京、大阪、名古屋、京都等城市，参观了许多日本的企业、研究机构，了解了日本的先进电子技术，并就双方开展贸易交换了意见。紧接着，组织了第二次、第三次中日电子工业代表团互访，达成了许多引进项目的协议。

刘寅从日本访问归国后，为了进一步肃清“四人帮”在部机关的流毒，组织策划并成功地举办了揭批“四人帮”制造的“蜗牛事件”的展览会。刘寅之所以举办这个展览会，是因为1973年国务院批准四机部要从美国引进一条彩色显像管生产线，派代表团对美国康宁公司进行访问时，美方送给代表团成员每人一只玻璃制造的礼品——“蜗牛”。江青硬说美国人送“蜗牛”是对我国的“恶毒攻击和侮辱”，还抛出了所谓的“爬行主义”、“卖国主义”的大帽子，

---

① 根据曾任电子工业部计算机司副司长陈正清的回忆及有关会议材料整理。

妄图扣到周恩来的头上。随后，“四人帮”很快在全国掀起了“查礼品”、“反引进”的歪风。“四人帮”控制的文艺界还大做文章，张春桥、姚文元指使迟群、谢静宜等人组织有关人员又写小说又编话剧。张春桥控制的上海出版社还编了连环画、小人书发行到全国。四机部许多受牵连的干部遭围攻、挨批斗，尤其是代表团团长王治东被人挖苦为“蜗牛团长”，我国彩色电视的发展也因此受到严重影响。

1976年，在我国计算机工业进入学习与独创相结合、汉字信息处理系统工程中的激光照排系统的研制方案发生严重分歧、研制工作遇到很大阻力的关键时刻，刘寅坚决支持北京大学王选的方案，并指派计算机工业局副局长郭平欣全程指导、支持这一方案的实施，终于使该系统研制成功。这一工程带动了两个产业，引发了一场革命。一是中国古代四大发明之一的印刷术从此告别了铅与火，驾驭起光和电，实现了印刷史上第二次革命；二是中国计算机激光照排系统，从无到有，发展成为一个成熟的产业，独占国内市场，打开了国际市场。

1977年，全国工业学大庆运动掀起高潮，四机部筹备召开全国电子工业学大庆会议。而当时的部长王诤身患癌症，长期住院治疗。刘寅就主动承担起电子工业学大庆会议的筹备工作，自告奋勇担任会议秘书长，主持起草了王诤在大会上的开幕词、闭幕词和副部长王子纲的主题报告，还精选了企业学大庆的经验材料在大会上作交流介绍。在1977年11月7日会议开始时举行了记者招待会。会上，刘寅介绍了会议的筹备情况及会议日程，以及报道的重点和亮点，使得各新闻单位对电子工业的宣传报道达到了一个高峰。《人民日报》为这次大会发了题为《论电子水准》的社论。中央军委秘书长罗瑞卿到会祝贺并讲话，时任中共中央主席、国务院总理、中央军委主席华国锋为大会题词：“发挥自力更生艰苦奋斗的革命精神，加速发展电子工业，努力攀登电子科学技术高峰”。

1978年8月13日，王诤逝世。8月17日，钱敏按中共中央任命到北京履职，就任第四机械工业部部长、党组书记。钱敏上任后不久，按照中国和法国政府达成的协议，中方要派政府代表团赴法国谈判，引进计算机技术，钱敏任代表团团长。刚刚上任的钱敏对情况不了解，分管外事工作的刘寅就主动帮助钱敏研究确定代表团团员名单，拟订访问日程和谈判细节，对可能出现的问题和中方的应对措施一一作了妥善安排，使钱敏赴法访问成功，顺利达成了引进我国第一套计算机生产线——索拉计算机的协议。

党的十一届三中全会召开之前，刘寅被正式确定仍任常务副部长，协助钱敏抓全面工作。

十一、改革开放新时期

党的十一届三中全会的召开是中国社会主义事业发展的一个伟大转折点。全会结束后，钱敏立即召开党组会传达了全会精神：即确立党的基本路线，把工作重点转移到经济建设上，实行改革开放方针和“解放思想、开动脑筋、实事求是、团结一致向前看”的指导方针。刘寅与其他党组成员听后深受鼓舞。十一届三中全会以后，刘寅除协助钱敏抓全面工作外，还重点做了解决机关派性问题、狠抓企业体制改革和成套项目的引进等工作。

贯彻十一届三中全会确立的路线、方针、政策，首先要有一个安定团结的环境。但部机关的派性劣根仍在，活动时隐时现。派性活动表现在下面，根子在上面。在当时的部党组成员中，还保留着两派群众组织的两个代表，人们称之为“两个核心”。钱敏决定，要将这“两个核心”从党组成员中去掉，并把他们分别下放到761厂和700厂去锻炼。但这个决定在执行中受到了很大阻力，主要是部分部领导和司局长只同意下一个，留一个。而钱敏决心很大，坚持两个要一起下去。为此，刘寅找有关部领导、司局长多次谈话，要他们支持钱敏的决定，不要从中作梗。同时，还找这两个群众组织代表多次谈话，给他们指明前途。经过做大量的思想工作，最终这两个代表还是被调到工厂任职。

电子工业的体制改革是从扩大企业经营自主权开始的，随后是按照专业化协作原则组织各种专业公司和联合公司。刘寅侧重抓了三个公司的组建和改革：第一个是中国电子进出口公司。该公司是以中国电子器材公司出口处和部引进办公室为基础组建起来的，是中央各部中较早成立的公司之一，刘寅兼任董事长。公司成立之初，刘寅就要求公司一定要以保护电子工业发展为目的，不能单纯为了盈利。要学会与外商打交道，谈生意，为保护发展电子工业做贡献。他要求公司对全国电子工业进出口实行集中管理、统一经营，这样对国家、对企业、对地方、对各级电子工业主管部门都有利。中国电子进出口公司不负众望，一直办得比较好。第二个是中国电子器件公司。该公司是从部机关第四工业局中分离出来的，专门经营半导体、集成电路和电真空器件。这个公司从经营领导班子的配备、经营指导思想的确立，到下属机构的设置，都是在刘寅的具体指导下完成的。这个公司的成功经营，为部机关第一、第二、第三工业局改革为雷达、通信广播、元件公司的发展提供了经验。第三个是南京无线电公司（后改为熊猫电子集团）是以714厂为骨干、发展横向联合，将南京市的若干生产、试制、经营电子整机、电子器件的工厂组织起来成立的一个地区性的综合公司。这个公司从成立到发展壮大，以及后来成为饶有名气的电子公司之一，都是在刘寅的亲自督导下进行的。刘寅考虑到组织地区性综合公司，涉及部、省、市、企业多个层面的利益和关系。为此，他组织了一个由副部长王曙带领的工作组，驻在南京做具体组织和协调工作；涉及需部里解决的问题，则由他直接协调解决。该公司成立时，《人民日报》《光明日报》和《新华日报》都发了专题新闻，《人民日报》还发表题为《走联合之路——祝中国南京无线电公司成立》的社论。这个公司经营的经验对推进电子工业的联合发展起到了积极作用。

党的十一届三中全会后，电子工业改变了过去闭关锁国的状况，在与国外的科技交流中，由刘寅任理事长的中国电子学会发挥了重要作用。为了做好对外技术交流和探索开展技术引进工作，刘寅推荐部外事司司长邓国军兼任学会副秘书长，专门协助他抓这项工作。除对日本多次广泛进行技术交流外，刘寅于1979年5月5日至6月15日，率电子工业考察团赴欧洲，成功访问了联邦德国、荷兰、瑞士、意大利和罗马尼亚五国。

对外开放政策和对外科技交流为技术引进开辟了道路，中日电子技术交流也进入了实质性的贸易项目洽谈阶段。最后，经部党组讨论决定并报国务院批准，我国从日本引进两个重大的成套项目：无锡742厂集成电路成套引进项目和咸阳4400厂彩色显像管成套引进项目。这两个重大项目，从签订协议、选址到配备领导班子以及验收投产的准备工作，都是在部党组领导下，由刘寅具体操办。

无锡742厂集成电路成套引进项目进展一直比较顺利，主要是该厂领导班子比较得力，与省市的关系处理的也比较好，刘寅只需定期去工厂视察或约请厂长进京汇报，有什么问题予以疏导解决就行。最后，按照协议顺利建成竣工投产。而咸阳4400厂彩色显像管成套引进项目，进入到分厂验收投产和总厂准备全面开工投产的阶段，却发生了严重问题。该厂厂长在干部使用上发生了严重的错误，导致他在行政指挥上失灵。刘寅下决心进行了调整。工厂面临验收投产，却要更换厂长，犹如战场临时换将，是兵家之大忌。但刘寅经过谨慎考虑并报部党组批准，决定让权玉臣接任4400厂厂长工作。趁4400厂萤光粉分厂验收、玻璃分厂举行点火仪式之机，他带着权玉臣赶赴4400厂。经过一系列细致的思想工作，刘寅在全厂领导干部会上宣布了部党组的决定，权玉臣开始介入4400厂的工作。萤光粉分厂验收很快完成并顺利投产。刘寅就等着参加完玻璃分厂的点火仪式后回京。谁知更为棘手的事情又发生了，这个玻璃分厂熔化玻璃的炉体及其通道和压机系统是日方设计建设的，而与其配套的动力系统是我国第十设计院自行设计建造的。按照中日双方协议，点火有两个方案：一个是点大火进行烤炉试验，时间约18天，点大火后如发现炉体坍塌、通道阻塞及其他相关问题，由日方负责重新建造；如发现动力系统的问题，影响炉体的烤炉试验，由中方负责。另一个是点小火，即在炉体前立两个小的钢管，由动力系统供给煤气，点燃后就像两支蜡烛立在炉前，举行一个象征性的仪式就算完事。日方设计建造的炉体、通道系统及压机系统就算中方自动验收合格交付使用，中日双方签订的协议就算完结。对于是否点火和点火的大小问题，工厂争论不休：以副厂长兼总工程师吴祖垲为代表的技术人员主张点大火，借以考验日方设计建造的炉体、通道及压机系统；而以玻璃分厂厂长为首的技术人员认为，中方自行设计的动力系统不可靠，玻璃分厂自身也存在一些问题。因此，不主张点火，要点也是点小火。工厂党委为此已召开过数次会议讨论，都无结论。刘寅在了解情况并经过慎重考虑后，表示支持吴祖垲的观点。随后，点大火仪式迅即举行。在中日双方人员共同配合下，经过18天的考验，终于稳定了炉体，过大火成功。

中共中央和国务院决定开发口岸城市和设立经济特区以后，刘寅认为这是改革开放政策的具体体现，是发展电子工业的极好时机。他先后到珠海、汕头、厦门等地进行考察调研，帮助这些城市规划电子工业的发展。刘寅先后多次到深圳考察，他认为深圳是改革开放后最具发展潜力的新兴城市，应该以发展当今世界最先进的附加价值高的电子工业为重点，并就这个观点与深圳市委梁湘、周鼎多次座谈，取得共识。深圳市委即决定未来的发展以电子工业为重点，使电子工业成为深圳经济特区的主导产业。为了帮助深圳市发展电子工业，刘寅指示中国电子技术进出口公司在深圳设立了分部，并精心挑选了750厂（广州无线电厂）总工程师、代理厂长周志荣到深圳分部主持工作。周志荣到任后率先在深圳市建起了当时第一座高楼——电子大厦。刘寅指示周志荣要利用深圳分部毗邻香港的地理优势，发挥外引内联的作用，与内地的工厂在深圳合资办厂。并具体指示，首先与南京714厂合作、外引香港新华电子有限公司，在深圳办起了最早的合资合作企业——京华电子有限公司。以后，刘寅又指示深圳分部要利用深圳特区的有利条件支持三线企业和地方电子工业的发展。周志荣就与贵州083无线电工业基地合资办起了华发电子有限公司，并拨款帮助深圳市无线电厂盖起了一栋六层楼的厂房发展生产。与760厂（新乡无线电厂）合作引进了收音机成套散件进行组装。又帮助光明华侨农场办起光明电子厂，以后发展成为赫赫有名的康佳电视机厂。为了支持深圳发展电子工业，刘寅还指导雷达、通信广播、计算机、电子元件、电子器件公司各系统都在深圳设立企业。部属物资公司、器材公司也在深圳设了点。随着深圳电子企业逐渐增多，刘寅感到需要有个工程设计单位经常驻深圳工作，以帮助当地进行城市规划和工程项目的设计。最初，他促使第十设计院委派了一个16人的项目组到深圳，开始了第一个高楼电子大厦和国家重点项目——爱华电子有限公司的设计。刘寅还指示深圳分部要尽一切可能帮助设计院在深圳落户，让深圳分部提供宿舍并垫付资金。1983年，中国电子工程设计院深圳分院正式成立。深圳分院的成立，对深圳电子工业的规划发展起到了积极的推动作用。为了协调部属各单位在深圳市的发展，部在深圳设立了办事处，后改制为桑达电子公司。部和部属各单位在深圳的发展，带动了全国各省市区的电子企业，通过外引内联等多种形式，深圳办起了大大小小的各类电子企业上百家，成为名副其实的电子城。

十二、晚年的工作与生活

1982年2月25日，四机部召开企业领导干部会议，宣布了新的党组成员和领导班子名单，张挺任部长、党组书记，江泽民任第一副部长、党组副书记。

同年3月，刘寅当选全国政协第六届常委。

1983年5月17日，刘寅担任《当代中国》丛书《当代中国的电子工业》卷主编。在近三年的时间里，他多次到电子工业较集中的四川、江苏、辽宁、安徽、广东、陕西、山东、北京、天津、上海及部直属企事业单位调研。在刘寅的倡导下，各省市区的电子工业主管部门、部机关各有关司局、部重点企事业单位都成立了精干的班子，总结撰写各自的历史资料，其精华部分都收录到了《当代中国的电子工业》卷中，其余部分由电子工业部史料征集办公室编辑成《电子工业史料》，作为内部资料出版发行。

1985年3月，《当代中国的电子工业》初稿形成。而这时，正在参加全国政协六届三次会议的刘寅，因体力不支住进医院。刘寅在住院期间，仍念念不忘电子工业的发展。刘寅对前去看望他的时任部长江泽民说："我一生都献给了电信、电子信息产业，问心无愧。"刘寅接着说："电子这一新兴产业，如果没有一个部门集中统一管理，势必会影响到它的发展，乃至影响整个国民经济的发展。"江泽民让刘寅放心，老一辈开创的事业一定后继有人。

1985年5月26日，刘寅在北京逝世，终年75岁。

6月6日，《人民日报》刊发的新华社电讯稿写道：刘寅同志"为恢复和发展新中国的电信工业和邮电事业，为开创新兴的电子工业做出了显著成绩"。"刘寅同志是我党的优秀党员，拥护党的十一届三中全会以来的路线、方针、政策，近几年退居二线，仍以最大的热情为我国电子工业的振兴和发展操劳。刘寅同志作风正派，坚持原则，生活简朴，尊重、爱惜人才，深受群众的信任和爱戴。"

彭树廉　张书兴　张伯义
申　瑶　蔡光普　顾建萍

图书在版编目(CIP)数据

中共党史人物传．第88卷/中国中共党史人物研究会编．
—北京：中共党史出版社，2016.1
ISBN 978-7-5098-3043-7

Ⅰ．①中… Ⅱ．①中… Ⅲ．①中国共产党—历史人物—列传
Ⅳ．①K820.7

中国版本图书馆CIP数据核字(2015)第051224号

出版发行：中共党史出版社
责任编辑：王　兵
复　　审：李亚平
终　　审：汪晓军
责任校对：龚秀华
责任印制：谷智宇
责任监制：贺冬英
社　　址：北京市海淀区芙蓉里南街6号院1号楼
邮　　编：100080
网　　址：www.dscbs.com
经　　销：新华书店
印　　刷：北京君升印刷有限公司
开　　本：170mm×240mm　1/16
字　　数：349千字
印　　张：22.5　　前插4面
印　　数：1—3050册
版　　次：2016年1月第1版
印　　次：2016年1月第1次印刷

ISBN 978-7-5098-3043-7
定　　价：43.00元
